KB039355

우한대학교(武漢大學校) 양안 및 홍콩 마카오 법제연구 계열서적

構建兩岸交往机制的法律问题研究

양안 교류시스템 구축에 관한 법률문제 연구

저우예중(周叶中)·돤레이(段磊) 등 著
채영호(蔡永浩)·최혜주(崔慧珠) 共譯

박영사

역자 서문

　분단국가의 통일문제는 국가공동체의 핵심적 과제이다. 한국과 중국은 국가의 통일문제를 헌법적 과제로 하고 있다는 점에서 공통된다.

　중국 우한(武漢)대학교 저우예중(周叶中)과 돤레이(段磊)의 저서 〈양안 교류 시스템 구축에 관한 법률문제 연구(构建两岸交往机制的法律问题研究)〉는 중국 대륙과 대만간의 장기적인 정치대립 하에서의 양안관계 평화발전과 양안교류 법치경험에 기초하여 양안교류의 제도화, 일상화, 규범화에 대하여 계통적으로 연구하고 양안관계 평화발전을 위한 "법치형" 양안관계의 새로운 모델을 제시하였다. 본 저서의 주요 관점은 중국 해협양안 학계의 보편적인 인정을 받고 있다.

　2018년 4월 남북한은 정상회담을 개최하고 판문점선언을 발표하여 남북 관계의 개선과 군사적 긴장의 완화를 통해 평화통일을 위한 견실한 토대를 마련하기로 하였다. 이를 위해서는 남북한 사이에 전면적인 교류협력과 관계개선이 요구된다. 이러한 역사적인 배경하에 본 저서를 번역하여 한국에서 출판하는 것은 남북 간의 다층적 교류와 관련 법률제도의 구축에 큰 도움이 되는 참고자료로 제시하고자 함이다. 또한 본 저서의 한국에서의 출판은 한국의 통일법연구의 시야와 지평을 확대하고 학문적 성과와 실무적 활용에도 큰 도움이 될 것으로 기대된다.

　끝으로 본 저서의 번역출판에 아낌없는 지지와 도움을 주신 서울대학교 법학전문대학원 이효원 교수님과 광동외어외무대학교 남국상학원 김홍매(金紅梅) 교수님께 진심으로 감사드린다. 시장성도 크지 않은 학술서적의 출간을 기꺼이 허락해 주신 박영사 안종만 사장님과 임재무 상무님의 따뜻한 배려와 격려에 대하여 감사드린다. 아울러 교정을 세밀하게 보아주신 편집부의 이승현 과장님께도 고마운 마음을 전한다.

2019년 11월

채영호 · 최혜주

본 저서는 이하 프로젝트의 지원을 받았다.

1. 2016년도 교육부철학사회과학중대攻關프로젝트 "중국국가안전법치건설연구"(16JZA012).
2. 2011년도 중국국가사회과학기금프로젝트 "양안 교류시스템 구축에 관한 법률문제 연구"(11BFX082).

차 례

제1장 양안 "대교류(大交流)시스템"의 제기와 논증

해협양안 간의 교류는 양안민중의 일상생활의 수요를 만족시킬 뿐만 아니라 양안관계 평화발전의 중요한 구성부분이기도 하다. 현 단계 양안관계는 분산적이고 단순한 일방적인 교류로부터 다원적이고 복잡한 상호적인 교류로 변화하고 있다. 양안교류는 나날이 발전하여 이미 양안민중의 감정을 증진하고 양안 간의 연계를 강화하는 중요한 수단으로 되었다. 때문에 양안교류시스템의 구축을 추진하여 하나의 중국이라는 원칙하에 양안교류의 일상화와 제도화를 실현하고 양안교류의 정치적 장애와 법률적 장애를 타파하는 것은 양안이 교류를 강화하는 과정에서 전면적으로 상호신임을 쌓는 데 매우 중요한 의의가 있을 뿐만 아니라 양안의 평화발전을 위한 제도적 구조를 형성하는 데 유익한 경험을 제공해 줄 수 있다.

제1절 양안 "대교류시스템": 개념의 제기와 내용해명

양안교류의 영역은 세 부분으로 나눌 수 있다. 즉, 양안 각자의 유효관리 영역 내에 존재하는 영역－"양안 내", 양안 공권력기관의 관할범위 사이에 존재하는 영역－"양안 간" 및 양안영역 외의 국제사회에 존재하는 영역－"양안 외"이다. 이 세 영역에 존재하는 양안교류시스템의 관계를 분석하여 보면, 양안민중의 교류질서를 보장하는 "양안 내" 교류시스템은 양안 "대교류시스템" 구축의 직접적인 목적이고, 양안 공권력기관 교류질서를 규제하는 "양안 간" 교류시스템은 양안 "대교류시스템"의 핵심이며, 양안이 국제사회에서의 교류를 규범화하는 "양안 외" 교류시스템은 "양안 간" 교류의 외곽적인 연장이다. "대교류시스템"의 세 측면 중 양안 공권력기관의 교류시스템은 양안 "대교류시스템" 중에서 핵심적인 지위를 차지하고 양안민중의 교류를 위하여 제도적 근거를 제공하며 간접적으로 양안의 국제사회에서의 교류에도 영향을 준다. 때문에 양안의 공권력기관 교류시스템을 잘 구축하는 것은 중대한 의의가 있다.

1. "소교류(小交流)시스템"의 초점: "양안교류" 문제에 관한 선행연구

현재 양안 학자들 사이에서는 "양안교류"에 관한 토론이 아주 활발하게 진행되고 있고 관련 연구도 많이 이루어지고 있다. 다만 이러한 연구 성과의 연구범위는 다수가 양안 "소교류시스템"에 국한되어 있고 "대교류시스템"에 관한 종합성적인 연구는 적은 편이다. "소교류시스템" 연구라 하면 연구과정에서 "양안교류" 개념이 포함하는 영역에 대해 제한적으로 연구하는 것을 가리킨다. 이러한 제한적인 연구는 일반적으로 두 가지 연구경향을 나타낸다. 첫 번째는 양안교류를 양안의 민간교류로 좁혀서 이해하는 것이다. 즉, 양안교류를 양안 간의 무역거래, 인원왕래 등이라고 이해하여 양안교류시스템을 양안 민간교류의 조절시스템이라고 이해하는 것이다. 두 번째는 양안교류시스템을 "양회(兩會)시스템"을 대표로 하는 양안 공권력기관 교류의 조절시스템으로 이해하여 양안교류시스템의 주요 내용을 양회협상의 시스템화, 일반화로 이해하고 이와 관련된 양안교류를 양안의 정치적 교류, 즉 양안의 정치관계의 발전변화로 해석하는 것이다.

(1) "양안의 민간교류"를 주요 연구대상으로 한 "소교류시스템"에 관한 선행연구 고찰

"양안의 민간교류"를 주요 연구대상으로 한 "소교류시스템"에 관한 연구는 양안의 교류문제를 연구하는 첫 번째의 연구경향이다. 이러한 연구경향의 영향으로 말미암아 법학계에서는 주로 양안투자법, 양안 경제무역조절과 중재제도, 양안 상호관계 관련 법률과 지역충돌법 등에 대한 연구를 진행하였고, 이러한 방면의 연구에서 주로 경제법학, 국제경제법학, 국제사법학 등 학과의 학자들이 대량의 성과를 내놓았다.

20세기 80년대 말부터 90년대 말까지의 10년간은 양안관계가 절대적인 단절로부터 점차적으로 해동되는 10년인 동시에 양안관계가 풍파를 겪은 10년이다. 이 10년간 대륙의 법학자들은 양안 사이에서 시작된 인원왕래와 무역거래를 대상으로 관련 법률문제를 연구하기 시작하였다. 이 시기의 대표적인 저작으로는 천안(陳安) 교수 등의 「해협양안교류 중의 법률문제연구」(海峽兩岸交往中的法律問題研究)(샤먼대학교출판사, 1990), 황진(黃進) 교수의 「지역충돌법연구」(區際衝突法研究)(학림출판사, 1991), 쩡셴이(曾憲義) 교수와 궈핑탄(郭平坦) 선생 등의 「해협양안교류 중의 법률문제」(海峽兩岸交往中的法律問題)(허난인민출판사, 1992), 리페이(李非) 교수의 「해협양안경제무역관계」(海峽兩岸經貿關係)(대외무역교육출판사, 1994), 황진 교수 등의 「지역사법공조의 이론과 실무」(區際司法協助的理論與實務)(우한대학교출판사, 1994) 등이 있다. 조기의 대표적인 논문으로는 한더페이(韓德培) 교수의 "우리나라의 지역 간 법률충돌문제－중국 국제사법 연구 중의 새로운 과제"(論我國的區際法律衝突問題－我國國際私法研究中的一個新課題)(「중국법학」 1988－6), 한더페이 교수와 황진 교수의 "중국 지역 간 법률충돌문제 연구"(中國區際法律衝突問題研究)(「중국사회과학」 1990년 제1기), 펑리(彭莉) 교수의 "양안 부정경쟁방지 법률제도의 비교"(兩岸反不正當競爭法律制度之比較)(「대만연구집간」 1994－4), 천안 교수의 "대만상인의 대륙투자보험의 실행가능성의 도경에 관한 초보적인 연구"(臺商大陸投資保險可行途徑初探)(「중국법학」 1995－1), 리페이 교수의 "해협양안 무역관계발전의 현황, 문제점과 대책"(海峽兩岸貿易關係發展的現狀, 問題與對策)(「대만연구」 1995－2) 등이 있다. 이러한 성과들은 양안관계가 태동하기 시작하고 대륙의 사회주의 시장경제제도가 확립되기 시작한 시대에 이루어진 성과로서 시대적인 특징이 뚜렷하고 또한 대륙에서 양안무역거래와 인원왕래문제에 관해 연구한 기초적인 저작이므로 그 역사적인 의의가 아주 크다.

2000년 이후, 양안관계에서 경제무역관계와 인원왕래가 더 한층 밀접해졌고, 대륙의 사회주의 시장경제체제가 기본적으로 형성되었으며, 동시에 대륙에서 양안의 경제무역관계와 인원교류 방면의 법률문제를 연구하는 학자들도 점차적으로 늘어나 관련 대표작들도 많이 발표되었다. 이 단계의 대표적인 저작으로는 리페이 교수의 「해협양안 경제협력문제연구」(海峽兩岸經濟合作問題研究)(구주출판사, 2000), 덩리쮜안(鄧麗娟) 등의 「21세기 이래의 대만경제: 곤경과 전변」(21世紀以來的臺灣經濟:困境與轉折)(구주출판사, 2004), 좡쭝밍(莊宗明) 등의 「양안 경제무역협력연구」(兩岸經貿合作研究)(인민출판사, 2007), 덩리쮜안과 스정

팡(石正方) 등의 「해협양안 경제구 발전연구」(海峽西岸經濟區發展研究)(구주출판사, 2008), 탕융훙(唐永紅)의 「양안경제 제도적 협력과 통합발전연구」(兩岸經濟制度性合作與一體化發展研究)(구주출판사, 2010), 왕융(王勇)의 「해협경제구 경쟁성구역체계의 구축에 관한 연구」(海峽經濟區競爭性區域體系構建研究)(구주출판사, 2010), 스정팡(石正方) 등의 「양안경제협력과 해서건설」(兩岸經濟合作與海西建設)(구주출판사, 2011), 펑리 교수의 「대만지역의 대륙경제무역사무에 관한 입법연구」(臺灣地區對大陸經貿事務立法研究)(샤먼대학교출판사, 2012), 주제(祝捷) 교수 등의 「대만지역의 권리보장에 대한 사법사례선집」(臺灣地區權利保障司法案例選編)(구주출판사, 2013), 저우즈화이(周志懷) 등의 「양안 경제관계와 정치관계의 교류 경로」(兩岸經濟關係與政治關係的互動路徑)(구주출판사, 2014), 장완밍(張萬明) 등의 「대륙자본의 대만투자를 위한 법률지침」(陸資入臺法律指南)(구주출판사, 2015) 등이 있다.

이 시기에는 또 양안관계와 양안교류를 주제로 한 적지 않은 박사학위논문이 집필되어 관련 연구의 예비역량을 강화하였다. 대표적인 성과로는 황사오전(黃紹臻)의 「해협경제구건설의 전략적 구상」(建設海峽經濟區的戰略構想)(푸젠사범대학교 박사학위논문, 2005), 위페이(于飛)의 「해협양안 민상사법률충돌문제연구」(海峽兩岸民商事法律衝突問題研究)(샤먼대학교 박사학위논문, 2005), 장위빙(張玉冰)의 「중국대륙 연해와 대만지역의 경제경쟁력 비교와 통합효과 연구」(中國大陸沿海與臺灣地區經濟競爭力比較與整合效應研究)(샤먼대학교 박사학위논문, 2006), 류처위안(劉澈元)의 「양안경제통합 추세하의 대만과 대륙서부 경제협력 연구」(兩岸經濟一體化取向下臺灣與大陸西部經濟合作研究)(샤먼대학교 박사학위논문, 2009), 좡룽량(莊榮良)의 「해협양안 산업분공협력의 원인, 모식과 경제효과연구」(海峽兩岸產業分工合作的動因, 模式與經濟效應研究)(샤먼대학교 박사학위논문, 2009), 우즈(吳智)의 「국제화 배경하의 양안 직접투자의 법률제도연구」(全球化背景下兩岸直接投資的法律制度研究)(우한대학교 박사학위논문, 2010), 성쥬위안(盛九元)의 「ECFA로부터 제도적 통합─양안경제협력의 성격, 특징과 발전방향」(從ECFA到制度性一體化─兩岸經濟合作的性質, 特徵及走向)(상하이사회과학원 박사학위논문, 2011), 장헝(張恒)의 「양안의 금융협력과 교류심화의 제도적 창신연구─ECFA의 논술」(兩岸金融合作與交流深化的制度創新研究─ECFA的論述)(난카이대학교 박사학위논문, 2012), 허류(何柳)의 「중국대만의 주요한 대외무역시장이 미국으로부터 조국대륙으로 이전된 원인분석(1979-2008)」[中國臺灣主要外貿市場從美國轉移到祖國大陸的原因探析(1979-2008)](우한대학교 박사학위논문, 2012), 주항(朱航)의 「해협양안 금융통합연구」(海峽兩岸金融一體化硏究)(난카이대학교 박사학위논문, 2013) 등이 있다.

(2) "양안 공권력기관 교류"를 주요 연구대상으로 한 "소교류시스템"에 관한 선행연구 고찰

양안 공권력기관 교류를 주요 연구대상으로 한 "소교류시스템" 연구는 양안교류문제를 연구하는 두 번째 연구경향이다. 이러한 연구경향하에 학계의 주요한 연구쟁점은 양안 정치관계의 정립, 양안담판연구, 양회협상시스템연구 등 방면에 치우쳤고, 이러한 방면의 연구에서 정책설명을 주요 연구방법으로 한 연구 성과와 이론구축을 주요 연구방법으로 한 연구 성과들을 이뤄냈다.

현재 양안 학자들 중 양안관계의 연구방법에 있어서 정책설명을 주된 방법으로 하는 학자들이 많고 그 연구 성과는 다수가 양안정치관계의 정립, 양안담판시스템 등 문제에 대한 정책적 설명에 집중되고 있다. 대륙방면에서는 이러한 연구방법으로 양안관계와 양안교류문제에 대해 연구한 연구 성과가 많다. 대표적인 연구 성과로는 위커리(餘克禮) 등의 「해협양안관계개론」(海峽兩岸關係槪論)(우한출판사, 1998), 황자수(黃嘉樹)와 류제(劉傑)의 「양안담판연구」(兩岸談判硏究)(구주출판사, 2003), 뉴한장(鈕漢章)의 「대만지역 정치발전과 대외정책」(臺灣地區政治發展與對外政策)(세계지식출판사, 2007), 쉬보둥(徐博東) 등의 「대국구도변동 중의 양안관계」(大國格局變動中的兩岸關係)(구주출판사, 2009), 장원성(張文生) 등의 「양안정치 상호신뢰연구」(兩岸政治互信硏究)(구주출판사, 2011), 옌안린(嚴安林)의 「양안관계 평화발전 제도화이론연구」(兩岸關係和平發展制度化理論硏究)(구주출판사, 2013), 저우예중(周葉中)과 주제(祝捷) 등의 「양안관계 평화발전 구조구축의 법률시스템연구」(構建兩岸關係和平發展框架的法律機制硏究)(구주출판사, 2013), 주제의 「양안관계의 정립과 국제공간: 대만지역이 국제활동에 참여하는 문제연구」(兩岸關係定位與國際空間: 臺灣地區參與國際活動問題硏究)(구주출판사, 2013), 우한대학교 양안 및 홍콩마카오 법제연구센터에서 펴낸 「해협양안협의청서(2008-2014)」[海峽兩岸協議藍皮書(2008-2014)](구주출판사, 2014), 저우예중과 주제의 「양안관계의 법학사고(증보판)」[兩岸關係的法學思考(增訂版)](구주출판사, 2014), 저우예중과 돤레이(段磊)의 「양안협의 실행시스템연구」(兩岸協議實

施機制研究)(구주출판사, 2015), 두리푸(杜力夫)의 「법치시야하의 양안관계」(法治視野下的兩岸關係)(구주출판사, 2015), 주제의 「해협양안의 평화협의연구(수정판)」[海峽兩岸和平協議研究(修訂版)](구주출판사, 2016), 왕잉진(王英津)의 「양안 정치관계 정립연구」(兩岸政治關係定位研究)(구주출판사, 2016) 등이 있다. 이 저서들은 "하나의 중국"의 틀을 수호하는 기본입장에서 각각 양안담판문제, 양안대외정책, 양안정치관계 등 문제들에 관하여 논술하였다. 대만에도 정책설명의 방법으로 양안관계에 대하여 연구한 일부 학자들이 있다. 그중 사오중하이(邵宗海)의 「양안관계」(兩岸關係)(오남도서출판주식유한회사, 2006)가 가장 대표적이다. 이 저서는 양안 지도자와 관련 사무 책임자의 발언과 양안의 중요한 정책성 서류를 근거로 양안관계의 역사, 현재와 미래에 대하여 전반적인 논술을 하여 중요한 참고적 의의가 있다.

이론구축의 연구방법은 최근 대만에서 유행하는 양안관계문제 연구방법론이다. 이 연구방법이 응용한 이론은 다수가 정치학, 국제관계학, 법학과 경제학 등 학과의 이론이다. 대만에서는 이러한 연구방법으로 양안관계와 양안교류문제에 대하여 연구를 많이 진행하였고 그중 대만학자 장야중(張亞中)의 「양안관계사상체계」(兩岸關係思想體系)와 바오중허(包宗和), 우위산(吳玉山)의 「논쟁 중에 있는 양안관계이론」(爭辯中的兩岸關係理論)이 가장 대표적이다. 장야중의 「양안관계사상체계」 계열서는 「양안주권론」(兩岸主權論), 「양안통합론」(兩岸統合論)과 「세계화와 양안통합」(全球化與兩岸統合) 3권의 저서로 구성되어 있다. 그는 "중국 전체", "일중삼석"(一中三席), "일중삼헌"(一中三憲) 등 개념을 제기하여 통합론에 기초하여 양안관계문제를 해결하려고 시도하였다. 바오중허(包宗和), 우위산의 「논쟁 중에 있는 양안관계이론」은 국제관계이론, 통합이론, 분열국가이론, 대소정치실체모식이론, 득표극대화이론, 국가와 사회이론, 심리학과 타협이론 등 각종 이론을 응용하여 다양한 시각에서 양안관계 중의 각종 문제에 대하여 논증하였다. 최근에 와서 대륙의 일부 학자들도 이론구축의 방법으로 양안관계와 양안교류문제에 관하여 자기의 관점을 제기하였다. 대표적인 성과로는 왕졘위안(王建源)의 "사실과 규범 사이-국가통일 전의 양안교류질서를 논함"(在事實與規範之間－論國家統一前的兩岸交往秩序)(「대만연구집간」 2001-2), 황자수(黃嘉樹), 왕잉진(王英津)의 "주권구성 연구 및 대만문제에서의 응용"(主權構成研究及其在臺灣問題上的應用)(「대만연구집간」 2002-2), 천둥(陳動)의

"주권이론 및 대만문제에서의 응용을 재논함—황자수, 왕잉진과의 토론을 겸하여"(也談主權理論及在臺灣問題上的應用—兼與黃嘉樹, 王英津商権)(「대만연구집간」 2003−1), 주쑹링(朱松嶺)의 「국가통일헌법학문제연구」(國家統一憲法學問題研究)(홍콩사회과학출판사, 2011), 리샤오빙(李曉兵)의 "'일국양제'하의 양안헌정질서의 조화로운 구축"("一國兩制"下兩岸憲政秩序的和諧建構)(마카오이공학원 "일국양제연구센터", 2011), 천밍(陳明)의 「양안관계법학이론과 실무」(兩岸關係法學理論與實務)(구주출판사, 2015), 퉁리췬(童立群)의 「중국공산당의 국가통일이론연구」(中國共產黨國家統一理論研究)(구주출판사, 2015), 판훙윈(範宏雲)의 「국가통일에 관한 국제법문제연구」(國家統一國際法學問題研究)(구주출판사, 2015), 쑨둥팡(孫東方)의 「해협양안관계평화발전의 국제환경연구」(海峽兩岸關係和平發展的國際環境研究)(구주출판사, 2015)와 본서의 관련 연구인원들의 연구 성과인 저우예중과 주제의 "양안의 치리: 형성 중에 있는 구조"(兩岸治理: 一個形成中的結構)(「법학평론」 2010−6), 저우예중과 돤레이의 "양안협의의 법리적 자리매김"(論兩岸協議的法理定位)(「강한포럼」 2014−6), 저우예중의 "'일국양제'의 법리적 함의에 대한 새로운 해석"("一國兩制"法理內涵新釋)(「중국평론월간」 2014−12), 주제의 "'헌제−치리' 구조 하의 양안정치관계의 합리화 배치를 논함"(論'憲制−治理'框架下的兩岸政治關係合情合理安排)(「대만연구집간」 2015−2), 저우예중과 돤레이의 "양안관계 평화발전의 제도적 구조 수호의 법리적 함의와 구축 방향"(論維護兩岸關係和平發展制度框架的法理內涵與構建方向)[「"일국양제"연구」(마카오) 2016−3], 주제의 "'하나의 중국' 원칙의 법치적 사유의 분석논의"("一箇中國"原則的法治思維析論)(「우한대학교학보(철학사회과학판)」 2016−2), 돤레이의 "'양안 간': 하나의 특수한 교류형태에 근거한 양안의 공동결책모식"('兩岸間': 一種特殊交往形態下的兩岸共同決策模式)(「대만연구」 2016−3) 등이 있다. 이러한 연구 성과들은 주권이론, 민법학이론, 헌법학이론, 치리이론 등 각 방면으로부터 양안관계와 양안교류문제에 대한 연구를 진행하였고, 이는 관련 문제의 해결에 대해 유익한 경험을 제공하여 주었다.

(3) 전통적인 "소교류시스템"의 특징과 본서의 연구의의

위에 열거한 연구 성과들은 양안의 민간교류와 공권력기관 교류(양회교류를 주요 형식으로)의 추진에 중요한 참고적 의의가 있어 매우 중요한 가치가 있다. 이 성과들은 본서의 연구기초인 동시에 돌파구이기도 하다. 하지만 이 연구 성과들은 어느 정도 미비점도 존재하고 있는데 구체적으로 말하면 다음과 같은 특징이 있다.

첫째, 연구범위는 주로 "소교류시스템"에 국한되었고 "대교류시스템"에 대한 종합적인 연구가 적다. 지금까지의 양안교류시스템 연구를 살펴보면 주로 아래와 같은 두 가지 경향이 존재한다. 한 가지는 양안교류를 양안민간교류로 이해하여 양안교류는 곧 양안의 인원 간의 왕래라고 인정하고 양안교류시스템도 양안인원의 왕래시스템으로 이해하는 것이다. 다른 한 가지는 양안교류 시스템을 "양회시스템" 및 이와 비슷한 시스템으로 간주하고 양안교류시스템의 주요 내용을 양회 협상의 시스템화, 일상화로 이해하는 것이다. 이 두 가지 관점은 모두 좁은 범위에서 양안교류를 이해하여 현실적 의의는 있지만 편협한 부분도 있다. 양안교류는 종합성적인 개념으로서 양안공권력기관의 교류(현재는 "양회구조"를 통해 실현), 양안민중 간의 교류, 양안이 국제사회(특히는 같이 참가한 국제기구에서)에서의 교류 등을 포함한다. 때문에 앞에서 서술한 학자들이 연구한 양안교류시스템은 "소교류시스템"에 국한되어 교류시스템의 범위, 주체, 층차 등 방면에서의 인식이 부족하다.

둘째, 양안교류시스템 문제에 대한 연구시각은 대부분 "권력"지향적 사고였고 "권리"지향적 시각에서 접근한 연구가 적다. 다수 학자들은 양안교류시스템 문제를 양안 정치적 힘겨루기라는 배경하에 "권력"의 시각으로부터 사고하고 양안교류시스템의 "권리"지향적 시각은 경시하여 양안민중의 양안교류시스템에서의 이익 수요, 참여시스템과 주체적인 지위에 대해서는 주목하지 않았다.

셋째, 연구의 중점을 양안교류 및 성과가 양안관계 평화발전에서 작용하는 역할과 의의에 두었고 양안교류의 제도적 구조, 조직형태, 운영시스템과 실행방법 등 문제에 관한 규범적 연구는 경시하였다. 다수 학자들의 양안교류시스템에 관한 연구는 여전히 총체적인 서술단계에 머물러 있으며 지도자의 발언에 대한 설명과 해석에 국한되어 학술적 언어와 정치적 언어의 중첩을 초래하였다. 비록 "양안경제협력위원회"를 견본으로 하여 제도적 분석의 시각으로부터 양안교류시스템의 특징을 연구한 학자도 있지만 그 조직형태, 운영시스템 및 실행방법 등에 관한 연구가 부족한 것이 사실이다.

넷째, 연구방법상 정치학과 경제학을 주로 응용하였고 법학방법과 법률적 사유분석을 한 것이 적다. 양안교류시스템은 주로 정치학 연구영역에 소속되고 양안경제무역교류는 주로 경제학 연구영역에 소속된다고 인식하여 기존의 성과들은 주로 기능주의, 협상민주, 교류이성(交流理性), 공동시장 등 정치학, 경제학, 국제관계학의 이론을 기초로 하였다. 「반분열국가법」(反分裂國家法)이 통과되면서부터 대만문제의 법률적 속성은 점차적으로 공인되었다. 양안교류시스템의 구축은 양안 지도자의 정치적 지혜와 용기가 필요할 뿐만 아니라 법률상에서도 정밀한 설계와 배치도 필요하다. 이러한 의미에서 양안교류시스템의 연구에 있어서 법학은 빠질 수 없는 존재이다.

본서는 위에서 서술한 연구 성과들을 충분히 참고한 기초에서 더욱 넓은 시야로부터 "대교류시스템"의 개념에 기초하여 기존의 연구범위를 정리·확대하여 더욱 전면적인 연구적 효과를 추구하였다. 본서의 주요한 연구의의는 다음과 같다. 첫째, 양안교류시스템을 구축하는 것은 양안관계 평화발전의 일상화와 제도화를 추진하는 중요한 방법이고 양안교류시스템의 설계, 논증과 실행은 그 자체가 법률적 속성을 지니고 있을 뿐만 아니라 여러 가지 법률적 문제와도 관련이 있다. 본서의 연구는 양안교류시스템의 형성과 보완 및 양안관계 평화발전 구조의 구축에 중대한 이론적 의의를 지니고 있다. 둘째, 현재 양안관계의 평화발전은 양안 지도자(특히는 대만지역의 지도자)의 양안정책과 "통독"(統獨) 태도(통일을 원하는가와 독립을 원하는가 하는 태도를 말함 — 역자 주)에 많이 근거하고 있어 안정적이지 못하고 쉽게 동요되며 심지어는 "우연적"이기도 하다. 양안교류시스템을 구축하는 것은 양안관계 평화발전의 정책적 의뢰로부터 제도적 의뢰로의 전환을 추진하여 "양안치리"의 새로운 구조를 형성할 수 있다. 셋째, 양안 간에는 이미 "양회구조"를 포함한 각종 교류시스템이 있다. 그러나 이러한 교류시스템의 상징적 의의는 규범적 의의, 정치적 의의 및 법률적 의의보다 크다. 본서의 연구는 기존의 양안교류시스템의 통합과 개혁을 추진하여 그로 하여금 정치적 의식으로부터 규범적 의의와 참여의의가 있는 법 과정으로 변화하도록 할 것이다. 넷째, 연구를 통하여 "양안법제"의 형성시스템과 실행시스템을 설계 및 논증하고 양안교류시스템의 성과(예컨대 양안의 사무성 협의)를 관철·실현하며 양안교류의 법치화를 추진하고 양안관계 평화발전의 질서화와 규범화를 실현한다. 다섯째, 양안교류시스템을 구축하고 양안관계 평화발전의 법치화를 추진하려면 필연적으로 충분한 이론적 논증과

체계적 구축을 필요로 한다. 때문에 법학, 정치학, 대만문제연구 등 학과의 이론을 풍부히 하고 보완하는 데 모든 긍정적인 의의가 있다.

2. 양안의 세 층차 교류의 영역의 제기와 해석

양안교류의 영역에 관한 구분에 있어서 우선 양안 정치상황을 기반으로 구분기준을 확정하여야 한다. "인정 논란"(承認爭議) 때문에 양안 간에 여전히 갈등이 존재하는 상황하에서 "의제화", "단계화"와 컨센서스화" 등 요소들의 운용은 현재의 양안관계의 자리매김에 있어 실현 가능성이 큰 요소들을 제공하여 준다. 현 단계에 있어서 비록 "양회구조"를 통한 양안 사무성교류(事務性交流)가 여전히 양안관계의 주류로 되고 있지만 양안 사무성교류의 심화에 따라 양안의 정치적 교류도 일정에 오르기 마련이다. 양안 정치성교류는 대륙과 대만이 적절한 명분을 가지고 참여해야 하기 때문에 대륙과 대만간의 정치관계를 초보적으로 정립함으로써 양안의 정치적 교류에 유리한 환경을 창조하는 것이 필요하다. 양안관계의 역사와 현실을 고려하면 지리적 개념으로서의 "양안"을 현 단계 대륙과 대만의 정치관계 정립의 모식으로 삼을 수 있다고 생각한다.

양안관계 발전의 심화에 따라 "양안"이라는 단어는 점차적으로 지리적인 개념으로부터 정치적인 개념과 법률적인 개념으로 변화하고 있다. 먼저 형식상으로 보면 "양안"은 지리적인 개념으로 대만해협양안에 나뉘어 있는 대륙과 대만을 가리킨다. 그러나 사람들은 "양안"을 사용할 때 일반적으로 이를 지리적인 개념으로 사용하지 않고 일종의 정치현실로 사용할 때가 많다. 그 의미는 지리적인 양안을 가리킬 뿐만 아니라 아직 통일되지 않은 "하나의 중국"에 속하는 "대륙"과 "대만"도 의미한다. 이러한 경우 "양안"은 정치적인 개념으로 변화한다. 정치적인 개념으로서의 "양안"은 일반적으로 두 가지로 사용된다. 첫째는 "양안"을 정치적인 개념으로 사용하는 경우인데 이때는 엄밀하게 지리적인 의미에서의 "대만해협양안"을 의미하지는 않는다. 왜냐하면 대만지역은 대만해협 한편에 있는 대만도만을 포함하는 것이 아니라 펑후(澎湖)도, 진먼(金門)도와 마쭈(馬祖)도 등 세 섬도 포함하고 있고, 이 세 섬은 지리상으로는 대륙 측에 있지만 정치상으로는 대만 측에 있기 때문이다. 둘째로 "양안"이라는 어휘를 사용하는 경우는 보통 "하나의 국가"라는 표현을 사용하기 어려울 경우인데, 이때 지리적인 개념인 "양안"은 정치상의 "하나의 국가"로 대체하는 개념이 된다.

"양안"은 대륙과 대만의 관련 법률에도 기재되어 있어 이미 법률개념으로 되었다. 물론 법률개념으로서의 "양안"은 정치개념에 따라 이해하여야 한다. 그러나 법률개념으로서의 "양안"은 정치개념으로서의 "양안"과 다른 점이 있다. 법률은 비록 정책의 규범적인 표현 방식이지만 법률 자체는 상대적인 안정성을 지니고 있기 때문에 법률개념으로서의 "양안"은 그 의미에서 일반적으로 정치개념으로서의 "양안"에 뒤떨어지고 있다. 대륙과 대만이 모두 승인하는 법치원칙에 따르면 법률상에서의 "양안"에 대한 규정만이 양안 공권력기관이 "양안"에 대해 공식적으로 인정하는 함의이다. 때문에 법률개념으로서의 "양안"은 대륙과 대만의 정치관계의 정립에 대해 더욱 중요한 참고적 의의가 있다. 대륙과 대만의 관련 법률에 의하면 "양안"은 두개의 서로 다른 규정에 근거하여 생성된 공권력기관이 효과적으로 관할하고 있는 구역을 가리킨다.

위에서 서술한바 "양안"은 대만문제의 논의에서 이미 점차적으로 특수한 의미를 갖고 있는 개념으로 형성되었다. 지리적 개념으로서의 "양안"은 양안관계의 과거에 대한 사람들의 인식을 담고 있고, 정치개념과 법률개념으로서의 "양안"은 양안관계의 현황에 대한 어쩔 수 없는 심정과 미래에 대한 기대를 담고 있다. 서로 모순되는 것 같은 이 문구는 양안관계 과거 60년의 심각한 변화를 반영하고 있다. 이러한 의미에서 양안관계의 정립 가능한 최선은 곧 "양안"관계라고 주장한 대륙학자가 있었다. 그는 "양안"은 양측이 모두 수용하고 공감하는 개념으로서 일정한 탄성을 지니고 있고 "회색지대"를 보류하는 원칙에 부합되며 이러한 관계정립의 견지는 양안의 민간, 경제무역거래의 평온한 발전을 확보하는 마지막 기회라고 하였다. 대만학자 사오중하이는 이 학자의 관점에 대해 "양안"은 확실히 중성적이고 추상적이며 심지어는 "대등"(對等) 의미를 갖고 있는 명사이며, 타이베이(臺北)에서도 상당히 인정을 받고 있다고 평가하였다. 물론 사오중하이가 "양안"을 "양안대등"으로 이해한 것은 어느 정도 편파적이지만 이는 동시에 "양안"이라는 어휘가 양안에서의 해석의 공간이고 포용성도 크다는 것을 진일보 증명하였다.

때문에 우리는 양안 "대교류시스템"의 영역에 대해 구분함에 있어서 "양안"을 핵심으로 하는 구분기준으로 선택하였다. 이 기준에 의하여 우리는 양안교류의 영역을 세 부분으로 나눈다. 즉, 양안 각자의 유효 관할영역 내의 영역－"양안 내", 양안 공권력기관 관할범위 간에 존재하는 영역－"양안 간"과 양안 영역 외에 존재하는 국제사회에서의 영역－"양안 외"이다.

이러한 지리, 정치, 법률적 의미를 겸비한 개념인 "양안"을 핵심기준으로 한 영역 구분모식은 형식논리상 대륙과 대만의 각 층차, 각 영역에서의 교류활동을 완전히 포함할 수 있다. 상호 연관되면서도 서로 독립적인 이 세 개의 영역은 내용과 기능상 각자의 특징을 띠고 있다. 구체적으로 보면 아래와 같다. 첫째, "양안 내"의 교류는 주로 양안민중의 민간교류를 포괄하고 있다. 이는 양안 간의 한 측 민중이 상대방의 유효 관할범위 내에서의 규제문제에 대한 내용으로서 앞에서 지적한 양안 "소교류시스템"의 범위와 기본상에서 중첩된다. 둘째, "양안 간"의 교류는 주로 양안 공권력기관 간의 교류활동을 가리킨다. 교류 플랫폼으로부터 보면 주로 양회구조, 양안정당대화시스템 및 ECFA 구조하의 "양안경제협력위원회" 시스템 등을 포함하고, 교류 특징으로부터 보면 방식상의 간접성, 내용상의 사무성과 범위상의 행정성이 나타나며, 교류단계로부터 보면 주로 컨센서스의 형성과 집행의 두 단계를 포함한다. 셋째, "양안 외"의 교류는 주로 양안의 국제사회에서의 교류활동을 포괄한다. 교류형식으로부터 보면 주로 대만지역이 국제사회활동에 참여하는 문제, 양안이 동시에 하나의 국제기구와의 교류에 있어서의 질서문제 및 양안이 중화민족의 전반이익을 공동 수호하는 시스템 등을 포함한다. 다음 부분에서 이 삼자가 내포하고 있는 구체적인 함의, 특징 등에 대해 각기 상세히 서술하고 각자의 발전방향에 대해 전망을 하여 보도록 하겠다.

3. 양안교류시스템 각 층차의 상호관계 및 통합

양안교류는 양안 간 각 층차의 교류에 대한 집합성적인 서술이다. 이하에서는 이러한 서술에 대하여 분해하여 분석하도록 하겠다. 이러한 분석은 세 가지 다양한 영역에서의 양안 교류의 특징을 명확하게 밝혀주고 각 영역 내 교류 중에 존재하는 문제들에 대하여 점검하며 이에 기초하여 명확한 전망적 논술을 진행할 수 있다. 그러나 이렇게 나누어 서술하는 논증방식은 결코 세 층차의 구분이 절대적이라는 것을 의미하지는 않는다. 사실상 양안 "대교류시스템"은 하나의 전체성적인 개념으로서 각 구성부분 간에 강한 연관성을 지니고 있고 각 층차 사이의 교류는 제도적인 연계를 통해 높은 연관성과 의존도를 갖고 있다. 전반적인 양안교류시스템의 발전과 형성을 추진하려면 반드시 삼자 간의 상호관계를 명확히 하고 그에 대하여 적당하게 통합을 진행해야 한다. 본서는 세 영역에 존재하는 양안교류시스템의 각 층차 간의 상호 관련이 주로 다음과 같은 세 방면에서 체현된다고 생각한다.

첫째, 양안민중 교류질서를 보장하는 "양안 내" 교류시스템은 양안 "대교류시스템"을 구축하는 직접적인 목적이고 기타 두 가지 교류시스템의 동력이기도 하다. 양안관계 평화발전 구조의 구축에 있어서 양안민중의 민족감정과 이익 수요 두 방면의 힘은 양안관계와 양안 교류발전의 동력이며 원천이다. 한편으로 양안의 '중화의 아들딸들' 사이에 흐르는 혈육적인의 민족감정과 역사적으로 끊어놓을 수 없는 천만갈래의 연계는 양안민중의 자발적인 교류를 구성하는 감정적 동력이다. 대만이 일본의 식민지로 전락했던 일제강점시기에도 양안 간의 민간교류는 "명주실처럼 끊이지 않고 이어져서 늘 교류가 있었으며"[1] 양안 인민이 받은 동일한 중화문화의 깊은 영향은 이러한 끊임없는 왕래의 내재적인 원인이다. 그러나 분열된 양측 인민들은 원래 동일한 민족으로서 공통의 언어, 문자, 역사문화전통과 장기간의 통일된 경험을 갖고 있었으나 분열된 양측의 부동한 의식형태의 주도하에 민족, 역사, 문화, 전통에 관하여 다양한 해석을 형성하였다.[2] 현재 "종족"(族群), "성적"(省籍) 등 의제로 넘치는 대만지역의 비이성적인 정치적 영역에서 민족감정이라는 동력이 양안관계와 양안교류의 발전을 위해 계속하여 제공될 수 있는지 의문이다. 다만 의심할 바 없는 것은 양안 간의 이러한 민족감정은 여전히 양측 교류를 유지하는 중요한 연결고리라는 점이다. 한편으로, 대만해협지역의 평화안정과 양안 인민의 공동복지에 대한 기본 이익을 수호하는 것은 양안민중의 자발적인 교류의 현실적 동력이다. 중국 대륙은 이미 세계의 제2경제체로 발전하였고 대륙시장은 세계적으로 경제가 불경기인 환경에서도 대만이 여전히 높은 성장을 유지할 수 있는 중요한 원인으로 작용하였다. 이러한 현실적 이익 수요

---

1 許倬雲, 臺灣四百年, 浙江人民出版社, 2013, 75쪽.
2 張五嶽, 分裂國家互動模式與統一政策之比較研究, 業強出版社, 1992, 318쪽.

는 양안의 민간교류, 특히는 경제무역거래의 빠른 발전을 직접적으로 추진한
다. 양안이 ECFA를 핵심으로 한 여러 가지 경제무역협력협의를 체결한 오늘
우리는 양안이 민간교류를 정지하고 경제협력을 중지하는 결과를 상상할 수
가 없다. 목적과 수단의 구분으로부터 보면 양안 공권력기관 교류시스템, 양
안이 국제사회에서의 교류시스템을 구축하는 동력은 모두 양안민중 교류의
번영 및 발전으로부터 온다. 앞의 양자의 핵심목적은 양안민중 교류의 발전,
특히는 현 단계에서 양안민중으로부터 요구되는 대만해협의 평화, 양안 경제
무역관계발전에 있어서의 현실적인 수요에 있다. 때문에 본서는 양안민중 교
류의 보장을 핵심으로 하는 "양안 내" 교류시스템은 양안 "대교류시스템"을
구축하는 직접적인 목적이고, 이는 기타 두 가지 교류시스템의 구축을 위해
감정적 동력과 현실적 동력을 제공하여 준다고 생각한다.

둘째, 양안 공권력기관의 교류질서를 규제하는 "양안 간" 교류시스템은
양안 "대교류시스템"의 핵심이고 그의 형성과 발전은 기타 두 가지 교류시스
템에 중대한 영향을 미친다. 현재 사회에서 공권력기관의 기능은 부단히 증가
하고 있고 공권력은 이미 사회의 각 곳에 침투되었다. 따라서 공권력기관이
양안교류 과정에서 교류를 진행하여야만 양안 민간교류가 공고화되고 발전되
며 국제사회에서의 양안 교류도 최종적으로 일치될 수 있다. 양안 공권력기관
교류시스템은 양안 정부의 컨센서스가 형성되고 집행되는 플랫폼이다. 이 플
랫폼에서 형성된, 규범화된 양안의 컨센서스는 양안 각 층차 교류의 제도화에
기본적인 규범근거를 제공한다. 이러한 규범화된 양안 컨센서스에 기초하여
양안 간의 각 교류는 통제되고 인도된다. 때문에 양안 공권력기관 교류를 규
제함에 필요한 "양안 간" 교류시스템은 전체적인 양안 "대교류시스템"의 핵심
이다. 전체적인 시스템 핵심으로서의 "양안 간" 교류시스템은 기타 두 가지 교
류시스템에 중대한 영향을 미친다. 한편으로 양안 간 교류시스템의 운영은 양
안민중 교류 중에서의 각종 사회관계 내 규범을 형성할 수 있다. 이러한 규범
의 공식적인 표현형식은 곧 양안협의이다. 양안협의가 각기 양안 공권력기관
의 승인을 받은 후 일정한 방식을 통하여 양안 각 영역 내의 법률로 되어 각
자 영역 내에서 강제적인 구속력을 발생하고 양안민중의 발전에 영향을 준다.
다른 한편으로 양안교류시스템은 양안 정부가 소통을 진행하는 플랫폼이다.
이는 양측이 양안의 공동 관심화제에 대해 의견을 교환하는 핵심적인 시스템

이다. 양안이 국제사회에서의 교류에 대한 규제를 핵심내용으로 하는 "양안 외" 교류시스템의 주요한 규범원천도 역시 양안 정부의 컨센서스이다. 최근에 와서 양안은 대만지역의 국제공간문제, 대만이 국제기구에 참여하는 문제 등에서 모두 합의를 달성하였고 이는 양안이 국제사회에서의 교류질서를 구축하는 데 중요한 역할을 하였다.

셋째, 양안의 국제사회에서의 교류를 규범화하는 "양안 외" 교류시스템은 "양안 간" 교류에서 일종의 '외곽으로의 연장'이다. 양안의 국제사회에서의 교류문제는 사실상 대만지역이 국제 활동에 참가하는 것을 핵심으로 한 일련의 문제들의 집합적인 표현이다. 이는 대만지역이 국제기구에 참여하여 활동하는 문제, 양안의 동일한 국제기구에서의 교류문제, 양안이 중화민족의 이익을 공동 수호하는 문제 등과 관계된다. 그러나 "양안 외" 교류시스템의 구축은 국제사회에서가 아니라 양안 간에서이다. 어떤 의미에서 말하면 "양안 외" 교류시스템의 정책결정 원천은 여전히 양안 공권력기관의 교류에 있고 "양안 외" 교류시스템은 반드시 "양안 간" 교류시스템을 통하여 역할을 하고 그 본질적인 목적은 양안 공권력기관의 효율적인 상호 작용을 보장하는 데 있다. 우선, "양안 외"의 교류문제는 양안의 정치관계의 정립에 직접 관련된다. 양안 간에 정치적 갈등이 없으면 양안이 국제사회에서의 교류문제가 존재하지 않는다. 때문에 양안의 "양안 외" 교류문제를 해결하려면 반드시 "양안 간"으로부터 착수하여야 하고 "단계화", "의제화"의 수단으로 양안의 정치적 갈등을 해소하는 것이야말로 양안이 국제사회 교류에서 나타나는 각종 문제를 해결하는 근본적인 방법이다. 둘째로, "양안 외" 교류시스템의 구축은 양안이 공권력 교류시스템을 통해 양측이 이 문제에 관한 컨센서스를 형성하고 집행함으로써 규범적 의미를 가지는 "양안 외" 교류시스템을 형성할 것을 필요로 한다. 어떠한 시스템의 형성은 모두 규칙의 규제를 필요로 한다. "양안 외" 교류시스템을 규제하는 규칙은 바로 "양안 간" 교류시스템으로부터 비롯된다. 마지막으로, 국제사회에서의 양안 교류는 "양안 간" 교류와 마찬가지로 공권력기관(혹은 그의 수권기관)을 교류의 주체로 하고 그 교류행위도 양안 공권력기관 교류의 한 가지 표현형식으로 나타난다. 대만지역의 국제 활동에 질서 있게 참여하는 문제나 양안이 중화민족의 전반이익을 공동 수호하는 문제를 막론하고 양안은 소통과 교류를 함에 있어서 모두 반드시 각자의 공권력기관을 통하여 진행해야 한다. "독백" 방식과 "묵계" 형식의 교류의 시대는 이미 과거가 되었다. 때문에 "양안 외" 교류시스템은 본질적으로 "양안 간" 교류시스템의 국제사회라는 특정된 영역에서의 연장과 확장이라고 생각한다.

　　양안 "대교류시스템" 세 구성 요소 간의 관련성은 아주 강하고 이 요소들은 양안교류의 시스템화를 촉진하며 양안관계 평화발전의 공동목표를 보장함에 있어서 유기적으로 통일되어 각자 역할을 한다. 양안 "대교류시스템" 구조 하의 양안이 세 층차에서의 교류문제 및 "대교류시스템" 구축 전체를 관통하는 문제에 관하여 본서는 다음의 각 장절에서 순차적으로 서술하려고 한다.

제2절　"양안 내" 교류시스템: 양안민중의 교류시스템

　　"양안 내" 교류시스템은 주로 양안민중 간의 교류시스템을 가리키고 그 목적은 양안 민간인원의 무역왕래의 질서를 보장하고 교류에 참여하는 민중의 기본 권리를 수호하기 위함이다. 정치적 색채가 짙은 "양안 간" 교류시스템과 "양안 외" 교류시스템과는 달리 "양안 내" 교류는 양안교류 중에서 제일 활발하고 보편적인 교류형식으로서 양안 정치관계 변화의 영향을 가장 적게 받고 자발성과 안정성이 매우 뛰어나다. "양안 내" 교류시스템이 주목하는 양안민간교류는 양안의 기타 두 층차의 교류에 중요한 추진 역할을 할 뿐만 아니라 양안관계 평화발전의 내재적 동력이기도 하다.

1. "양안 내" 교류시스템의 제기와 서술

　　역사를 돌이켜 보면 1987년에 대만방면에서 대륙 친척방문의 문호를 열어놓은 뒤로 양안민중 간의 교류는 일관되게 이어져 왔으며 한 번도 중단된적이 없다. 리덩후이(李登辉)가 집권한 후 대만당국은 "하나의 중국"이라는 원칙에 대한 강조를 점차적으로 약화하고 양안관계에서 "법통"에 관한 쟁의를 강조하지 않았으며 "외교"상 "이중승인"을 받아들이는 태도를 보였다. 1999년에 리덩후이는 일방적으로 "양국론"의 분열관점을 제기하여 양안관계는 바닥까지 떨어졌다. 그리하여 양회협상시스템은 9년간 중단되었고 국제사회에서 양안의 교류도 중지되었으며 양안관계의 주된 선율은 평화협상으로부터 정체와 대항으로 변화하였다. 그러나 정치관계의 변화가 양안민간교류에 주는 영향은 아주 제한적이었다. 1999년부터 2008년까지 양안의 민간 왕래는 현저하게 증가하였고 대만상인의 대륙에 대한 투자도 매년 증가했으며 투자 산업의 차원도 점차적으로 고급화하였다.[1]

　　양안이 민간에서 발생할 수 있는 교류를 우리는 "양안 내" 교류라고 한다. "양안 내"는 양안이 각자의 유효 관할범위 내의 영역을 가리킨다. "양안 내" 교류는 양안교류에서 가장 직접적인 체현형식이다. 법학적 의미로 말하면 "양안 내" 교류는 주로 양안 중 한 측의 민중이 다른 한 측이 효과적으로 통제하는 범위 내에서 활동하는 것으로 표현된다. 이는 전의 학자들이 말하는 양안민중 교류와 대체적으로 비슷하고 일반적으로 양안 "소교류시스템"으로 이해된다. "양안 내" 교류시스템은 양안민중의 경제무역, 투자, 여행, 취업, 취학, 문화교류, 친척방문, 혼인 등 각 방면에서의 교류를 포함한다.

　　최근의 "양안 내" 교류시스템의 발전을 보면 1987년에 양안 단절상황이 타파된 후 양안경제무역, 문화 등 민간방면의 교류는 나날이 늘어났다. 이러한 배경하에서 대만당국은 "불접촉, 불타협, 불담판"의 "3불정책"을 제정하여 대륙방면과 연결하는 민간조직기구를 설립하고 정부를 통해 해당 조직에 권력을 부여하여 양안사무를 처리하려고 하였다. 1990년 11월 21일, "흰 수갑"이라고 하는 대만당국의 해협교류기금회(海峽交流基金會)가 정식으로 설립되었다. 양안관계를 증진하고 양안동포의 정당한 권익을 수호하며 양안의 각 항 사무에 관한 교류를 협조하기 위하여 협상을 주요 기능으로 하는 해협양안관계협회(海峽兩岸關係協會)도 1991년 12월 16일에 설립하였다. 이리하여 해협양안관계협회와 해협교류기금회를 양안의 사무성 협상시스템의 주축으로 하는 양회 사무성 협상시스템이 구성되었다. 양회의 공동한 노력으로 양안의 사무성 협상과 양안 사무성 협의의 정치적 전제와 기초가 되는 "92합의"(九二共識)가 이루어졌다. 잇따라 진행된 "왕구(汪辜)회담"에서는 양회 간의 연계와 회담제도, 양안 경제교류, 양안 문화교육, 과학기술교류 등 문제점에 대해 합의를 이루었다. "왕구회담"에서는 「양회의 연계와 회담제도에 관한 협의」(兩會聯繫與會談制度協議)를 체결하고 양회의 공식적인 연계경로를 설립하여 이후의 양안의 양

---

[1] 張傳國, 2000年以來兩岸投資關係的新發展及其效應, 廈門大學學報(哲學社會科學版), 2004, 제4기.

회에서 정기적으로 제도화, 일상화된 사무성 상담을 진행하는 데 좋은 기반을 마련하였다. 이러한 제도화된 협상경로의 설립은 양안이 이후 중요한 사무성 문제를 해결하기 위한 담판의 플랫폼을 제공하였고 양안관계의 양성발전을 위해 중요한 보장을 제공하였다.[1] 2008년 양회가 상담을 회복한 후 양안협의의 의 대륙지역과 대만지역에서의 실행은 세계적으로 주목할 만한 큰 성과를 취득하였고 그가 창조한 사회적 효과거나 경제적 효과거나 혹은 법제적 효과는 모두 해협양안의 교류와 발전에 중대한 영향을 일으켰다. 양안협의의 조정범위는 아주 광범위하여 양안의 교통운수, 사회사무, 경제협력, 사법협력 등 여러 방면을 포함하였으며 양안 인민의 권익과 밀접히 연관되었다. 양안협의의 집행은 실용적으로 양안교류에서 파생된 관련문제를 해결하였을 뿐만 아니라 양안교류의 왕래의 시간적 단가를 낮추었고 양안의 민간교류를 추진하였으며 양안민중의 상호이해를 증진하여 양안의 기업협력에 편의를 도모하고 양안관계의 평화발전을 위하여 조건을 제공하였다.[2]

"양안 내" 교류시스템이 주목하는 양안 민간교류는 양안이 기타 두개의 층차상의 교류를 추진하는 데 중요한 의미가 있을 뿐만 아니라 양안관계 평화발전의 내재적 동력을 구성하였다. 현재 양안의 민간교류가 번영하고 경제거래가 밀접한 상황에서 양안민중, 특히는 대만민중이 양안관계 평화발전에 대한 기대는 나날이 간절해지고 있고 이는 양안의 평화발전에 유리한 정세를 공동 수호하는데 중요한 역할을 한다. 동시에 민중의 정상적인 교류를 보장하는 수요에 따라 양안 공권력기관의 교류는 어쩔 수 없이 단절로부터 회복되었고 점차적으로 다원화 실용적인 발전경로로 나가고 있으며 양안이 국제사회에서의 교류도 따라서 더욱 큰 정도의 상호 양해와 지지를 얻게 되었다.

2. "양안 내" 교류시스템의 규범 구성

양안의 민간교류가 나날이 밀접해지고 있는 상황에서 대륙과 대만은 각기 양안의 민간교류관계를 조절하는 일련의 법률규범을 제정하여 규범 차원의 "양안 내" 교류시스템을 형성하였다. "양안 내" 교류시스템의 규범은 주로

---

1 武漢大學兩岸及港澳法制研究中心, 海峽兩岸協議藍皮書(2008-2014), 九州出版社, 2014, 44쪽.
2 武漢大學兩岸及港澳法制研究中心, 海峽兩岸協議藍皮書(2008-2014), 九州出版社, 2014, 97쪽.

양안이 경제무역, 투자, 여행, 취업, 취학, 문화교류, 친척방문, 혼인 등 방면에서의 규정과 양안의 법률충돌과 사법공조에 관한 규범 등을 포함한다. "양안 내" 교류행위를 규정함에 있어서 대륙 측에서는 「대만동포투자보호법」(臺灣同胞投資保護法), 「중국공민의 대만지역 왕래에 관한 관리방법」(中国公民往来台湾地区管理办法) 등 법규와 「푸저우시 대만동포 투자권익 보장에 관한 약간의 규정」(福州市保障臺灣同胞投資權益若干規定),「샤먼경제특구 대만동포 투자보장조례」(廈門經濟特區臺灣同胞投資保障條例) 등 20여 부의 대만에 관한 지방성법규와 경제특구법규를 제정하였고 이로써 대만사업에 관한 법률체계를 형성하였다.[1] 이와 대응하여 대만지역에도 일련의 "양안 내" 교류에서의 대륙사무에 관한 입법체계가 있다. 이는 주로 「중국공민의 대만지역 왕래에 관한 관리방법」(中國公民往來臺灣地區管理辦法), 「대륙주민의 대만지역 관광에 관한 관리방법」(大陸居民赴臺灣地區旅遊管理辦法)등 대만의 관련 입법 및 「사법원대법관해석」(司法院大法官解釋) 등 규범성 법률문서에서 나타난다. 이러한 법률문서를 분류하여 정리하면 다음의 표와 같다.

대륙의 대만에 관한 경제 관련 법률문서 규정 일람표[2]

분류	시기	법률문서 규정 명칭
투자	1994년	대만동포투자보호법 (臺灣同胞投資保護法)
	1999년	대만동포투자보호법실행세칙 (臺灣同胞投資保護法實施細則)
	2010년	대만지역에서의 대륙기업의 투자 관리방법 (大陸企業赴臺灣地區投資管理辦法)
	2013년	대만투자자 제3지 경유 투자인정 잠정방법 (臺灣投資者經第三地轉投資認定暫行辦法)
무역	1993년	대만지역 소액무역에 대한 관리방법 (對臺灣地區小額貿易的管理辦法)
	2000년	대만지역 무역에 대한 관리방법 (對臺灣地區貿易管理辦法)

---

1 국무원 대만사무판공실이 선정한 臺灣事務法律文件選編에 따르면 중국은 현재 대만에 관한 법률, 법규, 규약 및 규범성 문서가 142건 있다. 본고에서는 대륙에서의 대만 관련 사무 법률문서의 분류를 주로 臺灣事務法律文件選編의 내용을 참조하였다. 國務院臺灣事務辦公室, 臺灣事務法律文件選編, 中國法制出版社, 2015, 참조.

2 본 표는 저자가 臺灣事務法律文件選編에서 대륙의 대만 관련 사무 법률문서의 분류에 따라 정리한 것이다. 國務院臺灣事務辦公室, 臺灣事務法律文件選編, 中國法制出版社, 2015, 참조.

분류	시기	법률문서 규정 명칭
무역	2007년	대만지역과 소액무역을 진행하는 일부 지역에 대해 시범적으로 더욱 개방적인 관리조치 진행에 관한 통지 (關於在部分對臺小額貿易點試行更開放管理措施的通知)
	2013년	대만지역과 소액무역을 진행하는 항구에 대해 시범적으로 개방적인 관리조치를 시행할 제2차 명단에 관한 통지 (關於公佈第二批試行更開放管理措施對臺小額貿易口岸名單的通知)
	2014년	대만지역과 소액무역을 진행하는 지역에 대해 시범적으로 더욱 개방적인 관리조치를 진행할 제3차 명단에 관한 통지 (關於公佈第三批試行更開放管理措施對臺小額貿易點的通知)
기업관리	1994년	대만, 홍콩, 마카오 교포 투자기업 허가증서 발급에 관한 통지 (關於頒發臺港澳僑投資企業批准證書的通知)
	2003년	대만동포투자기업협회 잠정관리방법 (臺灣同胞投資企業協會管理暫行辦法)
교통운수 우전업	1996년	대만해협 양안 간 해상운수 관리방법 (臺灣海峽兩岸間航運管理辦法)
		대만해협 양안 간 화물운수대리업에 관한 관리방법 (關於臺灣海峽兩岸間貨物運輸代理業管理辦法)
	2002년	대만해협 양안 간 비정기적 선박운수관리 강화에 관한 통지 (關於加強臺灣海峽兩岸不定期船舶運輸管理的通知)
	2006년	푸젠 연해지역과 진먼, 마쭈, 펑후 간의 해상직접통항운수 관리에 관한 잠정규정 (福建沿海地區與金門, 馬祖, 澎湖間海上直接通航運輸管理暫行規定)
	2007년	마카오특별행정구와 대만지역의 호출번호 전송사업 추진에 관한 통지 (關於推進澳門特別行政區和臺灣地區來話主叫號碼傳送工作的通知)
		대만해협 양안 해상직항정책조치 및 실행사항 촉진에 관한 공고 (關於促進臺灣海峽兩岸海上直航政策措施及實施事項的公告)
	2008년	대만해협 양안 직항선박 감독관리 잠정방법 (臺灣海峽兩岸直航船舶監督管理暫行辦法)
		대만해협 양안 간 해상직항 실행사항에 관한 공고 (關於臺灣海峽兩岸間海上直航實施事項的公告)
		인터넷으로 대만해협 양안 간의 선박 운영허가서에 관한 업무 처리에 관한 통지 (關於網上辦理臺灣海峽兩岸間船舶營運證的通知)
	2009년	양안 해상직항정책 조치 촉진에 관한 공고 (關於促進兩岸海上直航政策措施的公告)
		해협양안 해상직항정책 조치를 진일보 촉진에 관한 공고 (關於公佈進一步促進海峽兩岸海上直航政策措施的公告)
	2011년	해협양안 해상직항정책 조치에 관한 공고 (關於海峽兩岸海上直航政策措施的公告)
	2012년	해협양안 해상직항발전정책 조치에 관한 공고 (關於海峽兩岸海上直航發展政策措施的公告)
		대만해협 양안 간 정기선 컨테이너 운임을 등록, 실행에 관한 통지 (關於臺灣海峽兩岸間集裝箱班輪運價備案實施的公告)

분류	시기	법률문서 규정 명칭
교통운수 우전업	2013년	대만해협 양안 해상직항발전정책조치 진일보 촉진에 관한 공고 (關於進一步促進臺灣海峽兩岸海上直航發展政策措施的公告)
농업	2005년	대만으로부터 온 과일에 대해 약식 검증검역조치 실행에 관한 통지 (關於對來自臺灣水果實施便捷檢驗檢疫措施的通知)
	2006년	대만의 과일, 야채와 수산물 진입종류의 확대에 관한 통지 (關於擴大臺灣水果, 蔬菜和水產品准入種類的公告)
	2007년	양안의 농업협력의 추진과 대만농민에 혜택이 미치는 약간의 정책 조치 (關於促進兩岸農業合作, 惠及臺灣農民的若干政策措施)
	2012년	대만 쌀의 대륙으로의 운송 허가에 관한 공고 (關於允許臺灣大米輸往大陸的公告)
공상세무	2006년	대만과일로 위장하는 행위의 제지 및 조사, 처리에 관한 통지 (關於制止和查處假冒臺灣水果行爲的通知)
	2007년	푸젠연해와 진먼, 마쭈, 펑후 해상직항업무 관련세무정책에 관한 통지 (關於福建沿海與金門, 馬祖, 澎湖海上直航業務有關稅收政策的通知) 대만농민이 해협양안 농업협력시험구와 대만농민창업원에서의 개 인사업자 상호 신청에 대한 등록관리사업에 관한 약간의 의견 (臺灣農民在海峽兩岸農業合作試驗區和臺灣農民創業園申辦個體工 商戶登記管理工作的若干意見)
	2009년	해협양안 해상직항영업세와 기업소득세 정책에 관한 통지 (關於海峽兩岸海上直航營業稅和企業所得稅政策的通知)
	2011년	대만주민에 대한 개인사업자 상호 설립신청 개방에 관한 통지 (關於開放臺灣居民申請設立個體工商戶的通知)
	2012년	대만주민의 대륙의 부분적 성시에서의 개인사업자 상호 신청에 대한 등록관리 사업에 관한 의견 (關於臺灣居民在大陸部分省市申辦個體工商戶登記管理工作的意見) 대만 비기업성 경제조직의 대륙상주대표기구 심사비준에 관한 관 리사업 규칙 (臺灣非企業經濟組織在大陸常駐代表機構審批管理工作規則)
해협서안 경제구 건설	1994년	푸젠성 대만선박 전박지점 관리방법 (福建省臺灣船舶停泊點管理辦法) 샤먼경제특구 대만동포 투자보장조례 (廈門經濟特區臺灣同胞投資保障條例)
	1996년	푸젠성 민대근양 어부 노무협력방법 (福建省閩臺近洋漁工勞務合作辦法) 푸젠성 대만동포의 기부접수에 관한 관리방법 (福建省接受臺灣同胞捐贈管理辦法) 푸저우시에서 대만동포 투자권익을 보장할 데 관한 약간의 규정 (福州市保障臺灣同胞投資權益若干規定)
	1998년	샤먼해창 대만상인투자구 조례 廈門海滄臺商投資區條例
	1999년	푸젠성 대만학생 모집에 관한 약간의 규정 (福建省招收臺灣學生若干規定)

분류	시기	법률문서 규정 명칭
해협서안 경제구 건설	2007년	다덩(大嶝)대만소액상품거래시장에 관한 중화인민공화국 세관 관리방법 (中華人民共和國海關關於大嶝對臺小額商品交易市場管理辦法)
	2009년	푸젠성의 해협서안경제특구의 가속화 건설 지지에 관한 국무원의 약간의 의견 (國務院關於支持福建省加快建設海峽西岸經濟區的若干意見)
		푸젠성 민대농업협력 촉진조례 (福建省促進閩臺農業合作條例)
	2010년	푸젠성 「중화인민공화국 대만동포 투자보호법」 실행방법 (福建省實施「中華人民共和國臺灣同胞投資保護法」辦法)
	2013년	핑탄(平潭)종합실험지역에 대한 중화인민공화국 세관 감독, 관리방법(시행) [中華人民共和國海關對平潭綜合實驗區監管辦法(試行)]
		핑탄(平潭)종합실험지역 개방개발의 추진 가속화에 관한 푸젠성 인민대표대회상무위원회의 결정 (福建省人民代表大會常務委員會關於加快推進平潭綜合實驗區開放開發的決定)
		다덩(大嶝)대만소액상품거래시장에 관한 중화인민공화국 세관 관리방법 (中華人民共和國海關關於大嶝對臺小額商品交易市場管理辦法)
	2014년	샤먼경제특구 양안 신흥산업과 현대서비스업 협력시범지역 조례 (廈門經濟特區兩岸新興產業和現代服務業合作示範區條例)

대만지역의 대륙사무에 관한 경제 관련 법률문서 규정 일람표[1]

분류	시기	법률문서 규정 명칭
투자무역	1998년	대륙지역 인민의 대만에서의 경제무역 관련 활동 종사에 관한 허가방법 (大陸地區人民來臺從事經貿相關活動許可辦法)
	2002년	대륙지역 인민이 대만지역에서 부동산의 설정 및 전이에 의한 물권취득에 관한 허가방법 (大陸地區人民在臺灣地區取得設定或移轉不動產物權許可辦法)
	2005년	대만지역과 대륙지역 증권선물업무왕래 허가방법 (臺灣地區與大陸地區證券期貨業務往來許可辦法)
		대만지역과 대륙지역 보험업무 왕래 및 투자허가 관리방법 (臺灣地區與大陸地區保險業務往來及投資許可管理辦法)
	2009년	대륙지역 인민의 대만에서의 투자 허가방법 (大陸地區人民來臺投資許可辦法)
		대륙지역 인민의 대만에서의 투자업별 항목 (大陸地區人民來臺投資業別項目)

1 본 표는 저자가 정리하였음. 관련 자료는 법원법률사이트(法源法律網)를 참조.

분류	시기	법률문서 규정 명칭
투자무역	2009년	대륙지역 투자자의 대만에서의 증권투자 및 선물거래 종사에 관한 관리방법 (大陸地區投資人來臺從事證券投資及期貨交易管理辦法)
업무왕래	1998년	대륙지역 법률전문인사의 대만에서의 법률 관련 활동 종사에 관한 허가방법 (大陸地區法律專業人士來臺從事法律相關活動許可辦法)
		대륙지역 환경보호전문인사의 대만에서의 환경보호 관련 활동 종사에 관한 허가방법 (大陸地區環境保護專業人士來臺從事環境保護相關活動許可辦法)
		대륙지역 대중매체인사의 대만에서의 참관, 방문, 취재, 촬영, 프로그램 제작에 관한 허가방법 (大陸地區大眾傳播人士來臺參觀訪問採訪拍片製作節目許可辦法)
		대륙지역 교통전문인사의 대만에서의 교통사무 관련 활동 종사에 관한 허가방법 (大陸地區交通專業人士來臺從事交通事務相關活動許可辦法)
	2001년	대만지역과 대륙지역 금융업무왕래 허가방법 (臺灣地區與大陸地區金融業務往來許可辦法)
	2002년	대륙지역 전문인사의 대만에서의 전문활동 종사에 관한 허가방법 (大陸地區專業人士來臺從事專業活動許可辦法)
	2003년	국제기업이 대륙지역 인민을 대만에 요청하여 상업 관련활동에 종사하는 것을 허가하는 방법 (跨國企業邀請大陸地區人民來臺從事商務相關活動許可辦法)
	2005년	대륙지역 인민의 대만에서의 상업업무활동 종사에 관한 허가방법 (大陸地區人民來臺從事商務活動許可辦法)
	2007년	기업 내부 인사이동 중 대륙지역 인민이 대만에서의 복무 신청에 관한 허가방법 (企業內部調動之大陸地區人民申請來臺服務許可辦法)
	2008년	대만지역과 대륙지역 해운직항허가 관리방법 조문 (臺灣地區與大陸地區海運直航許可管理辦法條文)

대만동포가 대륙지역에서 받는 행정관리 관련 법률문서 규정 일람표[1]

분류	시간	법률문서 규정 명칭
출입경	1991년	중국공민 대만지역 왕래 관리방법 (中國公民往來臺灣地區管理辦法)
	2001년	대만어선 정박지점 변방치안 관리방법 (臺灣漁船停泊點邊防治安管理辦法)
문화교육	1999년	일반 고등학교의 홍콩특별행정구, 마카오지역 및 대만성 학생에 대한 모집과 양성에 관한 잠정규정 (關於普通高等學校招收和培養香港特別行政區, 澳門地區及臺灣省學生的暫行規定)
	2005년	대만학생 장학금 관리 잠정방법 (臺灣學生獎學金管理暫行辦法)
		조국대륙 일반 고등학교와 과학연구기관이 대만지역 학생 모집할 경우의 요금기준 조정과 관련 정책문제에 관한 통지 (關於調整祖國大陸普通高校和科研院所招收臺灣地區學生收費標準及有關政策問題的通知)
	2010년	일반 고등학교에서 대만지역의 대학입학시험 학과능력시험성적에 근거하여 대만고중졸업생 모집에 관한 통지 (普通高等學校依據臺灣地區大學入學考試學科能力測驗成績招收臺灣高中畢業生的通知)
	2013년	내지(대륙)에서 공부하고 있는 홍콩, 마카오, 대만 대학생을 도시 주민기본의료보험 범위 포함에 관한 통지 [關於將在內地(大陸)就讀的港澳臺大學生納入城鎮居民基本醫療保險範圍的通知]
뉴스취재	2008년	조국대륙에서의 대만기자 취재방법 (臺灣記者在祖國大陸採訪辦法)
양안 여행업	2006년	대륙주민의 대만지역관광에 관한 관리방법 (大陸居民赴臺灣地區旅遊管理辦法)
	2008년	"대륙주민의 대만지역 여행팀 명단" 관리방법 (大陸居民赴臺灣地區旅遊團名單表」管理辦法)
	2011년	대륙주민의 대만지역 개인여행 허가에 관한 통지 (關於開展大陸居民赴臺灣地區個人旅遊的通知)
장례관리	1988년	대만동포가 대륙으로 돌아와 장례를 치르는 문제에 관한 통지 (關於臺灣同胞回大陸辦理喪葬問題的通知)
	1996년	대륙에서의 대만동포 사망사후처리에 관한 방법 (關於臺灣同胞在大陸死亡善後處理辦法)

---

1 본 표는 저자가 臺灣事務法律文件選編에서 대륙의 대만 관련 사무 법률문서의 분류에 따라 정리한 것이다. 國務院臺灣事務辦公室, 臺灣事務法律文件選編, 中國法制出版社, 2015 참조.

분류	시간	법률문서 규정 명칭
개업자격 취득과 취업	1994년	대륙에서의 홍콩, 마카오, 대만지역 회계사사무소 임시 회계감사 집행에 관한 잠정규정 (港, 澳, 臺地區會計師事務所來內地臨時執行審計業務的暫行規定)
	2001년	내지 의학전공학력을 취득한 대만, 홍콩, 마카오 주민이 국가의사 자격시험을 신청하는 관련 문제에 대한 통지 (關於取得內地醫學專業學歷的臺灣, 香港, 澳門居民申請參加國家醫師資格考試有關問題的通知)
	2003년	「홍콩, 마카오, 대만지역 회계사사무소의 대륙에서의 임시 회계감사 집행에 관한 잠정규정」 보충규정 (「港, 澳, 臺地區會計師事務所來內地臨時執行審計業務的暫行規定」的補充規定)
	2005년	대만, 홍콩, 마카오 주민이 내지에서 취업할 경우의 관리규정 (臺灣香港澳門居民在內地就業管理規定)
	2006년	대만지역 주민 공인건축사자격 취득에 관한 구체방법 (臺灣地區居民取得註冊建築師資格的具體辦法)
	2007년	대만주민에게 부분적 전공기술인원 자격시험 개방에 관한 관련 문제에 대한 통지 (關於向臺灣居民開放部分專業技術人員資格考試有關問題的通知)
		대만지역 주민과 국외의학학력을 취득한 중국대륙주민의 의사자격 시험 참가에 관한 관련 문제에 대한 통지 (關於臺灣地區居民和獲得國外醫學學歷的中國大陸居民參加醫師資格考試有關問題的通知)
		대만주민의 전국 부동산평가사 자격시험 지원조건에 관한 관련 문제에 대한 통지 (關於臺灣居民參加全國房地産估價師資格考試報名條件有關問題的通知)
	2008년	대만지역 주민의 국가사법시험 참가에 관한 약간의 규정 (臺灣地區居民參加國家司法考試若干規定)
		대만지역 의사가 대륙에서의 단기간 의사 직업 종사에 관한 관리방법 (臺灣地區醫師在大陸短期行醫管理規定)
		국가법률직업자격을 취득한 대만주민의 대륙에서의 변호사 직업 종사에 관한 관리방법 (取得國家法律職業資格的臺灣居民在大陸從事律師職業管理辦法)
	2009년	대만주민에게 더 한층 부분적 전공기술인원 자격시험 개방에 관한 관련 문제에 대한 통지 (關於再向臺灣居民開放部分專業技術人員資格考試有關問題的通知)
		대만지역의사의 대륙의사자격 취득 인증관리방법 (臺灣地區醫師獲得大陸醫師資格認定管理辦法)
	2010년	푸저우 샤먼에 대만지역 변호사사무소 대표기구 시험장소를 설립하는 사업에 관한 실행방법 (臺灣地區律師事務所在福州廈門設立代表機構試點工作實施辦法)

분류	시간	법률문서 규정 명칭
개업자격 취득과 취업	2012년	홍콩, 마카오와 대만동포의 내지 고등학교에서의 교사자격증 신청에 관한 관련 문제에 대한 통지 (關於港澳人士和臺灣同胞在內地高校申請敎師資格證有關問題的通知)
	2013년	내지 고등학교에서 학습한 대만, 홍콩, 마카오 졸업생이 직업훈련 보조금을 향수할 데 관한 통지 (關於在內地高校學習的臺港澳畢業生享受職業培訓補貼政策的通知)
		대만, 홍콩, 마카오 주민의 실업등록 처리에 관한 통지 (關於臺灣香港澳門居民辦理失業登記的通知)
		대만주민에게 계속하여 부분적 전공기술인원 자격시험 개방에 관한 관련 문제에 대한 통지 (關於繼續向臺灣居民開放部分專業技術人員資格考試有關問題的通知)
	2014년	홍콩특별행정구, 마카오특별행정구, 대만지역 주민 및 외국인의 공인회계사 전국통일시험 참가방법 (香港特別行政區、澳門特別行政區、臺灣地區居民及外國人參加註冊會計師全國統一考試辦法)

대륙지역 인민이 대만지역에서 받는 행정관리 관련 법률문서 규정 일람표[1]

분류	시기	법률문서 규정 명칭
출입경	1993년	대륙지역 인민의 대만지역 입경 허가방법 (大陸地區人民進入臺灣地區許可辦法)
		대만지역 인민의 대륙지역 입경 허가방법 (臺灣地區人民進入大陸地區許可辦法)
문화교육	2011년	대륙지역 인민의 대만에서의 전문학교 이상 학교의 취학방법 (大陸地區人民來臺就讀專科以上學校辦法)
		대륙지역 학력 인정방법 (大陸地區學歷採認辦法)
방송 뉴스업	2003년	대륙의 물품 노동 서비스가 대만에서의 광고종사에 관한 관리방법 초안 (大陸物品勞動服務在臺從事廣告的管理辦法草案)
	2007년	「대륙지역의 출판물, 영화, 녹화프로그램, 방송프로그램의 대만지역 진입 또는 대만지역에서의 발행, 판매, 제작, 방송, 전시, 참관에 관한 허가방법」 부분 조문 수정초안 (「大陸地區出版品電影片錄像節目廣播電視節目進入臺灣地區或在臺灣地區發行銷售製作播映展覽觀摩許可辦法」部分條文修正草案)

---

1 본 표는 저자가 정리하였음. 관련 자료는 법원법률사이트(法源法律網)를 참조.

분류	시기	법률문서 규정 명칭
교통운수 우전업	1990년	대만지역과 대륙지역 민중 간의 간접통화(전보) 개방에 관한 실행방법 [開放臺灣地區與大陸地區民衆間接通話(報)實施辦法]
	1993년	대륙 우편물 처리 요점(大陸信件處理要點)
	2002년	진먼, 마쭈와 대륙지역 통항 시험 실행방법 (試辦金門馬祖與大陸地區通航實施辦法)
여행업	2002년	대륙지역 인민이 대만에서의 관광활동 종사 허가방법 (大陸地區人民來臺從事觀光活動許可辦法)
취업	2004년	대만지역에서의 대륙 배우자 의친(依親) 체류기간의 사업허가 및 관리방법 (大陸配偶在臺灣地區依親居留期間工作許可及管理辦法)
	2009년	취업보험법수정안 (就業保險法修正案)

양안동포 간의 민사법률관계 관련 법률문서 규정 일람표[1]

분류	시기	법률문서 규정 명칭
지적 재산권	1994년	대만동포 국제신청 접수에 관한 통지 (關於受理臺胞國際申請的通知)
	2006년	대만 농산품 상표권에 대한 보호력을 강화하여 양안의 농업협력 촉진에 관한 실행의견 (關於加大臺灣農産品商標權保護力度促進兩岸農業合作的實施意見)
	2010년	대만동포 특허신청에 관한 약간의 규정 (關於臺灣同胞專利申請的若干規定)
		「대만지역 상표등록신청자 우선권 요구에 관한 관련 사항 규정」과 관련 서식의 반포에 관한 공고 (關於發佈「臺灣地區商標註冊申請人要求優先權有關事項的規定」及相關書式的公告)
		대만지역 신청자가 대륙에서의 새로운 식물품종권 신청에 관한 잠정규정 (關於臺灣地區申請人在大陸申請植物新品種權的暫行規定)

---

1 본 표는 저자가 臺灣事務法律文件選編에서 대륙의 대만 관련 사무 법률문서의 분류에 따라 정리한 것이다. 國務院臺灣事務辦公室, 臺灣事務法律文件選編, 中國法制出版社, 2015 참조.

분류	시기	법률문서 규정 명칭
혼인입양	1988년	대만으로 간 인원과 대륙에 남아있는 배우자 간의 혼인관계 문제 처리의견에 관한 통지 (關於去臺人員與其留在大陸的配偶之間婚姻關係問題處理意見的通知)
		대륙주민과 대만주민의 혼인신고 관리에 대한 장정방법 (大陸居民與臺灣居民婚姻登記管理暫行辦法)
	1999년	화교와 홍콩, 마카오, 대만지역에 거주하고 있는 중국공민이 입양등록을 함에 있어서의 관할 및 제출하여야 할 증빙자료에 관한 규정 (華僑以及居住在香港、澳門、臺灣地區的中國公民辦理收養登記的管轄以及所需要出具的證件和證明材料的規定)
	2004년	화교, 홍콩, 마카오, 대만주민의 혼인상황증명 제출문제에 관한 답서 (關於華僑、港澳臺居民提交婚姻狀況證明問題的覆函)

3. "양안 내" 교류시스템이 봉착한 곤경 및 해소 방법

"양안 내" 교류시스템의 구체적 규범은 「양안통일실체법」, 「법률충돌규범」과 「사법공조규범」 등에서 표현된다. 양안통일실체법이란 양안에서 동시에 법률효력을 발생할 수 있는 일련의 실체성 교류시스템의 규범체계로서 양안이 공동으로 창설하고 양안에 대해 모두 법률적 효력을 가지며 내용상 완정한 실체성 규칙이다. 법률충돌규범이란 양안의 언어 환경하에서 양안 각자 영역 내의 규정 혹은 양안협의가 규정한 각종 법률관계 처리 시 응당 어떠한 법률을 적용하여야 하는가를 지적한 규범의 총칭이다. 사법공조규범이란 양안의 사법 활동 중에서 상대방 관할구역에서의 문서송달, 조사와 증거수집, 재판과 중재 재결의 승인, 판결 받은 자의 이송 등 문제와 관련하여 제정한 영역 내 규정 혹은 양측협상 후 이룬 협의의 총칭이다.

"양안 내" 교류 중에서의 법률규범의 적용에 있어서 양안은 각자의 법률규범을 주요로 하고 있기 때문에 "양안 내" 교류시스템이 타파하여야 할 주된 난관은 법률충돌을 핵심으로 하는 법제곤란이다. 이러한 법제곤란은 세 가지 방면에서 체현된다. 첫째, 양안 각자 영역 내의 규정 간에 모순과 충돌이 존재하여 양안민중의 교류에 부정적인 영향을 주기 쉽다. 예컨대 양안이 각자의 민사법률상 공민의 권리능력, 행위능력, 결혼, 이혼 등 문제에 관한 모든 규정 간에 모두 차이가 존재한다. 둘째, 양측이 조화롭고 통일적인 충돌법과 법률 적용규범이 결핍되고 양안의 각자 법률 중의 민상사충돌규범에 차이가 있다. 셋째, 양측이 상대방이 내린 판결에 대한 승인과 집행방면에 장애가 존재한다. 비록 양안이 모두 상대방의 민상사판결을 승인한다는 법률규정이 있지만 그 중 모호한 부분이 여전히 많이 존재한다. 예컨대 대만지역의 「양안 인민관계조례」에서는 "대륙지역에서 내린 민사확정판결, 민사중재판단 중 대만지역의 공공질서와 선량한 풍속을 위배하지 않은 자에 한하여 법원에 재정을 신청하여 인정한다"라고 규정하고 있지만[1] 실제 상황에서는 "대만지역의 공공질서와 선량한 풍속"이 무엇인지 모호하여 명확히 파악하기 어렵다. 때문에 "양안 내" 교류시스템 곤경의 주요한 해결방법은 양안교류의 법률적용시스템을 구축하는 것이다. 구체적으로 말하면 양안 각자 규정의 기초에서 민상사법률 적용상의 합의를 형성하는 것을 계기로 점차적으로 양안의 상호 관련 민상사법률법규가 일치되도록 조절하고 최종적으로 양안 민간교류의 무장애 법률시스템을 형성하는 것이다.

위에서 말한 세 가지 규범 중 법률충돌규범과 사법공조규범은 현재 양안 법률규범 중에서 모두 어느 정도 반영되고 있지만 대부분 양안 각자 입법의 상태로 반영되고 있다. 대륙방면의 「민사소송법」, 「중재법」 등 법률에서 모두 대만에 관련한 소송, 중재의 인정, 협조 등 문제를 언급하고 있고, 최고인민법원에서 공포한 1988년, 2008년과 2010년의 사법해석에서도 대륙법원이 대만지역 민상사중재의 승인, 대만지역의 민상사법률의 적용과 사법공조 등 일련의 문제를 해결하였다. 대만방면의 「양안 인민관계조례」(兩岸人民關繫條例)는 대륙에 관한 법률의 적용, 중재의 승인 등 문제를 체계적으로 규정하였다. 양안이 2010년에 체결한 「해협양안 사법공조와 공동 범죄 단속에 관한 협의」(海峽兩岸司法互助和共同打擊犯罪協議)도 양안 사법부문이 공조를 실현하는 데 한층 더 규범적 근거를 제공하였다.

"92합의"의 공동한 정치적 기초에 근거하여 양안은 이미 점차적으로 "법역"(法域)이라는 개념으로 양측 각자의 영역 내에 다소 차이가 있는 법률체계

---

1 「兩岸人民關繫條例」 제74조.

가 존재한다는 사실을 받아들이고 있다. 이 기초에서 대륙과 대만은 각기 각자 영역 내의 입법 혹은 법률해석의 방식을 통하여 상대방의 법률규범(특히는 민사법률규범)의 법률적 효력을 인정하여 일련의 「지역충돌법」 규범을 형성하였다. 20세기 80년대부터 지금까지 대륙은 대만지역 법률의 적용을 승인함에 있어서 회피로부터 간접승인, 간접승인으로부터 직접승인의 과정을 거쳐 왔다. 이 과정에서 최고인민법원의 사법해석이 중요한 역할을 하였다. 1988년 최고인민법원은 「인민법원이 대만지역의 관련 법원 민사판결 승인에 관한 규정」(關於人民法院認可臺灣地區有關法院民事判決的規定) 등 양안의 사법공조에 유익한 규범성 문서를 반포하였다. 2008년에 통과된 「대만 관련 민사소송문서의 송달에 관한 약간의 규정」(關於涉臺民事訴訟文書送達的若干規定)은 양안을 사법공조의 길로 들어서게 하였다. 2010년에 이르러 최고인민법원은 「대만 관련 민상사사건 심리에 있어서의 법률적용문제에 관한 규정」(關於審理涉臺民商事案件法律適用問題的規定)에서 인민법원이 대만지역의 민사법률을 적용할 수 있음을 제시하였다. 대만에서는 「양안 인민관계조례」에서 대륙 관련 법률적용문제에 관하여 비교적 상세히 규정하여 초보적이긴 하지만 체계를 갖춘 적용규칙을 제정하였다.[1] 해당 조례는 대륙지역 민상사법률을 적용하는 것에 대해 직접 승인하는 태도를 취하였다. 2009년에 이르러 양안은 양회시스템을 통하여 「해협양안의 공동 범죄단속 및 사법공조에 관한 협의」(海峽兩岸共同打擊犯罪及司法互助協議)를 체결하고 양안 사법공조 영역에서 협상을 통하여 법을 제정하는 초보적인 시험을 진행하였다. 위에서 서술한 양안 각자의 입법성과 및 양안협상의 노력은 "양안 내" 교류시스템의 구축에 있어서 양안의 법률적용 문제를 타당하게 해결하는 데 기초를 다졌다. 이 문제에 대해서는 본서의 제4장 "양안법제의 형성시스템과 실행시스템"에서 상세히 논술한다.

---

1 裴普, "一國兩制構架下海峽兩岸區際私法構想 – 兼評臺灣「兩岸人民關繫條例」", 重慶大學學報(社會科學版), 2004, 제2기.

제 3 절 "양안 간" 교류시스템: 양안 공권력기관의 교류시스템

양안 공권력기관 간의 교류는 양안관계 평화발전과 관련되는 많은 핵심적인 문제와 관계될 뿐만 아니라 양안민중의 교류 등 기타 교류방식의 발전에도 직접적인 영향을 미친다. 때문에 현재 양안 공권력기관의 교류 및 발전에 대한 연구는 매우 필요한 실정이다. 이에 본서는 "양안 간"이라는 개념을 제기하여 양안 공권력기관 교류시스템의 구축을 위한 방향적인 전략을 제기하였다.

1. 양안 공권력기관 교류의 현황

1986년으로부터 시작하여 양안 공권력기관의 교류는 무(無)에서 유(有)로의 발전을 가져왔다. 비록 과정상 많은 곡절을 겪었지만 종합적인 추세는 여전히 교류와 협력으로 나타나고 있다. 현재 양안 공권력기관의 교류는 여전히 양안의 사무성 문제에 대한 상담과 협력방면에 국한되어 있고 주로 양안의 양회시스템과 양안 집권당 교류시스템을 통하여 진행되고 있다.

양안 공권력기관의 "흰 수갑"으로서의 해협양안관계협회와 해협교류기금회는 다년간을 거쳐 구축한 양회 사무성 협상시스템을 통해 양안 정부의 의지를 대표하여 양안 사무성 문제에 대해 상담을 진행하여 왔다. 양회 사무성 협상시스템은 "양안 간"에서 20여 년간 존재하여 왔고, "왕구회담"이 시작되면서부터 양회시스템은 양안 공권력기관 교류영역에서 주도적인 지위를 차지하였다. 비록 1999년부터 2008년 3월까지 9년이라는 긴 시간의 단절을 겪었지만 양회는 여전히 양안관계 평화발전과 양안교류의 과정 중에서 대체할 수 없는 중요한 역할을 하고 있다. 2008년 3월 이래, 양안은 양회 사무성 협상시스템을 통하여 양안 "삼통"(三通)과 경제협력 등 여러 가지 중요한 문제에 대하여 많은 협의를 이루었다. 이러한 협의는 양안관계 평화발전 구조의 구축에 중요한 추진적인 역할을 하였다. 대만학자 사오중하이는 "양회의 협상과 담판시스템은 과거의 양안교류 과정에서 중요한 역할을 하였을 뿐만 아니라 이미 양안 정부가 접촉하기 전인 현 단계에서는 대체할 수 없는 협상시스템으로 되었다"

고 말하였다.[1]

이외에 양안 집권당 간 당과 당 사이 교류의 명의로 진행된 대화도 양안 정치대립의 배경에서 양안 공권력기관이 어쩔 수없이 선택한 교류방식이다. 현재 국공 양당이 주도하는 양안 정당대화는 양안관계 평화발전과 양안 공권력기관의 교류의 추진에 있어서 중요한 의의를 갖고 있다. 2005년 이래 중국 공산당은 국민당, 친민당과 잇따라 양안교류와 대화를 목적으로 하는 민간포럼을 개최하였다. 그중 국공양당이 주도한 양안경제무역문화포럼(즉 "국공포럼")은 이미 연속 9차례 개최되어 초보적으로 제도화되었다. 이러한 활동을 통하여 양안의 주요 정당은 양안이 공동으로 관심하고 있는 많은 문제에 대하여 서로 의견을 교환하였고 양측 당국이 관련 결정을 내리는 데 많은 참고의견을 제공하였다. 2008년 국민당이 대만에서 재집권한 이래 국공양당은 "양안 간"의 일부 중대한 문제에 대하여 여러 차례 깊은 교류를 하였고 일부 문제에 있어서 접차적으로 컨센서스를 형성하였다. 이러한 컨센서스 중 많은 부분은 양안 정부의 의견이 되었고 최종적으로 양안협의의 형식 혹은 양측 정부 정책의 형식으로 표현되었다. 때문에 양안 공권력기관 교류의 과정에서 양안 정당간의 교류는 중요한 보충적·추진적 역할을 하였다. 그러나 현재 "양안 간"의 당과 당 사이의 교류는 주로 중국공산당과 대만의 범람정당(泛藍政黨) 간에 국한되었고 민진당은 이 대화에 가입하지 않았다. 대만지역에서 "정당교체"가 이미 일상화된 오늘, 민진당이 재집권하면 "양안 간"에 존재하는 정당대화의 플랫폼은 다시 순수한 민간교류 플랫폼으로 전락하고 양안 공권력 운영에 대한 영향력은 대폭 약화될 것이다. 때문에 정치민주화를 진행하는 대만에서 당과 당 사이의 대화 플랫폼은 직접적인 공권력기관의 대화 플랫폼을 대체할 수 없고 양안 공권력기관 교류의 주요 플랫폼으로 될 수 없다.

양회시스템과 양안 정당대화시스템 등 양안 공권력기관 교류 플랫폼의 존속과 운영은 마침 현재 양안 공권력기관 교류의 곤경과 한계를 반영하고 있다. 한편, "양안 간"에 존재하는 "인정 논란"으로 인해 양안 공권력기관 간에 서로 상대방의 합법성을 승인하지 않음에 따라 정당한 명의로 상대방과 직접적인 접촉을 진행할 수도 없다. 때문에 "민간 흰 수갑"을 통한 간접적인 접촉은 양측의 유일한 선택이 되었다. 한편, 양안 사이에 양측의 입장 차이를 충분

---

1 邵宗海, 新形勢下的兩岸政治關係, 五南圖書出版股份有限公司, 2011, 113쪽.

히 수용할 수 있는 양안정치관계 정립에 관한 컨센서스가 형성되지 못하였기 때문에 양안정치문제에 관한 상의는 아직 일정에 오르지 못하였고 현재 양측 공권력기관 교류의 중점은 양안의 사무성 문제 해결에 국한될 수밖에 없다. 양안관계 평화발전이 끊임없이 심화되는 오늘, 양안 공권력기관 교류 중에 존재하는 이러한 곤경과 한계는 점차적으로 양안관계가 진일보 발전하는 데 장애가 되는 것으로 나타난다. 때문에 양안 공권력기관 교류를 한층 더 추진할 수 있는 모식을 탐구하는 것은 우리의 중대한 사명이 되었다.

2. "양안 간"의 제기: 개념의 발생 및 함의

"양안 간"은 이념상의 개념으로서 "정부 간"의 개념으로부터 발생하였지만 후자와는 다르다. 후자는 현실주의자의 유럽통합 성과에 대한 일종의 묘사이다.[1] 비록 양안관계 평화발전의 노정과 유럽통합의 노정은 본질적으로 다른 점이 있지만 유럽통합 이론 중의 일부 이론요소는 부동한 실체 간의 교류와 조화를 대상으로 연구하는 이론적 수단으로서 양안관계, 특히는 양안 공권력기관 교류시스템의 연구에 참고적 가치가 있다. 유럽통합문제를 연구대상으로 하는 정부간주의(政府間主義) 이론에서 많은 이론요소는 대륙과 대만 간 형성되고 있는 공동 정책결정시스템의 연구에 일정한 참고적 의의가 있다.

(1) 정부간주의의 이론적 함의

정부간주의는 신현실주의의 이론전통에 기초하여 신기능주의의 관점을 비판하고 유럽통합의 발전시대에서 민족국가는 시대에 뒤떨어진 것이 아니라 상당히 완강한 생명력을 갖고 있다고 인식하고 있다.[2] 정부간주의는 통합발전을 주도하고 제약하는 관건적인 요소가 여전히 민족국가와 국가이익이고, 통합의 최종적인 결과는 국가를 초월하는 하나의 시스템인 것이 아니라 제도화된 정부 간의 타협, 담판시스템이라고 주장하고 있다. 정부간주의의 이론적 함의는 세 가지 방면으로 귀납할 수 있다.

---

1 高華, "地區一體化的若干理論闡釋", 2003年: 全球政治與安全報告(李慎明、王逸舟), 社會科學文獻 出版社 2003.

2 See Stanley Hoffmann, Obstinate or Obsolete? The Fate of the Nation State and the Case of Western Europe, Daedalus, Vol. 95, No. 3, Tradition and Change (Summer, 1966).

첫째, 통합발전의 동력원천은 신기능주의자가 말하는 "유출"에 의한 자주적인 동력인 것이 아니라 민족국가의 자기이익 추구에 있다. 정부간주의의 논리적 전제는 국제체계가 하나의 자동적인 체계이고 이 체계에서 국가는 주도적인 지위를 차지하는 행위체이며 국가가 통합에 참여하는 목표는 본국의 국가이익을 수호하고 증진하기 위해서이다. 때문에 통합은 민족국가가 공통한 정책결정과 자원공유를 통하여 그들의 공동 문제를 해결하는 능력을 증진하는 것이라고 볼 수 있다. 이는 단일 국가가 특정 이익을 추구하거나 또는 그의 권력을 증가하는 유효한 방법이거나 수단이기도 하다.[1]

둘째, 통합이 미치는 범위는 국가주권이 미치는 전부의 영역인 것이 아니라 "로 폴리틱스"(low politics) 영역에 제한되며, "로 폴리틱스" 영역으로부터 "하이 폴리틱스"(high politics) 영역으로 "유출"되지 아니한다. 정부간주의는 신기능주의의 "유출"에 관한 논술은 증명할 수 없는 추리이고 신기능주의는 독립적인 정치체인 국가의 국제관계 중에서의 중심적 지위를 소홀히 하였으며 현실에서 기능적 통합이 정치화에 봉착하였을 경우 통합은 기능주의가 미리 설정한 방향으로 발전하지 않을 것이라고 주장하고 있다. 이 관점을 설명하기 위하여 정부간주의의 창시자인 호프만은 "하이 폴리틱스"와 "로 폴리틱스"의 구분을 제시하여 전자는 민간성이 낮은 경제정책, 복리정책 등 영역을 포함하고, 후자는 주권, 안전 등 민감성이 상대적으로 높은 영역을 포함한다고 하였다. 그는 "로 폴리틱스" 영역의 통합은 꼭 "하이 폴리틱스" 영역으로 "유출"되는 것은 아니라고 주장하였다.

셋째, 통합이 최종적으로 형성하는 것은 주권국가를 초월한 국가기구인 것이 아니라 제도화된 정부 간의 타협시스템이다. 정부간주의는 국가이익 행위에 있어서 민족국가는 통합이 국가이익에 부합되어 추진될 수도 있고, 또는 통합이 국가이익에 부합되지 않아 저해할 수도 있다고 주장하고 있다. 민족국가는 그의 이익의 실현을 위하여 "로 폴리틱스" 영역에 미치는 정책결정 권력을 국가를 초월하는 기구에 넘길 수는 있지만 "하이 폴리틱스" 영역에 미치는 권력은 넘길 수 없다. 때문에 통합의 결과는 국가 간의 제도화된 협상시스템을 형성하여 각 국이 해당 시스템을 통하여 이익을 실현하는 타협 행위의 제도화인 것이다.

---

1 肖歡容, "地區主義理論的歷史演進", 中國社會科學院博士學位論文, 2002, 57쪽.

(2) "양안 간" 모식의 제기: 정부간주의에 대한 언어개조

양안관계는 유럽의 통합과 본질적으로 구별되지만 정부간주의 중에서 양안관계발전의 실제와 다른 일부 개념들을 버리면 그 이론적 틀은 일정한 정도에서 양안이 공동 정책결정을 형성하는 현상을 서술하고 해석할 수 있다. 때문에 우리는 양안관계의 실제와 결합한 일련의 언어개조를 통해 정부간주의에서 탈피한 "양안 간" 개념구조를 만들려고 시도한다.

첫째, "양안 간"은 "양안"이라는 단어로 대륙과 대만의 정치적 자리매김이 명확하지 않은 상황에서 여러 가지 명확히 규정하기 어려운 정치적 개념을 포함하며 "정부 간" 중의 "정부"를 대체한다. 정부간주의의 언론체계에서 "정부"는 통합에 참여하는 각 성원국 정부를 가리키고, 그들은 각 국가의 이익을 대표하여 통합과정에서 각 국가 간의 담판에 참여하며 실제적으로 통합과정을 주도하고 있다. 그러나 양안은 상대방의 근본법을 상호 승인하지 않으며 상대방의 공권력기관의 합법성도 승인하지 않고 있기 때문에 "정부"라는 단어는 양안관계 발전의 실제에 부합되지 않는다. 이러한 경우 대륙과 대만간의 "주권", "국가" 등 쟁의를 보류하고 중성적이고 더욱 큰 포섭성이 있는 단어 - "양안"을 사용하는 것은 마침 이러한 요구를 만족시킬 수 있다. 사람들은 "양안"이라는 단어를 사용할 때는 일반적으로 하나의 정치현실을 가리킨다. 즉, 대만해협 양안에 나뉘어 있는 대륙과 대만을 가리킬 뿐만 아니라 잠시 통일되지는 않았지만 "하나의 중국"에 같이 포함되어 있는 "대륙"과 "대만"을 가리키기도 한다.[1] 이러한 의미에서 말하면 정치개념으로서의 "양안"은 하나의 총체적인 대륙과 대만을 가리킬 수 있을 뿐만 아니라 정치적으로 상호 소속되지 않는 대만해협 양안의 두 지역을 가리킬 수도 있다. 때문에 "양안"이라는 개념은 최대한도로 양안관계 중의 "하나"와 "둘"의 모순을 포섭할 수 있고 양안의 정치상에서의 언어적 쟁의를 해소할 수 있다. 따라서 "양안 간"으로 "정부 간"을 대체하는 것은 양안관계 발전의 실제와 부합되는 용어로 된다.

둘째, "양안 간"은 "사무성 의제"와 "정치성 의제"의 구분으로 정부간주의에서의 "하이 폴리틱스"와 "로 폴리틱스"의 구분을 대체한다. 비록 범주 확정에 있어서는 어느 정도의 차이는 있지만 양안관계의 이러한 사무성 의제와 정

---

[1] 祝捷, "論海峽兩岸和平協議的基本原則", 一國兩制硏究(澳門), 2011, 제7기.

치성 의제의 구분은 정부간주의에서 제기한 "하이 폴리틱스"와 "로 폴리틱스" 간의 구분과 어느 정도의 유사성이 있다. 때문에 우리는 정부간주의를 개조할 때 양안관계 실제에 부합되는 구분방식으로 원유 이론을 대체할 수 있다. 현재 "양안 간" 모식에서 해결하여야 할 문제는 양안 간에 존재하는 사무성 의제일 뿐 "주권", "국가"와 관련되는 정치성 의제는 아니다. 즉, "양안 간" 모식은 양안쟁의를 해결하는 방법을 제공한다고 하기보다는 양안이 점차적으로 상호간의 신뢰를 쌓아 단계적인 사유방식으로 양측 분쟁을 해결하는 제도적인 시범을 제공한다고 말하는 것이 더욱 합당하다. 그는 현재 양안이 시급히 공동 해결하여야 할 사무적인 문제를 고려할 뿐 잠시 정치적인 문제는 언급하지 않는다.

셋째, "양안 간"은 "양안관계 평화발전의 계속적인 심화"와 "조국의 완전한 통일"을 위하여 제도적 보장과 전제조건을 제공하는 것을 목표로 하여 정부간주의의 "국가이익의 실현수준을 제고"하는 것을 목적으로 한다. 유럽통합과는 달리 양안관계 평화발전의 목표는 "국가이익"이라는 한 단어로 포괄할 수 없을 뿐만 아니라 추상적인, 대륙과 대만의 이익이라고는 더욱 표현할 수 없다. 양안관계 평화발전의 목표는 양측의 적절하고 효과적인 협력을 통하여 양안동포의 공동복지를 수호함으로써 양안관계 평화발전의 수준을 제고하고 양측의 정치적 상호 신뢰를 증진하여 최종적으로 조국의 완전한 통일을 위하여 조건을 창조하는 것이다. 때문에 "양안 간" 모식을 구축함에 있어서 우리는 정부간주의의 목표를 통합발전으로 대체하고, 양안제도화 협상시스템의 운영에 대한 보장을 통하여 양안민중과 양안 공권력기관의 정상적인 교류를 위해 제도적인 보장을 제공하고 이를 통해 양안의 정치적 상호 신뢰를 실현하며 양안이 하루빨리 정치적 의제에 관하여 협상을 전개할 수 있도록 기초를 다지는 것을 "양안 간" 모식이 추구하는 양안관계 평화발전의 목표로 한다.

(3) "양안 간" 모식의 이론적 함의

위의 언어개조를 통하여 "양안 간" 모식은 양안관계 발전실제와 정부간주의 이론 중 양안관계 연구실제에 적용되는 일부 이론적 요소를 모두 고려한 일종의 이론이다. 이러한 언어개조를 완성한 후 우리는 인식론, 방법론과 실천론 등 세 가지 측면으로부터 "양안 간"의 이론적 함의를 분석하려 한다.

첫째, 인식론 방면에서 "양안 간"은 "주체간성"(主體間性)으로 "주체성"을 대체함으로써 양안의 현황을 존중하고 양안 갈등을 포섭하며 양안 간의 컨센서스의 형성을 추진하는 교류모식을 구축한다. "주체성"과 "주체간성"은 "주체"라는 개념을 둘러싼 두 개의 중요한 철학범주이다. 주체간성은 "'나－그'가 아닌 '나－너'의 관계 수립"(一種並非'我－它'而是'我－你'的關係的建立)을 의미하고 "일종의 종속성적인 독백이 아닌 교호성적인 대화 원칙의 건립"이다.[1] 양안관계는 일종 주체 간의 관계이고, 진정한 이해활동은 주체 간의 사회교류관계 중에서 주체와 주체가 상호 상대방의 신분을 승인하고 존중할 때에만 존재한다.[2] 장기적인 양안 간의 정치대립은 양측이 양안관계 처리에서의 자아중심의 주체성적인 사유를 초래하였고 "주체간성"이라는 차원을 고려하지 못하여 양안교류를 왜곡하고 그 균형을 파괴하였다. 양안공동 정책결정시스템의 형성은 대륙과 대만이 예전의 "독백"(獨白) 위주의 교류방식으로부터 "컨센서스" 위주의 교류방식으로 바뀌기 시작함을 의미한다. "양안 간"이라는 개념은 양안교류의 주체인 대륙과 대만 양자를 평등하게 대하고 양자의 주체성을 승인하며 나아가 양자의 "공존"에 가능성을 제공하여 주는 의의가 있다. 때문에 "양안 간" 모식의 제출은 인식론 측면으로부터 장기간 양안교류과정에 존재하였던 "주체성" 사유방식을 개변하고 대륙과 대만이 동등한 주체성을 보유한 개체임을 승인하여 양안으로 하여금 교류활동을 통하여 큰 차이성의 시야로부터 점차적으로 융합을 이루게 하고 양측이 더욱 많은 컨센서스를 형성할 수 있게끔 조건을 마련한다.

둘째, 방법론 방면에서 "양안 간"은 구조로 실체를 대체하여 대륙과 대만 간에 형성된 교류구조를 묘사하는 것이지 새로운 정치적 실체는 아니다. 때문에 "양안 간" 구조는 대륙과 대만을 초월하는 "초양안"(超兩岸) 시스템을 가리키는 것이 아니라 양안의 일상화, 제도화한 협상시스템을 말한다. 실체라 함은 존재하면서 역할을 하는 조직기구를 가리킨다. 구조라 함은 시스템 중의 각 구성요소 간의 상호 연결, 상호 역할의 방식을 의미하는데, 이는 시스템의 조직화, 질서화의 중요한 특징이다.[3] 현재 학자들이 양안관계 발전방향을 논의할 때 운용하는 방법론은 일반적으로 양안을 일종의 정치실체의 유형으로

---

1 張再林, "關於現代西方哲學的主體間性轉向", 人文雜誌, 2000, 제4기.
2 唐樺, "兩岸關係中的交往理性初探", 臺灣研究集刊, 2010, 제3기.
3 夏徵農、陳至立, 辭海, 上海辭書出版社, 2009, 2061쪽.

유추하거나 혹은 새로운 정치실체의 유형을 창조하는 것이다.[1] 이러한 "실체"
의 범주로 양안관계를 분석하는 방법은 많은 문제점을 안고 있다. 단어의 뜻
으로부터 보면 양안 간에 "존재하면서 역할을 하는 조직기구"를 구축하는 것
은 일종의 "초양안"적인 실체를 구축하는 것을 의미한다. 앞에서 서술한 바와
같이 양안 간의 정치적 상호 신뢰가 결핍한 상황에서 이러한 "초양안"적인 실
체를 구축하려면 많은 현실적인 곤경에 봉착하게 된다. 제도화된 양안협상시
스템의 건립을 통하여 양안 간의 정치적 상호 신뢰를 증진해야만 점차적으로
이러한 곤경을 해소할 수 있다. 때문에 "양안 간" 모식은 "초양안"적인 실체의
구축을 시도하는 것이 아니라 양안 간의 "상호 연결, 상호 역할의 방식"의 구
조에 대해 주목하는 것이다. "양안 간" 구조 중에서 대륙과 대만은 새로운 구
조에 자기의 통치권을 양도하는 것이 아니라 각자가 자기 영역에서 장악하고
있는 효과적인 통치권을 보류한다. "양안 간" 모식은 '양안이 어떻게 새로운
"초양안"적인 정치실체를 형성하겠는가?'라는 문제에 초점을 두는 것이 아니
라 '양안 기존의 상황을 개변하지 않는 상황에서 어떻게 양안의 제도적 협상
시스템의 역할을 극대화할 것인가?'라는 점에 초점을 둔다.

　　셋째, 실천론의 측면으로 보면 "양안 간"은 "이원병존"(二元並存)의 양안공
동정책결정시스템이 창설한 양안합의를 일종의 정치적 차원의 양안 정치적
컨센서스와 일종의 법률적 측면의 연성법 속성의 양안 공동정책으로 정의하
고 이는 양안 각자의 영역 내 법률체계에 대하여 일정한 영향은 주지만 양안
에 직접 적용할 수 있는 것은 아니다.[2] "양안 간" 구조하에서 양안협의는 일
종의 양안공동정책으로서 양안 각자의 영역 내 법률체계의 실행에 영향을 준
다. 즉 양안협의는 비록 대륙과 대만에 대하여 강제적인 구속력은 지니지 않
지만 실천 과정에서 현실적인 구속력을 가짐으로써 양안 공권력기관과 일반
민중에 대하여 법률적인 효력을 띠게 된다. 양안협의의 이러한 효력형식의 변
화는 양안이 각자 영역 내 입법의 규정에 따라 접수, 효력발생, 적용 등 절차
를 거친 후에 실현될 수 있다. 즉, 양안 공권력기관과 일반 민중에 대한 구속
력은 일종의 간접적인 효력이다.[3] 양안협의의 이러한 간접효력은 대륙과 대

1　周葉中、祝捷, "兩岸治理: 一個形成中的結構", 法學評論, 2010, 제6기.
2　周葉中、段磊, "論兩岸協議的法理定位", 江漢論壇, 2014, 제8기.
3　周葉中、段磊, "論兩岸協議的接受", 法學評論, 2014, 제4기.

만의 공권력기관의 지지를 얻을 경우에만 실현될 수 있고, 만약 한 측에서 협의에 대한 지지를 철수하면 양안협의는 양안에 대하여 효력을 발생할 수 없게 된다.

3. 발전 중의 "양안 간": 발전의 장애 및 대응

"양안 간" 모식에 대한 서술로부터 보면 양안관계가 평화발전하는 오늘에 이르러 "양안 간"의 공동정책결정시스템은 이미 초보적으로 형성되었다. 다만 이러한 공동정책결정시스템은 진일보 발전하고 보완할 필요가 있다. 양안관계 발전의 현황으로부터 보면 양안공동정책결정의 법리상의 자리매김, 민의정당성 위기와 정책결정의 대상과 범위 등 문제들은 모두 "양안 간" 모식의 발전과정에서 직면한 주요한 장애이다. 이러한 장애에 대한 정확한 이해는 양안관계 평화발전의 구조를 구축하고 양안의 정치적 상호신뢰를 증진하며 양안의 정치적인 대립을 해소하고 조국의 평화통일을 실현하는 데 중요한 의의가 있다.

(1) 양안공동정책결정의 법리상의 자리매김

비록 현재 양안은 이미 "이원공동정책결정시스템"을 형성하였지만 이러한 시스템으로부터 형성된 양안공동정책은 법리상 매우 난처한 처지에 놓여 있다. 양안은 공동정책의 속성 및 각자 영역 내에서의 법률시스템의 관계에 관하여 아직 일치되는 입장을 형성하지 못하고 있다. 양안관계의 발전방향에 관하여는 장기적으로 대만지역 지도자에 기탁하고 있고, 대만지역 지도자의 개인적인 정치경향과 정치태도의 변화는 양안관계에 큰 영향을 미치고 있다.[1] 1999년 양안의 양회사무성상상담은 "양국론"으로 인해 중단되었고, 2014년의 「해협양안서비스무역협의」(海峽兩岸服務貿易協議)는 "태양화운동"(太陽花運動)으로 인해 연기되어 효력을 발생하였다. 이러한 사건들은 모두 양안관계 발전에서의 "인치"(人治) 요소를 설명하고 있다. 양안관계 중 여전히 "인치" 요소가 존재하는 상황에서 명확한 법리상의 지위의 부재로 인해 양안공동정책결정의 실행은 양안, 특히는 대만방면의 공동정책결정에 대한 태도에 매우 크게 의지하는 실정이다. 대만지역의 정당교체가 일상화된 오늘, 만약 법치적인 방식으

---

[1] 周葉中、段磊, "論'法治型'兩岸關係的構建", 海峽兩岸關係法學研究會2014年年會學術論文集.

로 양안공동정책결정에 대하여 법리상의 지위를 명확하게 정립하지 않으면 "대만독립"을 주장하거나 관련 편향을 띤 정당이 다시 대만에서 집권하게 되는 한 양안공동정책결정의 실행은 심각한 곤경에 빠지게 된다.

양안공동정책결정의 법리상의 자리매김에 있어서의 문제점과 해당 문제점이 양안공동정책결정의 실행에 주는 불리한 영향에 관하여 양안은 응당 현유의 정치적인 사유를 개변하여 법치적인 사유로 "양안 간" 협상시스템과 양안 각 영역 내의 입법 등 방식을 통하여 양안공동정책결정 법리상의 자리매김을 명확히 하고 양안 모두에 대하여 법률적 구속력을 가지는 양안법제시스템을 구축하여 "양안 간" 구조의 정상적인 운영에 제도적인 보장을 제공하여야 한다.[1] 구체적으로 말하면, 우선 공동정책결정의 법리상 자리매김에 대하여 양안은 정치적 컨센서스를 형성하고 나아가 양안공동정책결정의 법리상 자리매김을 명확히 하는 기초적인 협의를 체결함으로써 양안공동정책결정과 양안 각자 영역 내의 법률 간의 관계를 명확히 하여야 한다. 이어 양안은 신속히 각자 영역 내의 법률을 제정하여 양안공동정책결정, 특히는 양안협의의 법리상의 자리매김을 명확히 하여 양안공동 정책결정의 권위성을 강화함으로써 "인치형" 양안관계가 양안공동정책결정의 실행에 미치는 영향을 방지하여야 한다.[2] 결론적으로 법치의 제도적인 가치를 실현하여야만 "양안 간" 구조의 안정성과 지속성을 충분히 보장할 수 있고 나아가 양안관계 평화발전의 안정성과 지속성을 수호할 수 있다.

(2) 양안공동정책결정의 민의정당성 위기 극복

2014년 이래의 양안관계의 발전을 고찰하여 보면, 양안공동정책결정시스템은 출현하는 동시에 "엘리트정치"와 "비밀정치"의 색채로 인하여 민의정당성 위기에 처하였다. 양안 양회 사무성 협상시스템에 관해 보더라도 양안의 일반 민중들은 양안협의 상담과정에 관하여 알 수 없고 더욱이는 협의의 제정에 참여하여 자기의 의견을 표현할 수 없어 양안협의에 있어 민의정당성의 기초로 하여금 시련을 겪게 하였다. 양안관계 평화발전의 초기에 일부 학자들은 이미 양안공동정책결정시스템이 이러한 "엘리트정치"와 "비밀정치"의 색채를

---

1 祝捷, "論兩岸法制的構建", 學習與探索, 2013, 제7기.
2 周葉中、段磊, "論兩岸協議的接受", 法學評論, 2014, 제4기.

띤 점을 발견하고 직접적인 참여의 결핍으로 인해 양안민중들이 점차적으로 양안관계 평화발전의 "방관자"(旁觀者)로 전락한다는 관점을 제기하였다.[1] 그 당시까지만 하더라도 이러한 관점은 일종의 이론적인 예측으로 보였지만 2014년 상반기의 "태양화운동"의 폭발과 함께 양안협의를 대표로 하는 양안공동정책결정의 민의정당성 위기는 이미 출현하였고 양안양회가 수권하여 체결한 협의의 권위성도 도전에 직면하였다.[2] 양안양회협상에 비하면 양안사무 주관부서 협상시스템은 아직 초급적인 발전단계에 놓여 있고, 양안공동정책결정을 형성하는 능력이 약하여 양안민중으로부터 받는 주목도 적었다. 그러나 양안사무 주관부서 협상시스템의 발전과 함께 그의 정책결정 능력은 부단히 제고될 것이고 따라서 양안민중의 이 시스템에 대한 주목 정도도 제고될 것이다. 때문에 마찬가지로 우리는 이 시스템의 민의정당성 위기에 대하여도 주시하여야 한다.

"비밀정치"와 "엘리트정치"가 양안공동정책결정시스템의 발전에 가져다주는 불리한 영향에 대하여 양안은 응당 해협을 아우르는 다원적인 민의통합시스템을 구축하여 양안민중과 이익 관련 군중이 양안공동정책결정의 의제선택과 협상에 참여하는 공간을 확대하고 효과적으로 양안공동정책결정시스템의 민의정당성을 보강하여야 한다. 구체적으로 말하면 첫째, 양안공동정책결정의 의제선택공청제도를 구축하여 양안관계 발전과 민중복지에 관계되는 중대 문제에 관하여 양안 범위 내에서 의제선택 공청회를 공개적으로 진행함으로써 민중과 이익 관련 군중으로 하여금 양안공동정책결정의 의제의 확정에 참여할 수 있게 하여야 한다. 둘째는 양안공동정책결정의 협상방청제도를 구축하여 양안민의 대표와 일부 민중을 요청하여 양안양회협상에 참여하고 방청하게 함으로써 민중들로 하여금 양안양회상담의 전 과정에 대하여 직접 요해할 수 있게끔 하여야 한다. 셋째는 양안공동정책결정의 사후 민의수치 조사와 의견수렴제도를 구축하여 양안이 공동정책결정을 형성하고 실행한 후의 민의조사 등 여러 가지 민의수렴 수단을 통하여 양안민중의 관련 정책결정 실행에 대한 의견과 건의를 조사하여 관련 정책결정 조정의 중요한 근거로 삼아 민중의견이 정책결정의 실행에 대하여 영향력을 발휘할 수 있게끔 하여야

---

1 周葉中、祝捷, "兩岸治理: 一種形成中的結構", 法學評論, 2010, 제4기.
2 沈建華, "從臺灣'太陽花學運'看兩岸關係面臨的挑戰", 現代臺灣研究, 2013, 제4기.

한다.

(3) 양안공동정책결정의 범위와 심도의 개척

양안공동정책결정시스템의 운영정황을 고찰하여 보면 현재 양안공동정책결정(양회시스템 혹은 양안 사무주관부서 협상시스템을 통해 형성된 정책결정을 포함)의 정책결정범위는 여전히 한계가 있고 양안범위 내의 절대다수의 사무는 여전히 양안 각자가 결정을 한다. 양안공동정책결정 범위의 한계는 주로 다음과 같은 두 방면에서 드러난다. 첫째는 공동정책결정의 넓이에서이다. 현재의 양안공동정책결정의 조정범위는 여전히 양안 사무성 의제, 주로는 양안의 경제사무성 협력, 사회사무성 협력과 사법협력 등에 국한되고 양안의 문화협력, 행정협력과 정치의제는 양안공동정책결정의 범위에 포함되지 않고 있다. 둘째는 공동정책결정의 깊이에서이다. 양안 경제, 사회와 사법협력 영역 중의 많은 사무는 여전히 양안 각자가 결정하고 공동정책결정시스템에 포함되지 않고 있다.[1] 양안공동정책결정의 이러한 미비점이 존재하는 데에는 두 가지 원인이 있다. 하나는 양안정치의 상호 불신임으로 인하여 대만 측은 양안공동이익에 관련된 많은 사무를 양측이 공동으로 결정하는 것을 받아들이지 않고 있다. 때문에 양측은 양안에 관한 정치의제 등 많이 예민한 문제에 관하여 상담을 진행할 수 없다. 두 번째는 양안공동정책결정시스템의 플랫폼 건설이 아직 미비하여 현재의 양안 양회 협상시스템과 양안사무 주관부서 협상시스템이 여전히 일종의 간단한 "양안 간" 정책결정 조정시스템에 멈추고 기초가 튼튼하고 안정적인 조직구조를 갖춘 공동정책결정체계로 형성되지 못하기 때문이다.

양안공동정책결정의 법리상 자리매김에 있어서의 문제점 및 해당 문제점이 양안공동정책결정의 실행에 주는 부정적인 영향에 관하여 양안은 응당 끊임없이 심도 깊은 교류를 통하여 상호 간의 정치적인 신뢰를 굳히고 제도 건설과 플랫폼 건설을 통하여 양안 공동이익의 더욱 완성된 실현을 보장하여야 한다. 구체적으로 말하면 우선 양안은 다방면으로 현재의 공동정책결정시스템의 정책결정범위 외의 사무에 관하여 의견을 교환하고 양안 학술교류 등 비공식적인 플랫폼을 통하여 양안 각 계층의 교류를 추진하고 양측의 컨센서스 형성과 정치적 상호신뢰를 강화하여야 한다. 둘째로 양안의 양회 사무성 협상시

---

1 周葉中、祝捷, "兩岸治理: 一種形成中的結構", 法學評論, 2010, 제6기.

스템 구조를 통해 안정적인 "양안 간" 공동기구의 구성을 추진하여 안정한 조직구조를 지닌 공동기구로 단순한 조정성격을 지닌 임시적 협의 "연락주체"를 대체하고 양안공동정책결정의 형성시스템을 강화하여 양안이 더욱 많은 공동정책결정을 형성할 수 있게끔 조건을 마련하여야 한다.

결론적으로 "양안 간" 개념의 제출은 현실적인 배경부터 보면 양안의 특수한 교류형태로부터 파생된 양안 공권력기관의 교류와 공동정책결정 현상에 대한 대응이라 할 수 있고, 이론적인 근원에서 보면 유럽통합 과정의 정부간주의 이론으로부터 탈피하였으며, 인식론으로부터 보면 "주체간성"으로 "주체성"을 대체하는 사유적인 전향을 실현하였고, 방법론으로부터 보면 그 핵심은 "구조"로 "실체"를 대체하여 동태적인 방식으로 양안관계와 양안교류를 서술한 새로운 방법을 체현하였다. "양안 간" 모식의 제기는 우리에게 양안공권력기관이 정치적 대립 정황에서의 공동정책결정현상을 해석할 수 있도록 이론적인 근거를 제공하여 주었고, 이러한 양안 공동정책결정시스템을 진일보 보완하였으며, 나아가 양안이 정치적 상호 신뢰를 증진하고 정치적인 대립과 갈등을 해소하는 데 가능성을 열어 놓았다. 물론 "양안 간"은 아직 이론적인 측면에서의 "생각"이지만 이러한 "생각"의 정확성 여부는 여전히 양안관계의 실천에서 검증을 받아야 한다.

제 4 절 "양안 외" 교류시스템: 국제사회에서의 양안교류시스템

널리 알려진 바와 같이 "하나의 중국" 원칙은 이미 세계 각국과 국제사회가 공인하는 기본원칙으로 되었다. 법리적으로 말하면 대만지역은 중국의 한 구성부분으로서 국제교류에 참여할 주체자격이 없다. 그러나 실제로 대만지역은 여러 가지 명의로 국제사회에 참여하고 있다. 예컨대 대만지역은 "중화대북"의 명의로 국제올림픽위원회(IOC) 등에 참가하고 있다. 그러므로 대만지역이 국제사회에 참여하여 교류하는 사실에 대한 승인과 대만지역이 국제법상의 주체자격은 구분하여야 한다. 대만지역이 이미 국제사회에서 광범위하게 교류하고 있는 사실에 따라 양안교류는 양안 외에 존재하는 제3영역인 "양안 외"가 형성되었다. 이는 "양안 내", "양안 간"과 비교하면 제약받는 요소가 현저히 다르다. 양안뿐만 아니라 양안 외로부터 오는 기타 요소도 존재한다. 예컨대 양안이 공동으로 참가한 국제기구가 제정한 규칙 등이다. 이 문제에 관하여 "양안 외" 교류시스템의 핵심적인 기능은 양안이 국제사회에서의 교류행위를 규범화하는 것으로 대만지역의 국제공간에서의 질서 있는 참여, 양안이 하나의 국제기구에서의 공존, 양안이 중화민족의 공동이익을 공동 수호하는 등 세 방면의 내용을 포함한다.

1. 대만지역이 질서 있게 "국제공간"에 참여하는 시스템

대륙방면에서는 대만이 국제기구에 참가하여 활동하는 문제에 관하여 "두 개의 중국", "일중일대"를 형성하지 않는 전제하에서 양안의 실효적인 협상을 통하여 합리적으로 배치할 수 있다고 명확히 지적하였다.[1] 대만지역이 국제공간에 참여하는 문제는 대만민중의 자존과 자아인정에 연계되는 문제이고 대만사회의 핵심적인 의제 중의 하나이다. 세계무역기구, 세계보건기구 등 일부 기능성적인 국제기구에 참가하는 것은 대만민중의 관련 권리를 보장하고 수호하는 데 유리하다. 대만지역이 국제공간에 참여하는 소구에 관하여 대륙 측은 "하나의 중국"이라는 원칙의 견지에 있어서 실효적으로 대응하여야 하고, 그 대응방법은 적합한 방식과 명의를 찾고 대만지역이 질서 있게 국제공간에 참여하는 시스템의 구축을 추진하여 대만지역이 국제공간에 참여하는 절주와 방식이 양안 모두가 접수할 수 있는 범위 내에 있도록 하는 것이다. 대만지역은 2009년에 옵서버의 명의로 세계보건총회에 출석하였고 이는 관례로 되어 이러한 시스템의 구축을 위하여 본보기를 제공하였다.[2]

대만지역이 질서 있게 국제공간에 참여하는 것은 양안관계 평화발전의 구조를 구축하는 각 방면에 영향을 미치며 양안관계의 평화발전에 관계되는 중대한 문제 중의 하나이다. 때문에 대만지역이 질서 있게 국제공간에 참여하는 시스템을 구축함에 있어서 응당 양안관계 평화발전의 전반적인 틀 안에서

---

1 胡錦濤, "攜手推動兩岸關係和平發展　同心實現中華民族偉大復興－在紀念告臺灣同胞書發表30週年座談會上的講話", 人民日報, 2009, 1, 1.

2 祝捷, "論臺灣地區參加國際組織的策略－以臺灣地區申請參與WHO/WHA活動爲例", 一國兩制硏究(澳門), 2012, 제10기.

통합적인 사유로 이 문제를 고려하여야 한다. 양안관계 평화발전 구조의 양안 원칙, 기능원칙과 제도원칙에 기초하여 양안은 양안관계 평화발전 구조를 구축하는 전제하에서 대만지역이 질서 있게 국제공간에 참여하는 관련 시스템을 구축하여야 한다. 때문에 대만지역의 질서 있게 국제공간에 참여하는 시스템은 양안관계 평화발전 구조를 구축함에 있어서의 중요한 구성부분이다.

첫째, 양안원칙에 근거하여 대륙 측은 대만지역 및 대만민중이 국제기구에 참여하고 국제교류와 협력에 참가하려는 염원에 대하여 필요한 관심과 존중을 주어야 한다. 양안관계 평화발전 구조를 구축함에 있어서 "주권", "국가" 등 민감한 정치의제에 미치지 않기 때문에 대만은 형식상에서 여전히 "중화민국"이라는 "국호"를 보존하고 있고 "주권"을 지니고 있는 것으로 자아인식하고 있으며, 대만민중은 이러한 인식의 기초에서 계속하여 국제사회에 참여하여 국제사회의 승인을 받을 것을 희망하고 있다. 대만민중이 국제사회에 참여하여 일정한 "국제공간"을 획득하는 것은 명확한 자아인정을 형성하는 데 유리하다. 만약 이러한 자아인정에 대하여 적당하게 인도하면 대만의 민심을 쟁취하고 양안관계 평화발전 구조를 인정하게끔 하는 효과적인 수단이 될 수도 있다. 양안관계 평화발전 구조에 대한 인정기초는 "중화민족 컨센서스"이고 "국가", "주권" 등 문제는 잠시 제쳐두는 태도이다. 때문에 대만지역의 "국제공간" 문제에 관하여도 응당 민감한 정치문제는 제쳐두어야 한다. 양안원칙으로부터 출발하여 대만지역 및 대만민중의 국제기구에 참여하고 국제교류와 협력에 참가하려는 정당한 염원은 존중하고 대만지역이 일정한 조건하에서 국제기구에 참여하고 필요한 대외교류를 전개하는 것은 반대하지 않는다. 동시에 대륙과 대만은 각기 여러 가지 명의로 같은 국제기구에 가입하여 상호 상대방의 해당 국제기구에서의 지위를 충분히 존중하고 해당 국제기구장정과 규정에 근거하여 상대방이 향유하는 권리를 존중하여야 하며 평등하게 해당 국제기구에서 교류하여야 한다.

둘째, 기능원칙에 근거하여 대만지역이 일정한 전제조건하에서 기능성적인 국제기구에 참가할 수 있는 공간을 열어 놓을 수 있다. 기능성적인 국제기구는 안전, 정치를 목적으로 하는 국제기구와 달리 전자는 경제, 문화, 과학기술 등 기능성적인 영역에 치중하는 "로 폴리틱스" 국제기구이고, 후자는 안전, 정치에 치중하고 명확한 지향성이 있는 "하이 폴리틱스" 국제기구에 속한다.

기능원칙에 근거하여 양안관계 평화발전 구조는 양안의 기능성적인 협력을 추진하고, 양안의 국제상의 협력은 기능성적인 협력에서 특수한 의의를 갖는다. 일부 기능성적인 국제기구는 더욱 많은 실체를 포섭하기 위하여 가입조건에서 "주권", "국가" 등 정치적인 요소를 제한하지 않고 "정치불판단원칙"(不作政治判斷原則)을 채용하고 있다. WTO의 예를 보더라도 WTO가 아직도 근거로 삼고 있는 하바나 헌장(Havana Charter) 제86조는 모든 WTO 구성원은 실질적으로 정치적 쟁의(Essentially political matter)가 있는 판단을 하려고 하여서는 안 된다고 규정하고 있다.[1] 대만지역이 "중화대북"의 명의로 참가한 국제기구 APEC에서도 그 가입주체는 "경제체"(Economies)이지 "국가"(State)가 아니다. 때문에 기능성적인 국제기구의 가입에 관하여 만약 대만지역이 "대만"을 "주권국가"로 표명하지 않고 "두 개의 중국", "일중일대"의 영향을 조성하지 않는 것을 전제로, 대륙방면에서 접수할 수 있는 명의로 가입한다면 대륙 측은 응당 양측의 협상과 토론의 공간을 보류하여야 하고 그에 대하여 완전히 부정하여서는 안 된다.

셋째, 제도원칙에 근거하여 양안은 실무적이고 운용가능성이 있는 협상시스템을 건립하여 중대한 국제사무에 관해 양안이 상호 조화를 이룰 수 있게끔 하여야 한다. 비록 양안원칙과 기능원칙이 있지만 대만지역의 "국제공간" 문제는 민감하고 복잡한 문제이기 때문에 구체적인 사건과 개별적인 사건에 따라 처리하여야 하며 모든 문제를 동일시하여서는 안 된다. 설령 대만이 대륙 측에서 접수할 수 있는 명의로 기능성적인 국제기구에 가입한다 할지라도 신중한 태도를 취하고 일정한 협상공간만 보류하며 그에 관련된 결론적인 판단은 하지 않음으로써 불필요한 오해를 피하여야 한다. 따라서 양안이 대만지역의 "국제공간" 문제에 관한 협상제도를 건립하는 것은 매우 중요하다. 우선 양안관계 평화발전 시스템은 최대한 실질적인 판단을 적게 하고, 판단표준으로 될 수 있는 기준은 제기하지 않으며 단순한 제도와 절차를 제공하여 양안이 대만지역의 "국제공간" 문제에 관하여 협상을 할 수 있게끔 하여야 한다. 이외에도 국제경제의 통합과 양안교류의 심화와 함께 양안은 "중화민족 컨센서스"의 기초에서 국제상의 협력을 전개하고 국제 사회에서 상호 조정·협조하며

---

1 「하바나 헌장」 제86조 "The Members recognize that the Organization should not attempt to take action which involve passing judgment in any way in essentially political matters."

일치한 입장에 따라 대외적으로 한 목소리를 냄으로써 외부세력이 양안관계를 이간질하는 것을 제지하고 중화민족의 공동이익을 쟁취하여야 한다.[1] 이러한 의미에서 "양안 간"의 대만지역의 "국제지위" 문제에 관한 협상시스템은 더욱 중요하다. 협상시스템은 섭외사무의 중요성과 민감성을 고려하여 "양회가 협상하고, 공권력기관이 현장에 있는" 모식을 취할 수 있다.

현재 "중화대북"은 양안관계 평화발전 구조에 제일 적합한 모식이다. 원인을 분석하여 보면, 첫째는 "중화대북"은 "중화"를 강조하고 "중화민족인정"(中華民族認同)을 체현하고 "대만독립"을 반대하는 입장으로 해석할 수 있다. 둘째는 "중화대북"은 "대북"을 주체로 하여 한편으로는 대륙과의 구별을 표명함으로써 대만민중의 심리에 부합되고 다른 한 방면으로는 "대만"처럼 특정적인 정치적 부호의 의미도 지니고 있지 않다. 셋째는 실천이 증명하다시피 "중화대북"은 이미 특정 국제기구에 참가하는 대만지역의 부호로 양안에 접수되었고 "대만독립" 분자들도 이에 대해 묵인의 태도를 취하고 있다. 때문에 양안관계 평화발전의 구조하에서 양안은 대만지역이 "중화대북" 혹은 기타 명의로 "국제공간"에 참여하여 협상할 여지를 충분히 보류하여야 하고 양안관계 평화발전 구조의 양안원칙과 기능원칙의 지도하에서 대만지역의 "국제공간" 문제를 타당하게 해결하여야 한다.

2. 양안이 동일한 국제기구에 존재하는 교류규범

양안은 이미 각종 명의로 각종 경로를 통하여 일부 국제기구에 공동으로 참가하고 있다. 이 중에는 국제사회에서 큰 영향력을 갖고 있는 여러 가지 국제기구를 포함하고 있다. 예컨대 국제올림픽위원회(IOC), 세계무역기구(WTO), 세계보건기구(WHO) 등이다. 이는 객관적으로 존재하는 사실이다. 양안은 이러한 기구 중에서 비록 법률적 지위는 다소 다르다 할지라도 모두 해당 기구의 장정 등 규정에 근거하여 권리를 향유하고 의무를 수행하며 모두 해당 국제기구가 제공하는 조직구조와 운영시스템에 근거하여 관련 국제문제를 처리하고 있다. 양안이 동일한 국제기구에서 공존하고 있는 문제는 이미 대만지역이 국제공간에 참가하는 정치적 의미를 초월하여 국제기구 자체의 기능적 의

---

[1] 周葉中, "論兩岸關係和平發展框架的法律機制", 法學評論, 2008, 제3기.

미에 주목되고 있다. 이러한 현상은 양안관계 평화발전 구조의 기능원칙의 구축에 부합된다. 따라서 양안이 동일한 국제기구에서 공존하는 문제는 대만지역이 해당 국제기구에 참가할 수 있는지의 여부에 관한 정치적 문제로부터 이미 다음과 같은 두 가지 문제로 구성되는 복잡한 문제로 변화되었다.

첫 번째는, 대만지역은 비록 적합한 명의로 대륙과 동일한 국제기구에서 공존하고 있고, 국제기구의 기능적 의미가 정치적 의미를 초월한다고 하지만 이는 대만지역이 해당 국제기구의 플랫폼을 빌려 국제 사회에서의 지위를 부각시킬 가능성이 없다는 것은 아니다. 사실상 대만지역은 이미 여러 차례에 걸쳐 합법적으로 참가한 국제기구를 이용하여 소위 "자주성"을 홍보하였다. 때문에 설사 양안이 동일한 국제기구에 공존하고 있다 하더라도 여전히 대만지역이 국제기구에서 "하나의 중국" 원칙에 손해를 주는 각종 행위를 방지할 필요성이 있다.

두 번째는 대만지역이 국제기구의 규칙을 준수하고 "하나의 중국" 원칙을 파괴하지 않는 것을 전제로 하더라도 기필코 가지각색의 문제로 인하여 중국 대륙과 국제기구의 구조 내에서 상호 왕래가 존재할 것이다. 이러한 상호 왕래는 어떻게 진행하여야 하는지, 양안은 국제기구의 규칙을 통하여 어떻게 상호 간의 분쟁을 해결하고 공동이익을 추진하여야 하는지 등에 관한 문제는 주목이 필요하다. 이 두 가지 문제에 관하여 대륙학자들은 첫 번째 문제에 주목을 많이 하고 있고 참고적 가치가 있는 관련 연구 성과도 풍부히 형성하였다.[1] 그러나 이러한 연구 성과 중 후자에 관한 토론은 많이 부족하다. 두 번째 문제는 양안이 국제기구의 구조 내에서의 양성(良性) 왕래에 연계되는 문제로써 연구할 필요가 있다. 대만학자들은 양안이 국제기구 내에서의 왕래에 관하여 많은 논문에서 언급하고 있다. 물론 대만학자들의 연구는 다수가 대만지역의 "주체성"을 부각하는 것을 목적으로 하고 있고, 비록 일부 논증과정에서 기능성적인 고려도 하였지만 그 입각점과 결론은 여전히 국제기구의 정치적 의미와 뒤얽히고 있다. 때문에 "하나의 중국" 원칙하에 양안이 동일한 국제기구에서 공존하는 문제에 대한 논술을 통하여 대만지역이 어떻게 질서 있게 국제공간에 참여한 후 "하나의 중국" 원칙을 견지하고, 어떻게 국제기구의 기능을 더욱 잘 발휘하며, 어떻게 국제기구의 구조를 통하여 양안의 공동이익을 더욱

---

1 陳安, "中國'入世'後海峽兩岸經貿問題'政治化'之防治", 中國法學, 2002, 제2기.

잘 해결하겠는가 하는 등 문제에 관하여 논의할 필요가 있다.

현재 양안이 공동으로 참가하고 있는 국제기구 중 세계무역기구(이하 "WTO" 라고 약칭)는 양안의 상호 교류가 제일 빈번하고 양안이익과 관계가 가장 큰 국제기구 중의 하나이다. 양안이 WTO 내에서의 상호 교류에 대하여 서술·연구하는 것은 양안이 동일한 국제기구 내에서 공존하는 시스템의 구축에 중요한 참고적 가치가 있다. 양안은 기나긴 시간의 담판을 거쳐 2001년에 양자 모두 비슷한 시기에 WTO의 정식구성원이 되었다. 그 기간의 간고한 과정과 양안의 "악전고투"는 이미 역사로 되었다. 이 역사에 관하여는 많은 학자들이 부동한 시각에서 게시하고 있어 본서에서는 다시 언급하지 않기로 한다.[1] 첫째는 이 단계의 역사가 이미 과거로 되었고, 양안이 대만지역의 WTO 가입에 관한 여러 가지 의제가 모두 대만지역이 "대만, 평후, 진먼, 마쭈 단독관세구(Separate tariff zone)"(臺澎金馬單獨關稅區)의 명의로 WTO에 가입됨과 함께 최저한도의 타협과 해결을 이루어 다시 회고할 의의가 없다. 둘째는 본서가 주목하고 있는 점이 양안이 WTO 가입 전의 논쟁에 관한 내용이 아니라 대만지역이 국제공간에 참가한 후의 WTO에서의 지위와 행위규범이기 때문이다. 셋째는 양안이 WTO 가입에 관한 논쟁에 있어서 대개 대항적인 사유가 주도하였지만 양안이 WTO에서의 공존은 실무적인 정신에 기초한 타협과 협력이 핵심적인 지위를 차지하기 때문이다.

어쩌면 WTO가 양안의 상호 교류가 제일 많은 국제기구일 수 있고, 양안이 WTO 내에서의 상호 교류는 양안관계와 제일 실질적인 연관이 있다. 때문에 양안이 WTO에서 공존하는 경험과 문제점은 상당한 정도에서 양안이 기타 국제기구에서 공존하는 데 참고로 될 수 있다. 양안의 "외교휴전"의 심화와 함께 대만지역이 질서 있게 국제공간에 참가하는 시스템이 점차적으로 건립·보완되었고, 따라서 대만지역이 질서 있게 국제사회에 참여하는 것은 일상화되었으며 적합한 명의로 국제기구 활동에 참여하는 빈도수와 국제기구에 참여하는 횟수와 양안이 동일한 국제기구에서 공존하는 경우도 증가하였다. 위의 경우를 고려하면 WTO의 경험과 문제점에 대해 반성한 기초에서 양안이 동일한 국제기구에서 공존하는 시스템의 구축에 관하여 논의할 필요가 있다.

첫째, "하나의 중국" 원칙을 견지하는 것은 양안이 동일한 국제기구에서

---

1 江啓臣, "WTO下兩岸政治互動之發展與意涵", 東吳政治學報, 2004, 제19기.

공존하는 정치적 최저요구이고, 이는 양안이 동일한 국제기구에서 공존하는 기능적 특징을 결정하였다. 양안은 양안원칙, 기능원칙과 제도원칙에 근거하여 대만지역이 특정된 국제기구에 참가하는 것을 허락하였고 이는 양안이 동일한 국제기구에 공존하는 현상을 초래하였다. 그러나 이는 대만지역의 "주권" 속성과 "국가" 속성에 대한 긍정이 아니고, 소위 "긍정"적 효과도 발생하지 않으며 다만 대만 인민이 국제공간에 참가하려는 염원에 응하여 행한 합리적인 조치일 뿐이다. 때문에 양안이 동일한 국제기구에서 공존하면서 여전히 "하나의 중국" 원칙을 최저요구로 삼아야 하고 "양안 간"에 "이중대표"의 현상을 조성하여서는 안 된다.

둘째, 국제기구의 규칙을 준수하고 대만지역이 국제기구의 규칙에 따라 향유하는 권리와 의무를 존중하는 것은 양안이 동일한 국제기구에서 공존하는 기초이고 동시에 양안이 동일한 국제기구에서 공존할 수 있는 가능성을 제공하여 준다. 대만지역이 국제기구에 참가하는 전제조건은 해당 국제기구가 대만지역과 같은 실체에 대하여 해당 국제기구의 활동에 참가하는 데 특수한 배치와 규정을 두고 있는 것이다. 때문에 대만지역이 하나의 국제기구에 참가하여 법률상의 지위를 향유할 수 있는지의 여부는 해당 국제기구의 규정에 달려있다. 다른 한 측면으로 말하면 만약 대만지역이 국제기구의 특수한 제도배치에 근거하여 해당 국제기구의 활동에 참가하고 국제기구 규칙이 규정한 권리를 향유하고 국제기구가 규정한 의무를 수행한다면 대륙 측에서도 이에 대하여 존중해 주어야 한다.

셋째, 동일한 국제기구 중에서 국제기구가 설정한 각종 시스템을 최대한 활용하여 양안 각자의 이익과 중화민족의 전반이익을 수호하는 것은 양안이 동일한 국제기구에서 공존하는 목적이고, 이는 양안이 동일한 국제기구에서 공존할 필요성을 결정하였다. 양안이 동일한 국제기구에서 공존한 후 해당 국제기구의 구조 내에서 양안의 상호 왕래의 중심은 다소 전이된다. 즉, 대만지역이 국제기구에 참가하는 자격과 지위로부터 국제기구의 시스템을 통하여 양안 각자의 이익과 중화민족의 전반이익을 실현하는 데로 전이된다. 국제기구의 시스템을 통하여 양안 각자의 이익 및 중화민족의 전빈이익을 실현하는 것은 양안 각자가 국제기구에 참여하는 목적에도 부합된다.

넷째, 양안 사무성 협상시스템과 양회구조를 통하여 "양안 간"에 국제기구 관련 시스템의 대체적 시스템을 구축하고 양안이 동일한 국제기구에서 공존하는 과정에서 민감한 의제를 피하며, 양안이 공존하는 국제기구를 정보교환의 경로와 시스템으로 하는 것도 양안이 동일한 국제기구에서 공존하는 하나의 책략적인 선택이 아니라 할 수 없다. 양안이 공동한 국제기구에서 공존하는 이상적인 상태는 양안이 국제기구의 규칙을 엄수하고 "하나의 중국" 원칙하에 상호 존중하고 이성적으로 상호 왕래하는 것이다.

총적으로 양안이 동일한 국제기구에서 공존하는 것은 양안의 깊은 정치적 상호 신뢰와 효과적인 임기응변 책략이 필요하고 또한 양안 간의 상호 존중 및 국제기구규칙에 대한 존중이 필요하다. 이렇게 하여야만 양안은 동일한 국제기구에서 조화롭게 공존하고 국제기구의 관련 시스템을 이용하여 협력하며 적대감을 낮추고 양안관계 평화발전을 기할 수 있다.

3. 양안이 중화민족의 공동이익을 공동 수호하는 제도적 배치

비록 양안은 의식형태, 정권과 "국가"에 대한 인정상 다소 차이가 있지만 민족에 관하여는 여전히 "중화민족인정"을 보존하고 있어 중화민족의 전반이익의 수호에 있어서 공동한 책임을 지니고 있다. 최근에 양안민중들이 많이 주목하고 있는 중국해양권익에 관한 수호에서의 양안협력을 예로 들면 중국의 섬과 해역이 주변 국가들로부터 빈번하게 "주권선언"을 당하고, 해양경제가 양안경제의 새로운 성장의 동력이 되고 있으며, 해양에너지와 해양자원이 양안경제사회의 지속적인 발전을 보증하는 중요한 요소가 된 현실적 배경하에 해양은 이미 대륙과 대만의 새로운 경제성장 포인트와 민생의 근본이 되었고 영토완정과 민족존엄 등과 연관된 문제가 되었다. 따라서 해양권익은 이미 중화민족의 핵심적인 이익과 연관되는 중요한 사안이 되었다. 비록 해양권익의 양안에 대한 중요성은 양안의 식견 있는 사람들의 공동한 인식으로 되었지만 양안이 중화민족 해양권익의 수호하는 데 있어 협력은 여전히 부족한 점이 있다. 결론적으로 말하자면 여전히 구체적인 사무상의 협력에 국한되어 개별성, 분산성과 우연성의 상태를 나타내고 있는 것이다. 이러한 원인은 양안 간에 정치체제상 장벽이 놓여있어 중화민족 해양권익의 수호문제에서 협력을 이루지 못한 것이다. 현 단계에서 양안이 중화민족 해양권익을 공동 수호하는 시스템을 구축하는 것은 절실하다.

첫째, 양안은 해양권익의 수호에 있어서 여전히 정치적 요소의 영향을 받고 있고 이는 양안 관련 부서들의 직접적인 협력에 영향을 주고 있다. 양안은 일부 정치적인 원인으로 인하여 아직도 상대방 공권력기관의 지위를 승인하지 않고 공권력기관간의 관계에 있어서도 "불접촉"(不接觸) 정책을 취하고 있다. 그러나 해양사무는 다수가 공권력기관에서 책임지고 있기 때문에 합리적인 제도 배치가 없으면 위의 정치적 요소가 양안의 관련 부서들의 직접적인 협력에 심각한 영향을 주게 된다.

둘째, 양안은 상호 간에 대응되는 연관부서가 없어 해양권익의 수호에 있어서 체제나 시스템 모두가 원활하지 못한 실정이다. 현재 해양사무 관리체제에서 대륙은 분산적인 관리체제를 채용하고 있어 국가해양국(中國海監), 공안변방무장경찰(中國海警), 세관총서밀수범죄조사국(中國海關緝私), 교통운수부해사국(中國海巡) 및 농업부어정어항감독관리국(中國漁政) 등은 모두 해양사무에 관하여 관리권한이 있고 종합성적인 해양관리부서는 없다. 그러나 대만지역은 2000년 2월에 "행정원"의 각 관련 부서에 분산되어 있던 해역관리직능을 합병하여 "해순서"(海巡署)를 설립하고 대만지역의 해양사무를 전문적으로 책임지게 하였다. 마잉주(馬英九)의 "남색혁명, 해양흥국"(藍色革命, 海洋興國)의 "해양정책"에서는 "해양부"를 설립하여 진일보로 모든 해양관리직능을 조정하기로 하였다. 양안해양관리부서 간의 이러한 체제상의 부조화는 양안 간 대응부서의 결핍을 초래하였다.

셋째, 현재 양안의 협력범위는 여전히 사무성 협력에 국한되어 있고 해양사무와 관련이 많은 공권력기관의 협력은 정책상의 곤란에 처해 있다. 현재 양안의 사무성 상담은 이미 제도화와 일상화를 실현하였지만 양안협력의 범위는 여전히 사무성 협력에 국한되어 있고 공권력과 정치문제에 연관되지 않는 기술성, 민간성 협력 사무에 그친다. 해양성사무는 정치의제와 연관되지 않는 일부 사무성 협력사항도 있지만 공권력 심지어는 고도의 정치성 의제와 연관되는 사항들이 더 많다. 예컨대 대만지역에서 관할하고 있는 동사남사군도문제, 양안의 실제적인 해역관할변계문제, 양안이 월선한 상대방 어선에 대한 처벌문제, 대륙해군의 대만지역 상선 보장문제, 대만지역이 핵폐기물을 운송함에 있어서 대륙의 실제 공제해역을 경과하는 문제 등이다. 양안은 아직도 많은 정책적 난관이 존재하고 있기 때문에 상술한 문제를 효과적으로 해결하기 어렵다.

양안관계가 나날이 화목해지는 상황에서 양안민중의 근본이익과 관련되는 양안민중이 모두 관심하는 해양권익 보장문제에 관하여 양안이 공동으로 중화민족 해양권익을 수호하는 시스템을 구축하는 것은 양안의 자원을 통합하여 효과적으로 중화민족 해양권익을 보장할 수 있게 할 뿐만 아니라 또한 공동으로 해양권익을 수호하는 것을 계기로 양안협력범위를 사무성 협력으로부터 행정성 협력으로 심화하는 데 본보기를 제공할 수 있다.

첫째, "형제는 울타리 안에서 다툰다"(兄弟鬪於牆)는 말이 있다. 양안은 민족감정에 기초하여 시스템의 건립을 통하여 양안이 공동으로 중화민족해양권익을 수호하는 데 영향을 주는 정치적 요소를 제쳐두어야 한다. 반드시 유의해야 할 점은 대만 측에서도 지금까지 댜오위다오, 남해열도의 "주권"을 포기하지 않고 여러 차례 "주권이 나한테 있다"(主權在我)는 주장을 하였다. 양안은 "양안 인민이 동일한 중화민족에 속한다"라는 인식과 "92합의"를 기초로 민족의 대의를 중히 여기고 시스템을 마련하며 양안이 공동으로 중화민족해양권익을 수호하는 데 불리한 영향을 미치는 정치적 요소를 잠시 제쳐두어야 한다. 이 방면에서 대륙은 우선적으로 일부 적극적인 건의와 주장을 제기할 수 있다. 예컨대 대만지역에 관련 시스템의 건립에 관한 건의를 제기하여 성의를 표할 수 있다.

둘째, 구축방식에 있어서 우선 구체적 문제에 대응하는 "전문책임소조"를 구성하고 구체적인 문제를 해결하는 과정에서 제도적 구조를 형성하기 위한 컨센서스와 경험을 쌓아야 한다. 양안이 중화민족 해양이익을 수호하는 완정한 시스템의 수립은 양안의 상호신임의 축적과 제도적 경험을 필요로 한다. 이를 위하여 양안은 현재 양안 인민이 관심하고 있고 실천 중에서 급히 해결하여야 하며 협력기초가 좋은 사무에 대해 "전문책임소조"를 구성하여 실제문제를 해결하여야 한다. 예컨대 대륙해군이 대만 상선의 항행보호를 위한 "전문책임소조"를 구성하여 공식적으로 정기적인 연락을 취하고 정보를 교환함으로써 양안협력의 성과를 나타내고 후속사무에서의 협력을 위하여 경험을 축적할 수 있다. 이외에도 댜오위다오(釣魚島)의 보호, 서사군도 여행자원의 개발, 대만지역 핵폐기물의 운수항로의 선택 등 문제에 관하여도 상응한 전문책임소조를 구성할 수 있다.

셋째, 양안은 적절한 시기에 양회협상시스템을 통하여 「해협양안 해양사무 협력협의」(海峽兩岸海洋事務合作協議)를 체결함으로써 법제 차원에서 양안이 중화민족 해양이익을 공동 수호하는 시스템을 확인하고 규범화하여야 한다. "전문책임소조"를 통하여 상호신임을 축적하고 이를 통하여 대외에 양안이 공동으로 중화민족 해양권익을 수호하려는 신심과 결심을 보인 후 적절한 시기에 양안은 양회협상시스템을 통하여 종합성적인 「해협양안해양사무협력협의」를 체결하여 양안의 협력원칙, 대응부서, 연락시스템, 협력사항과 범위 등에 관하여 확인하고 규범화하여야 한다.

결론적으로 양안은 "대교류시스템"을 구축하는 과정에서 중화민족의 중대한 공동이익과 관련되는 문제들을 충분히 고려하고 중화민족의 위대한 부흥을 중히 여기며 "형제는 울타리 안에서 다투다가도 외부의 모욕에 대하여는 힘을 합해 맞서는"(兄弟鬩於牆, 外禦其侮) 좋은 국면을 형성하여야 한다.

제 2 장 양안교류와 양안관계 평화발전의 정당성 위기 및 해소

양안관계 평화발전은 양안관계의 역사변천과 결부시켜 이해하여야 한다. 양안관계의 변천에 대하여 역사변천의 각도로부터 파고들면 여러 가지 부동한 지향으로 구분할 수 있다. 대만학자 사오중하이(邵宗海)의 분석에 의하면 역사발전의 경험에 따라 양안 간의 관계를 부동한 시기로 파고들어 몇 개의 부동한 배경의 단계로 나눌 수 있다.[1] 예컨대 1949년을 기준으로 하면 최초의 군사대치시기, 법통논쟁시기, 교류완화시기를 거쳐 오늘날의 의식대립시기 및 마찰과정시기에 이르렀다. 그러나 20세기 90년대, 특히는 2000년 이후 민진당의 집권시기에 대만당국의 "하나의 중국" 원칙에 대한 태도의 변화로 인하여 양안관계 평화발전은 심각한 위협을 받았다. 2008년 3월 국민당이 다시 집권한 후 양안관계는 다시 중대한 전변을 가져왔고 양안은 "92합의"를 기초로 접촉과 교류를 회복하였으며 양안교류도 나날이 뜨거워졌다. 많은 학자들이 주장하였다시피 양안문제에 대한 고려는 절대로 새로운 정치체제나 외국의 어떠한 제도를 참고로 할 것이 아니라 이론측면으로부터 양안의 현황에 대한 해석을 찾고 어떻게 합리적인 이론적 모식을 구축하여 양안현황에 대한 수용성을 강화하겠는가 하는 것이다.[2] 따라서 양안교류가 나날이 밀접하여지는 오늘, 양안관계 평화발전은 아직도 많은 구체적인 문제를 연구·해결하여야 한다. 예컨대 양안관계 평화발전 시스템의 구조는 어떻게 건립할 것인가, 양안관계 평화발전이 직면한 위험과 장애는 어디에 있고 이를 어떻게 해결하여야 하는가 등의 문제들이다. 이러한 문제들에 대한 연구에 있어서 만약 하나의 핵심적인 개념으로 통일하지 않는다면 혼란과 분산을 초래하게 된다. 때문에 본장은 양안관계 평화발전의 정당성 문제로부터 착수하여 양안교류시스템 중의 양안평화발전에 관한 문제들에 대하여 초보적인 연구를 진행하려고 한다.

---

1 邵宗海, 兩岸關係, 五南圖書出版股份有限公司, 2005, 제5-31쪽.
2 祝捷, 海峽兩岸和平協議硏究, 香港社會科學出版有限公司, 2010, 9쪽.

제 1 절   양안관계 평화발전의 정당성: 개념해명과 이론요소

정당성 개념으로부터 착수하는 원인은 첫째로 정당성 문제가 양안관계 평화발전의 기초적 문제이고 기타 문제가 모두 이로부터 발산·진화되어온 것이기 때문이다. 둘째로 규범 차원에서의 정당성 사고는 현실주의의 책략적 대응과 달라 우리가 학문상 양안관계 평화발전 문제에 대하여 더욱 충분하고 깊은 이론을 구축하는 데 도움이 된다.

1. 양안관계 평화발전의 정당성 해명: 집단행동에 기초한 시각

정치철학의 차원으로부터 보면 정당성은 정치질서의 규범과 행위의 이유 및 논거와 관련된다. 하버마스는 다음과 같이 정당성을 정의하고 있다. 정당성이란 하나의 정치질서가 제기한 긍정과 인정을 받으려고 하는 옳음 및 정의에 대한 요구에 있어서 실제적으로 좋은 논증이 존재하는 것을 의미한다. 하나의 정당한 질서는 응당 긍정과 인정을 받아야 한다.[1] 정당성은 정치질서가 긍정과 인정을 받는 가치성을 의미한다. 정치철학사의 시각으로부터 보면 현실에서의 정치질서는 역사적이거나 우연적 발전의 결과만이 아니라 모종의 전반적 자연구조 중이거나 신학구조 중에 포함되어 있다.[2] 그러나 현대적 상황에서 정당성은 개인의 의지에 기초하여야만 건립될 수 있다. 이러한 변화가 가져온 제일 중요한 결과는 바로 소위 말하는 "홉스난제"의[3] 출현이다. 고전적인 사상 중에서 전반 정치질서는 하나의 목적을 갖고 있고, 인간도 하나의 내재적·본질적 특성이 있다. 그러나 현대 사상은 정치질서에 대한 최종적인 목표를 설정하고 있지 않으며, 인간은 고독하게 이 세계에 우뚝 서 있으면서 다만 자기의 의지, 욕망과 도구적 이성만을 갖고 있다. 이에 따라 발생되는 문제는 개인의 의지가 서로 다른데 우리가 집단으로 하나의 정치질서를 구축하

---

1 See Jurgen Habermas, Communication and Evolution of Society, Boston: Beacon Press, 1979, pp. 183 – 184.

2 吳冠軍, "政治哲學的根本問題", 開放時代, 2011, 제2기.

3 高懿德、張益剛, "論'霍布斯的秩序問題", 齊魯學刊, 2001, 제3기.

려고 할 때에는 어디에 따라야 하는가 하는 것이다.

정치 정당성 문제의 본질은 개체의지로부터 집단의지로의 전환이다. 우리는 집단행동의 시각으로부터 더욱 형상적으로 정당성 문제를 해석할 수 있다. 개괄적으로 말하면 집단행동이란 공동한 목표를 위하여 모인 사람들이 일종의 단체생활을 하는 것을 말한다. 다시 말하면 집단행동은 사회구성원이 공동한 목표의 실현을 위하여 협동행동을 하는 것을 말한다. 집단행동 중에서 공공성 혹은 준공공성 물품에 관련된 협력을 할 때에 사람들은 늘 자기한테 이로운 경향성적인 이성으로 인해 다른 사람이 지출하고 자기는 집단이 제공하는 공공물을 무료로 향유하려고 한다. 이러한 경우 "무임승차"(搭便車) 혹은 "투기"(投機)의 현상이 나타나고 따라서 소위 "죄수의 딜레마"(囚徒困境)가 형성된다. 즉, 공동 지출로 말하면 A와 B가 모두 부인하면 제일 합리적이지만 양측 각자의 최선의 선택으로부터 보면 모두 자기가 자백하고 상대방이 부인하기를 원한다. 그러나 양측이 모두 최선의 전략을 선택하면 결과는 가장 나쁘게 되어 각각 5년의 판결을 받게 된다.[1] 죄수의 딜레마는 개인적 이성과 집단적 이성의 모순을 반영하고, 전시된 협력의 실패는 인간이 이성적이라는 것을 전제로 할 때 우리가 사회정치질서의 발생과 발전을 효과적으로 해석할 수 없음을 의미한다. 양안관계 평화발전의 정당성도 집단행동의 시각으로 이해할 수 있다. 2008년 이후 양안관계는 평화발전의 단계로 진입하였고 양안 간의 상호 교류도 문화교류로부터 경제무역, 문화교육 등 영역의 협력으로 심화되었으며 ECFA의 체결과 실행도 "양안의 경제협력과 교류가 점차적으로 일상화, 제도화로 발전하는 새로운 단계를 상징하였다".[2] 이러한 의미에서 보면 양안교류시스템은 곧 양안협력시스템이고, 그 목적은 공동사무에 대한 목표조절과 좋은 결과의 추구이며, 집단행동의 난관을 극복하고 평화발전의 정당성 기초를 다져 양안관계의 지구적인 평화발전을 추진하는 것이다.

거시적인 틀에서 보면 양안관계 평화발전의 정당성은 우선 양안 간의 관계정립 문제에 달려있고 이와 실질적으로 연관되는 문제는 "주권" 문제이다. 16세기 프랑스의 가장 위대한 법학가이자 가장 창조력이 있는 정치이론가인 보댕은 현대정치기초가 되는 주권이론을 제기하였다. 그는 통치자의 주권을

---

1 李伯聰、李軍, "關於囚徒困境的幾個問題", 自然辯證法通訊, 1996, 제4기.
2 劉紅、王森森, "兩岸經濟合作框架協議概述", 統一論壇, 2010, 제4기.

부하여 국가의 정치구조를 간단하고 규범화하며 뚜렷한 모식—통치자와 피통치자 간의 대치와 상호관계로 나타내었다.[1] 이로써 주권은 법률의 구속을 받지 않고 공민과 신민(臣民) 위에 놓여있는 최고 권력으로 정의되었고 주권의 개념은 현대정치질서의 기초로 구성되었다. 양안관계에서 주권문제는 양측 교류 중에 존재하는 제일 관건적인 장애 중의 하나로 된다. 대만학자 장야중(張亞中)이 말하다시피 양안의 상호 교류에 있어서 "주권"에 관한 쟁의는 늘 양측의 정서와 입장에 영향을 준다.[2] "주권"은 한 국가의 국제적 인격과 관련되기 때문에 "주권"에 관한 쟁의는 양안 간의 제일 근본적인 문제가 된다.[3] 양안은 "주권" 문제 때문에 양측의 관계를 전면적으로 전개할 수 없고 장기간 의려와 불신으로 가득하였으며 이러한 국면은 양측으로 하여금 비록 사무성적인 협상과 문화, 경제방면의 교류는 있지만 더욱 깊은 차원의 우호관계는 확립할 수 없게 하였다. 이는 대륙과 대만이 서로 다른 의미로 "주권"을 해석하고 사용하기 때문이다. 대륙 측은 국제법 의의에서의 "주권"을 사용하여 주권을 국가의 구성요건으로 인식하고 "하나의 중국" 원칙에 기초하여 소위 대만의 "주권"을 절대 승인하지 않으며 다른 국가들로 하여금 대만의 "주권"을 승인하지 못하도록 한다. 그러나 대만은 "주권" 개념의 국내법과 국제법 간의 차이를 이용하여 "대만의 주권"을 "논증"하고 있다.[4]

양안에 관해 말하면 주권문제는 응당 인민주권의 입장에 입각하여야 한다. 이로써 아래와 같은 사실을 도출할 수 있다. 양안 간의 소위 "주권귀속쟁의"(主權歸屬爭議)에 있어서 "주권"은 국제법상의 의미이고, 양안에 관해 말하면 국내법 의미상의 주권은 "인민"에게 속한다. 결론적으로 비록 양안이 아직 통일되지는 않았지만 인민이 주권자인 사실에는 영향을 주지 않는다. 따라서 주권은 인민에게 속하고 양안은 평화만 논의하여야 한다.[5] 때문에 인민주권은 양안관계 평화발전의 정당성 기초가 된다. 이 점에 있어서는 루소가 우리의 정치적 언어를 변화시켰다. 그는 정당성을 하나의 핵심개념으로 부각시켰을 뿐만 아니라 인민주권 개념 위에 세워놓았다. 정당성은 다시는 전통이거나 신

---

1 陳端洪, 憲治與主權, 法律出版社, 2007, 50쪽.
2 張亞中, 兩岸主權論, 臺北生智文化事業有限公司, 1998.
3 [美]賽班 著, 李少軍、尚新建 譯, 西方政治思想史, 臺北桂冠圖書股份有限公司, 1992, 422–423쪽.
4 祝捷, 海峽兩岸和平協議研究, 香港社會科學文獻出版有限公司, 2010, 174–176쪽.
5 祝捷, 海峽兩岸和平協議研究, 香港社會科學出版有限公司, 2010, 177쪽.

의 의지에 근거하지 않고 "인민"의 의지에 근거하며 인민의 추상성, 균질성과 전체성은 그로 하여금 주권의 제일 좋은 매개물이 되게 하였다. 그러나 문제점은 "인민"이라는 개념이 상당히 모호하여 누가 "인민"인가 하는 것이다. "인민"은 어디에 있는가?[1] 올슨의 집단행동이론에 의하면 집단행동의 발생은 두 가지 선결조건을 만족하여야 한다. 첫째는 집단의 구성원이 될수록 적어야 하고, 둘째는 집단행동을 강요하거나 유인하는 일종의 격려시스템이 있어야 한다.[2] 그러나 인민은 방대한 집단이고 인민 내부에서 일어나는 무임승차 현상을 효과적으로 억제하는 격려시스템도 결여되어 있다. 그렇다면 인민주권에 기초하여 우리는 다음과 같이 의문을 제기할 수 있다. 양안 인민의 집단행동은 어떻게 가능한가?

2. 양안관계 평화발전의 정당성요소: 집단행동이 어찌하여 가능한가?

앞에서 서술한 바와 같이 집단행동의 죄수의 딜레마가 나타낸 협력의 실패는 우리가 사회정치질서의 발생과 발전문제를 효과적으로 해석할 수 없음을 의미한다. 마찬가지로 양안관계 평화발전의 지속적인 추진도 다음과 같은 난제에 봉착하게 된다. 즉, 어떻게 양안 공적 공간 내에서 양안교류와 협력에 참여하는 다원적 주체로 하여금 상호 협조·지지하고 제약하며 집단행동의 난관을 극복하는가 하는 것이다. 이는 아주 복잡한 문제이지만 우리는 정당성요소에 대한 분석에 기초하여 대체적으로 집단행동이 곤경에서 벗어나는 논리를 얻어낼 수 있다. 버나드는 정당성은 3개의 층차가 있다고 주장한다. 즉, 누가, 어떠한 방식으로, 어디에서 통치하는가이다. 앞의 양자가 존재하는 전제는 초월적이고 이성적인 인간의 동의이고, 제3층차가 존재하는 전제는 특수한 개인의 인정(認同)이며 그가 나타내는 것은 정치정당성의 문화종족의 품격이다. 비록 제3층차가 앞의 두 층차를 배척하지 않지만 그를 충분요건으로도 생각하지 않는다. 하지만 반대로 앞의 양자는 제3층차를 전제로 하여야

---

1 共識網, 共識網綜合: 人民究竟是什麼? —人民與國家專題, 자료출처: http://www.21ccom.net/articles/ sxwh/shsc/article_201001202992.html, 최후방문날짜: 2017. 3. 1.

2 [美]奧爾森 著, 陳鬱 等 譯, 集體行動的邏輯, 上海人民出版社, 1995.

한다.[1] 따라서 앞에서 서술한 정당성의 3층차는 정당성의 두 개의 기본요소를 체현하고 있다. 즉, 이익－제도 요소 및 관념－인정 요소이다. 집단행동의 시각으로부터 보면 이는 집단행동의 두 가지 논리를 구성하고 있다.

(1) 양안관계 평화발전 정당성의 이익 － 제도 요소

공공선택의 이론으로부터 보면 이익은 집단행동의 논리적 시점이다. 이익이 체현하는 것은 주체수요와 객체가 수요를 만족하는 사이의 관계이고 주체활동의 내재적 동력이며 유도와 조절의 역할을 하고 주체 활동 대상의 선택을 결정한다.[2] 이익은 집단이익과 개인이익을 포함한다. 집단행동도 결론적으로는 개체행동이고 개체의 지지가 없으면 집단도 존재하지 않는다. 인간의 행위는 이성적인 이해관계 계산의 기초에서 형성되고 득과 실에 대해 따져본 후 자기한테 제일 유리한 결과를 선택하거나 제일 가치가 있는 것을 추구한다. 때문에 한 사람의 집단행동에의 참가 여부는 해당 행동이 집단이익의 증가 여부에 의하여 결정되는 것이 아니라 개인으로 하여금 이익을 얻게 할 수 있는가에 의하여 결정된다.[3]

이익은 양안의 부동한 개인, 집단으로 하여금 이익공동체를 형성하게 하였다. 공동이익의 추구하에 양안 간에는 많은 경제무역협력과 교류를 전개하였고 이러한 교류는 이미 양안관계의 가장 중요한 동력이 되었다. 양안의 공동이익 추구와 창조는 양안의 단일화 절차를 가속화하고 양안의 공동발전을 실현하며 양안민중의 감정을 융합하고 양안의 공동가치를 구축하는 기초일 뿐만 아니라 또한 최종적으로 양안의 통합을 완성하여 국가통일을 이루는 반드시 걸어야 하는 길이다.[4] 다시 말하면 양안관계 평화발전을 실현하고 조국통일을 다그치는 근본적인 방법은 곧바로 양안의 공동발전을 통하여 양안의 공동이익을 배식하고 이로써 양안동포의 감정을 융합하여 가치를 통일하며 인식을 통합하는 발걸음을 다그쳐 양안동포의 공동 가정에 대한 인정을 확립하고 최종적으로 양안통합을 완성하는 것이다.[5]

---

1 許紀霖、劉擎、陳贇、周濂、崇明、王利, "政治正當性的古今中西對話", 政治思想史, 2012, 제1기.
2 高岸起, 利益的主體性, 人民出版社, 2008, 62－63쪽.
3 於強, "集體行動芻議", 黃河科技大學學報, 2009, 제3기.
4 倪永傑, "兩岸和平發展路徑探索: 培育共同利益、形塑共同價值", 中國評論, 2009, 제7기.
5 參見倪永傑, "兩岸和平發展路徑探索: 培育共同利益、形塑共同價值", 中國評論, 2009, 제7기.

그러나 이성적 인간의 시각으로부터 보면 현실에서 이성적인 인간 사이에는 필연적으로 이성으로만은 회피하거나 해결하기 어려운 갈등과 모순이 존재한다. 때문에 어떻게 개인이성의 최대화를 추진하는가 하는 것은 집단행동의 관건이 된다. 신제도존중주의는 일종의 진화적인 이성과 한계에 기초하여 자기의 이익을 추구하는 개체가 일정한 구속력하에 이익의 최대화를 추구하는 전략적인 행위를 강조한다. 따라서 이성적 최선책은 일종의 제도의 이성적 선택이다. 제도는 매 개체의 효과적인 행위에 영향을 주고 이러한 행위의 순서에 영향을 주며 각 의사결정자에 모두 유용한 정보구조에 영향을 준다. 이러한 영향은 제도를 모식화한다.[1] 집단행동은 바로 이러한 "제도적 균형"하에서 형성된다. 제도의 안정성은 그의 자아실행에 있다. 제도는 이익 관련한 자들이 상호 협상하여 제정하였기에 반드시 제도가 규정한 제한을 준수하기 때문이다. 제도 내부적 규칙의 실행은 개체의 최대화 행위를 제한하고 의사결정으로 하여금 안정되고 예견이 가능하게 한다. 결론적으로 이기적인 경제인에 대하여 집단행동의 해결방법은 제도상의 소구(訴求)에서 찾아야 하고 모든 개인이 사익을 추구하지 않고 타인만 위하는 도덕 성현이 될 것을 강조하여서는 안 된다. 따라서 양안관계 평화발전의 정당성은 응당 제도에 기초하여야 한다. 양안관계는 일종의 제도로서 양안이 상호 교류하고 협상하는 과정에서 형성된 양안 인민의 행위를 구속하는 규칙이고 신념의 공유를 유지하는 일종의 시스템이다.[2] 양안에 대해 말하면 제도는 곧바로 양안이 현재 존재하고 있는 정식제도에 대한 묵인과 접수를 뜻하고 나아가 전통, 습관과 비정식 규칙 등 비정식 제도에 대한 수호와 준수를 의미한다. 2008년 6월 양회가 "92합의"에 기초하여 협상을 재개한 이래 협의를 체결하고, 컨센서스를 형성하였으며 여러 개의 공동의견을 형성하여 양안민중이 관심 갖는 경제, 사회, 민생 등[3] 일련의 문제들을 해결하는 동시에 양안 교류와 협력에 대하여 제도적 배치를 하였다. 2010년 6월 양회 지도자는 「해협양안 경제협력에 관한 기본협의」(海峽兩岸經濟合作框架協議)와 「해협양안 지적재산권 보호 협력 협의」(海峽兩岸知識産權保護合作協議)를 체결하였고 이로 인해 양안의 경제관계는 새로운 역사적

---

1 羅伯特·古丁, 政治科學新手冊, 三聯書店, 2006, 1015쪽.
2 唐樺, 兩岸關係中的交往理性, 九州出版社, 2011, 116쪽.
3 中共中央臺灣工作辦公室、國務院臺灣事務辦公室網站, 자료출처: http://www.gwytb.gov.cn/lhjl/, 최후방문날짜: 2017, 1, 26.

기원에 들어섰다.[1] 결론적으로 말하면 제도의 존재는 양안의 교류와 협력으로 하여금 더욱 강한 예견성과 신뢰성을 갖게 하였고 양안 간의 양성 교류를 추진하였으며 무임승차행위를 줄여 양안관계 평화발전의 정당성 기초를 다졌다.

(2) 양안관계 평화발전 정당성의 감정 – 인정 요소

앞에서 서술한 "이익－제도" 모식은 집단행동의 이성적 논리를 반영하면서 감정, 정서 등 요소들은 배제하였거나 혹은 개인이익을 강조하면서 집단행동의 참여를 분석하였다. 또한 감정요소를 집단행동 중의 우연성 요소로 인식하고 감정의 이성적 선택에서의 역할을 경시하였다. 그러나 현실생활 중에는 절대적인 순수한 이성적 개인이 존재하지 않는다. 인간은 집단 속에서 생존하고 생활하며 집단의식과 집단감정의 영향을 받기 마련이다.[2] 따라서 집단행동은 일종의 응집력에 근거하게 된다. 응집력은 집단구성원의 단결 정도, 집단이 구성원에 대한 흡인력 정도와 구성원이 집단에 대한 인정 정도를 표명한다. 에밀 뒤르켐도 집단감정의 역할을 충분히 긍정하였고 집단행동은 일종의 집단감정에 의해 결정되며 집단감정은 사회단결의 기초와 연결체라고 인식하면서 그 "본질로부터 보면 사회의 응집력은 공동한 신앙과 감정으로부터 온다"고 하였다.[3] 결론적으로 집단감정이 만들어낸 집단인정은 집단행동이 전개될 수 있는 기본요소이다. 양안관계로부터 보면 민족인정의 집단감정은 양안의 지속적인 협력을 추진하고 양안관계 평화발전을 추진하는 중요한 매개물이며 연결체이다. 이러한 민족인정은 같은 언어와 종족, 혈통으로 이어진 친정 등 원생적이고 천성적인 것이며, 이는 양안관계 평화발전의 추진을 위하여 기초를 마련하였다.

---

1 唐樺, "兩岸合作治理的結構要素與實踐機制", 廈門大學學報, 2013, 제5기.
2 郭景萍, "集體行動的情感邏輯", 河北學刊, 2006, 제2기.
3 涂爾干, 社會分工論, 三聯書店, 2000, 234쪽.

제 2 절 양안관계 평화발전의 정당성 위기: 국가인정 위기와 민의수용성

앞에서 서술한 바와 같이 이익－제도와 감정－인정은 양안관계 평화발전 정당성의 기본요소이다. 그러나 이는 일종의 "이상(理想)적 형태"에 기초한 분석일 뿐 현실에서는 이러한 요소들이 부동한 구조형태를 구성하게 된다. 현재 양안관계를 놓고 보면 이러한 구조형태는 한편으로는 양안 간 부단히 "이익－제도"의 연결을 형성하는 반면 다른 한편으로는 양안 간에 점차적으로 상호 인정의 소외와 단절을 나타내고 있다. 비록 제도적인 차원에서 2008년 이래 양안 "양회"시스템의 효과적인 운영은 현재 양안관계 중의 인정이 기본적인 상호신임의 요구를 만족하였음을 증명하였지만 장구한 발전으로부터 볼 때 양안관계에서 강한 인정적 신임의 결핍은 필연적으로 양안 교류와 양안관계 평화발전의 정당성 위기를 초래하게 된다.

1. 국가인정 위기: 첫 번째 양안관계 평화발전의 정당성 위기

인정문제를 놓고 보면 현재 양안은 명백한 비대칭 상태를 보이고 있다. 이러한 비대칭성은 의식형태와 사회형태의 발전맥락의 차이로부터만 형성된 것이 아니고 지리적 공간의 현저한 차이에 의하여 완전히 결정되는 것도 아니며 우선적으로 양안의 심리적 구조 자체에 존재하는데 이는 일종의 인정위기로 표현되어 오늘날의 대만은 "중국인"의 신분에 대하여 쟁의가 가득하고 심지어 적지 않은 사람들은 이에 대해 부정적이고 싫어하는 태도를 보이고 있다. "대만인"과 "중국인" 양자는 이원대립의 신분으로 되어 통독(統獨) 문제와 남록투쟁(藍綠爭鬥)이 뒤얽혀 있다.[1] 때문에 양안관계에서 인정위기는 주권쟁의 문제보다 더욱 심층의 구조성 모순으로 되었으며 이 문제에 대한 대답이 있어야 양안관계 평화발전의 정당성 기초를 진일보로 확립할 수 있다.

학문적으로 보면 "인정"은 내용이 풍부하면서도 매우 모호한 개념이다.

---

1 鄭鴻生: 臺灣人如何再作中國人－超克分斷體制下的身份難題, 자료출처: http://wen.org.cn/modules/article/view.article.php/1403, 최후방문날짜: 2017, 1, 26.

요컨대 "인정"이라는 개념은 주로 일종의 집단현상을 가리키고 단체특성과 단체의식 두 측면을 포함한다. 하나는 단체 구성원이 갖고 있는 중요하고 근본적인 단체특성─동일성을 가리키고, 다른 하나는 단체 구성원이 단결·일치하며 공동의 성격의식과 집단행동을 하는 것을 가리킨다.[1] 때문에 본질부터 말하면 인정 문제가 해결하려는 것은 개인선택과 집단목표 간의 내재적 불안관계이다. 인정의 형성으로부터 보면 인정은 선천적으로 형성된 것이 아니고 사회가 구축한 산물로서 정경의 변화에 따른 변화 가능성이 매우 높다.

현실적인 측면으로부터 보면 20세기 80년대 이래 양안 간의 인정에는 금이 가기 시작하였고 인정위기는 나날이 심각해졌다. 1980년대 이래 정치민주화의 발전과정에서 "성적(省籍)갈등"이 날카로워졌고 민중의 "중국"에 대한 인정과 상상도 끊임없이 이간질과 도전을 받게 되면서 소위 "중국성적(省籍)"으로부터 "대만종족집단"으로의 변화가 발생하였다. 이는 "228" 사건이 초래한 결과라 하겠다. "성적갈등"과 종족집단갈등은 "228" 비극이 초래한 직접적인 사회결과로 그 본질은 "정치화 이익의 충돌"에 있고, "228" 비극의 장기적인 정치결과는 "국가" 인정에 대한 소실로 그 본질은 "정치화의 규범과 가치의 충돌"에 있다. 그 표현방식은 대륙의 "중앙정권"으로서, 유일한 정치기반인 대만에 은거한 후에도 여전히 "대중국"의 통치심리의 영향을 받아 중앙과 성의 정치구조를 유지함으로써 의식적으로 대만을 "지방사회"로 왜소화한 것이다. 따라서 대만의 전쟁 후의 발전은 곧 "228"의 트라우마를 지우는 과정으로서 요컨대 대만경험 중의 경제성장, 발전과 사회다원화는 고도의 정치화와 정서화인 "성적갈등"을 공론과 검토가 가능한 인종집단의 차이로 변화하였고, 대만경험 중의 정권 본토화와 정치민주화는 소실되는 국가인정을 대체하면서 대만을 인정주체로 간주하였다.[2]

만약 "외성(外省)인"과 "본성(本省)인" 간의 차이가 곧 국민당정권이 대만을 인수한 후 권력구조 방면의 제도적 배치가 조성한 일종의 "차이정치"(差異政治)라고 한다면 1970년대 중후기 민주화조류가 만들어낸 "반대운동"은 바로 이러한 "차이정치"에 대한 토벌이고 국민당의 "중국민족주의", "반공대륙" 등

---

1 錢雪梅, "從認同的基本特性看族羣認同與國家認同的關係", 民族硏究, 2006, 제6기.
2 蕭新煌, 從省籍矛盾到族羣差異, 從國家認同到統獨爭議─歷史與社會的思辨, 族羣正義與人權障硏討會論文集(財團法人二二八事件紀念基金會), 財團法人二二八事件紀念基金會出版.

"신성한 민족사명"을 포함한 "방대한 서술"(宏大敍事)에 대한 이간질이라 하겠다.[1] 이를 대체한 것은 "대만민족주의"이고 그들이 빚어낸 민족은 "대만인"이며, 현재 대만민족을 타락시킨 적은 외래정권 "국민당"이기 때문에 국민당이 하야하여야만 "대만인이 민족의 영광을 다시 회복할 수 있다"는 것이다.[2] 그러나 본질을 살펴보면 국민당의 "중화민족주의"이든 민진당의 "대만민족주의"이든 모두 의식형태화와 배타성이 있는 "민족" 인정정치를 이용하여 민중을 좌지우지하고 동원·교육한 산물이다. 만약 국민당 시기 이러한 인정정치가 "성적신분"을 빌려 소위의 "한적불양립"(漢賊不兩立)을 강조하였다면 민진당은 "인종집단정치"를 좌지우지하여 민주화를 "탈중국화"로 유도하면서 "중국"과 "대만"의 대립을 부각시켰다. 현재 대만의 "4대 인종집단"의 구분은 주로 "대만독립" 세력이 다당정치를 이용하여 대만민중을 좌지우지한 산물이다. "4대 인종집단"을 정치적 측면에서 떠들어대는 목적은 차이정치의 "타자와의 다른 점"에 대한 긍정을 통하여 "통독(統獨) 쟁의"를 격화함으로써 대만민중의 중국, 중화민족의식에 대한 분열과 붕괴를 꾀한 것이고 중국에 대한 "탈중국화"(去中國化), "악명(惡名)화"의 분위기 속에서 "대만독립" 세력이 떠들어대는 "대만국", "대만민족"의 "인정 정치"를 구축하기 위한 것이었다.[3] 따라서 "인종집단을 분열하는"것은 진정한 목적이 아니고 "대만민족"의 "집단인정"을 구축하는 것이야말로 진정한 목표였다. 이 과정은 바로 "성적갈등"을 바탕으로 하여 "인종집단"을 분화하고 나아가 "인종집단정치"를 형성하는 과정이며 이는 정치동원을 위해 진행한 인위적인 배치이며 또한 여러 "인종집단"의 소위 "문화" 차별의 조작과 "공동기억"의 회억을 통하여 인정을 분리시킨 것이었다. 이러한 의미에서 대만의 "인종집단"은 다른 사회와 달리 두 개의 판이한 특징을 갖고 있다. 하나는 "인종집단"의 개념과 "국가인정" 논쟁의 발전이 고도로 상호연결된 것이다. 대만사회에서 "인종집단"이라는 새로운 인종분류의식이 출현한 중요한 조건 중의 하나로 반드시 "중국"을 범위로 하는 국가상상을 버리거나 제쳐두고 "대만"을 공민권리의 실행범위로 하는 것이다. 이러한 특징은 인종집단쟁의를 국가인정쟁의와 뒤엉키게 하고 해결되기 어렵게 하였으며 대만사회

---

1 郝時遠, "臺灣的'族羣'與'族羣政治'析論", 中國社會科學, 2004, 제2기.
2 王甫昌, "臺灣反對運動的共識動員: 一九七九－一九八九年兩次挑戰高峯的比較", 臺灣政治學刊, 創刊號.
3 郝時遠, "臺灣的'族羣'與'族羣政治'析論", 中國社會科學, 2004, 제2기.

의 "인종집단을 분열하는" 결과를 초래함으로써 심각한 인정위기를 형성하였다. 다른 한편 대만사회의 "인종집단" 개념은 민족주의식 인종집단 동화(同化)론에 대항하기 위하여 발전한 것이다. 1980년대 이후, 대만사회의 학자와 정치인들은 서방개념이 구축한 "인종집단상상"을 "중국민족주의상상"이 특정 인종집단정치에 주는 정치적 박탈과 문화적 압박에 대항하는 데 사용하였다. "인종집단" 개념이 널리 알려짐과 함께 과거에 중화민족주의 이념하에 국민당이 치켜들었던 "성적융합"(省籍融合)의 인종집단동화이상은 점차적으로 "차이를 유지하면서도 평등"을 요구하는 인종집단 다원화의 새로운 인종집단관계이상으로 대체되었다.

결론적으로 20세기 80년대 이후, 대만민중의 인정은 현저한 변화추세를 나타내었다. 즉, "양안은 모두 중국인이다", "양안은 모두 중국에 속한다"는 인정이 점차적으로 쇠퇴하고 대만인으로 인정하고 통일을 배척하며 "독립"을 주장하는 경향이 상승세를 보였다. 물론 대만민중의 인정변화의 원인은 여러 방면으로 역사적인 요소도 있고 현실적인 요소도 있으며 내부적인 요소도 있고 외부적인 요소도 있지만 일관되게 작용한 것은 민족주의의 영향이다. 따라서 민족주의는 양안관계 평화발전의 정당성 기초 및 그의 국한성이며 진일보로 연구하여야 할 문제이다.

2. 민의수용성 위기: 두 번째 양안관계 평화발전의 정당성 위기

양안민중은 양안관계 평화발전에 관한 양안협의를 추진할 때 줄곧 높은 지지의 태도를 보이고 있다. 2008년부터 2013년간 매번 양회상담이후 대만지역의 "대륙위원회"가 대만민중을 상대로 진행한 샘플링 전화방문 조사결과에서는 대만민중이 각 양안협의에 대한 찬성비율(만족도)이 모두 60%를 초과한 것으로 나타났다.[1] 이러한 통계수치는 양안민중이 양안협의에 대한 이해가 부족한 상황에서도 여전히 이러한 협의의 체결과 실행에 대하여 긍정적인 태도를 지니고 있다는 것을 충분히 표명하였다. 일정한 조건하에서 양안협의는 양안민중의 공동이익에 모두 부합된다고 말할 수 있다. 그러나 이러한 "부합"

---

1 臺灣地區"行政院大陸委員會"網站發佈的電訪民意調查, 자료출처: http://www.mac.gov.tw/np.asp?ctNode=6331&mp=1, 최후방문날짜: 2017, 4, 10.

은 여전히 낮은 차원에 속한다. 왜냐하면 현재의 양안관계하에서 양안이 교류를 회복하고 적대감을 낮추기만 하면 다수의 양안민중이 받아들일 수 있기 때문이다.[1] 때문에 민중의 효과적인 참여가 부족한 상황에서도 양안협의는 여전히 양안민중의 보편적인 지지를 얻을 수 있었다. 그러나 「해협양안서비스무역협의」가 대만입법기관의 심의에서 통과되지 못하여 일어난 "태양화운동"은 공중참여가 부족한 이러한 양안관계 평화발전 모식의 민의정당성 위기를 나타냈다.

「해협양안서비스무역협의」는 양안이 ECFA을 실행하기 위하여 체결한 두 번째의 후속적인 협의이고 양안이 2008년에 양회협상시스템을 회복한 이래 체결한 제18번째 협의이다. 「해협양안서비스무역협의」는 워낙 단순한 양안경제무역협의였고 관련된 내용도 모두 양안경제협력사무와 연관되는 내용이었지만 대만섬 내의 투쟁성 정당정치의 영향으로 인하여 큰 사회적 쟁의를 불러일으켰고 심지어는 일정한 정도에서 대만 각 정치역량의 "씨름판"으로 되었다. 2014년 3월 11일, 당시 중국국민당 주석을 맡고 있던 대만지역 지도자 마잉주는 당주석의 신분으로 국민당 "입법원" 정당단체에게 「해협양안서비스무역협의」를 통과시킬 것을 강요하였다. 이에 따라 국민당 "소집위원" 장칭중(張慶忠)은 위원회 1차 심사에서 혼란한 틈을 타서 은폐식 마이크로 심사를 마치고 원회로 제출한다고 선포하여 민중항의운동을 야기하였다. 3월 18일 서비스무역협의를 반대하는 백 명이 넘는 대만 대학생들이 대만지역 입법기구로 쳐들어가 소위 "태양화운동"(太陽花運動)의 서막을 열어놓았고, 4월 10일이 되어서야 입법기구를 점령한 학생단체가 전부 철거하였다.[2] 이번 "태양화운동"은 양안관계의 평화발전에 민의정당성 위기가 존재하는 것을 반영하였다고 생각한다. 구체적으로 말하면 이러한 위기는 다음의 두 가지로 해석할 수 있다.

첫째, 양안관계 평화발전의 민의수용성 위기의 핵심은 양안민중이 양안관계 평화발전의 목표에 대한 근심과 동요에 있는 것이 아니라 양안관계 평화발전 과정의 구체적인 제도배치에 대한 불만에 있다. 현재 양안관계 발전의 실천으로부터 보면 양안관계 평화발전은 이미 양안 각 정치역량의 최대의 컨센

---

1 周葉中、祝捷, "兩岸治理: 一個形成中的結構", 法學評論, 2010, 제6기.

2 人民網, "反服貿學生10日退出立法院 馬英九發聲明迴應", 자료출처: http://tw.people.com.cn/n/2014/ 0408/c104510－24842677.html, 최후방문날짜: 2017, 4, 10.

서스가 되었고 양안민중 마음속의 일치한 소망이 되었다. 비록 "태양화운동"
이 객관적으로 양안관계 평화발전의 공고와 심화에 대하여 일정한 부정적인
영향을 주기는 하였지만 이러한 영향은 여전히 제한적이고 양안 각 측의 최대
의 컨센서스인 양안관계 평화발전의 지위를 변화시키지는 못한다. 때문에 양
안관계 평화발전의 민의정당성 위기의 핵심은 평화발전의 목표에 있는 것이
아니라 양안관계를 공고화하고 보장하며 발전시키는 구체적인 시스템에 있고
이는 양안공동정책결정시스템의 위기라고 할 수 있다.[1] 양안협의의 창제, 접
수 및 적용에 관한 절차는 양안공동정책결정의 중요한 표현형식으로서 협의
실행시스템의 중요한 구성부분을 구성한다. 그러나 이러한 제도적 배치는 절
차 불투명 등 현실적인 문제를 안고 있다. 이번 "태양화운동"에서 항의에 참여
한 다수의 대만민중들은 「해협양안서비스무역협의」 자체를 반대한 것이 아니
라 대만지역 관련 부서가 해당 협의를 통과시키는 과정에서 "블랙박스" 절차
를 반대한다고 주장하였다. "서비스무역 블랙박스 반대"(反服貿黑箱)의 요구는
한 측면으로부터 양안교류 중의 절차의 투명성, 정보의 투명성 및 충분한 소
통의 중요성을 설명하였다.[2] 절차 투명성의 부족은 양안관계 평화발전에 유
리한 일부 정책들로 하여금 대만민중들의 오해를 사게 하고 지어는 대만민중
의 저항정서를 불러일으키기도 한다. 이러한 저항정서가 어느 정도 쌓이면 곧
양안관계 평화발전 중의 민의수용성 위기로 나타난다.

둘째, 양안관계 평화발전의 민의수용성 위기는 양안교류가 점차적으로 다
원화, 편리화와 일상화로 되는 배경에서 나날이 복잡하여지는 양안관계 이익
구조와 양안관계발전시스템 절차의 불투명한 상황 간의 모순으로부터 발생한
다. 2008년 이래 양안관계 평화발전의 대폭적인 진전과 함께 양안교류는 빠른
속도로 발전하였고 양안 간의 이익구조도 이로 인하여 나날이 복잡해졌다. 이
러한 배경에서 양안의 공권력기관이 제정한 일부 중요한 공동정책은 양안동
포, 특히는 대만민중의 직접적인 이익에 큰 영향을 주게 된다. 따라서 더욱 많
은 양안민중은 양안공동정책의 실질적인 정당성을 추구하는 기초에서 절차적
인 정당성에도 주목하게 되었다. 1993년 "왕구회담"에서의 양안 간 4개 협의
의 체결을 시작으로 대만섬 내의 일부 정치인원들은 이미 양안협의에 대한 섬

---

1 周葉中、段磊, "論兩岸協議的法理定位", 江漢論壇, 2014, 제8기.
2 尚麗凡、王鶴亭, "臺灣地區'太陽花學運'再思考", 重慶社會主義學院學報, 2015, 제3기.

내 입법기관의 심의·감독 절차문제에 대하여 질의하기 시작하였다.[1] 그 당시 양안교류는 아직 회복단계에 처해 있었고 양측 각 층차의 교류도 탐색기에 처하여 있었으며, 양측 간의 이익관계가 단순하여 양안협의의 조절내용도 간단하였고 주로 양안 간의 공증문서의 송달, 등기우편물의 조회 등 업무에만 연관되었으며 양안민중의 일상생활 및 직접적인 이익과의 관련성은 아주 작았다. 때문에 양안민중은 양안관계 발전에 있어서 실질적 정당성 문제를 중시하였고 양안의 평화를 추구하는 것을 주요한 목적으로 삼았다. 그러나 2008년 이래 양안의 경제, 문화, 사회 등 각 영역에서의 교류는 더욱 밀접해졌고 양측의 이익관계도 더욱 복잡해졌다. 양안이 선후 체결한 20여 개의 협의는 이미 양안민중의 일상생활에 영향을 주기 시작하였고 일부 협의는 대만민중의 직접적인 이익에 영향을 주었다. 이러한 배경하에 양안민중은 양안공동정책의 실질적인 정당성에 대하여 주목하고 이를 추구하는 동시에 절차적인 정당성도 중시하기 시작하였고 절차적 정당성을 통하여 양안공동정책의 정당성을 보장·수호하며 나아가 자신의 이익을 보장하려고 하였다. 이러한 양안관계 평화발전에서의 절차적 정당성의 수요가 충족되지 못할 때 곧바로 일종의 민의수용성 위기가 초래된다.

제3절 양안관계 평화발전 정당성의 기초: 민족주의로부터 민중참여로

인정위기는 양안관계 평화발전의 장애가 되고 그 정당성을 붕괴시키거나 동요시킨다. "중국민족주의" 의식형태의 쇠퇴와 "대만민족주의" 의식형태의 선양은 이러한 위기의 직접적인 표현이다. 우리는 "대만민족주의"의 정치적 의도를 밝히고 비판하는 동시에 "민족주의" 자체의 의의와 한계에 대해서도 반성하여야 한다.

---

1 周葉中、段磊, "論臺灣地區立法機構審議監督兩岸協議的發展及其影響－以「兩岸協議監督條例草案」爲例", 臺灣硏究集刊, 2015, 제1기.

1. 양안관계 평화발전 정당성으로서의 민족주의의 기초와 한계

"대만민족주의"는 대만민주화의 산물이고 또한 "성적갈등"을 바탕으로 정치적 인종집단을 구축하여 "인종집단정치"(族羣政治)를 조종함으로써 국가인정 쟁의와 위기를 도발하는 정치동원의 수단이기도 하다. 우리는 민족주의와 민주의 관계, 민족주의와 국가인정의 관계 등 두 방면으로부터 민족주의를 평가할 수 있다. 한편 민족주의와 민주의 관계부터 보면 비록 역사상에서 민족주의 사조는 반민주운동과 연결되어 있지만 이를 학문적으로 분석하면 민족주의와 민주는 필연적인 모순관계에 처하여 있는 것이 아니다. 반대로 일부 관건적인 민족주의 요소는 민주를 순조롭게 운영되게끔 하는 선결조건이기도 하다. 요컨대 민주에 대한 민족주의의 지지적 역할을 강조하거나 혹은 소위 "국가종족"을 강조하느냐를 막론하고 이는 모두 어떻게 보편주의 원칙과 특수주의 요구가 조화를 이루는가, 아니면 개체선택과 집단목표 간의 통합을 어떻게 통일하는가 하는 근본적인 문제를 가리킨다. 이 문제의 실질은 집단의식이 어떻게 하나의 다원적이고 이질적인 사회에서 발생하는가 하는 것이다. 민족주의가 주장하는 것은 민족인정이지만 인정은 인위적으로 위로부터 아래로 구축할 수 있다. 그중 강제, 기만, 유도와 선동은 인정을 획득하는 가장 기본적인 방식이다. 이 네 가지 방식 중 강제, 기만과 유도는 일종의 객관적인 힘을 빌거나 혹은 획득한 정보의 차이를 이용하여 다른 사람으로 하여금 자기를 인정하는 행위선택을 하도록 유도하는 것이다. 선동은 강제, 기만, 유도와 비교하면 더욱 훌륭한 기술에 기초하여야 한다. 매력은 선동의 필요조건으로써 매력만 충분하면 선동자가 강제력에 의하지 아니하고 어떠한 독특한 정보를 장악하지 않았다 하더라도 사람들을 향해 호소만 하면 따르는 자가 많을 수 있다.[1] 민족인정은 다소 이러한 방식에 기초한 인위적인 구조이기 때문에 필연적으로 한계를 지니게 된다. 첫째는 민족구조의 불안정성이다. 이는 민족자체의 내재적 장력으로부터 형성된다. 하나는 문화민족으로서 이는 전정치적 개념이다. 이는 지역적으로 거주지와 이웃을 기초로 통합되고 문화상의 언어, 습관과 전통의 공통성에 기초하여 통합되지만 정치적으로는 아직 하나의 국

---

1 張康之、張乾友, "論共同行動的基礎", 南京農業大學學報(社會科學版), 2011, 제2기.

제 3 절   양안관계 평화발전 정당성의 기초: 민족주의로부터 민중참여로   **71**

가형식으로 통합되지 않은 것이다.[1] 다른 하나는 정치민족이다. 즉, 공민으로 구성된 정치-법률개념의 민족이다. 18세기 말의 고전적 관점에 의하면 "민족" 이란 곧 국민을 가리키고 그들은 하나의 민주적인 헌법의 제정을 통하여 자기를 연합한 것이라고 한다.[2] 이러한 정치민족은 구성원의 혈연, 언어, 문화, 습관, 역사 등을 강조하지 않고 헌법이 부여한 보편성적인 자유평등의 공민자격을 강조한다.[3] 문화민족과 정치민족의 중첩, 혹은 "하나의 국가, 하나의 민족" 은 일종의 이상적인 상태로서 양자 간에는 필연적으로 긴장관계가 존재하고, 민족은 첫 번째의 집단인정 형식으로서 양면성을 지니며 인민민족의 상상의 자발성과 공민민족의 합법성 구조 사이에서 동요한다.[4] 다시 말하면 민족인정은 일정한 우연성을 갖고 있고 집단의식과 개체선택 간의 긴장관계를 진정으로 해소할 수 없다. 민족은 다만 "상상속의 공동체"이다. 둘째, 민족인정의 우연성으로 인하여 민족인정은 반드시 인위적인 방식을 통하여야만 유지될 수 있다. 때문에 홉스바움은 국가는 나날이 강해지는 국가기구를 통하여 국민에게 응당 갖추어야 할 국가의식을 주입하고, 이는 특히 소학교 교육을 통하여 민족의 형상과 전통을 전파하며 인민으로 하여금 국가, 국기를 인정하고 전부를 국가와 국기에게 바치도록 요구한다고 주장하고 있다. 심지어는 "전통을 발명"하거나 "민족"을 발명하여 국가통합의 목적에 도달하려 한다고 한다.[5]

이로부터 보면 비록 민족인정은 효과적인 동원방식이지만 이러한 위로부터 아래로의 구축은 미리 설정한 집단의식을 개인의식 중에 주입하는 것으로, 이는 개인의식에 기초하여 사회의 상호교류 중에서 상호 승인, 거듭되는 소통과 이성적 선택을 통하여 형성된 집단관념이 아니다. 이러한 의미에서 칼훈은 "자주성이 있고 자결할 수 있는 정치공동체를 무엇이 구축하였는가?"하는 문제에 대하여 민족주의가 특정한 형식으로 답을 주었다고 하였다. 하나는 정치공동체 구성원의 종족과 문화상에서의 유사성을 특별히 강조하였고, 다른 하나는 특정적인 국가에서 공동체 구성원이 공유하고 있는 공민신분에 대하여

---

1 哈貝馬斯, 在事實與規範之間, 三聯書店, 2003, 657쪽.
2 哈貝馬斯, 包容他者, 上海人民出版社, 2002, 154쪽.
3 翟志勇, "哈貝馬斯論全球化時代的國家構建－以後民族民主和憲法愛國主義作爲考察重點", 環球法律評論, 2008, 제2기.
4 哈貝馬斯, 包容他者, 上海人民出版社, 2002, 125쪽.
5 霍布斯鮑姆, 民族與民族主義, 上海人民出版社, 2006, 88쪽.

특별히 강조하였다. 이 두 가지 형식은 모두 제도, 인터넷, 운동의 중요성에 대하여 과소평가하였다. 그러나 바로 이러한 제도, 인터넷, 운동이 사람들로 하여금 민족과 국가의 다양성 한계를 초월하여 하나의 통일체로 연결되게 한다. 쉽게 말하자면 사회통합의 사회학 난제를 과소평가한 것이다.[1] 이와 서로 호응하는 것은 일본학자 오카모토(岡本惠德)가 "수평축사상－오키나와에 관한 '공동체의식'"이라는 논문에서 진행한 사고이다. 오카모토는 이 논문에서 오키나와의 공동체 인정문제를 해결하려고 하였다. 그는 "수평축"이라는 차원, 즉 민중은 개체로서 공동체의 귀속의식을 건립할 때 자기와 주변 구성원간의 관계에 장애가 있는지의 여부를 표준으로 하는 차원을 설정하였다. 다시 말하면 공동체 구성원은 특정 대상과의 위치와 거리의 차이에 근거하여 자기의 태도를 결정한다는 것이다. 때문에 추상적이면서 변화하지 않는 판단은 존재하지 않는다.[2] 이러한 판단의 근거를 오카모토는 "질서감각"(秩序感覺)이라고 하였다. 이러한 "질서감각"은 구체적일 뿐만 아니라 항상 변화하는 것이다.[3] 이러한 인정 혹은 공동체의식은 민족의 의식형태가 포괄할 수 없는 것이다.

　　이러한 의미에서 "대만민족주의"는 "중국민족주의"와 이로 인하여 형성된 양안 인정에 대한 이간질에 대하여 한편으로는 분열인자를 내포하고 있는 민족구조의 불안정성을 체현하였고, 다른 한편으로는 인정위기가 장기간의 격리로 인하여 나타난 양안민중 간의 생활방식, 가치관념 측면에서의 차이와 갈등으로 드러나 소위 "질서감각" 측면에서의 단절과 소외를 초래하였다. 때문에 "대만인정" 혹은 "대만주체의식"은 민족주의 운동이 아니라 일종의 새국가운동이라고 말하는 대만학자가 있다. 다시 말하면 대만인은 특별한 "민족의식"은 없을 수 있지만 아주 명확한 독립 "국가의식"은 있다는 것이다. 절대다수의 사람들은 자기의 "국토"는 대만, 펑후(澎湖), 진먼(金門), 마쭈(馬祖)에 한하고 자기의 동포는 여기에 거주하는 사람에 한한다고 생각하고 있다. 대만의 미래에 대한 선택에 있어서도 10분의 9 이상의 사람들이 대만, 펑후, 진먼, 마쭈의 인민들만이 자기 "국가"의 미래를 결정할 수 있다고 주장하고 있다. 이러한 "국가의식"은 현존하는 집단인지일 뿐 미래에 추진되어야 할 동원목표는 아니

1　卡爾霍恩, "民族主義與市民社會: 民主, 多樣性和自決", 國家與市民社會: 一種社會理論的研究路徑 (鄧正來, [英]亞歷山大), 中央編譯出版社, 2005.
2　岡本惠德, "水平軸思想－關於沖繩的'共同體意識'", 熱風學術(제4집), 上海人民出版社, 2010.
3　岡本惠德, "水平軸思想－關於沖繩的'共同體意識'", 熱風學術(제4집), 上海人民出版社, 2010.

기 때문에 일반 민족주의 운동이 추구하는 미래상과는 다르다.[1] 다시 말하면 비록 다수의 대만민중은 여전히 자신의 중국계인의 신분을 승인하고 자신을 대중화문화권의 일원이라고 생각하고 있지만 그 강렬한 "국가의식"의 배후에는 곧 사회에 대한 소외와 대립이 자리 잡고 있다. 이러한 소외는 근 백년 이래 양안민중의 상호 소속의 부재와 사회문화가 평행발전한 역사적인 결과이다. 특히 "본토화" 운동에서의 단일성과 배타성에 기초한 민족주의 힘은 "중국"에 대한 질투정치를 통해 "대만주체의식"을 수립하였다. 즉, 소위 "한적불양립"(漢賊不兩立)이 오늘날의 "독재낙후중국"에 대립되는 "현대민주대만"으로 변화한 것이다.[2] 이는 양안민중으로 하여금 쉽게 고도의 의식형태화, 추상화, 감정적인 "중국"과 "대만" 간의 대항적인 변명에 좌지우지되게 하였고, 이로 인해 형성된 뿌리 깊은 딱딱한 인상은 "동정적 이해"에 기초한 양안민중의 신앙, 신념, 가치관, 역사태도, 사유방식, 생활이념 등 방면에서의 깊은 소통과 교류에 영향을 주었다.

요컨대 양안 간의 인정위기는 민족주의에 있어서의 "중국"과 "대만" 간의 대립 때문에 존재하는 것이기도 하지만 더 중요한 것은 양안민중 간의 충분한 상호 인지와 이해가 결핍한 데 있다. 현재 "후민족구조"(後民族結構)에서 양안관계 평화발전은 반드시 민족주의 언어환경을 초월하여 더욱 광범위한 정당성 자원을 개척하여야 한다. 이러한 의미에서 민중의 참여는 하나의 가능성이 있는 방향일 수 있다. 그 원인을 찾아보면 현대정치의 정당성은 민주에 귀착하여야 하고 집단인정 혹은 공동체의식은 위로부터 아래로의 의식형태의 조작뿐만 아니라 반드시 민중에 기초한 아래로부터 위로의 집결이 있어야 하기 때문이다. 문제는 나날이 복잡해지는 다원화 사회에서 이러한 과정을 어떻게 실현하여야 하는가 하는 것이다. 이에 대하여는 진일보 사고해 볼 필요가 있다.

---

1 江宜樺, "新國家運動"下的臺灣認同, 民族主義與兩岸關係－哈佛大學東西方學者的對話(林佳龍、鄭永年), 新自然主義股份有限公司, 2001.
2 龍應臺, "你不能不知道的臺灣－觀連宋訪大陸有感", 자료출처: intermargins.net/Forum/2005/lonentai/let01.htm, 최후방문날짜: 2016. 12. 17.

2. 민중참여와 양안 인정의 현황 및 재건

집단행동의 시각으로부터 보면 양안관계 평화발전의 정당성은 한편으로는 제도적 보장에 근거하고 다른 한편으로는 양안 인정의 감정적 지지를 수요로 한다. 인정문제에 있어서 비록 민족인정이 강한 동원효과를 가져올 수 있지만 양안민중은 성장배경, 생활방식, 집단기억, 정치문화 등에서 큰 차이가 존재하고 있기 때문에 단순히 민족인정에만 의지하여서는 집단인정 문제를 효과적으로 해결할 수 없다.

(1) 양안교류 중의 민중참여 현황

요컨대 양안교류 중의 민중참여는 주로 민중사회에 기초한 민중 간의 교류와 소통에서 표현된다. 일부 학자는 현재의 사회교류 현황을 다음과 같이 정리하였다. 첫째, 양안사회 교류는 대개방, 대발전, 대협력으로 향한 양호한 형세를 나타내고 있다. 둘째, 일방적인 얕은 차원의 교류로부터 상호교류하고 심화하는 다원화의 교류로 발전하고 있다. 초기의 양안 민간교류는 일방적이고 비대칭적인 국면이었다. 대만은 "대륙으로부터 오는 사람이 많았고", 대륙은 "대만으로 가는 사람이 많았다." 2008년 이래 양안관계의 개선과 함께 양안 간에는 "삼통", 대륙주민의 대만관광, "대륙손님자유행"(陸客自由行) 등 프로그램이 시작되었고, 대만당국이 양안민중의 자유왕래에 대한 제한이 완화될수록 대륙은 "나가기"(走出去)를 더욱 중요시하였다. 대만에 가서 민간문화교류활동을 진행하는 것에도 더욱 적극적이었으며 지방문화 특색을 지니고 있는 각지의 우수한 민간문화작품들도 대만으로 많이 전파되었다. 대륙의 대만과의 교류활동이 점차 늘어나면서 그 영향력은 나날이 커졌고 점차적으로 상호교류의 국면을 형성하였다. 셋째, 중화전통문화는 양안민간교류의 주요한 매개물이다.[1] 총적으로 양안민중의 직접적인 교류의 장은 나날이 증가되었다. 특히 디지털통신기술이 고도로 발전한 오늘, 양안민중은 인터넷 등 매체를 통하여 직접 대화와 교류를 진행할 수 있다. 이러한 기초에서 양안민중의 교류는 일

---

[1] 唐樺, "社會交往中的兩岸特色", 자료출처: http://www.qstheory.cn/wz/gat/201309/t20130923_273672. htm, 최후방문날짜: 2016, 12, 17.

정한 효과를 창출했고 교류를 통하여 딱딱한 인상을 일부 해소하였으며 상대
방에 대해 더 깊이 이해하게 되었다.

비록 양안의 민중교류가 나날이 심화되고 많은 접촉과 이해의 기회가 증
가되었다고는 하지만 양안민중 간의 심화된 거리감과 장벽은 여전히 존재하
고 있으며 일부 특정적이고 우연한 사건에 의하여 쉽게 격화되기도 한다[예컨
대 장쉬안(張懸)의 "국기"사건이다]. 대만의 신문 왕보(旺報)의 조사에 의하면 비
록 양안관계는 여러 해의 평화발전 단계를 거쳤지만 "양안의 연결정도는 여
전히 매우 낮은 단계에 머물러 있다." 또한 "대륙이 대만의 발전에 있어서 매
우 중요하다"는 점을 승인하고 "본인이 대륙에 대한 이해도 매우 부족하다"
고 생각하면서도 다른 한편으로는 "대륙에 대하여 관심이 없다", "대륙에 대
하여 호감이 없다", "대륙의 영향력에 대하여 매우 근심한다" 등의 생각을 갖
고 있는 대만민중이 적지 않다. 이는 대만민중의 대륙에 대한 인식과 태도가
서로 모순되고 복잡하다는 것을 설명한다. 반면에 대륙을 보면 민중들의 대
만에 대한 인식이 단순한 경향이 많고, "원래 한 집안이고 너와 나를 가르지
않는다"라는 식으로 생각하고 있다. 이는 미래에 양안이 어떠한 방식으로든
통합만 되면 "대만문제"는 곧 해결된다는 것이 현재 대륙 민중의 양안관계에
대한 전형적인 생각이다. "너와 나를 가르지 않는다"는 이러한 친근한 생각이
실은 단순하고 감정적인 민족인정으로 다원적인 가치적 갈등의 문제를 회피
하는 것이다.

(2) 양안교류 중의 민중참여와 양안 인정의 재건

양안문제에 관하여 대만지역의 지도자 마잉주(馬英九)는 "양안문제의 최종
해결의 관건은 주권쟁의에 있는 것이 아니라 생활방식과 핵심가치에 있다"고
지적한 적이 있다. 다시 말하면 주권 측면에서의 정치구조가 필연적으로 약
백년간의 양안분단으로 인하여 형성된 일부 핵심가치적 갈등을 해결할 수 있
다고는 할 수 없다. 이는 명백히 민족인정의 내재적 함의를 많이 벗어나고 있
는 것이다. 그렇다면 민족주의를 초월한 집단인정은 어떻게 실현하여야 하는
가? 하버마스의 이 문제에 대한 서술이 우리에게 정보를 줄지도 모른다.

하버마스는 우선 규범적 측면에서 집단인정의 현대적 함의에 대하여 논
의하였다. 요컨대 전통사회가 후전통사회로 바뀜에 따라 집단인정도 계속하여

비반성적 특징(예컨대 혈연, 종교세계관 및 문화전통 등)에 근거하여서는 안 되고 반드시 민주적 참여절차를 통하여 사회집단에 의하여 결정되어야 한다. 개체는 역사와 전통 중에서 이미 고정된 집단인정에 대면할 필요가 없고, 반대로 그들 자신이 문화와 집단의식의 형성과정 중에 참여한다. 현대사회의 집단인정은 이로 인하여 중요한 패러다임의 전환을 가져왔다. 즉, 집단인정은 일종의 반성적 방식으로만 획득할 수 있다. 이러한 방식은 개체의 평등과 보편적 참여를 전제로 하고, 이러한 교류과정 중에서 신분인정의 형성은 부단히 상호 학습하는 과정으로 변화된다. 이를 설명한다면 이러한 집단인정 규범의 함의가 변화한 실질은 "진리에 부합되는 것"과 "컨센서스 진리"의 구별이다.[1] 진리론에 부합되는 기본적인 설정은 인간 외에 하나의 객관적인 세계가 존재하고, 일종의 이론 혹은 진술의 진위는 해당 이론 혹은 진술이 이 외재적 객관세계에 부합되는가의 여부이다. 그러나 사실상 세계와 옳고 그름의 존재에 대한 인간의 인식과 서술은 영원히 개체적이고 주관적이며 서로 큰 차이가 있고, 순수한 일치가 통일을 결정한다는 것은 근본적으로 존재하지 않는다. 부호진리론의 결함을 극복하기 위하여 하버마스의 컨센서스 진리론이라는 새로운 진리관이 제기되었다. 그의 관점에 의하면 진실이란 다만 인간언어교류에서의 일종의 "효과적인 주장"이고, 진리란 이러한 주장의 실현에 불과한 것이다. 진리는 "언어주체가 언어교류를 통하여 형성한 컨센서스"라고 하여야 한다.[2] 진실과 진리의 검증표준은 객관성이 아니라 "주체간성"(主體間性)이다. 즉 "언어주체의 교류대화 중에서만 언어의 진실성을 검증할 수 있다 …… 그러나 모든 사람이 평등한 대화에 참여하여 하나의 언어대상에 대하여 이성적인 토론과 논증을 하여 최종적으로 컨센서스를 형성할 때 해당 언어는 진실이라고 할 수 있다.[3] 결론적으로 하버마스는 현대사회의 집단인정 및 사회의 통합은 주체성에 기초한 것이 아니라 주체 간의 컨센서스라 보고 있다. 소위의 인정은 컨센서스로의 전환이다. 인정에 대해 말하면 어떠한 방식을 통하여 획득하는가를 막론하고 그 결과가 미리 설정한 의향을 모든 집단행동 참여자의 의향으로 변화하는 것이지만 컨센서스의 형성은 사람들 간의 상호 승인, 반복적인 소통

---

1 阮新邦, 解讀"溝通行動", 上海人民出版社, 2003.
2 哈貝馬斯, 交往行爲理論的準備性硏究及其補充, 關於一個公正世界的"烏托邦"構想(章國鋒), 山東人民出版社, 2001, 143쪽.
3 哈貝馬斯, 哈貝馬斯訪談錄, 外國文學評論, 2000, 제1기.

과 이성적인 선택을 진행하는 과정을 말한다.

　그러나 문제의 핵심은 다양한 의견과 모순이 가득한 사회에서 여러 가지 가치적 관념의 지도하에 필연적으로 부동한 이익요구가 존재할 것인데 이러한 와중에 어떻게 효과적으로 컨센서스를 형성하는가 하는 것이다. 하버마스는 "이성소통"(溝通理性)이 문제를 해결하는 방안이라고 하였다. 이성소통에 대한 하버마스의 서술은 그의 소통행위에 대한 분석에 기초하였다. 소통행위의 개념과 연관되는 것은 개인 간에 갖고 있는(구두 혹은 외부적 행동방면) 관계로서 최저 2명 이상의 언어능력과 행동능력이 있는 주체의 내부적 활동이다. 행동 실행자는 행동상황에 따름으로써 자신의 행동계획이 의견과 일치한 배정을 받기를 원한다.[1] 이러한 소통행위에서 모든 사람은 모두 평등하게 대화에 참여하고 자유롭게 자기의 관점을 증명할 수 있다. 이는 강제성이 없는 일종의 상호협상으로서 소통에 있어서의 이성적인 대화를 실현하고 주체 간의 상호 이해, 상호 신임, 평등자유의 대화와 외재적 강제력이 없는 상황에서의 상호 질의, 비평, 변론 등을 통해 컨센서스를 형성하는 것이다. 요컨대 하버마스는 매 개인이 출생과 함께 같은 생활세계에서 생활하고 타인과 함께 지내는 과정에서 언어, 사상과 행동의 운용·실행을 학습하고 사회경험을 축적하면서 사회규범과 가치를 내재화하는 것을 보았다. 개인의 사회화과정은 피동적으로 적응하는 과정인 것이 아니고 소통 및 주체간성의 측면을 포함한다. 일상생활에서 그는 일반적으로 사회규범과 가치의 유효성을 가정하지만 상호교류에서 문제가 발생할 경우에는 그들의 유효성과 합법성에 대하여 질의한다. 이때 그는 이러한 신념과 규범 배후의 근거를 재건함으로써 그들의 합법성과 유효성을 만회하는 것이 필요하다. 결국 이것이 사람과 사람 간에 대화를 통하여 컨센서스를 형성하는 소통과정이다.

　하버마스는 그의 저작 「소통행동론」(溝通行動論)에서 다음과 같은 위대한 발견을 발표하였다. 즉, 인류의 자주와 책임에 대한 취지는 환상인 것이 아니라 일종의 선험이라고 이해할 수 있다. 무엇이 우리들로 하여금 대자연을 초월할 수 있게 하였는가? 답은 언어이다. 즉, 우리가 그 본질에 대하여 인식하고 있는 사물이다. 자주와 책임을 우리에게 가한 것은 언어의 구조 때문이다. 우리의 첫 구절이 이미 우리의 의향을 표현하였다. 이는 보편성에 대한 추구

---

1 哈貝馬斯, 社會交往行動理論, 重慶出版社, 1994, 121쪽.

와 제한을 받지 않는 컨센서스이다.[1] 표면상에서 보면 하버마스가 일반 언어
응용학에 기초하여 건립한 소통이성은 서방사회의 현대적 위기에 대하여 제
기한 것으로 양안문제와 관련이 없어 보인다. 그러나 평화발전이 주도적인
방향이 되고 양안관계가 독백으로부터 컨센서스를 추구하는 형세하에서 우
리는 대화를 추진하고 화해의 장벽을 타파하며 다원적 갈등을 해소하기 위
한 이론적 자원을 절박하게 필요로 하고 있다. 언어는 인류사회에서의 독특
하고 어느 방면에서나 가득 찬 매개물이기 때문에 소통이론은 인간적 과학
에 관한 기초연구이고 그는 사회문화의 일반적 기초를 열어놓았다.[2] 때문에
소통이성이 일종의 가능한 방향일 수 있다. 양안관계에 소통이성의 차원을
도입하여 "보다 훌륭한 논증의 힘"(The force of the better argument)을 따르고
양안민중의 공공참여를 추진하며 대화, 변론, 질의, 지어는 비판의 기초에서
컨센서스를 형성하는 것이다. 컨센서스를 형성하는 과정은 한편으로는 양안
민중이 상호교류 중에서 집단인정을 형성하는 것을 의미하고, 다른 한편으
로는 집단인정이 양안민중의 공공여론을 응집한 것을 의미한다. 하버마스는
공공영역에서 형성된 이러한 공공여론이 더욱 중요하다고 하였다. 이는 민의
의 "저수지"(蓄水池)이고, 민권의 "진동막대기"(震盪棒)이며, 민심의 "감지기"
(傳感器)이고 또한 민성의 "공명판"(共振板)이다. 공민은 교류의 이성을 이용
하고 교류의 권리를 행사함으로써 평등하게 교류하고 이성적으로 소통하며
자유롭게 표현하고 큰 소리로 부르짖음으로써 그들의 의견과 소구를 의회에
직접 주입하고 또 다시 의회를 통하여 그것을 법률 완성품으로 가공함으로
써 법률의 정당성을 강화한다.[3] 마찬가지로 양안민중은 공동으로 관심 갖는
의제에 대하여 이익과 희망을 표현하고 공공여론을 형성하며 이를 양안 간
의 양안협의 제정과정에 전달함으로써 양안협의 등 제도규범의 정당성을 강
화할 수 있다.

---

1 Habermas, Knowledge and Human Interests, 解讀"溝通行動"(阮新邦), 上海人民出版社, 2003, 40쪽.
2 汪行福, 通向話語民主之路－與哈馬斯對話, 四川人民出版社, 2002, 300쪽.
3 高鴻鈞, "通過民主和法治獲得解放", 政法論壇, 2007, 5기.

3. 양안교류의 "엘리트 민주성"과 민중참여 기대 간 장력(張力)의 표현

"태양화운동"은 최근 대만섬 내에서 발생한 가장 큰 규모의 사회 운동이고 또한 양안관계 평화발전에 영향을 준 큰 사건이기도 하다. 엘리트 민주와 참여식 민주의 일반론으로 분석하면 "태양화운동"에서 나타난 민의정당성 위기는 양안관계 평화발전에서의 엘리트정치와 공민참여 간에 존재하는 긴장관계로 표현된다.

(1) 엘리트 민주와 참여식 민주의 이론적 함의

엘리트 민주이론과 참여식 민주이론은 당대 서방 정치학 이론 중의 서로 대응되는 두개의 민주이론 유파이다. 양자는 민주에 대한 본질, 과정과 결과에 대하여 모두 다르게 해석하고 있다. 이 두 종류의 이론은 양안관계 평화발전 과정에서 점차적으로 나타나는 민의정당성 위기에 대한 분석에 일정한 참고적 가치가 있다.

엘리트 민주이론은 당대 서방민주이론의 중요한 유파 중의 하나이다. 엘리트 민주이론은 플라톤의 현인정치이론에서 발기되었고 모스카, 파레토 등이 제창한 정치엘리트 이론에 기초하였다. 이 이론은 서방의 민주현실과 전통 민주 간에 존재하는 모순에 대한 일종의 대답이다. 전통 민주이론은 "민주방법은 정치결정에 도달하기 위한 일종의 제도적 배치로서 이러한 제도적 배치는 인민으로 하여금 선거를 통하여 그들의 의지를 대표하는 사람을 모아 스스로 논쟁하는 문제를 결정하고 공동의 행복을 실현하는 것이다"라고 인식하고 있다.[1] 전통 민주이론과 달리 엘리트 민주이론은 인민대중이 아닌 소수의 정치적 엘리트를 정치과정의 핵심과 지배역량으로 보고 있고 추상적인 민주이념이 아닌 서방국가의 정치현실을 근거로 들고 있으며 엘리트주의 관념을 민주이론에 접목함으로써 민주의 범주에 대하여 다시 확정하여 민주에 새로운 의의를 부여하였다.[2] 엘리트 민주이론의 핵심적인 관점에 의하면 민주는 고전

---

1 [美]熊彼特 著, 絳楓 譯, 資本主義、社會主義和民主主義, 商務印書館, 1979, 312쪽.
2 金貽順, "當代精英民主理論對經典民主理論的挑戰", 政治學研究, 1999, 세2기.

적인 학설이 말하는 것처럼 일종의 가치목표인 것이 아니라 일종의 수단이고 또한 정치지도자를 선택하는 일종의 제도적인 절차이다. 민주의 가치는 선거인들의 승인을 통하여 정치엘리트로서의 통치자들로 하여금 통치의 합법성을 얻게 하는 것이다. 슘페터가 말하다시피 "민주방법은 정치적 결정을 형성하기 위한 일종의 제도적 배치이고 이러한 배치 가운데서 일부 사람들은 경선을 통하여 인민들의 투표를 얻음으로써 결정을 할 수 있는 권력을 가지는 것이다."[1]

엘리트 민주이론은 사람과 사람간의 차이점을 지나치게 강조하고 인민대중을 정책 제정의 과정에서 배척하고 있기 때문에 많은 학자들의 비판을 받고 있다. 그중 페트로, 바버 등을 대표로 하는 참여식 민주주의자들의 엘리트민주에 대한 비판이 더욱 치열하였다. 참여식 민주주의자들은 엘리트민주이론의 전제는 인류의 불평등을 지지하는 것이고 그 핵심적인 관점은 소수인의 통치를 합법화하고 인민대중의 정치 정책결정에서의 참여를 배척하는 것이라고 하였다. 장기간 이대로 나가면 엘리트민주는 결국 민주의 기본정신을 위배하게 되고 민주정치로 하여금 소수 엘리트의 정책결정권에 대한 독점으로 전락되게 한다고 한다. 바버는 엘리트주의의 본질을 지니고 있는 대의제 민주를 "약세민주"(弱勢民主)라고 지적하였다. 그는 "약세민주는 진정한 민주가 아니고, 지어는 사람들로 하여금 믿고 따를 수 있는 정치방식이 아니다 …… 약세민주하에 …… 공민이 하는 것(그들이 어떠한 일을 할 때든지 물론하고)은 다만 투표를 하여 정치인을 찬성하는 것이다"라고 하였다.[2] 참여식 민주이론가들은 하나의 좋은 사회에서 사람들은 반드시 그들의 운명을 결정하는 정책결정 형성에 충분히 참여하여야 하고, 이러한 참여를 통하여야만 개인들로 하여금 자신과 자존을 다시 획득할 수 있게 하며 "인민들로 하여금 결정하게 하여야"만 직접참여의 배경하에 개인과 사회 간의 장력을 해결할 희망이 있다고 굳게 믿고 있다.[3]

(2) 양안 사무성 협상시스템: 양안관계 평화발전의 엘리트 민주성의 두드러진 표현

위의 엘리트 민주이론에 관한 서술에 의하면 양안 양회 사무성 협상시스

---

1 [美]熊彼特 著, 絳楓 譯, 資本主義、社會主義和民主主義, 商務印書館, 1979, 337쪽.
2 [美]本傑明·巴伯 著, 彭斌、吳潤洲 譯, 強勢民主, 吉林人民出版社, 2011, 172쪽.
3 陳堯, "西方參與式民主: 理論邏輯與限度", 政治學研究, 2014, 제3기.

템의 실천과 양안협의의 체결·실행은 현재 양안관계 평화발전의 엘리트 민주성을 뚜렷이 나타내고 있고, 양안관계 평화발전 중에서의 양안 일반 민중의 "방관자"의 지위와 그들이 양안관계의 발전에 직접적인 영향을 주지 못하는 사실을 충분히 반영하였다.

첫째, 제도적 기능으로부터 보면 양안 양회 사무성 협상시스템은 양안관계 평화발전에 제도적 동력을 제공하여 주었고 그 시스템의 운영상황은 양안관계 평화발전의 주요 방향을 명확히 보여주었다. 2008년 이래 "92합의"를 견지하는 국민당의 집권과 함께 양안은 9년간이나 중단되었던 양회 사무성 협상을 재개하였고 수년 사이에 많은 사무성 협의를 체결하여 양안관계 평화발전의 구조를 형성하는 데 큰 공헌을 하였다. 2008년 이래의 양안관계 발전의 실천을 고찰하여 보면 양안 양회 사무성 협상시스템은 실질상에서 양안공동정책결정시스템의 역할을 맡고 있었고 양안의 많은 공동사무의 해결을 위하여 제도적 보장을 제공하였다. 때문에 많은 학자들은 2008년 이래의 양안관계를 "협의추진형"(協議推動型) 양안관계라고 한다. 양안관계 평화발전 중에서의 양회 사무성 협상시스템의 지위와 역할로 인하여 이 시스템의 운영상황은 실제상 양안관계 발전방향을 판단하는 "풍향계"가 되었다.

둘째, 정당성 기초로부터 보면 양안 양회 사무성 시스템은 일종의 "양안간" 공동정책결정시스템이고,[1] 그 정책결정의 권위성과 민의정당성은 양안의 각 공권력시스템 중의 대의민주제로부터 온다. 양안 양회 사무성 협상시스템은 양안 공권력기관이 교류하는 주도적인 플랫폼으로서 그 제도적 역할은 양안 정부의 위탁을 받아 양안이 공동으로 주목하는 사무성 문제에 대하여 소통과 상담을 진행하고 양안협의를 체결하는 것이다.[2] 때문에 양안 공동정책으로서의 양안협의의 권위성과 민의정당성은 민간조직인 양안 양회에서 오는 것이 아니라 대의제 민주제도에 기초한 각자의 양안 공권력기관으로부터 온다. 대의제는 간접민주제의 범주에 속하고 간접민주제의 주요 내용과 표현형식이다.[3] 벤자민·러시가 말했듯 "모든 권리는 인민으로부터 오지만 그들은 선거일에만 그를 소유하고 그 후에는 통치자에게 소유된다."[4] 대의제 민주에

---

1 周葉中、段磊, "論兩岸協議的法理定位", 江漢論壇, 2014, 제8기.
2 周葉中、段磊, "海峽兩岸公權力機關交往的回顧、檢視與展望", 法制與社會發展, 2014, 제3기.
3 周葉中, 代議制度比較研究(修訂版), 商務印書館, 2014, 16쪽.
4 [美] 漢娜·阿倫特 著, 陳周旺 譯, 論革命, 譯林出版社, 2007, 222쪽.

기초한 이러한 양안협상제도는 자연히 대의제 민주제도와 함께 엘리트 민주의 색채를 띠게 된다.

셋째, 실천상으로부터 보면 양안 양회 사무성 협상시스템은 운영 중에서 많이는 양안 공권력기관의 업무주관인원으로 담판주체를 구성하고 의제의 선택, 협상과정 등에 관하여는 양안의 일반 민중에 대하여 공개하지 않는다. 비록 명의상에서 양안 양회는 모두 "비정부" 성격의 기구이지만 양안관계의 특수성으로 인하여 양안협상의 본질은 "사적인 명의, 공적인 주도"이고[1] 실천 중에서 양안 공권력기관이 양회협상의 직능을 맡고 있다. 장기간 양안 공권력기관의 업무주관인원이 양회상담의 실제적인 주요 상담자가 되었고 양안의 일반 민중은 협상에서 배제되었다. 양회가 체결한 협의에 관하여 일반 민중은 사회 대중에게 공개된 협의문서 외에 기타 협상의제의 선택, 협상과정과 실행효과 등에 대하여 모두 알 수가 없다. 때문에 양안관계 평화발전을 주도·추진하는 시스템인 양회협상에서 양안관계 평화발전의 주요 참여자가 되어야 할 양안민중은 "방관자"로 전락하여 양안협상과정에 대하여 충분히 알 수 없게 되고 관련 과정에 대하여도 영향을 줄 수 없게 되었다.

(3) "태양화운동": "엘리트 민주성"과 민중의 참여 염원 간 모순의 두드러진 표현

"태양화운동"은 양안관계 평화발전의 민의정당성 위기의 출현을 상징하고 있다. 한편으로 이는 최근 양안의 평화발전의 속도와 범위가 부단히 제고·확대되고 양안협의의 실행이 양안의 일반 민중, 특히는 대만민중의 일상생활에 대한 영향이 점차적으로 커짐과 함께 민중이 가지는 협의의 협상과정에 대한 관심도 증가되었기 때문이다. 다른 한편으로는 이는 양안 양회가 사무성 협상시스템을 형성한 이래, 양안의 엘리트 정치인들이 해당 시스템의 운영을 주도하고, 일반 민중은 장기간 중요한 양안공동정책결정시스템에 참여할 수 없게 됨으로써 민중들이 협상과정에서 나타난 "비밀정치" 색채에 반감을 갖게 되었기 때문이다.

이 두 요소의 영향으로 인하여 양안민중, 특히 대만의 기층민중은 양안 사무성 협상시스템에 대하여 더는 전처럼 "모르면서도 지지하는"(무작정 지지

---

1 周葉中、祝捷, "兩岸治理: 一個形成中的結構", 法學評論, 2010, 제6기.

하는) 태도를 취하지 않고 오히려 양안 사무성 협상 과정의 투명성에 대하여 관심을 갖기 시작하였고 양안협의가 자신의 이익에 주는 실제적인 영향을 중시하기 시작하였으며 양안관계 평화발전에 대하여 강력한 참여요구를 제기하였다. 이러한 의미에서 보면 이번의 "태양화운동"의 폭발은 곧 대만 기층민중이 장기간 양안관계 평화발전의 "방관자"로 있으면서 양안 사무성 협상시스템이 표현한 "엘리트정치" 색채에 대한 일종의 저항적 대응이라 하겠다. "태양화운동" 이후 대만당국은 민의의 압력을 완화하기 위하여 "양안협의감독조례"(兩岸協議監督條例)를 제정하여 "양안협의에 대한 감독법제화"를 실현할 것을 약속하였다. 이러한 과정에서 대만섬 내의 각 정치역량은 7개 버전의 "양안협의감독조례초안"(兩岸協議監督條例草案)을 제출하였다. 비록 각 버전의 "초안"은 협의감독의 절차, 심사밀도 등 문제에 대한 규정에 있어서 다소 차별이 존재하였지만 모두 일정한 제도적 배치를 통하여 협의감독 과정 중에서의 "공민참여"를 강조하였다.[1] 이러한 시각에서 보면 양안 사무성 협의시스템 중의 공민참여 정도를 제고하는 것은 이미 대만섬 내의 "여야합의"로 되었다. 따라서 이번 "태양화운동"이 나타낸 양안관계 평화발전의 민의정당성 위기는 곧바로 양안관계 평화발전 중 장기간 존재하여 오던 "엘리트 민주"의 사실과 대만민중이 기대한 "참여식 민주" 염원 간의 장력의 표현이다.

　　민주이론의 변화발전으로부터 보면 참여식 민주는 직접민주와 대의민주에 비하면 기본제도로 할 수 있는 민주유형이라 할 수 없다. 그는 민주주의에 대한 강조이고, 대의제 민주에 대한 보충으로서 대의제 민주를 풍부히 하고 보완한다.[2] 때문에 "태양화운동"이 보여준 양안관계 평화발전의 "엘리트 정치성"과 양안동포 "참여기대" 간의 긴장관계를 완화하려면 전면적인 공중참여로 기존의 양안 양회 사무성 협상시스템을 대체할 것이 아니라 참여식 민주이론과 제도의 도입을 통하여 "참여식 민주"에 기초한 양안관계 평화발전의 민의통합시스템을 구축하여 기존의 협상시스템의 민의정당성 기초를 보충하여 엘리트정치가 양안관계 평화발전에 주는 부정적인 영향을 해소하여야 한다.

---

1 周葉中、段磊, "論臺灣地區立法機構審議監督兩岸協議的發展及其影響－以「兩岸協議監督條例草案」爲例", 臺灣研究集刊, 2015, 제1기.
2 樑軍峯, "參與式民主的理論與價值", 科學社會主義, 2008, 제6기.

제 4 절   양안관계 평화발전 정당성의 강화: 참여민주하의 시스템 구축

시스템은 메커니즘이라고도 하는데, 본의는 기계의 구조와 작동원리를 가리키며 사회과학에서는 개괄적으로 이를 규칙성이 있는 모식이라고 한다. 민중참여에 기초하여 양안관계 평화발전의 사회시스템을 제기한 학자들도 있다. 즉, 양안관계 평화발전 과정과 연관되는 사회 각 요소들의 상호연계를 가리킨다.[1] 그러나 이러한 사회시스템은 너무 거시적이고 일반적이다. 민중참여에 대하여 말하면 그 근본목적은 소통과 교류를 통하여 양안민중 간의 대립, 장벽을 해소하고 사회의 충분한 통합과 사회단일화를 실현하기 위한 것이다. 이에 대하여 우리는 "참여식 민주"의 기본원리를 운용하여 양안민중의 법치를 핵심으로 하는 양안공유가치체계에 대한 인정을 강화함으로써 양안관계 평화발전의 상호 정보개방정도를 제고하고 양안협상시스템 중의 민중참여제도를 구축하여 양안의 민간교류제도화를 추진함으로써 양안관계 평화발전의 민의통합시스템을 점차적으로 구축하여야 한다고 본다. 이 시스템을 통하여 참여식 민주가 양안관계 평화발전을 수호하는 제도적 구조 중에서의 상응한 역할의 발휘를 보장할 수 있다.

1. 가치인정의 강화: 양안민의를 "하나의 중국"의 틀 안에서 질서 있게 통합

법치는 공민이 질서 있게 정치생활과 국가 관리에 참여할 수 있도록 보장하는 중요한 방식이고 또한 양안이 공동으로 인정하는 가치형태와 공동언어이며 양안이 공동으로 "하나의 중국"의 틀을 수호하는 중요한 받침돌이기도 하다. 때문에 양안의 민의통합시스템을 구축함에 있어서 응당 법치를 핵심으로 하는 양안공유가치체계에 대한 양안민중의 인정을 통하여 양안 민의가 "하나의 중국"의 틀 안에서 질서 있게 통합할 수 있게끔 보장하여야 한다.

첫째, 양안 민의통합시스템을 구축함에 있어서 응당 법치의 가치를 강조

---

[1] 王鶴亭, "兩岸關係和平發展的社會機制探析", 臺灣硏究集刊, 2010, 제2기.

하여 대만민중이 "하나의 중국"의 틀에 대한 인정을 제고하고 나아가 양안의 민의통합이 "하나의 중국"의 틀을 핵심으로 하도록 보장하여 양안 민의가 서로 다가오게끔 하여야 한다. 법치는 공동체 기본준칙에 대한 사회 구성원의 준수와 인정을 의미하고 헌법은 정치공동체 중 전체 구성원의 공동체 정치질서에 대한 기본합의로써 사회발전의 "최대공약수"를 구성한다. 중국의 현행 헌법(1982년 헌법을 가리킨다)과 대만지역 현행 헌법의 규정을 고찰하여 보면 양안 근본법은 모두 "하나의 중국의 성격"이라는 특징을 표현하고 있다.[1] 비록 대만에서 실행하고 있는 대만지역의 "중화민국헌법"과 "보충개정조문"은 "국가"와 "주권"을 상징하는 국가근본법이 아니지만 어느 정도에서 대만사회의 정치적 컨센서스를 표현하고 있다. 법치의 기본속성에 의하면 대륙과 대만을 막론하고 그 사회구성원은 법률규범이 개정되기 전에는 모두 사회공동체의 기본준칙인 근본법의 규정을 준수하고 인정하여야 한다. 때문에 양안 각자 규정 중의 "하나의 중국"이라는 틀에 대한 규정과 양안의 법치원칙에 대한 준수에 관하여 종합적으로 고찰하여 보면 양안관계 평화발전 중의 민의통합시스템을 구축함에 있어서 반드시 "하나의 중국의 성격"을 표현하는 양안 각자의 근본법을 근거로 하면서 양안민의가 "하나의 중국"의 틀 안에서 질서 있게 통합되게끔 보장하여야 한다.

둘째, 양안 민의통합시스템의 구축에 있어서 응당 법치의 가치에 대하여 강조를 하여야 하고, 양안민중의 양안사무에 대한 참여 염원의 표현을 강조함에 있어서 양안 각자가 규정한 기본요구를 준수하여야 하며 법치가 허용하는 제도적 틀 안에서 자기의 이익소구를 표현하여야 한다. 법치는 사회구성원의 사회질서에 대한 인정과 존중을 의미한다. 대만섬 내에서 일부 민중들은 늘 일부 정당과 정치인들의 선동에 의하여 "길거리운동"과 같은 "비일상화"(非常態)의 방식을 통하여 자기의 이익요구를 표현함으로써 법치의 허용 한계를 초월하고 있다. 이번의 "태양화운동"이 곧바로 기존의 이익표현경로에 관한 제도적 배치를 초월한 전형적인 "길거리운동"이다. 학자들이 지적하다시피 이번 "태양화운동"은 양안서비스무역협의의 심사에 대한 절차적 정의를 추구한다고 외치면서 실제로는 절차적 정의를 파괴하였고, 민주를 수호한다는 명의로

---

1 周葉中、祝捷, "一中憲法"與"憲法一中" – 兩岸根本法之"一中性"的比較研究, 當代中國政治研究報告 (第十輯)(黃衛平 等), 社會科學文獻出版社, 2013.

민주를 파괴하는 행위를 진행한 것이다.[1] 때문에 법치를 핵심으로 하는 양안 공유가치체계에 대한 양안민중의 인정을 강화하는 것은 곧 양안민중이 각자의 의지를 표현함에 있어서 응당 법치가 허용하는 제도적 틀 안에서 진행하여야 한다는 것을 의미하는 것이고 법치의 허용 범위에서 벗어나는 "길거리운동"을 통한 실현은 의미하지 않는다.

셋째, 양안 민의통합시스템을 구축함에 있어서 응당 법치의 가치에 대한 강조를 통하여 양안민중의 기본 권리를 충분히 존중·보호하고 일련의 제도적 배치를 통하여 양안관계 평화발전에 대한 양안동포의 알 권리, 참정권과 감독권의 실현을 보장하여야 한다. 법치는 사회구성원의 기본 권리에 대한 관심과 보장을 포함한다. 양안관계 평화발전은 양안동포의 근본 복지 및 중화민족의 근본이익과 연관되기 때문에 양안 민의통합시스템은 응당 법치방식을 통하여 양안민중의 알 권리를 적극적으로 보장함으로써 양안동포가 이에 근거하여 자기의 생활을 합리적으로 배치하고 최대한 자신의 권리를 보장할 수 있도록 기초를 마련하여야 한다. 동시에 양안관계 평화발전의 중요한 의의로부터 출발하여 양안관계에 대한 양안민중의 참정권과 감독권을 보장함으로써 양안동포들로 하여금 진정으로 양안관계 평화발전 구조의 구축에 참여할 수 있게 하고 양안동포의 근본이익이 진정으로 구조구축의 목적이 되게끔 하여야 한다. 때문에 법치를 핵심으로 하는 양안 공유가치체계에 대한 양안민중의 인정을 강화하는 것은 곧 양안 민의통합시스템이 응당 양안동포의 복지를 주목하고 양안동포의 기본 권리를 보장하는 제도적 배치여야 한다는 것을 의미한다.

2. 상호교류의 추진: 양안 양측이 양안관계 발전의 실제 상황을 정확히 이해

관련 정보를 정확히 장악하는 것은 민중이 국가 관리활동에 효과적으로 참여하는 전제이고 기초이다. 참여식 민주의 세계적인 범위에서의 발전과 함께 정보공개제도는 많은 국가에서 확립되었고 일부 학자들은 참여식 민주와 정보공개를 "쌍둥이"로 보고 있다.[2] 양안 공권력기관은 양안교류의 주도자이

---

1 嚴安林, "臺灣'太陽花學運': 性質、根源及其影響探析", 臺海硏究, 2015, 제1기.
2 沈開擧, "民主、信息公開與國家治理模式的變遷", 河南社會科學, 2012, 제4기.

고 양안민중은 양안교류의 주체와 참여자이다. 때문에 양안관계 평화발전 구조의 안정성을 보장하려면 반드시 양안 공권력기관과 양안민중 상호 간의 정보공개를 보장하여야 한다. 구체적으로 설명하면 다음과 같다.

첫째, 양안교류의 주체와 참여자인 양안민중이 제때에 양안관계 평화발전에 관한 중요한 정보를 알 수 있도록 보장하여야 하고 그들이 적극적으로 양안관계 평화발전에 참여하고 지지할 수 있게끔 정보적 기초를 마련하여야 한다. 이를 위하여 양안 공권력기관은 응당 적극적으로 양안관계 평화발전에 관한 활동의 공개성을 제고하여 양안민중으로 하여금 제때에 양안관계 평화발전에 관한 중요한 정보를 쉽게 요해할 수 있게 하여야 하고 양안관계 평화발전 구조의 구축과정에 참여할 수 있도록 정보적 기초를 마련하여야 한다. 정보공개는 대중의 효과적인 참여를 실현하는 기본전제이다. 양안 사무성 협상시스템 중의 공민참여시스템을 구축함에 있어서 응당 기존의 양안정부 정보공개시스템의 기초에서 양안관계 평화발전에 관한 중대 사항 정보공개시스템을 형성하여야 한다. 구체적으로 말하면 첫째로 "양안 내"의 양안관계 발전사무정보공개시스템을 형성하여야 한다. 즉 양안관계 평화발전에 관한 부분적인 비밀정보 외의 대부분의 중대한 사안 및 양안사무성협상의 의제와 담판정보를 모두 양안 기존의 정부정보공개시스템에 포함시켜 양안민중들로 하여금 각자 공권력기관의 관련 제도적 배치를 통하여 관련 정보를 충분히 요해할 수 있게 하여야 한다. 둘째로 "양안을 아우르는" 양안관계 발전사무 정보공개시스템을 형성하여야 한다. 즉, 기존의 양안 양회 사무성 협상시스템과 양안사무 주관부서 간의 소통시스템을 통하여 제때에 양안 사무성 협상과 관련된 중요한 정보를 공개하여 양안민중들로 하여금 제때에 양안협상에 관한 정보를 요해할 수 있게 함으로써 효과적으로 협상에 참여할 수 있도록 기초를 마련하여야 한다. 동시에 주의하여야 할 점은 상술한 두 가지 정보공개시스템은 주동적인 공개와 신청에 의한 공개의 방식을 모두 포함하여야 한다. 즉, 양안의 관련 공권력기관으로 하여금 제때에 주동적으로 중요한 정보를 공개하도록 요구하여야 할 뿐만 아니라 양안 공권력기관이 양안민중으로부터 본인의 수요에 의한 관련 정보공개 신청을 접했을 경우에도 관련 규정에 따라 제때에 정보를 공개하도록 하여야 한다.

둘째, 양안교류의 주도자인 양안 공권력기관으로 하여금 제때에 참여자인 양안민중들의 양안관계 발전상황에 대한 태도와 요구를 파악하고 양안관계 평화발전의 정확한 방향을 주도할 수 있게끔 하여야 한다. 이를 위하여 양안 공권력기관은 응당 정책 실행과정의 민의수렴 및 조사시스템을 구축하여 제 때에 기존 정책에 대한 양안민중의 의견과 건의를 수용하고 기존 정책으로 하여금 양안 민의의 기본방향을 충분히 반영할 수 있도록 보장하여야 하며 또한 사후의 관련 정책에 대한 견지와 조정을 위하여 기초를 마련하여야 한다. 민의조사는 현대 공공정책 평가의 기초적 수단이다.[1] 이 수단을 통하여 양안 공권력기관은 신속하고 직관적으로 양안 공동정책에 대한 양안민중의 반영을 파악할 수 있고 정책 실행과정에서 제때에 정책방향을 조절하거나 또는 기존 정책을 계속하여 심화할 수 있도록 효과적인 지지를 제공할 수 있다. 양안 사무성 협상시스템 중의 공민참여시스템을 구축함에 있어서 응당 양안 현유 민의에 관한 조사자원을 통합한 기초에서 양안관계 실제에 부합되는 양안협의 실행 사후평가조사시스템을 형성하여야 한다. 구체적으로 말하면 첫째는 일정한 독립성이 있는 양안 민의조사기구를 여러 개 건립하고 해당 기구들로 하여금 양안 정치정세와 양안 공권력기관의 과도한 영향을 받지 않도록 하여야 한다. 예컨대 양안 대학교와 과학연구기구 간의 협력에 기초한 양안을 아우르는 민의조사연합체를 형성할 수 있다. 둘째는 관련 민의조사과정에서 양안 공동정책에 관한 직접이익단체와 간접이익단체를 구별하여 따로 조사를 진행하여야 한다. 「해협양안투자보장촉진협의」(海峽兩岸投資保障和促進協議)를 예로 들면 관련 주요 이익대상은 양안의 "투자업무"에 종사하는 단체이다. 때문에 해당 협의에 대한 평가는 응당 관련 단체들의 협의집행상황에 대한 심리적 감수를 주요 대상으로 하여야 하고 투자자 범주에 속하지 않는 기타 주체의 심리적 감수는 평가시스템의 부차적인 대상으로 하여야 한다. 셋째는 민의조사와 관련 분석을 마친 후 해당 수치를 제때에 양안의 정책실행 공권력기관에 반영하여 해당 수치들로 하여금 정책실행 추진의 중요한 참고가 되게끔 하여야 한다. 일부 실행 중에서 문제된 정책(혹은 조문)은 양안 사무성 협상시스템에 넘겨 진일보로 협상하고 제때에 해당 정책에 대하여 조절하여야 한다.

---

1 鄭方輝、李旭輝, "民意調査與公共政策評價", 江漢論壇, 2007, 제3기.

3. 민중참여의 제고: 양안관계 평화발전 중의 중요 의제에서의 민의 체현

공민참여절차는 양안협의의 협상체결에 있어서 양안협의 수용도의 제고와 입법심의 리스크 등 두 방면으로부터 더욱 많은 정당성 지지를 제공하는데 긍정적인 의의가 있다.[1] 때문에 양안 민의통합시스템의 구축은 양안 공권력기관과 양안민중 간의 상호 정보개방 정도를 강화하는 동시에 양안민중의 양안 관련 중요의제에 대한 참여도를 제고하여야 하고 또한 일련의 제도적 배치를 통하여 양안민중 참여의 효과성을 제고하여야 한다. 다시 말하면 응당 관련 제도를 통하여 양안민중이 양안관계 평화발전에 관한 정책의 제정과 실행에 참여하고 영향을 줄 수 있도록 보장하여야 한다. 구체적으로 아래의 세 방면으로부터 착수하여야 한다.

첫째, 양안 양회 사무성 협상시스템 운영과정 중의 민중참여시스템을 구축하여 양안공동정책의 제정과 실행에 대한 양안민의의 영향력을 제고하고 양안 공동정책으로서의 양안협의로 하여금 진정으로 양안 인민의 공동이익에 부합되게 하여야 한다. 양안협의의 민의정당성을 강화하려면 반드시 양안민중과 관련 이익단체가 참여한 양안 사무성 협상의제 수렴 및 협상 참여시스템을 형성하여야 한다. 공민참여이론의 요구에 기초한 양안 사무성 협상시스템 중의 공민참여시스템을 구축함에 있어서 응당 양안 기존의 관련 제도적 배치를 통합하여 양안관계 실제에 부합되는 일련의 양안협의의 사전 및 사중(事中) 의제수렴 및 협상 참여시스템을 형성하여야 한다. 이 시스템을 통하여 양안협의 관련 이익단체, 특히는 중요한 사회단체와의 대화·소통을 강화하고 제도화된 협의의제 수렴시스템 및 협상 참여시스템을 형성하여야 한다. 양안 사무성 협상의제의 전문화 수준의 제고와 함께 더욱 많은 양안협의는 일부 특수 단체의 이익과 밀접한 관계가 된다. 따라서 미래의 양안협의 제정 중 정기적으로 민중, 특히 특수이익단체에 대하여 협상의제계획을 공개하고 부분적 사회단체의 의견을 수렴하여야 한다. 동시에 양안협의 제정주체와 특수단체이익을 대표하

---

1 劉文戈, "兩岸商簽協議的公民參與程序簡論: 以臺灣地區行政程序法製爲視角", 海峽法學, 2015, 제1기.

는 양안 관련 사회단체 간의 효과적인 대화를 통하여 양안 사무성 협상에 대한 해당 특수단체의 영향력을 제고하고 최종적으로 양안 사무성 협상시스템의 참여범위를 넓히는 목적에 도달하여야 한다.

둘째, 인터넷 매체를 포함한 많은 멀티미디어자원을 통합하여 해협을 아우르는 양안 공공영역의 형성과 발전을 추진하고 양안민중의 표현의 힘을 제고하며 양안 공동정책의 제정과 실행에 대한 민의의 영향력을 강화하여야 한다. 하버마스는 소위 공공영역이란 공공의견과 같은 사무가 형성될 수 있는 영역이라고 인식하고 신문, 간행물, 방송 등은 공공영역의 매개물이라고 하였다. 인터넷 매체를 대표로 하는 새로운 매체가 고도로 발달한 오늘 새로운 매체는 점차적으로 공공영역의 중요한 매개물 중의 하나로 되었다. 새로운 매체가 양안관계, 특히는 양안 기층민중의견에 대한 영향력을 고려하면 양안은 응당 인터넷 매체를 포함한 새로운 매체의 통합에 집중해야 한다. 인터넷을 통하여 양안 협상의제 선택에 관한 양안민중의 의견을 공개적으로 수렴하고 부분적인 양안협상과정을 공개함으로써 양안 공권력기관으로 하여금 양안관계 평화발전과 양안 사무성 협상에 대한 양안 기층민중의 의견을 새로운 매체를 통해 더욱 잘 요해할 수 있도록 하고 이로써 민의통합과 양안 사무성 협상시스템의 민의정당성 제고의 목적을 이룰 수 있다.

셋째, 양안의 관련 싱크탱크의 건설을 다그쳐 학술교류를 통한 양측의 민의 표현과 참여를 추진하고 양안민중 중 전문인사들로 하여금 제도적인 방식을 통하여 양안관계 평화발전에 대한 의견을 표현할 수 있도록 하며 양안 공동정책의 제정과 실행에 영향을 미칠 수 있도록 하여야 한다. 싱크탱크는 공공정책을 연구대상으로 하고 정부 정책결정의 형성에 대한 영향을 연구목표로 하며 공공이익을 연구방향으로 하고 사회책임을 연구준칙으로 하는 전문적인 연구기구이다. 양안 공권력기관의 양안사무 정책결정을 위하여 양안에는 많은 싱크탱크들이 참고적 의견과 지혜를 제공하고 있다.[1] 양안 싱크탱크 간의 교류는 양측의 교류, 특히는 많은 민감한 의제에 관하여 의견을 교환할 수 있도록 경로를 제공하고 있다. 이와 동시에 양안 공권력기관과 달리 민간의 싱크탱크는 민간의 의견을 더욱 잘 통합할 수 있고, 학술연구의 방식을 통하

---

[1] 上海社會科學院智庫研究中心項目組, "中國智庫影響力的實證研究與政策建議", 社會科學, 2014, 제
4기.

여 양안관계와 양안 사무성 협상에 관한 민중의 의견을 광범위하게 수집할 수 있다. 때문에 양안의 싱크탱크 건설을 적극적으로 지지하여야 하고 싱크탱크 간의 교류를 통하여 양안의 민의를 진일보 통합하며 양안협상 의제수렴 단계에서 전문가 토론회, 의제수렴회를 개최하고 양안 사무성 협상과정에서 일부 양안의 싱크탱크인원을 참여시키는 등 방식으로 양안 사무성 협상의 민의 기초를 강화하여야 한다.

시진핑 국가주석은 우리가 추구하는 국가의 통일은 단순한 형식상의 통일인 것이 아니라 양안 동포의 마음을 하나로 합치는 것이라고 지적하였다.[1] 시진핑 국가주석의 중요한 이 논설은 우리가 새 시대의 대만사업을 전개하고 양안관계 평화발전을 추진하는 데 중요한 방향을 설정해 주었다. 양안 민의통합시스템의 구축은 바로 이 논설의 지도하에서 형성된, 이미 나타난 양안관계 평화발전의 민의정당성 위기에 대한 대응 책략이다. 양안관계 평화발전이 중대한 시련을 겪고 있는 오늘 우리는 양안민중, 특히는 대만민중의 양안관계 평화발전에 관한 의견에 대해 충분히 귀 기울여야 하고 참여식 민주이론과 제도를 도입하여 대만해협을 아우르는 양안민의통합시스템을 적극적으로 구축하며 양안관계 평화발전에 대한 양안민중 관점의 융합을 추진하고 양안 동포의 마음을 하나로 합치기 위해 제도적 기반을 제공하여야 한다.

---

1 習近平總書記會見臺灣和平統一團體聯合參訪團, 자료출처: http://news.xinhuanet.com/tw/2014-09/26/c_1112641354.htm, 최후방문날짜: 2017. 4. 20.

제 3 장   양안 공권력기관의 교류시스템

국내외 환경의 변화와 양안교류의 심화와 더불어 양안교류의 중점은 최초의 민간교류로부터 이미 점차적으로 공권력기관의 교류로 발전하였다. 양안 공권력기관은 양안교류의 주도자이고 추진자이며 조절자이다. 양안교류가 발생한 공동사무는 양안 공권력기관이 관리하여야 하고, 양안의 평화발전도 양안의 공권력기관의 노력이 필요하다. 따라서 양안 공권력기관의 교류시스템은 양안 "대교류시스템"에서 핵심적인 지위에 놓여있다. 양안 공권력기관 교류란 양안 공권력기관이 대화, 소통과 협력 등 방식을 통하여 각 영역에서 컨센서스를 형성하고 일치한 행동을 하는 것을 말한다. 여기에서 말하는 공권력기관은 국가의 공권력기관을 포함할 뿐만 아니라 사회의 공권력기관도 포함한다. 즉 법률의 규정에 따라 공권력을 갖고 있고 공공이익을 대표하는 조직을 말한다. 양안 공권력기관은 양안이 각자의 법률에 근거하여 설치한 공권력기관을 가리키고 또한 법률의 수권에 의하여 일정한 공권력을 행사하는 해협양안관계협회, 해협교류기금회 등 사회조직도 포함한다.

제 1 절   양안 공권력기관 교류시스템의 핵심지위

양안 공권력기관 교류시스템은 양안 공권력기관의 교류 및 사회관계 형성의 규범체계로서 나날이 성장하는 양안 교류의 수요를 만족시키기 위하여 만들어진 것이다. 양안 공권력기관은 전방위, 다층차, 다체계적인 교류를 통하여 한편으로는 민간교류의 수요를 만족시키고, 다른 한편으로는 양안의 상호이해와 신임을 증진하며 양안협력의 기회와 공간을 확대하고 양안경제의 신속한 발전을 추진하며 양안 컨센서스의 형성을 가속화하고 양안의 평화발전, 나아가 조국의 평화통일을 실현할 수 있다.

1. 양안 공권력기관 교류의 다중성

양안 공권력기관 교류는 양안 공권력기관의 인원왕래, 기관상담과 사무성, 정치성 및 기타 각 종류의 상호교류에 대한 총체적인 서술이다. 양안 공권력기관 교류는 일종의 발전성 개념으로서 양안 공권력기관 현재의 교류 상태에 대한 총화일 뿐만 아니라 또한 양안 공권력기관의 미래발전에 대한 기대이기도 하다. 만약 양안 민간교류를 양안민중의 자발적인 각종 사회관계라고 한다면 공권력기관 교류는 수요에 기초한 주관성적인 배치라고 할 수 있다. 구체적으로 말하면 양안 공권력기관 교류의 유형은 다음의 네 가지로 나눌 수 있다.

첫째, 양안 공권력기관 교류의 영역으로부터 보면 양안 공권력기관의 교류는 "양안 간" 교류와 "양안 외" 교류를 포함한다. "양안 간" 교류는 주로 양안이 일부 공공사무 혹은 공동관리 사무를 위하여 진행하는 담판과 분쟁해결이다. 예컨대 양안이 각종 경로를 통하여 사무성 협의를 체결함으로써 양측의 이익에 관련되는 사항에 대하여 공동으로 법집행을 전개하는 것을 말한다. 양안 공권력기관의 "양안 외" 교류는 주로 국제사회에서의 교류를 가리킨다. 양안의 외교휴전과 대만의 국제공간에 대한 대륙의 중시, 대만이 비주권국가를 회원으로 하는 일부 국제기구에 가입함과 함께 양안은 국제사회에서 불가피하게 교류를 형성하게 된다. 예컨대 보아오아시아포럼(博鰲亞洲論壇)은 이미 양안이 국제사회에서 양안의 관련 의제에 대하여 상호교류하는 중요한 플랫폼으로 되었다.

둘째, 양안 공권력기관 교류의 주체로부터 보면 양안 공권력기관의 교류는 양안 "정권기관"의 교류와 공권력을 행사하는 사회조직의 교류를 포함한다. "정권기관"이란 대만에서는 주로 "군정기관"을 가리키고 대륙에서는 주로 국가기관을 가리킨다. 현대 행정의 다원화된 발전과 함께 개인 및 사회조직은 행정에서 더욱 중요한 역할을 맡고 있다. 그들은 일정한 행정임무를 맡고 있고, 일정한 공권력을 행사하며 동시에 공권력기관이기도 하다. 예컨대 양안의 "중재기구"는 이러한 사회성 조직이고, 양회도 엄격한 의미에서는 사회조직에 속한다.

셋째, 양안 공권력기관 교류의 층차로부터 보면 양안 공권력기관 교류는 양안 사무적 교류와 정치적 교류를 포함한다. 현재는 주로 양회구조를 통하여 사무성 협상시스템을 형성하였고 일부 국제사회조직 내부에서도 일부 교류시스템을 형성하여 양안 교류에서 봉착하는 일부 사무적 문제를 해결하고 있다. 이는 양안의 사무적 교류에 속한다. 정치적 교류란 양안이 정치적 상담을 통하여 정치적 사무에 관한 합의를 이루는 것을 가리킨다. 현재 양안 공권력기관의 정치협상은 아직 정식으로 시동되지는 않았지만 양안정당, 특히는 국공양당의 대화시스템은 점차적으로 보완되고 있다. 예컨대 양안 경제무역문화포럼은 이미 국공양당의 중요한 정당 간 교류의 플랫폼이 되었다.

넷째, 양안 공권력기관 교류의 성격으로부터 보면 양안 공권력기관의 교류는 제도적 교류와 비제도적 교류를 포함한다. 제도적 교류는 상대적으로 비교적 공식적이고 양측에 대하여 일정한 구속력을 갖고 있으며 일상화된 교류시스템으로써 상응한 협의, 정책 및 법률로 규정되어 있다. 예컨대 양회시스템이 점차적으로 일종의 제도적 교류시스템으로 발전하고 있다. 양안 공권력기관의 비제도적 교류는 다양성을 띠고 있고 비공식성과 융통성이라는 특징을 갖고 있다. 양안의 비제도적 교류가 일정한 정도로 발전되면 점차적으로 제도적 교류를 구축할 수 있다. 예컨대 천쥐(陈菊)의 대륙방문, 상해와 대북간의 우호도시의 체결 등이다. 제도적 교류방식이 있기 때문에 양안 공권력기관의 교류는 점차 규범화로 발전하고 있고 양안 간의 교류도 관리통제와 지도가 가능하게 된다.

2. 양안 공권력기관 교류의 생성시스템

양안 공권력기관 교류시스템의 구축은 양안관계 평화발전에 대하여 중대한 의의가 있다. 양안 공권력기관 교류시스템의 구축은 양안교류의 내재적인 요구이고 반드시 거쳐야 할 단계이며 또한 양안 공동이익을 수호하는 수요이고 현재의 양안 공권력기관 교류 제도화의 수요이다.

첫째, 양안 공권력기관 교류시스템을 구축하는 것은 양안교류를 추진하는 내재적 요구이다. "양안 간"에 존재하는 정치적 대립으로 인하여 양안은 부동한 발전의 길을 선택하였고 양측, 특히 대만지역은 양안교류에 많은 정책적,

법률적 장애를 만들어 놓았을 뿐만 아니라 지리적인 장애까지 있어 양안의 교류는 긴 시간 중단되었다. 대륙의 개혁개방과 함께 대만도 정치적 전변과정을 거쳤고 국제정세가 상대적으로 안정적이고 양안민중의 교류에 대한 요구가 절박해진 상황에서 대륙과 대만은 점차적으로 정책을 바꾸어 친척방문을 개방하였다. 이와 동시에 양안의 민간교류도 시작되어 점차적으로 발전하였으며 그 결과 필연적으로 양측이 협조하여야만 처리할 수 있는 사무들이 생겨나게 되었다. 동시에 글로벌화와 지역화의 발전과 함께 양안의 국제사회에서의 정치, 경제, 문화와 사회 등 영역의 교류는 나날이 증가되었다. 사실이 증명하다시피 외교 마찰은 양측으로 하여금 모두 손실을 보게 하였다. 양안 모두가 이득을 보려면 양안이 소통을 원활히 하고 대만이 국제사무에 참여하는 관련 사무에 관한 양안 공권력기관의 교류도 있어야 한다. 양안은 역사적인 원인으로 분리되었지만 중국의 영토는 분열되지 않았고 주권도 분할되지 않았으며 양안이 하나의 중국에 속하는 사실도 변하지 않았다. 이는 객관적인 사실이고 국제사회에 보편적으로 승인된 것이다. 그러나 양안이 통일되지 않은 특수한 상황에서 각 층차의 문제를 처리하고 해결하려면 양안 공권력기관의 각 층차에서의 교류가 필요하다. 양안은 역사, 문화 및 지리상에서의 공동한 기억을 갖고 있고, 처리하여야 할 공동사무도 갖고 있다. 오직 양안 공권력기관이 교류를 통하여야만 역사적인 원한을 최종적으로 해소할 수 있고, 양안관계에 대하여 "하나의 중국"의 틀 안에서 합리적인 배치를 할 수 있다. 때문에 양안 공권력기관의 교류는 양안으로 하여금 교류를 강화하고 양안 인민의 상호 이해를 추진하며 장벽을 해소하고 정치협상의 길로 나갈 수 있게끔 한다.

둘째, 양안 공권력기관 교류시스템의 구축은 양안 교류가 반드시 거쳐야 할 단계이다. 양안문제는 정치문제에서 비롯했지만 현재 대만 내부와 국제사회 등 외부환경의 방해로 인하여 양안은 정치상 일치를 이룰 수 없게 되고 실제 상황에 근거하여 민간교류로부터 점차적으로 추진하여 사무성 단계에 진입하고 최종적으로 정치적 차원의 교류에 도달할 수밖에 없다. 20세기 80년대 후반 이래 대만은 친척방문을 개방하였고 양안의 민간교류는 역사 이래 제일 밀접하였다. 비록 90년대의 대만위기의 폭발과 8년간의 민진당 집권으로 인해 양안관계는 점차적으로 퇴보하였지만 글로벌화와 지역화의 발전 및 대륙의 각 영역에서의 신속한 발전과 함께 양안의 이익은 상호 뒤엉키게 되었고 그

결과 각 영역의 사무성 상담을 필요로 하게 되었으며 양회시스템의 역할은 양안의 사무성, 기능성 문제에 대하여 협상하는 것으로 되었다. 양안의 정치적 주체 혹은 정권조직으로서의 양안 공권력기관은 사무성 문제를 처리하는 동시에 필연적으로 다른 영역에서의 교류도 하게 된다. 사무성, 기능성 사무에 관한 교류가 어느 정도에 이르면 양안은 필연적으로 정치적 사무에 봉착하게 되고 이는 더욱 높은 층차의 기관간의 협상을 필요로 한다. 예컨대 평화협의의 체결 등이다. 양안 공권력기관 교류는 양안 사무성 교류를 추진하는 필연적인 요구일 뿐만 아니라 양안 정치성 교류를 추진하는 중요한 내용이기도 하다. 양안 사무성 교류의 점차적인 추진은 양안의 공동법률보장시스템의 구축을 수요로 한다. 2008년 이래, 양안은 양안시스템을 통하여 양안협의를 체결하고 양안 컨센서스를 형성하였으며 여러 건의 공동의견을 달성하여 양안의 "삼통"과 각 층차의 경제적 협력을 실현하였다.[1] 양안교류는 이미 공고화 단계에 진입하였고 전면발전의 방향으로 발전하고 있다. 양안은 공권력기관을 통하여 관련 법률과 정책을 제정하고 민중에 대한 홍보와 인도사업을 강화하며 평화발전 가치관의 사회화를 진일보 추진할 수 있다.

셋째, 양안 공권력기관 교류시스템을 구축하는 것은 양안 공동이익을 수호하는 수요이다. 양안은 일종의 이익공생(利益共生)의 관계이다. 양안의 교류는 상호 이익과 공동발전을 추구할 수 있다. "양안 간"에는 공동이익이 존재한다. 만약 공권력기관이 교류할 수 있으면 직접적으로 상대방한테 이익 수요를 표현하여 양안의 내적 소모를 회피할 수 있다. 동시에 양안은 국제사회에서도 공동이익이 있다. 만약 양안이 손을 맞잡지 못하면 기타 국가한테 기회를 빼앗기게 되고 최종적으로 국가의 이익에 손해가 된다. 양안은 공동한 경제무역 이익을 갖고 있고 상호 단점을 피하고 우세를 발휘할 수 있다. 대만은 대표적인 외향적인 수출형 경제체이고 대륙은 대만의 중요한 무역 파트너이다. 예컨대 2010년 대만의 대륙(홍콩, 마카오를 포함)에 대한 수출입무역 총액은 대만 대외무역의 28.13%를 차지하였다. 양안은 모두 중화민족으로서 공동으로 민족이익을 수호하여야 한다. 그러나 현재의 정치구조하에서는 한 측이 다른 한 측의 대외정책으로 하여금 자신의 정책구조에 부합될 것으로 요구할 수 없다.

---

1 中共中央臺灣工作辦公室, 國務院臺灣事務辦公室網站, 자료출처: http://www.gwytb.gov.cn/lhjl/, 최후방문날짜: 2017, 1, 26.

때문에 반드시 양안 공권력기관의 교류를 통하여 양안 자원을 통합하고 교류
모식을 창신하며 교류의 질을 제고하고 협력하여 공동의 이익을 실현하며 양
안 무역자유화를 추진하여 양안경제의 진일보 발전을 실현하고 중화민족의
공동이익을 수호하여야 한다. 2008년의 양안 "삼통"의 시작과 함께 2009년
5월 6일의 「푸젠성의 해협양안경제구 건설의 추진 지지에 관한 국무원의 약간
의 의견」(國務院關於支持福建省加快建設海峽西岸經濟區的若干意見)은 해협양안경제
구의 건설을 국가급 전략으로 제고하여 양안 경제무역협력을 더욱 깊고 높은
차원으로 발전시켰다. 통계에 따르면 2009년에 푸젠성은 대만의 여행객 123.4
만 명을 맞이하였고 이는 전국 접대총수의 27%를 차지하였다. 그러나 여행업은
여전히 협력영역이 좁고, 방식이 단일하며, 정책적 제약이 있어 대규모적으로
효과를 발휘하기 어려운 여러 가지 문제점들을 안고 있다.[1]

넷째, 양안 공권력기관 교류시스템의 구축은 현재 교류현상에 대한 제도
화이다. 비록 양안 공권력기관은 통일된 교류시스템이 없지만 실제 상황을 볼
때 양자의 교류는 매우 빈번하고 사법, 법집행 등 영역에서 이미 광범위한 협
력을 진행하였다. 양안은 두 개의 부동한 법역에 놓여있지만 양안교류의 신속
한 발전과 함께 양안이 상호 인정하고 집행한 판결 건수는 나날이 늘어나고
있다. 예컨대 최고인민법원 연구실 부주임 허중린(郤中林)의 소개에 의하면 양
안은 2009년 6월 25일 양안사업공조협의가 효력을 발생하면서부터 2003년 6
월 말까지 대륙법원이 처리한 대만 관련 문서송달과 조사·증거수집 사법공조
사건은 27,738건에 달한다고 한다.[2] 또한 나날이 창궐하는 보이스피싱 사기범
죄에 관하여 양안은 「해협양안이 공동으로 범죄를 단속하고 사법공조함에 관
한 협의」에 근거하여 선후로 "8.10", "11.30", "3.10", "9.28", "11.29" 등 특대 국
제보이스피싱 사기사건을 수사·해결하여 약 2,500여 명의 보이스피싱 사기범
죄 용의자를 체포하여 협력효과가 현저하였다. 이외에도 양안은 상호 종합성
사무기구를 설립하고 있으며 양안의 각급 지방지도자들도 상호 방문하고 있
다.[3] 예컨대 타이베이 시장 셰룽빈(謝龍斌)과 가오슝(高雄) 시장 천쥐(陳菊) 등

---

1 洪永森, 海峽西岸經濟區發展報告2012, 北京大學出版社, 2012, 125쪽.
2 新華網, "專家呼籲建立兩岸相互認可和執行民事判決制度", 자료출처: http://news.xinhuanet.com/
   2013－08/15/c_116961324.htm, 최후방문날짜: 2017, 4, 20.
3 "兩岸警方再度聯手重拳打擊電信詐騙犯罪", 자료출처: http://www.mps.gov.cn/n16/n1237/n1342/n8
   03715/3444530.html, 최후방문날짜: 2017, 4, 20.

은 선후로 대륙을 방문하였고 대륙의 각급 정부지도자들도 부단히 대만을 방문하였다. 양안사무 주관부서 책임자는 공식적인 장소에서 상호 관원의 직함을 칭하면서 점차적으로 상호방문하고 부서 간의 교류시스템 구축에 관한 합의를 이루었다. 2014년 국무원 대만사무판공실 주임 장즈쥔(張志軍)과 대만 대륙위원회 주임 왕위치(王鬱琦)는 대륙에서 공식회담을 진행하여 양안 공권력기관 간 직접교류의 새로운 국면을 열어놓았다. 그러나 양안 공권력기관의 교류는 여전히 실천상의 장애를 제거하여야 한다. 예컨대 대만의 대륙의 판결에 대한 집행에 있어서 행정부서와 입법부서의 협조가 필요하다. 또한 일부 법률적인 장애도 있다. 예컨대 재산에 대한 집행에 있어서 「양안 인민관계조례」에 근거하여 집행할 것이 필요하고 이와 충돌이 있는 「민사소송법」의 규정에 대하여는 개정이 필요하다.

　　제도는 사람과 사람 간의 현실적인 관계이다. 제도는 사회교류의 매개물이고 이상과 현실의 매개물이며 개체이성과 공공이성이 상호 통일되는 매개물이다.[1] 인간의 세계는 일종의 교류의 세계이고 교류는 인간의 본체적 존재방식이며 주체의 자아만족능력의 한계와 사람들 사이의 상호 수요로부터 발생한다. 마찬가지로 인류의 조직형식으로서의 국가도 교류를 필요로 하고 각 국가들 간에 존재하는 협력성과 의존성은 교류를 통한 상호 간의 평형을 필요로 한다. 양안은 비록 하나의 국가이지만 두 개의 공동한 통치실체가 존재하고 있기 때문에 마찬가지로 교류를 수요로 하고, 교류는 제도화로 발전하여야 하며 양안 공권력기관의 교류시스템의 구축은 이미 필연적인 발전추세가 되었다.

3. 양안 공권력기관 교류는 양안 "대교류시스템"의 핵심

　　양안 공권력기관의 교류는 전방위적인 교류로서 정치, 경제, 사회, 문화, 군사와 국제 공간 등 여러 영역과 연관된다. 비록 양안교류의 주체는 양안민중이지만 주도자는 양안의 공권력기관이다. 공권력기관의 교류는 양안교류가 계속하여 전진하는 새로운 단계이다. 예컨대 양안의 민간은 교류 중 각종 분쟁을 발생시키고 관련 법률규정의 부동함은 법률적용상의 충돌을 초래한다. 이러한 충돌은 하나의 주권국가 영토범위 내에서의 부동한 지역 간의 법률충

---

1 崔希福, "中介功能－制度的另一維度", 新疆社會科學, 2012, 제4기.

돌로서 국제조약에 따라 해결할 수도 없고 양안이 내부적으로 각자 처리할 수도 없으며 양안의 공권력기관이 관련 법률충돌해결협의를 체결할 것을 필요로 한다. 양안의 교류가 부단히 깊은 영역으로 발전함에 따라 양안교류는 이미 복합적인 특징을 나타내고 있다. 만약 양안 공권력기관이 여전히 상호 단절의 상태를 유지하면 양안으로 하여금 불가피하게 각자의 "관리위기"에 처하게 한다. 특히는 양안이 협력하여 관리하여야 할 일부 사무에서이다. 양안 공권력기관의 교류는 이미 일정한 실전경험을 쌓았고 일정한 성과를 취득하였다. 사법공조방면에서 2009년 6월부터 2013년 2월 사이에 대륙에서 대만으로 송환한 범죄용의자는 252명이고, 양안이 협력하여 수사·해결한 사기, 마약, 납치협박사건에서 체포한 범죄용의자는 4,000여 명에 달하였다. 고속철도폭탄사건의 용의자도 짧디짧은 5일 내에 대만의 "형사국"과 대륙 공안의 협력으로 체포하여 대만으로 압송하였다.

현시대 공권력은 사회의 각 구석까지 미치고 공권력기관의 기능은 나날이 커지고 있다. 공권력기관의 양안 간의 교류는 양안의 민간교류를 공고화하고 추진할 뿐만 아니라 정치적 협력을 위하여 상호신임을 쌓을 수 있다. 양안의 민간교류는 일종의 본원적 교류로서 공권력기관에 대하여 형식상의 구속력이 없다. 만약 공권력기관의 교류가 없으면 양안의 교류는 민간의 비정식적 교류의 정도에 그치고 제도적 보장이 없으며 장벽을 해소하고 양안의 평화통일을 추진할 수 없다. 양안 공권력기관의 교류는 양안 "대교류시스템"을 구축할 수 있지만 민중은 이 교류시스템을 구축할 수 없다. 모종의 의미에서 민중이 공권력기관의 배치를 접수하였다고 말할 수 있기 때문에 공권력기관의 교류가 양안교류의 범위와 심도를 결정한다고 할 수 있다. 양안의 민간교류는 필연적으로 공권력의 개입을 필요로 하는 사무를 형성하고, 양안이 봉착한 외부환경은 양안협력의 강화를 추진한다. 만약 양안 간에 소통이 없으면 오해를 조성하고 국제사무에서의 내적 소모를 하게 되며 최종적으로 양안교류의 과정에 영향을 주게 된다.

양안 공권력기관은 각자의 입법 혹은 협상입법을 통하여 여러 개의 정책문서, 규범성 문서와 협의, 합의성 선언을 반포하였다. 이러한 법률과 규범성 문서는 양안교류의 규범적 근거를 구성하여 민간교류를 구속하는 역할을 하고 있다. 현재 양안 공권력기관은 각자가 내부적으로 양안교류시스템을 마련하였지만 이러한 시스템은 일방적인 시스템으로서 본 지역의 일반 법률규범 외 기타 전문적인 법률을 통하여 양안사무에 대하여 관리를 하고 있다. 예컨대 대만의 「양안 인민관계조례」는 대만지역의 해협사무를 처리하는 기본 법률로서 그 내용은 양안의 민사, 형사, 행정법률사무와 관련되며 다수는 포괄적인 규정이고 위임"입법"의 방식으로 행정기관 및 관련 주관기관에 수권하여 양안교류에 관한 구체적인 사항에 대하여 관리방법을 제정하게 하였다. 즉 「양안 인민관계조례 시행세칙」, 「대륙지역인민의 대만에서의 상무활동종사 허가방법」(大陸地區人民來臺從事商務活動許可辦法), 「대륙지역인민의 대만에서의 관광활동종사 허가방법」(大陸地區人民來臺從事觀光活動許可辦法) 등이다. 대륙지역도 일반적 법률 외에 기타 전문적인 대만 관련 법률을 제정하였다. 예컨대 1994년에 전국인대 상무위원회에서 통과한 「대만동포투자보호법」(臺灣同胞投資保護法), 1999년에 국무원에서 반포한 「대만동포투자보호시행세칙」(臺灣同胞投資保護實施細則), 최고인민법원에서 1988년에 반포한 「인민법원에서 대만 관련 민사사건을 처리함에 있어서의 몇 가지 문제」(關於人民法院處理涉臺民事案件的幾個問題), 1998년의 「인민법원에서 대만지역 관련 법원의 민사판결 승인에 관한 규정」(關於人民法院認可臺灣地區有關法院民事判決的規定), 2008년의 「대만 관련 민사소송문서 송달에 관한 약간의 규정」(關於涉臺民事訴訟文書送達的若干規定), 2009년의 「인민법원이 대만지역 관련 법원의 민사판결 승인에 관한 보충규정」(關於人民法院認可臺灣地區有關法院民事判決的補充規定), 2010년의 「대만 관련 민상사사건 심리에 있어서의 법률적용문제에 관한 규정」(關於審理涉臺民商事案件法律適用問題的規定), 2011년에 반포한 「인민법원에서 해협양안 문서송달과 조사·증거수집에 관한 사법공조사건 처리에 관한 규정」(關於人民法院辦理海峽兩岸送達文書和調查取證司法互助案件的規定), 국무원 대만사무실의 「대만상인신고조정잠정방법」(臺商投訴協調工作暫行辦法), 2005년에 성립한 대만상인신고조정국(臺商投訴協調局), 2006년의 상무부 「대만동포의 합법적인 투자권익 보호활동 진행에 관한 통지」(關於開展保護臺灣同胞投資合法權益活動的通知) 등이다. 총체적으로 양안 공권력기관의 교류는 부동한 층차의 공권력주체와 행위로 구성된 교차적인 구조이고, 행위자의 다원화와 교류방식의 다양화는 이를 매우 복잡하게 한다. 양안은 협상의 방식으로 다층차 네트워크를 구축하고 나아가 합의를 달성하며 공동문제에 대하여 협력하여 종합관리를 실행한다. 때문에 양안 공권력기관의 교류는 대상의 공동성, 층차의 다단계성, 주체의 다원성과 방식의 다양성 등 특징을 지니고 있다.

양안 공권력기관의 교류는 세 가지 모식으로 나눌 수 있다. 첫째는 공조 모식이다. 즉 양안 공권력기관이 각자의 직권범위 내에서 직책을 수행하는 동시에 상대방의 직무행위에 대하여 협조를 하는 것을 말한다. 예컨대 현재 양안의 범죄단속과 사법방면에서의 관계가 바로 이러한 협조관계이다. 이러한 모식은 양안 각자의 법률통치권 범위에 근거하여 형성된 것으로 정치와 법률상의 여러 가지 난관이 없다. 현재는 주로 양회, 국공 플랫폼과 대륙의 대만기업협회 등 시스템으로 구축되었다. 둘째는 협력모식이다. 양안 공권력기관이 공권력을 수행하는 과정에서 상호협력하고 공동수행하지만 양자의 주체는 분립된 것이다. 현재 이러한 모식은 기본상 존재하지 않는다. 셋째는 공동관리모식이다. 즉, 양안의 일부 공동사무에 대하여 양안이 공동으로 조직을 건립하여 정책결정하고 집행하는 것을 말한다. 이는 행위 측면의 교류일 뿐만 아니라 조직 측면에서의 교류이기도 하다. 예컨대 2009년 중공복건성위원회 제8기 6차대회는 핑탄(平潭)종합실험구를 설립하고 이를 양안협력의 새로운 모식 시범구로 건설하여 "공동계획, 공동개발, 공동경영, 공동관리, 공동수익"의 원칙하에 공동투자개발과 사회관리모식에 관하여 탐색할 것을 제기하였다.[1]

4. 양안 공권력기관 교류의 기본원칙

양안의 교류는 본질상에서 일종의 자아조직의 과정이다. 자아조직은 시스템 내부의 무질서로부터 질서로의 변화과정이고 일종의 감정, 인정 관계 및 공동지향을 포함한 기초에서 건립된 관리모식으로서 그 성공 여부는 양안 인민의 상호교류의 결과와 양안의 내재적 구조의 조화 여부에 의하여 결정된다. 양안 공권력기관의 교류는 양안교류의 중요한 일환이고 양안 내부관리의 연장이며 양안 자아조직 시스템 운영의 리더이다. 따라서 양안 공권력기관의 교류는 응당 몇 가지 원칙을 견지하여야 한다.

첫째, 양안 공권력기관의 교류는 평등원칙을 견지하여야 한다. 양안은 하나의 중국에 속하지만 1949년 이래의 "양안 간"에 존재하는 정치대립과 갈등

---

1 宋焱、王秉安、羅海成, 平潭綜合實驗區兩岸合作共建模式研究, 社會科學文獻出版社, 2011, 220쪽.

으로 인하여 양측은 사실상 상호 소속관계가 없기 때문에 양안 공권력기관은 교류과정에서 법률지위의 평등성이라는 특징을 지니고 있다. 그러나 이는 양안 공권력기관의 지위가 완전히 동등하다는 것을 의미하는 것은 아니다. 중화인민공화국은 국제적으로 중국을 대표하는 유일한 정부이고 대만당국은 중국을 대표할 수 없다. 때문에 양안 공권력기관의 교류시스템은 평등한 시스템과 플랫폼을 창조할 필요가 있고 양측의 입장 차이를 중시하고 상대방의 관심사를 이해하여야 한다. 양측은 각자의 노력을 통하여 상대방으로 하여금 하고 싶은 선택을 하여 예견한 결과를 얻게끔 하여야 한다. 다시 말하면 양안 양측 간에는 "하드 파워"가 존재하지 않고 "소프트 파워"만 존재할 뿐이며 양안 공권력기관의 교류는 상호 간의 흡인력에 근거하는 것이고 강제력에 근거하는 것은 아니다.[1] 비록 양안 공권력기관의 교류를 규제하고 강제력으로 상호 간의 수행을 확보하는 초양안(超兩岸)적 조직은 없지만 성실의 원칙에 기초하여 양안 공권력기관은 자신의 행위에 대하여 자아 구속력을 지닌다.

둘째, 양안 공권력기관의 교류는 공개성 원칙을 견지하여야 한다. 양안 공권력기관의 교류는 여러 가지 사회적 힘이 복잡하게 상호작용한 결과로서 이 힘들이 합력을 이룰 때에 양안 공권력기관의 교류도 추진하게 된다. 동시에 양안 공권력기관의 교류가 양안민중의 직접적인 이익과 연관될 때 공개를 통하여 민중의 알 권리, 참여권, 표현권과 감독권이 실현되게 하는 것은 민중참여의 한 가지 방식이자 민주의 직접적인 표현이다. 대만민중은 대륙의 정치제도, 의식형태와 가치 관념에 대하여 여전히 강력한 불신을 갖고 있고 대만사회에서의 "대만주체의식"의 급증은 대만당국으로 하여금 이를 양안관계발전에 관한 사무 처리의 기본원칙이 되게 하였다. 양안 양측은 응당 각종 경로를 통하여 양안민중으로 하여금 양안의 협력과 발전에 참여하게 하여 공동의 경력, 공동의 가치와 공동의 문화를 생성하고 양안이 하나의 중국에 속한다는 인정을 심화하여야 하며 나아가 양안민중 간의 상호신임을 형성하여 최종적으로 양안 공권력기관의 정치적 협력을 이루어야 한다.[2]

셋째, 양안 공권력기관의 교류는 응당 법제화 원칙을 견지하여야 한다. 양안 공권력기관 교류의 근거는 법률시스템일 수도 있고 정책시스템일 수도 있

---

1 [美]羅伯特·基歐漢, 約瑟夫·奈, 權力與相互依賴, 北京大學出版社, 2002, 263쪽.
2 沈惠平, "社會認知與兩岸互信的形成", 臺灣硏究集刊, 2013, 제1기.

다. 정책, 특히는 중앙지도자가 제출한 거시적인 지도적 의의가 있는 정책은 대만 관련 사업에서 주도적 지위를 차지하고 법률시스템도 어느 정도에서 정책성을 나타낸다. 양안 공권력기관 교류의 법률시스템을 구축하여 양자의 진일보의 교류에 상응한 법률적 근거를 제공하고 법률의 틀에 포함시켜 제도화, 규범화, 절차화를 실현함으로써 양안교류로 하여금 일치성, 안정성, 예견성과 규범성 등 특징을 갖게 한다. 현재 양안 공권력기관의 교류는 주로 공권력기관이 규범성 문서를 통하여 법제를 구축한 일종의 법률다원화의 경관으로써 명확한 규범을 통하여 규제할 수 없고 법률의 규제도 단지 광범위한 목표성적인 안내에 그치며 공권력기관에 수권하여 실천 과정에서 판단하고 가늠하며 재량하도록 하게 한다. 총체적으로 양안 공권력기관의 교류는 현재 아직도 "권력범례"에 국한되고 양안 공권력기관의 교류는 목표지향적 교류에 속하지만 실천경로상 반드시 실천이성주의에 기초하여 실천 과정에서 경험을 쌓은 후 이성을 통하여 양안교류 법제화의 구축을 추진하여야 한다. 양안 공권력기관의 교류는 국가중심주의의 해소이고 양안 모두가 상대방의 통치권을 승인하지 않는 전제하에서 "중국"이라는 부호에 관한 쟁의에 빠지는 것을 회피하기 위하여 평등협상의 방법으로 문제를 해결하는 것이다. 양안 공권력기관의 교류는 "돌을 만지면서 강을 건너"는 격으로 여러 가지 원인 때문에 톱 레벨 디자인과 구체적인 방안을 통하여 진행할 수 없고 현실에서 선택하고 추진하여 성숙−협상−반포의 모식으로 나아가야 한다.

넷째, 양안 공권력기관 교류는 다양화 원칙을 견지하여야 한다. 양안 공권력기관 교류는 현재 주로 양회시스템이지만 양안교류의 깊은 영역으로의 발전과 함께 양회시스템의 한계는 불가피하게 드러나게 된다. 때문에 일부 중대한 행정적인 사무 혹은 정치적인 사무는 반드시 국가 공권력기관에서 직접 교류하여야 한다. 양안은 반드시 상대방 공권력기관의 합법성을 승인하여야 하고, 대륙방면에서는 법률상 대만지역의 공권력기관이 "공"적인 명의로 대륙의 공권력기관과 직접적으로 접촉하는 것을 허용하여야 한다. 그러하지 않으면 양안의 법제는 실천 과정에서 법률적용과 법률협조 등 일련의 난관에 봉착하게 된다. 지역화는 양안으로 하여금 격리공간으로부터 점차적으로 동일한 공간으로 통합하게 한다. 그러나 양안은 거대한 구조적 차이가 존재한다. 대만방면으로부터 보면 양안 공권력기관 교류의 출발점은 대만의 자신감, 안전감을 수호하는 것이지만 대륙의 양안 공권력기관 교류의 출발점은 국가통일이다. 구체적으로 말하면 양안 공권력기관의 교류는 다음과 같은 몇 방면에서 주의하여야 한다. (1) 양안 공권력기관의 교류는 응당 "하나의 중국"의 틀을 기초로 하고 사무성 문제에서 상대방의 관할권을 존중하고 필요한 경우 협조할 수 있으며 양안 공권력기관 교류의 전제는 대만과 대륙 모두가 하나의 중국에 속하고 "두개의 중국"을 조성하지 않으며 "일중일대"(一中一臺)의 국면의 기초에서 교류를 진행하는 것이다. (2) 양안 공권력기관의 교류는 응당 양안 인민의 합법적인 권익의 수호와 발전을 귀착점으로 하여야 한다. 공권력기관은 공공사무를 위하여 존재하고 양안 공권력기관은 응당 양안 인민의 합법적인 권익을 수호하여야 하며 이는 공권력기관이 존속하는 근본이다. (3) 양안 공권력기관의 교류는 응당 양안교류의 제도화건설을 추진하는 것을 방향으로 삼아야 한다. 제도는 양안의 상호관계를 확인하기 위하여 설정된 규칙이고 그 목적은 하나의 안정된 양안상호교류관계 구조를 건립하여 불확정성을 감소하기 위한 것이다. 양안의 단절로부터 개방, 교류의 각 단계에서 양안 각 층차의 관계는 나날이 밀접해졌다. 양안교류의 심도와 범위상의 확대와 함께 양안관계 발전의 새로운 시기에 우리는 응당 양안교류의 법률화, 제도화의 방법을 부단히 탐색하고 수립하여야 하며 법치의 시각에서 상호신임을 확고히 하여 양안의 교류 과정에 존재하는 문제점을 해결하고 양안교류의 성과를 공고히 하며 양안 인민의 합법적인 권익을 보장하여 양안의 정치, 경제와 사회의 진보를 추진하여야 한다. 제도는 실천적 수요로부터 온다. 양안 공권력기관의 제도적 설계도 반드시 양안교류의 다원성, 복잡성과 상호방향성의 현실적 수요에 부합되어야 한다. 양안 공권력기관의 교류는 투명성과 사후관리시스템의 전제하에 건립하여야 한다. 때문에 양안 공권력기관의 대화, 설계와 배치는 응당 양안의 제도적 수요에 부합되어야 한다.

제 2 절   양안 공권력기관 교류시스템의 조직모식의 구축

양안 공권력기관 간의 교류는 양안관계 평화발전 중의 많은 핵심적인 문제와 연관될 뿐만 아니라 양안 "대교류시스템" 중의 양안민중교류 등 기타 교류방식의 발전에도 직적접인 영향을 준다.[1] 때문에 현재 양안 공권력기관의 교류와 발전에 대한 연구는 아주 필요하다. 20세기 80년대 이래 양안의 민간 교류는 나날이 밀접해졌고 양안 공권력기관 간의 완전한 단절의 상태도 따라서 타파되었다. 1986년에 양안이 홍콩에서 "양항담판"(兩航談判)을 진행하면서부터[2] 현재까지 양안 공권력기관의 교류는 이미 20여 년의 역사를 거쳐왔다.

1. 양안 공권력기관 교류의 회고

1986년 이래, 양안 공권력기관의 교류는 '무에서 유'로의 발전을 견인했고, 그 과정에서 많은 우여곡절을 겪었지만 여전히 교류와 협력의 강화가 총체적인 추세였다. 역사상 양회모식을 대표로 한 간접교류는 양안 공권력기관 교류의 주요 방식이었다. 그러나 양안 정치관계의 변화와 함께 업계조직, 정당포럼 등 형식의 공권력교류모식도 다양한 상황에서 중요한 역할을 하였다. 이외에 「해협양안 경제협력에 관한 기본협의」(海峽兩岸經濟合作框架協議)의 체결은 양안 공권력기관과 공무인원이 직접 접촉할 수 있는 새로운 플랫폼을 형성하였고 이러한 발전에 대하여서는 진일보 관찰과 연구를 할 필요가 있다. 요컨대 현재 양안 공권력기관은 주로 4가지 종류의 플랫폼을 통하여 교류를 진행하고 있고 그 교류내용은 양안합의의 형성과 집행의 두 단계에 미치며 간접성, 사무성과 행정성 등 세 가지 특징을 나타내고 있다.

(1) 양안 공권력기관 교류의 네 가지 플랫폼

교류 플랫폼이란 양안이 합의형식으로 구축한 양측을 위하여 일상적인 이성소통의 기회를 제공하는 제도적 배치를 말한다. 교류 플랫폼의 시각으로부

---

1 "兩岸大交往機制"의 개념과 구성에 관하여는 祝捷、周葉中, "論兩岸大交往機制的構建" 참조, 黃衛平, 當代中國政治研究報告, 제10집, 社會科學文獻出版社, 2012.
2 양항담판(兩航談判)은 1986년 5월 17~20일 양안이 그해 5월 3일 대만의 "화항" 화물기의 대륙 복귀를 해결하기 위해 왕시줴(王錫爵) 기장이 대륙에 정착을 요청하면서 이뤄진 것이다. 협상의 양 당사자는 대륙의 중국항공과 대만의 중화항공이다. '양항담판'은 표면적으로는 두 항공사가 진행하였지만 사실상 양안(兩岸 중국과 대만)의 집권여당이 주도한 것이다. 때문에 본서에서는 양안 권력기관 간의 40년 만의 접촉을 양항담판으로 인정한다. "兩航談判"의 구체적인 내용은 黃嘉樹、劉傑, 兩岸談判研究, 九州出版社, 2003, 69－73쪽 참조.

터 보면 양안 공권력기관의 교류는 주로 네 가지 플랫폼을 통하여 진행된다.

첫째는 주도적 지위에 처해 있는 양회 사무성 협상시스템이다. 20세기 90년대 초 양안은 선후로 두 개의 민간조직 "해협교류기금회"와 "해협양안관계협회"를 설립하였고 양회는 양측 각 공권력기관의 위탁과 수권을 받아 상호 관련 교류기구로 되었다. 그 후 양안은 점차적으로 제도화된 양회 사무성 협상시스템을 구축하기 시작하였다. 양회 사무성 협상시스템은 현재 양안 사이에서 주로 두 가지 중요한 역할을 하고 있다. 하나는 양안 정부의 위탁을 받아 양안이 공동으로 관심 갖는 사무성 문제에 대하여 소통·상담하고 양측이 어느 정도의 컨센서스를 형성한 후 자체의 명의로 양안협의를 체결하여 양안 사무성 문제의 해결을 위하여 규범적 근거를 제공하는 것이다. 두 번째는 양안 간에 돌발적인 사건이 발생할 경우 양안 정부의 대변인으로서 소통을 하여 제때에 관련 문제를 해결하도록 한다. 예컨대 2007년에 발생한 대만의 "승대화호"(勝大和號) 등 6척의 어선이 억류된 사건에서 양안의 어정(漁政) 부서 간에 직접적인 연결통로가 없었기 때문에 해협교류기금회와 해협양안관계협회를 통하여 소통을 진행함으로써 해당 사건을 해결하였다.[1] 지나간 20여 년간, 특히는 2008년 3월 이래 양안은 양회 사무성 협상시스템을 통하여 양안 "삼통"과 경제협력 등 여러 가지 중대한 문제에서 많은 협의를 달성하였고 이 협의들은 양안관계 평화발전 구조의 구축에 대하여 중요한 추진 역할을 하였다. 대만학자 사오중하이가 지적하다시피 "양회협상과 상담시스템은 과거 양안교류의 과정에서 중요한 역할을 담당하였을 뿐만 아니라 이는 이미 양안 정부가 접촉하기 전의 대체할 수 없는 협상시스템으로 되었다."[2]

둘째는 특수시기의 보충적 교류방식으로서 개별 사건당 민간조직과 업계조직에 수권하여 진행하는 교류시스템이다. 양회플랫폼이 건립되기 전 양안 간의 돌발사건에 관하여 양안 공권력기관은 여러 차례 민간기구에 수권하여 응급성 담판을 진행한 적이 있었다. 양회플랫폼 운영이 중단된 9년간 양안 공권력기관은 업계조직에 수권하여 춘절 전세기, 제1류 관광객 대만여행 등 개별적인 문제에 관하여 담판을 진행하였다. 이 두 종류의 수권조직의 교류는 사실상 "전 양회시대"(前兩會時代)와 양회플랫폼이 정상적으로 운영되지 못하

---

1 祝捷, "論兩岸海域執法合作模式的構建", 臺灣研究集刊, 2010, 제3기.
2 邵宗海, 新形勢下的兩岸政治關係, 五南圖書出版股份有限公司, 2011, 113쪽.

는 특수한 시기의 양회플랫폼을 보충하는 수단의 일종이다. 20세기 80년대 말 양안의 민간교류가 금방 "해동"되기 시작한 시기에 양안 공권력기관에는 접촉과 교류의 플랫폼이 형성되지 않았다. 그러나 이 시기 양안 간에는 여러 차례의 돌발성 사건이 발생하였고 이는 개별 사건당 민간조직에 수권하는 방식으로 접촉·상담하여 해결하였다. 이러한 응급성 상담의 참여주체는 표면상으로는 양안의 기업, 민간조직 등을 포함하였지만 실제로는 양안 공권력기관이 배후에서 참여하고 주도하였다. 이러한 담판은 1986년의 "양항담판", 1989년의 "올림픽담판"과 1990년의 "홍십자회담판" 등이다. 돌발성사건이 야기한 응급성 담판은 추후 양안 제도화의 양회플랫폼의 구축을 위하여 기초를 다졌고 양안의 민간성, 사무성 위주의 공권력기관 교류모식을 만들기 위한 선례를 남겼다. 2000년부터 2008년 3월까지 민진당 당국은 "92합의"를 부정하였고, 양회상담은 전제와 기초를 상실하여 중단되었다. 그러나 이 기간에도 양안은 여전히 많은 사무성 문제의 해결이 필요하였다. 이러한 현실적 수요의 필요에 따라 "양안의 민간업자는 당국의 수권하에 직접 상담하였고, 관련 업무주관부서 관원들은 민간의 신분으로 이에 참가하였으며 적당한 지점을 선택하여 상담을 진행한"[1] "마카오모식"이 양안에서 개별사무성 문제를 해결하는 중요한 보충방식으로 되었다. "마카오모식"은 양안의 특수정치환경하의 특수 교류 플랫폼이 되었고, 양안 공권력기관에서 양안 정치관계가 저조기에 처하였을 때 어쩔 수 없이 채택한 변통수단으로 되었으며 협상 층차 및 협상내용과 양안 정치관계의 관련도도 낮았고 상호신임의 결핍이라는 전제하에서 지속되기 어려웠다. 양회플랫폼과 그의 대체 플랫폼인 개별 사건당 민간조직과 양안 업계조직에 수권하여 진행하는 플랫폼은 일종의 통시적인 존재관계이다. 전자는 양회시스템이 형성되기 전에 존재하고, 후자는 양안이 "하나의 중국"의 문제에서 합의를 달성하지 못하였을 때 채택한 변통적인 교류수단이다. 현재 양회플랫폼의 운영은 점차적으로 일상화와 제도화를 실현하였기 때문에 이 두 종류의 대체 플랫폼은 이미 지난 일로 되어 역할을 발휘하지 않는다. 때문에 본서의 서술에서는 양안의 개별사건에 대해 민간조직과 업계조직에 수권하여 진행하는 협상모식을 따로 언급하지 않기로 한다.

셋째, 국공양당이 주도하는 양안정당대화시스템이다. 비록 이론적으로 보

---

1 賀衛平, "'澳門模式'探析", 統一論壇, 2007, 제4기.

면 정당은 국가기관이 아니고 정부조직도 아니지만 사실상 정당은 국가권력의 축을 구성하고 있다. 독일에서 정당의 헌법지위에 대한 논쟁 중 한 가지 주장은 "정당은 국가의 준정부기구이고…… 그들은 국가권력과 정치대표의 주요 엔진이며, 이러한 만능구(全能區)로서 '인민의 정치의지'를 형성하고 그에 대응한다"고 하였다.[1] 때문에 광의의 시각에서 공권력기관의 함의를 해석하면 정당은—최저로 공권력의 운영에 영향을 주는 주요 정당—응당 그의 하나의 구성부분이 되어야 한다. 양안을 보더라도 2005년 대만 범람(泛藍) 진영의 3대 지도자의 "대륙방문"은 양안관계가 평화발전의 새로운 단계로 진입하는 기초가 되었다. 때문에 공권력기관의 위탁을 받은 민간조직 간의 교류 외 양안 주요 정당 간의 대화시스템도 넓은 범주에서의 공권력기관 교류의 구성부분 중 하나가 된다. 2005년에 대만섬 내의 3대 범람정당(泛藍政黨) 지도자가 선후로 대륙방문을 한 후 양안 정당, 특히는 중국공산당과 국민당, 친민당은 연이어 양안민간엘리트포럼(兩岸民间菁英论坛), 양안경제무역포럼, 양안농업협력포럼, 양안경제무역문화포럼 등 일련의 교류활동을 진행하였다. 그중에서 양안경제무역문화포럼(국공포럼)은 이미 연속 9기를 진행하였고 초보적으로 제도화를 실현하였다. 이러한 활동들을 통하여 양안 주요 정당들은 양안이 공동으로 관심하는 많은 문제에 관하여 의견을 교환하였고 양측 당국이 관련 정책결정을 내오는 데 많은 참고적 의견을 제공하였다. 2008년 국민당이 다시 집권한 이래 국공 양당은 양안 간의 중대 문제에 대하여 여러 차례 깊은 교류를 진행하였고 점차적으로 일부 컨센서스를 형성하였다. 그중 많은 컨센서스는 이미 양안정부의 공식적인 의견이 되었고 최종 양안협의 혹은 양측 정부의 정책형식으로 표현되었다. 때문에 양안 공권력기관 교류의 여러 플랫폼 중 양안정당대화시스템은 주도적 지위에 놓여있는 양회협상플랫폼의 중요한 보충이자, 그에 대해 추진적 역할을 하고 있다.

넷째, 양안경제협력위원회를 대표로 하는 양안공동조직이다. 2010년 ECFA를 체결한 이래 위에서 서술한 몇 가지 형식의 교류 외 양안공권력기관은 "양안경제협력위원회" 및 부속된 각 소조를 통하여 교류하는 새로운 플랫폼을 형성하였다. ECFA 제11조의 규정에 의하면 양측은 "양안경제협력위원회"를

---

1 Kommers, The Constitutional Jurisprudence of the Federal Republic of Germany, Duke University Press(1997), pp.210–211. 張千帆, 憲法學講義, 北京大學出版社, 2011, 370쪽.

설립하고 …… 위원회는 양측이 지명한 대표들로 구성되며 본 협의와 관련된
사항을 책임지고 처리한다. 이 위원회는 수요에 따라 약간의 사업소조를 설립
할 수 있고 특정 영역의 협의와 관련된 사항을 처리한다. 양안경제협력위원회
의 설립취지는 양안특색의 경제협력시스템을 구축하고 양안 경제관계의 제도
화, 자유화방향으로의 발전을 진일보 추진하며 서로 혜택을 주고 공동으로 이
익을 추구하는 것이다.[1] 실천 과정에서 이러한 사업소조들은 일반적으로 양
안의 관련 사무를 책임진 관원이 "양측 업무주관부서에서 지정한 연락인"의
명의로 구성된다. 예컨대 ECFA에 근거하여 제정된 「해협양안세관협력협의」
(海峽兩岸海關合作協議)는 "양안경제협력위원회 세관협력사업소조가 본 협의 및
세관협력 관련 사항을 책임지고 처리하며, 양측 세관 각자가 지정한 연락 담
당자가 연락전용전화를 설치하여 협의의 순조로운 실행을 보장한다"(제12조)
고 명확히 규정하였다. 실천 과정에서 세관협력소조의 구성인원은 모두 양안
세관의 공무인원이다. 따라서 ECFA에 근거하여 설치한 "양안경제협력위원회"
와 "사업소조" 제도는 양안 공권력기관이 상호교류하는 새로운 플랫폼이 되었
다. 이 플랫폼을 통하여 양안 공권력기관 구성인원은 직접 접촉과 소통의 기
회를 갖게 되었고 이는 일종의 제도화의 진보이다. 일부 학자들은 "양안경제
협력위원회"에 기초하여 미래에 양측이 "양안공동사무위원회"를 건립하여 양
안공동사무의 협력문제에 관하여 공동으로 계획-조직-조정-규제-감독함으로
써 양안의 "공동관리"를 실현할 것을 제기하였다.[2]

(2) 양안 공권력기관 교류의 두 단계

주지하다시피 현재 양안 간에는 초양안(超兩岸)적 정책결정기구가 존재하
지 않는다. 때문에 양안의 특수한 구조하에 양안의 공동행동은 "다수결" 투표
의 민주형식에 근거하여 완성될 수는 없고 양안 간의 "합의결"(共識決)에 근거
할 수밖에 없다.[3] 양안이 "합의결"을 실행하는 과정에서 양측 공권력기관의
교류는 두말할 것 없이 핵심역할을 맡고 있다. 합의의 형성과정으로부터 보면
양안 공권력기관의 부동한 층차의 교류행위를 각기 양안이 "합의결"을 실행하

---

1 朱磊, "兩岸經濟合作委員會之我見", 兩岸關係, 2010, 제10기.
2 劉國深, "試論和平發展背景下的兩岸共同治理", 臺灣研究集刊, 2009, 제4기.
3 周葉中、祝捷, "兩岸治理: 一個形成中的結構", 法學評論, 2010, 제6기.

는 두 단계로 나눌 수 있다. 즉, 합의의 형성단계와 집행단계이다. 전자는 양안이 각종 경로를 통하여 의제를 선택하고, 해당 의제에 관하여 충분한 합의를 달성하며, 결과적으로 규범의 형식으로 이를 표현하는 과정을 말한다. 후자는 양안이 한 의제에 관하여 합의를 달성한 후 각종 방식으로 해당 합의를 집행하는 과정을 말한다. 양안 공권력기관의 다양한 교류행위는 모두 양안합의의 형성과 집행을 위하여 존재한다. 위에서 서술한 네 종류의 교류 플랫폼은 합의의 형성, 혹은 합의의 집행에 영향을 준다. 구체적으로 말하면 각각의 플랫폼이 구체적으로 역할을 하는 단계는 다음과 같다.

첫째, 양회플랫폼(특수시기 양회플랫폼을 대체하는 역할을 하는 업계조직 플랫폼을 포함)은 이 두 단계를 초월하여 존재한다. 즉, 합의형성단계에도 존재하고 합의집행단계에도 존재한다. 구체적으로 말하면 양회는 각 계층의 사무성 담판을 통하여 양안의 구체적인 의제상 합의형성을 실현하고 양안협의를 체결하는 형식으로 해당 합의를 규범화하여 표현한다. 양안협의를 형성한 후 양회는 또 일부 협의 과정에서 협의의 연락주체라는 역할을 맡고 규범화된 합의의 집행단계에서 집행주체의 역할을 맡는다.

둘째, 양안정당대화 플랫폼은 일반적으로 합의형성단계에 존재하고 합의집행문제와는 거의 관련이 없다. 양안정당대화 플랫폼의 주요 기능은 양안 각 정당의 접촉과 대화를 통하여 양안 간의 중대정치문제 혹은 중요한 사무성 문제에 관하여 원칙적인 합의를 달성하고 양안 각자의 규정을 통하여 정당 간의 합의를 양안정부의 의지로 전환하는 것이다. 정당 간의 합의가 정부의 의지로 전환된 후 정당대화 플랫폼은 합의의 집행에 개입하지 않는다.

셋째, "양안경제협력위원회" 및 부속 각 사업소조들은 양안합의의 집행기구에 속하고 일반적으로 합의의 형성에 참여하지 않는다. 그들은 합의집행단계에서 소통, 교류, 조정의 역할을 하고 합의집행에 대한 감독과 평가, 협의규정의 해석, 정보의 전달 등을 맡는다.[1] ECFA에 근거하여 설치된 양안경제협력위원회 산하 소조들은 본질상 양안협의 연락주체 중의 하나에 속하며 그 설치목적은 양안이 ECFA의 틀 안에서 체결한 각종 협의를 잘 집행하기 위한 데 있다. 때문에 이러한 소조는 엄격한 의미에서의 합의집행기구에 속하고 합의

---

1 張冠華, 兩岸經濟合作框架協議的意義與啓示, 兩岸關係和平發展的鞏固與深化－全國臺灣研究會2012年學術研討會論文選編(周志懷), 九州出版社, 2013.

의 형성에는 참여하지 않는다.

(3) 양안 공권력기관 교류의 세 가지 특징

위에서 서술한 양안 공권력기관의 교류를 회고하여 보면 현 단계 양안 공권력기관 교류는 세 가지 특징을 나타내고 있다.

첫째, 교류방식에 있어서 양안 공권력기관의 교류는 간접성 특징을 나타내고 있다. 양안 정치대립의 영향을 받아 양안은 각 상대방의 근본법 및 근본법에 근거하여 건립된 공권력기관을 승인하지 않고 있으며 이는 양안 공권력기관이 직접적인 접촉을 할 수 없는 난관을 조성하였다. 때문에 대화와 협상을 진행함에 있어서 양회플랫폼을 통하거나 혹은 양안정당대화시스템을 통하거나를 막론하고 양안 공권력기관 간의 교류는 모두 "민간 흰 수갑"을 통하는 형식으로 진행되었다. 비록 최근에 이르러 양측은 구체적 사무의 협력에 있어서 공권력기관 관련 부서와 공무인원이 직접 접촉하기 시작하였지만 양측은 여전히 다양한 방식의 접촉에 있어 "정부신분" 문제를 회피하고 있다.

둘째, 교류의 내용에 있어서 양안 공권력기관 교류는 사무성이라는 특징을 나타내고 있다. 정치관계의 정립에 관하여 양안은 여전히 합의에 도달하지 못하였고 양측의 의식 형태도 판이하여 정치, 경제와 사회제도의 차이가 크다. 이러한 상황에서 양안은 사무성 문제와 정치성 문제를 구분하여 우선 정력을 집중하여 일부 사무성 문제를 해결함으로써 양안관계의 평화발전을 추진할 수밖에 없다. 때문에 양안이 정치성 담판을 개최하기 전에는 양안 공권력기관 교류의 내용은 주로 사무성 의제에 국한되고 정치성 의제는 기본적으로 언급될 수 없다.

셋째, 교류범위에 있어서 양안 공권력기관의 교류는 행정성을 나타내고 있다. 권력분립의 이론으로부터 보면 공권력의 범위는 행정권을 포함할 뿐만 아니라 입법권과 사법권도 포함한다. 사법협력과 입법협력과는 달리 행정공공성이론에 기초하는 양안 행정기관의 협력은 어느 정도에서 대만지역의 정치지위와 헌법사실의 확인문제 등 고도로 민감한 정치적 화제들을 회피할 수 있다.[1] 그러나 새로운 이론의 지지가 없는 상황에서 양안의 사법기관과 입법기

---

[1] 周葉中、黃振, "論構建兩岸關係和平發展框架的行政機關合作機制", 武漢大學學報(哲學社會科學版), 2012, 제2기.

관은 교류와 협력을 전개할 수 없다. 때문에 현재 양안 공권력기관의 교류범위는 기본상 행정적 사무에 국한되고 사법사무와 입법사무에는 연관되지 않는다. 현재까지 양안이 체결한 22개의 양안협의 중「해협양안 사법공조와 공동의 범죄 단속에 관한 협의」(海峽兩岸司法互助和共同打擊犯罪協議)만이 양안 사법사무의 협력과 연관되고 기타 협의는 모두 양측의 행정사무협력에 속하며 양안 입법사무협력을 규정한 협의는 존재하지 않는다.

2. 기존 공권력 교류의 조직모식

양안관계 평화발전의 초기, 양안은 양회시스템만을 통하여 교류를 진행할 수 있었지만 양안교류의 심화와 함께 전문성, 정치성을 띤 양안기관의 교류가 점차 빈번해짐에 따라 기존의 양회플랫폼을 주도로 하는 교류모식이 양안관계 평화발전 과정에서 중대한 추진역할을 하였지만 자신의 한계로 인하여 양안교류 과정에서 나타나는 불확정적인 비정규적 임무를 수행할 수 없게 되었다. 이러한 조직체계는 일정한 정도에서 양안 공권력기관의 교류를 저해하였다. 예컨대 식품안전, 표준계량, 검증검역과 금융감독 등 의제에 관한 양안의 갈등에 대하여는 응당 양안교류의 현실수요와 부합되는 조직모식을 구축하여 "양안 간" 공권력기관의 교류를 추진하여야 한다. 또한 전통적인 분산성, 이산성, 간접성과 무작위성의 조직모식에서 탈피하여 양안 공권력기관 교류의 제도성, 직접성, 효율성과 다양성의 조직모식을 구축하여야 한다. 양안 공권력기관 교류시스템의 조직모식은 개방적·다원적·실천적이어야 하고 명칭은 중요하지 않으나 양안 공권력기관의 교류가 조직상 정당한 명의로 이어져 양안의 조직적 대화시스템을 마련함으로써 양안 공권력기관 교류로 하여금 더욱 안정적이고 예견 가능하며 활용도가 높아지도록 하여야 한다.

양안 공권력기관 교류시스템 조직의 구축에 있어서의 가장 큰 난관은 양안 공권력기관 교류의 체제이다. 양안 공권력기관 각자의 공권력조직 체제의 구조는 비교적 폐쇄적이고 경직되어 있다. 양안 공권력기관 간에는 비대칭적인 복합의존관계가 존재하여 공권력기관의 교류는 전통권력자원으로 해석할 수 없고 직접 상대방에게 강제력을 행사할 수도 없으며 양측의 상호신임과 자원을 기초로 해야만 진행할 수 있다. 때문에 양안 간에는 일종의 구조적 권력과 비슷한 권력이 존재한다. 다만, 구조적 권력이론과 부동한 점은 양안은 상호 일방적으로 교류방식을 결정할 수 있는 권력이 없고, 상대방의 선택범위를 개변함으로써 상대방으로 하여금 모종의 선택을 하고 기타 결정이나 선택을 하지 않게끔 할 수밖에 없다.[1] 총체적으로 양안 공권력기관 교류시스템 조직의 구축은 주권의 통일성에 기초하는 것 아니라 "치권"(治權) 혹은 기능성에 기초하여 건립하여야 한다. 이는 주권이 여전히 다수 국가의 실천에 의하여 준수되고 이론적으로도 문제가 없기 때문에 잠시 제쳐두는 것이 합당하기 때문이다. 양안 공권력기관의 교류시스템 구축은 양안 간의 복잡하고 불확정적인 비정규적 임무에 상응하여 양안 공권력기관으로 하여금 부동한 영역, 부동한 층차, 부동한 형식과 부동한 단계에서 다원화, 다층차와 전방위적인 교류를 할 수 있게끔 하고 반드시 개방성, 상호성과 유동성 등 비균형적인 특징을 갖도록 한다. 양안 공권력기관이 교류하는 조직은 일종의 임무형 조직으로 그가 직면하는 환경과 임무는 불확정적이고 부동한 시기의 국내외 환경이 양안 공권력기관의 조직에 제출하는 혁신의 요구와 양안이 부동한 시기와 부동한 단계의 임무도 고정불변하는 것이 아니며 해당 조직의 구조는 조직 임무에 따라 변화한다. 이는 자연적인 추세이다. 양안 공권력기관의 교류도 조직 임무와 목표만을 완성하는 것이 아니라 교류 과정에서 상호이해, 상호지지와 상호인정을 얻는 것도 포함하며 이 양자는 자아조직성을 통하여 자발적인 통일을 이룬다. 이는 교류과정 중의 교류방식의 다양성과 풍부성 및 교류목적의 다양성을 결정하였다. 즉, 양안 공권력교류시스템의 조직은 조직의 임무를 지도방향으로 하는 고도의 자아조직성과 자아적응성을 지닌 교류구조모식이다.[2] 양안 교류조직의 양측은 각각 하나의 자아조직과 자아적응의 서브시스템을 형성하여 양안 각자의 임무환경과 제도적 환경에 근거하여 자아교류시스템을 통합·구축함으로써 양안관계의 불확정성과 복잡성이 제기한 도전에 대응한다.

1 [英]蘇珊·斯特蘭奇, 國家與市場: 國際政治經濟學導論, 經濟科學出版社, 1999, 29-30쪽.
2 周雪梅, 任務型組織結構研究: 生成、體系與建構, 首都師範大學出版社, 2012, 199-200쪽.

3. "일원이궤도다층차" 조직모식의 제기와 해명

위의 분석에 근거하면 양안 공권력기관 교류시스템의 조직모식은 응당 일종의 "일원이궤도다층차"의 조직모식으로서 양안 공권력기관 교류조직의 목표구조와 "양안 간" 목표, "양안 외" 목표, "양안 내" 목표 간의 상호통일을 이루어야 하고, 구조와 기능상에서 기본조직 목표의 보충성, 융통성과 발전가능성을 담보하여야 한다.

소위 "일원"이란 조직모식 중에서 반드시 하나의 총체적인 조정기구를 중심으로 양안의 교류협상을 추진하여야 한다는 것이다. 적합한 시기에 양안은 양안평화발전위원회 혹은 양안조정위원회와 같은 기구를 설립하여 교류의 정책결정기구로 할 수 있다. 양안은 각자 내부의 권력을 "공동체화"하여 초양안(超兩岸)적 권력기구를 형성함으로써 상호이익을 보완하고 일부 권력을 양도하여 공동행사하는 시스템을 구축할 수 있다. 이는 권력의 양도와 공유의 과정이다. 양안의 주요 정치지도자로 구성되는 양안위원회를 구축하여 정치적 사무에 대한 결의를 채택하고 양안의 공동사무에 관하여 협상을 진행하며, 양안 사무의 부서담당자로 구성되는 양안 이사회를 구축하고 행정사무정책결정권이 있는 비서장 1명을 설치하여 양안 행정성 사무의 발의자와 조정자로 하며, 양안 간 상호 사무소를 설치하여 양안의 상대방 지역에서의 상주대표로 함으로써 연락, 조정 및 일상 행정사무를 책임지게 할 수 있다.

소위 "이궤도"란 양안 내부에서도 각자의 "헌정체계"에 상응한 책임기구를 설립하여 양측 협상의 성과를 실현시키는 것이다. 현재 대만방면의 양안사무 주관기관은 "행정원" 소속의 "대륙위원회"이고, 대륙방면의 주관기관은 중공중앙 대만사업지도소조, 중공중앙 대만사무판공실과 국무원 대만사무판공실이다. 양측은 기존의 양안 관리체제의 기초에서 개진하고 발전시킬 수 있다. 구체적으로 말하면 양측은 사무성 문제의 처리에 있어서는 각자 설치한 사무소를 통하여 해결하는 방식을 취할 수 있다. 대만에서는 사무소를 "대륙위원회"에 소속시키고 대륙에서는 국무원 대만사무판공실에 소속시켜 양안위원회의 사업과 순조롭게 연결시킬 수 있다. 그러나 양안 공권력기관의 체계는 각기 부동한 근본법에 기초하여 구축되었기 때문에 양안의 행정기구와 업무부서의 설치에는 많은 차이가 존재한다. 일부 구체적인 양안합의의 집행과정에서 양안 각자의 집행부서는 대응부서협력이 어려운 경우가 많다. 왜냐하면 대륙방면의 여러 부서가 대만방면의 한 부서와 교류하는 현상이 빈번하기 때문이다. 이러한 현상의 출현은 양안합의 집행의 효율성 제고에 아주 불리한 영향을 주고 있다. 때문에 양안은 응당 기능성 협력조직의 구축을 모색하여 양안의 양안합의 집행과정에서의 소통과 협력을 강화할 것을 건의한다. 이러한 유형의 조직의 주요 가치는 체제적 차이가 있는 양안의 부동한 부서 간에 제도화된 소통플랫폼을 제공하여 양측이 여러 채널을 통해 소통함으로써 효율성을 보장하기 위한 것이다. 기능성 협력조직의 설치에 관하여 양안은 양회 사무성 협의의 전문 조항으로 규정하는 방식을 취할 수 있고 해당 구성인원은 양안 각자가 자기 측의 관련 업무부서에서 선출할 수 있다. 이렇게 되면 양안합의 집행과정에 존재하는 체제충돌의 문제를 양안 모두가 자기의 행정조직 체계를 조정하지 않는 선에서 해소할 수 있다.

　　소위 "다층차"란 양안 공권력기관의 각자 영역과 범위에서의 교류를 말한다. 이는 양안 각 기관의 교류를 포함하는데 국가 공권력기관을 포함할 뿐만 아니라 사회 공권력기관도 포함한다. 국가 공권력기관 내부는 지방 각급 기관의 교류도 포함한다. 양안 공권력기관의 협력은 행정기관 간의 협력을 중요시하여야 할 뿐만 아니라 행정기관과 사법기관, 입법기관의 협력을 더욱 중요시하여야 한다. 그렇지 않으면 충돌과 연결문제가 후속적으로 나타날 수 있다. 예컨대 대륙 상표국과 대만의 "지혜재산국"(智慧財産局) 간에는 양안 지적재산권 보호에 관하여 일정한 협력이 있는데 만약 충돌과 쟁의가 발생하면 응당 사법기관의 결정을 충분히 존중하여 행정과 사법기관의 결정이 달라지는 문제를 피하여야 한다.[1] 2007년 7월 장저우(漳州)시 중급인민법원은 "대만상인 합법권익 수호법정"을 설립하였고, 2009년에는 전국에서 처음으로 대만 관련 사건 심판정을 설립하였다. 그 후 이 모식의 경험은 푸저우(福州)시, 쿤산(崑山)시, 쑤저우(蘇州)시, 화이안(淮安)시 등 지역에 전파되었고, 2011년에 이르러 최고인민법원은 대만 관련 사건 심판정을 설립하여 널리 보급할 것을 선포하였으며 샤먼(廈門)시 하이창(海滄)구 인민법원은 2012년에 전국에서 처음으로 대

---

1 林秀芹、鄭魯英, "海峽兩岸商標權相互承認的法律思考－從‘農友’商標侵權糾紛案談起", 臺灣研究集刊, 2013, 제2기.

만 관련 법정을 설립하였다. 2009년에 이르러 상하이시(上海市) 중재위원회는 대륙에서 처음으로 대만 관련 중재기구인 "상하이대만관련중재중심"(上海涉臺仲裁中心)을 설립하여 전문적으로 대륙지역, 대만지역과 기타 지역의 대만자금을 소유한 법인, 대만지역 호적을 지닌 자연인 등의 계약과 재산쟁의를 접수·재결하였다. 2008년 대만상법총회 이사장 장핑소(張平沼)는 홍콩에 "해협양안연합중재위원회"(海峽兩岸聯合仲裁委員會)를 설립하여 대만상인의 투자무역 분쟁을 해결하는 중재기구를 설립하여야 한다고 주장하였고, 2010년 대만중재협회 이사장 리녠쭈(李念祖)는 양안 정부에서 응당 상무중재연합조정시스템을 구축하여야 한다고 호소하였다.

제3절 양안 공권력기관 교류시스템의 절차 설계

양안 공권력기관 교류의 비계약성 기초는 절차이고, 절차는 양안 공권력기관 교류 제도화의 초석이다. 절차는 중립성을 띠고 있고 선경험의 가치, 확정된 "진리"와 "이것이 아니면 곧 그것"인 의식형태를 수용할 수 있다. 양안 공권력기관의 교류는 주체간성을 갖고 있으며 법집행주체, 입법주체인지 혹은 사법주체인지를 막론하고 모두 평등·참여·협상의 기초에서 교류를 진행한다. 양안교류의 초기, 양안 공권력기관의 교류는 양안민간교류의 개방으로 인한 관련 사무의 수요에 쫓기거나 혹은 양안의 어떠한 사무로 인해 약간의 접촉이 있었고, 이러한 상황하의 양안 공권력기관의 교류는 피동적이고 일정한 임무를 완성하거나 공동사무를 처리하기 위한 교류시스템이었다. 현재 양안 공권력기관의 교류는 호응형 교류시스템으로서 양안 공권력기관은 지역화, 글로벌화의 추세 및 초기 교류가 쌓은 상호신임의 기초에서 각자의 주관능동성을 발휘하여 양안 정세에 기초하여 주동적으로 교류를 하며 이를 통하여 상호신임을 진일보 수립하고 양안의 정치, 경제, 사회와 문화 등 방면에서의 교류를 추진하고 있다.

1. 양안 공권력기관 교류 중의 기회와 도전

2008년부터 대만에서는 양안관계 발전에 유리한 중대한 전환점이 나타났고 양안관계는 드문 발전기를 맞이하여 평화발전의 새로운 단계를 시작하였다. 이러한 배경에서 양안 공권력기관의 교류도 유례없는 새로운 단계를 맞이하였고 양측의 교류는 더욱 밀접해졌으며 접촉도 빈번해졌다. 2008년 6월 이래 양회는 반년에 한 번씩 지도자회담을 거행하여 일련의 사무성 협의를 체결하였고, 이와 동시에 양안의 주요 정당 간의 교류도 새로운 단계로 진입하여 범람정당의 각 정당지도자의 "대륙방문"은 이미 뉴스가 아니었으며 녹색정당의 많은 중요한 정치인들도 "대륙방문"을 일정에 올렸다. 현재의 역사조건하에서 양안 공권력기관의 교류는 양측 교류의 발전에 유리한 중요한 기회일 뿐만 아니라 또한 경시할 수 없는 도전이기도 하다.

(1) 기회: 시대적 조건, 현실적 수요와 실용적 사유로부터의 지지

현재 양안관계 평화발전의 대세와 양안 공권력기관 교류의 현황을 검토해 본 결과 우리가 공권력기관의 교류와 협력을 진일보 심화할 수 있는 기회는 주로 다음과 같은 세 가지가 있다고 생각한다.

첫째, 양안관계 평화발전의 국면은 공권력기관 교류의 진일보의 심화를 위하여 좋은 외부환경을 마련할 수 있다. 양안관계 변천의 60여 년을 돌이켜보면 양안은 군사적 대치로부터 절대적인 단절을 거쳐 개방교류의 여정을 거쳤다. 2008년 3월, 대만섬의 정치형세는 중대한 전환점을 가져왔고 양안관계는 드문 발전의 기회를 맞이하였으며 평화발전은 해협양안 인민의 공동한 염원이 되었다. 양안관계 평화발전 중에서 양안의 "삼통" 등 문제는 순조롭게 해결되었고 양안의 민간교류는 더욱 밀접해졌다. 이와 동시에 비록 양안 간의 홍, 남, 록 삼자가 "양안관계 평화발전"의 표현에 대한 구체적인 해독과 관계 정립상에서 차이점이 존재하지만 각자가 "평화발전" 자체에 대하여는 아주 큰 정도에서 컨센서스를 이루었다. 이러한 제한적인 컨센서스는 양안관계 평화발전의 추진을 위하여 절실한 보장을 제공하고 있다. 양안관계 평화발전의 유리한 국면은 양안 공권력기관의 교류를 위하여 직접적인 담보를 제공하고 있다.

둘째, 양측의 공권력기관 간 교류에 대한 양안의 현실적 수요는 공권력기관의 진일보의 교류를 위하여 직접적인 조력을 제공하여 준다. 이익은 사람들이 추구하는 것으로 이는 주체의 수요와 객체의 수요를 만족시키는 관계를 체현하고, 주체활동의 내재적 동력이며, 방향유도와 조절 역할을 발휘하고 주체활동 대상의 선택을 결정한다.[1] 해협양안을 놓고 보더라도 현실적 이익은 양안이 사물에 대한 선택을 하도록 추진하는 중요한 원인이다. 대륙이 추구하는 이익은 "대만독립" 세력이 국가를 분열하는 것에 반대하고 해협양안의 평화통일을 실현하며 중화민족의 복지를 수호하는 것이다. 대만이 추구하는 이익도 대만 인민의 복지이고, 그들의 이익 수호를 우선으로 한다. 양안이익의 추구에 있어서 양안 인민의 복지, 특히 대만 인민의 이익은 양측의 이익소구에 있어서 중첩점이고 이는 양측이 해협양안의 평화, 현황의 안정 및 번영과 교류에 대한 공동한 추구로 표현된다. 이러한 공동이익과 공동추구의 영향하에 양안의 각 층차, 각 영역의 교류에 있어서 중대한 작용을 하는 양안 공권력기관 교류의 심화발전은 필연적인 것이다.

셋째, 나날이 변화되는 양안의 실용적 행사사유는 공권력기관의 진일보의 교류를 위하여 현실적인 보장을 제공하였다. 양안교류는 긴 시간 동안 "비실용"(務虛) 단계에 처해 있었다. 즉, 양측의 정치대립사유의 영향하에 교류의 명의, 지위, 신분 등 문제들에 대한 주목에 너무 치우쳤고 양안교류의 실제에 직접적으로 관계되는 사무에 대한 관심이 부족하였다. "왕구회담"을 예로 들면 회담 전에 진행된 예비회담에서 양측은 회담용 책상의 모양, 자리배정 등 회담과 큰 관계가 없는 형식적인 문제의 합의에 큰 공을 들였지만 회담의 최종 결과는 고작 공증문서의 사용과 검증, 등기우편의 조회와 보상 등 양안 간의 가장 사소한 사무성 문제에 연관된 협의만 체결하였다.[2] 이러한 사유방식의 지도하에 양안의 사무성상담의 발전은 장기간 정지되었고, 양안민중교류와 직접적으로 연관되는 "삼통" 문제도 대만 측에서 그에 대해 정치적인 색채를 부여함으로써 여러 차례 지연되었다. 그러나 2008년에 양회가 회담을 재개하면서부터 양안의 상담사유가 나날이 실용주의로 발전하였고, 양측은 많은 중대한 사무성 문제에서 짧은 시일 내에 합의를 달성하였으며 짧디짧은 5년 사이

---

1 高岸起, 利益的主體性, 人民出版社, 2008, 62−63쪽.
2 鄭劍, 潮起潮落: 海協會海基會交流交往紀實, 九州出版社, 2013, 110쪽 이하.

에 현실적 의의가 큰 여러 사무성 문제를 해결하였다. 이는 실용적 사유의 체현이라 하겠다. 양회플랫폼의 참여인원에 관한 문제에 있어서 양안 관원은 모두 "고문"(顧問)의 명의로 직접 대화에 참여하고 양측은 모두 묵인과 배격하지 않는 태도를 취하였다. 이는 양안의 나날이 성숙하는 실용적 사유를 체현하였다.[1] 이러한 사유는 양안 공권력기관이 기존의 간접성, 사무성, 행정성 교류모식의 기초에서 더욱 큰 성과를 내기 위한 현실적 보장을 제공하고 있다.

(2) 도전: 정치, 규범과 제도로부터의 삼중 난제

비록 현재의 양안 공권력기관 교류의 발전은 위에서 서술한 바와 같이 많은 역사적 기회가 있다고 하지만 현실상 경시할 수 없는 도전도 존재한다. 만약 이러한 현실적인 도전이 초래하는 부정적인 영향을 직시 및 해소하지 못하면 양안 공권력기관의 교류는 발전 과정에서 피할 수 없는 난관에 봉착하게 된다. 구체적으로 보면 이러한 현실적인 난관은 주로 다음의 세 가지로 표현된다.

첫째, "인정 논란"으로 표현되는 양안 정치대립은 공권력기관 교류의 영역에서 더욱 두드러지게 나타난다. "인정 논란"이란 대륙과 대만이 "일중쟁의"(一中爭議)로 인하여 상대방의 근본법과 그에 근거하여 건립된 공권력기관을 승인하는가의 여부 등에 관한 문제에서 존재하는 쟁의를 가리킨다.[2] 이러한 쟁의는 양안의 "하나의 중국"(一個中國) 원칙에 대한 쟁의로부터 파생한 것으로 헌법학 각도로부터 보면 이는 주로 "대륙과 대만이 상대방의 근본법과 그에 근거하여 건립된 공권력기관을 승인하는가의 여부"[3]에 대한 쟁의로 표현된다. 최근에 이르러 비록 양안은 "인정 논란" 문제의 처리에 있어서 점차적으로 실용적인 것을 중시하는 사유방식으로 바뀌고 있지만 이를 양안민중교류와 비교하면 양안 공권력기관 교류 중의 "명의", "신분"의 논쟁은 매우 두드러지며 이것은 심지어 양안 공권력기관 교류 중의 제일 큰 "매듭"(結)이라고 할 수 있다. 이러한 "매듭"의 존재로 인하여 양안 공권력기관은 간접교류의 방식으로밖에는 관련 사무를 처리할 수 없다.

둘째, 양안합의형성단계에서 양안 각 이익 관련 주체를 위하여 제공하는

---

1 邵宗海, 新形勢下的兩岸政治關係, 五南圖書出版股份有限公司, 2011, 128-129쪽.
2 祝捷·周葉中, "論海峽兩岸大交往機制的構建", 中國當代政治報告(제10집)(黃衛平), 社會科學文獻出版社, 2012.
3 祝捷, "論兩岸海域執法合作模式的構建", 臺灣研究集刊, 2010, 제3기.

표현경로가 여전히 제한적이고, 각각의 의견표현 경로는 효과적인 통합을 이루지 못하였다. 전의 양안 공권력기관의 교류에 있어서 의견표현에 참여하는 주체는 주로 양안 정부의 "대변인"인 양회 및 양안 집권당을 위주로 하는 홍(紅), 남(藍) 양측의 각 정당이었다. 이러한 의견표현시스템하에서 두 개의 주요한 이익주체, 즉 양안민중과 대만의 제일 큰 야당인 민진당이 배제되었다. 이는 양안 공권력기관 교류의 합법성에 관한 기본적인 문제와 관련될 뿐만 아니라 양안 공권력기관 교류의 열의 정도가 대만지역의 "정당교체"에 따라 변화되도록 복선을 깔아두었다.

셋째, 양안합의의 집행단계에는 체제가 통일되지 못하고 공무인원이 직접 접촉할 수 있는 규범적 근거의 부족 등 여전히 문제가 존재한다. 양안의 분리관리와 인정 논란의 영향 아래 양안 공권력기관의 양안합의집행과정 중에 여전히 행정조직체제와 정치영향으로부터 오는 장벽이 존재한다. 한편으로 이는 양안 공권력기관체계가 각기 서로 부동한 근본법과 조직법에 기초하여 구축된 것으로서 양측의 행정기구와 업무부서의 설치는 많은 차이점을 갖고 있다. 양안합의의 일부 구체적인 집행과정 중에서 양안 각자의 집행부서는 대응되는 협력을 진행할 수 없고 대륙 측의 여러 부서와 대만 측의 한 부서 간에 교류를 진행하는 현상이 빈번하다. 이러한 현상은 양안합의의 집행효율의 제고를 제약하고 있다. 다른 한편으로 실천 과정에서 양안 공무인원은 이미 배후로부터 플랫폼으로 나서게 되어 양측 업무협력에 관한 구체적인 문제에 대하여 직접적인 접촉을 시작하였다. 이러한 현실적 배경하에 비록 최근에 체결한 양안의 양회 사무성 협의에서는 "주관부서가 지정한 연락 담당자가 연락하여 실행하는" 연락시스템을 규정하였지만[1] 이러한 협의연락시스템은 양측 공무인원이 직접 접촉하는 명의, 신분, 방식 등 양안쟁의와 관련된 기초적인 문제에 대하여 명확히 하지 않았고 이러한 기본적인 규정의 부재는 양안 공무인원의 직접 접촉제도의 제도화에 매우 불리하다.

---

1 이 같은 연락시스템의 규제모델은 「海峽兩岸金融合作協議」 제8조에서 최초로 제기되었고 "본 합의 의정사항은 양측 금융감독관리기구, 통화관리기구가 지정한 담당자가 상호연락하여 실행한다. 필요할 경우 양측이 동의하면 다른 부서를 지정해 연락을 해야 한다"고 규정하였다. 이후 「海峽兩岸共同打擊犯罪及司法互助協議」, 「海峽兩岸漁船船員勞務合作協議」, 「海峽兩岸農產品檢疫檢驗合作協議」, 「海峽兩岸標準計量檢驗認證合作協議」, 「海峽兩岸醫藥衛生合作協」, 「海峽兩岸知識產權保護合作協議」, 「海峽兩岸核電安全合作協議」, 「海峽兩岸服務貿易協議」는 모두 이러한 모식을 채택하였다.

2. 양안 공권력기관 교류 중 정치적 난관의 극복방식

도전에 직면하여 예견할 수 있는 기간 내에 양안은 우선 현실적이고 실현 가능성이 있는 "정치민감성 이탈"(政治脫敏)의 방안으로 "인정 논란"이 가져온 정치적 도전을 해소하고 나아가 다원적이고 실용적인 사유하에 점차적으로 비교적 완벽한 공권력기관 교류시스템을 구축하여 양안관계 평화발전을 위하여 제도적 보장을 제공하여야 한다.

"인정 논란"은 양안 공권력기관 교류상 최대의 정치적 난관을 초래하였다. 이러한 난관 때문에 양안 공권력기관의 명의문제, 양측 각자 영역 내 법률의 합법성 문제는 모두 양안 공권력기관의 진일보의 교류를 저해하는 장벽이 되었다. 이러한 장벽에 관하여 양안 학자들은 양안 정치관계 정립의 시각으로부터 각자의 해결방식을 제의한 것이 많다. 대표적인 관점으로는 대륙학자 황자수(黃嘉樹), 왕잉진(王英津)이 제의한 "주권구성연구"(主權構成硏究) 이론, 대만학자 장야중(張亞中)이 제의한 "일중삼헌, 양안통합"(一中三憲, 兩岸統合) 이론, 대만학자 퉁전위안(童振源)이 제의한 "헌법각표"(憲法各表) 이론 등이다. 황자수, 왕잉진은 민법상의 소유권과 사용권 간의 분리원리를 운용하여 "주권구성연구"를 형성하였고, 해당 연구방법을 운용하여 "주권소유권의 통일, 주권집행권의 분리"(主權所有權統一, 主權執行權分離)의 양안정치관계 정립모식을 제의하였다.[1] 장야중은 유럽의 통합 경험에 기초하여 "일중삼헌, 양안통합"의 양안관계 발전구조를 제의하고 양안은 "상대방이 헌정질서의 주체임을 동의·존중하고", "양측이 동의하는 영역에 공동체를 설립할 것을 결정하며", "북경중국"과 "대북중국"을 양측의 호칭으로 하는 양안정치 관계정립모식을 제안하였다.[2] 퉁전위안은 "헌법각표" 이론에 기초하여 "양안은 관할영역 내와 영역 외의 특수관계이고 국내관계는 아닌" 정치관계정립모식을 제의하였다.[3] 그러나 이러한 이론의 응용은 모두 양안이 짧은 기간 내에 자기 정책과 법률에 대한 대규모적인 조정을 통하여 양안 간의 정치대립을 완전히 해소할 것을 전제로

---

1 黃嘉樹、王英津, "主權構成硏究及其在臺灣問題上的應用", 臺灣硏究集刊, 2002, 제2기.
2 張亞中, "論兩岸和平架構", 首屆兩岸和平論壇會議論文集.
3 童振源, "兩岸政治關係的合情合理合憲安排", 首屆兩岸和平論壇會議論文集.

한다. 이러한 이론은 양안이 정치대립의 근본적인 문제의 해결을 위하여 중요한 참고적 가치가 있지만 실제로는 양안 정부 모두가 받아들이기 어렵다. 따라서 짧은 시일 내에 양안의 정치대립을 완전히 해소하여 양안 공권력기관의 교류가 정치적 영향을 받지 않게 한다는 것은 현실적이지 못하다.

"양안 간"이라는 개념은 지리상의 개념인 "양안"을 현 단계 대륙과 대만의 정치관계 정립모식의 기초에서 유럽통합의 성과인 "정부 간"에 대한 현실주의자들의 묘사를 빌려 양안의 특수한 언어 환경에서 개조를 한 후 형성된 일종의 양안교류에 대한 묘사적 개념이다. "양안"모식과 "양안 간"의 개념은 대륙학자 저우예중, 주제가 제기하고 이를 양안 공권력기관 교류시스템의 구축에 응용하였다.[1] "양안"모식 및 그의 소속개념인 "양안 간"은 최대한도에서 양안의 정치관계 정립에 대한 쟁의를 수용할 수 있다. 이는 "하나의 중국"이라는 구조의 기본요구를 준수할 뿐만 아니라 대만 측에서 제기한 양안의 "평등지위"의 요구를 최대한으로 수용할 수 있다. 따라서 양안 정부가 받아들이기 더 쉬우며 양안 공권력기관 교류에 있어서의 정치적 난관을 극복하는 기초가 될 수 있다.

"양안 간"의 개념에 있어서 양안 공권력기관의 교류는 각자의 관할권 변동과 권력전이(權力轉移) 문제에 연관되지 않고, 정치적 쟁의를 승인·직시하는 기초에서 대륙과 대만으로 하여금 잠시 상대방의 "정치실체" 여부와 해당 공권력기관의 "합법성" 여부 등에 관한 민감한 문제를 고려하지 않게 한다. 다시 말하면 양안 기존의 관리 권력의 변계에 대한 존중을 기초로 하고 정치문제와 현실 중의 공동 관리를 상호 분리함으로써 양안의 현실에 적응하는 일종의 방안이다. "양안 간"의 서술모식은 양안 공권력기관 교류 중의 정치민감성을 약화할 수 있고 실용적이며, 양안 교류에 존재하는 명의에 관한 쟁의, 주권에 관한 쟁의 등 문제들을 해소하는 데 도움을 주고 이러한 특수한 명의하에서 계속하여 협력과 교류를 강화할 수 있게 한다.

---

1 周葉中、祝捷, "關於大陸和臺灣政治關係定位的思考", 河南政法幹部管理學院學報, 2009, 제3기.

3. 양안 공권력기관 교류 중의 이익요구 표현시스템의 구축

양안 공권력기관의 이익표현은 각자의 이익소구에 대한 수호이다. 호혜주의를 기초로 하여 구축되고 서로에게 이익이 되는 사업을 펼쳐야 일종의 이익과 운명의 공동체관계를 형성할 수 있고 양안 공권력기관 교류의 심화를 추진할 수 있다. 장기간의 양안정치대립과 국민당 집권 시기의 "반공" 선전으로 인하여 양안은 정치, 경제, 사회와 문화 등 방면에서 격리되어 있고 상호 독립적인 관리체를 형성하였으며 각자가 자기의 이익을 갖게 되었다. 양안은 교류과정에서 응당 각자의 이익표현을 중시하여야 한다. 여기에서 말하는 이익표현이란 정부 간의 이익표현뿐만 아니라 양안 각 정당, 각 공권력기관의 사회조직도 포함하며 일정한 방식으로 공권력기관을 통하여 표현함으로써 양측 모두가 교류에서 자신의 이익을 수호할 수 있게 하여 양측 공권력기관의 적극성을 불러일으켜야 한다. 양안 공권력기관은 이익집단을 단위로 하는 이익표현방식을 구축하여야 하며 개인적 요소에 기초한 비공식적 구조의 이익표현은 지양하여야 한다. 양안의 이익표현은 반드시 전반적인 표현이어야 한다. 특히 협의를 체결하는 사무에 있어서 연관되는 많은 부서에 대하여 "행정원"은 각 부분의 이익을 통합하여 표현하여야 한다. 그러하지 않고 만약 어느 한 부서에서 먼저 표현하면 "중국에 치우쳐 대만을 판다"(倒中賣臺)는 딱지가 붙을 수 있다.

양안 공권력기관이 대표하는 것은 양안 인민의 공동이익이기 때문에 이익표현에 있어서 본 부문의 이익 혹은 국부적인 이익만 고려하여서는 안 되고, 상대방의 이익도 고려하여야 하며 양안은 건설적으로 대화와 소통을 하여야 한다. 더욱 많은 성의, 선의와 감정이입으로 상대방의 이익을 고려함으로써 양안의 양성 교류를 추진하고 장벽과 오해를 해소하여야 한다. 대만은 기타 국가지역과의 교류에 있어서는 양안교류의 과정처럼 많은 풍파를 일으키지 않았다. 다만 대륙과의 교류 중에서 도처에 장벽을 설치하고 자신의 이익만 고려하며 대만에 유리한 것만 열어놓았다. 예컨대 대륙의 농산품은 수입하지 않고 대륙의 자본에 대하여는 제한하였으며 심지어는 문화교육과 종교에 관한 교류도 일부 공공기관과 기타 사회세력에 의하여 "공공이익"의 명의로 규제하고 있다.

양안 공권력기관은 응당 정보의 획득과 처리 능력을 제고하여야 하고 상대방의 관심사에 대하여 이해하는 기초에서 자신의 정황에 근거하여 적당한 요구를 제기할 수 있다. 특히 중요하게 여겨야 할 것은 양안 공권력기관의 이익표현의 최종적인 수익주체는 부분적 단체가 아닌 양안 인민이라는 점이다. 예컨대 대륙에서 정책을 제정할 때 응당 대만민중의 이익도 고려하여야 하는데 그렇지 않으면 대만 상인에게 손해를 입힐 수 있다. 대만 공권력기관도 서비스무역협의를 심사함에 있어서 응당 전반적인 측면을 고려하여야 하며 일부 업계의 이익만 중시해서는 안 된다.

4. 양안 공권력기관 교류의 컨센서스 형성

협상담판의 본질은 상호 간의 소통과 이해를 통하여 공동사무를 처리하는 것으로, 상호 이해하고 설득하며, 서로를 인정함으로써 컨센서스를 형성하는 과정이다. 양안은 협상담판을 통하여 공동이익을 찾아야 교류의 과정에서 오해와 장벽을 해소하고 양안 공권력기관과 민중의 이해를 증진하며 우선적으로 일부 영역에서 컨센서스를 형성하여 사회의 통합을 추진할 수 있다. 양안은 한 국가 내의 대등한 관리체로서 어느 누구도 상대방을 강요할 수 없고 양측이 평등하게 참여하는 담판과 협상을 통해야만 쉽게 컨센서스를 형성할 수 있다. 이 과정은 대화를 필요로 한다. 양측은 자신의 이익요구를 제기하고 서로의 관심사에 관하여 교류하여야 한다. 양안 공권력기관의 협상담판은 일종의 개방적이고 다경로인 협상진로이다. 양측은 응당 타협을 원하여야 하고 타협의 예술을 알아야 하며 이성적인 반성을 통해 양측 모순의 동태적 형평을 이루어야 하고 실질적인 가치에 대한 논쟁의 격화를 방지하며 다원적구조의 제도적 틀을 수호하여야 한다. 양안 공권력기관은 담판 혹은 협상을 정치투쟁의 도구로 삼지 말고 문제해결의 경로로 삼아야 하며 이성적이고 개방적이며 유연한 태도로 협의에 도달하여야 한다. 또한 협상담판과정의 공개성, 참여성과 논변성을 유지하며 협상담판 과정에서 다원적 가치를 용납하고 상대방의 의견을 수용하여 적당히 처리하여야 한다.

양안 공권력기관의 협상담판은 "양안 간"의 부동한 주체가 자기이익과 관념에 기초하여 대화하고 설복하는 과정으로서 교류에서의 이성을 굳게 견지하고 다양성 가운데 동일성을 재건하며, 차이성 중에서 가치와 규범의 보편성을 형성하여야 한다. 양안 공권력기관은 협상담판과정에서 원가의 제약, 정보의 격리와 이익의 분배 등 원인 때문에 타협과 컨센서스를 형성하기가 비교적 어렵다. 유력하고 권위가 있는 기구가 쟁의에 관하여 최종적인 판단을 내릴 수 없기 때문에 양안의 협상담판은 타협에 대하여 더욱 중요시하여야 한다. 구체적으로 말하면 첫째로 대륙과 대만의 공권력기관의 지위는 대등한 것으로 어느 누구도 상대방을 왜소화하지 말고 자아중심주의와 독단론에서 벗어나야 한다. 둘째로 양안 공권력기관은 양안관계 중의 부동한 의제에 관한 쟁의에 대하여 명확히 표현하여야 하고, 양측은 상대방의 이익, 입장과 관념에 대해 요해함으로써 양측의 효과적인 담판을 위한 전제를 마련하여야 한다. 셋째로 양안 공권력기관은 응당 각자의 주장에 필요한 이유를 제기하여야 한다. 이유가 되는 의식형태와 가치관의 합리성에 대하여도 설명하여야 하고 자기 주장을 위하여 억지를 부리지 말아야 한다. 이 과정은 힘과 이익의 대결이 아닌 정보, 이유와 관점 간의 충돌이어야 하고 수용성과 공공성을 띠어야 한다. 넷째로 양안 공권력기관은 서로 상대방의 주장과 관련 이유를 반박할 수 있고, 자기의 주장을 한층 더 설명할 수 있어야 하며 이 과정에서 상대방의 합리한 의견을 심사하고 받아들여야 한다. 다섯째로 양안 공권력기관은 상대방의 의견을 수용하는 기초에서 자신의 미비점을 수정하고 동시에 양안이 모두 인정할 수 있는 해결방안을 찾아야 하며 다름 속에서 같음을 찾고 대립 가운데 타협을 구하며 갈등으로부터 컨센서스를 찾아야 한다. 만약 짧은 시간 내에 컨센서스를 이룰 수 없다면 협상담판을 잠시 미루되 수시로 증거를 보충하고 관념을 바꾸어 담판을 개시할 수 있어야 하며 외부로부터의 강제가 없어야 한다.[1] 때문에 양안 공권력기관은 다경로, 다층차의 소통경로를 마련하여야 한다. 해협양안관계협회와 해협교류기금회를 보류하는 외에 양안의 기타 공권력기관도 자기의 권한 내의 문제에 대하여 협상을 진행하여야 한다. 관련 방안이 "하나의 중국"의 틀을 인정하고, 중화민족 부흥의 실현을 추구하며, 양안이익을 수호하는 것이고 양안 공권력기관은 이를 위하여 모두 노력하여야 한다. 양안 내부의 각 공권력기관의 협상, 공권력기관과 민중간의 소통도 매우 중요하다. 행정기관 간에 독자적으로 협상을 진행할 것이 아니라 대륙의 공권력기

---

1 唐樺, 兩岸關係中的交往理性, 九州出版社, 2011, 102-105쪽.

관도 대만의 입법기관과 교류를 강화하여 다체계의 접촉통로를 구축하여야 한다. 양안은 대만 내부의 협상도 중시하여야 한다. 만약 그렇지 않으면 공권력기관의 합의는 질의를 받을 수 있고 나아가 공권력기관 내부의 불일치를 초래할 수 있기 때문에 급히 서두르지 말아야 한다. 이는 주로 대만정국의 다원화와 미래의 양안 공권력기관의 교류가 더욱 복잡화·다원화하여 발전하기 때문이다. 예컨대 최근의 서비스무역협의는 대만 내부로부터 "입법원"의 제지를 받았는데 그 주요 원인은 대만 내부의 각 공권력기관 간 협상의 결핍으로 기층민중의 이익을 충분히 고려하지 못하고 그들과 사전협상이 없었으며 "입법회"와 민의의 압력 때문에 조목마다 심사하게 됨으로써 양안 ECFA의 후속 화물무역협의의 협상절차에 영향을 주게 된 것이다.

롤스는 추상성이 높을수록 정치 각 측은 자신의 입장에 기초하여 추상원칙에 대한 상상 및 인정을 형성하고 나아가 상대적이고 모순적인 컨센서스를 형성한다고 하였다.[1] 그러나 선스타인은 근본적인 방향적 문제는 사회를 갈라놓지만 어디로 가느냐의 문제는 합의를 형성할 수 있다고 하였다. 양안을 놓고 말하면 평화발전은 현재 양안의 최대 컨센서스이지만 대만 내부는 국가통일문제에 관하여 분열되고 있다. 만약 양안이 최종적인 컨센서스를 형성하기 어려우면 우선 각자가 관심하는 문제 및 문제해결의 초보적인 방안을 제기할 수 있고 이 과정에서 중첩성 컨센서스를 찾아볼 수 있으며 문제이든 방안이든을 막론하고 우선 컨센서스를 형성할 수 있는 문제로부터 착수하여야 한다. 이러한 문제를 해결하는 과정에서 기타 문제도 같이 해결할 수 있는 것이다. 만약 부분적인 문제에서 전반적이거나 영구적인 컨센서스를 형성하지 못하더라도 부분적이거나 일시적인 컨센서스를 형성할 수 있으면 이 방면의 문제를 먼저 해결하여 양안교류과정에서 갈등을 해소하고 점차적으로 컨센서스를 형성할 수 있다. 물론 양안 공권력기관의 협상담판은 양측이 공동이익을 추구하고 상대방을 상호 존중하며 평등의 기초에서, 공동의 정책결정을 달성하는 것으로 그 결과는 최저 현황을 유지하는 것보다는 훨씬 좋다. 이는 파레토최적에 부합된다. 설사 양안은 일부 문제의 협상담판과정에서 일시적으로 해결하기 어려운 문제에 봉착하였다 하더라도 잠시 이를 제쳐두고 조건을 창조하는 동시에 교류의 통로와 방식을 증가하며 상대방의 핵심이익을 건드리

---

1 See John Rawls, Political liberalism, Expanded Edition, Columbia University Press, 2005.

지 않고 자신감을 축적하며 실천 과정에서 점차적으로 내부의 모순과 의심을 극복하면서 다음 단계의 협상담판을 위한 기초를 마련하여야 한다. 예컨대 ECFA 담판과정에서도 이러한 문제에 봉착하였으나 내부적인 소통으로 해결되었다.

양안 공권력기관의 협상담판은 정치와 사무결정권자 차원의 상담이지만 현대정치가 점차적으로 사회화되어 대만 민간사회의 컨센서스가 공권력기관에 주는 영향이 두드러지고 있다. 양안 공권력기관은 반드시 신중하고 이성적으로 자신의 이익을 가늠하고 "이익충돌의 존재가 전반적인 일치의 달성을 배척하지 않고 토론으로 하여금 일치를 이룰 수 있는 데까지 합당한 타협을 이루게 하여야 한다."[1] 양안 공권력기관의 협상담판모식에 있어서 대륙은 위로부터 아래로, 전반으로부터 부분으로의 협상을 희망하지만 대만은 아래로부터 위로, 점으로부터 선으로서의 협상모식을 희망한다. 따라서 양안의 협상담판은 양측의 모식을 종합하여 우선 구조적인 담판을 진행하고 그 기초에서 제도설계를 진일보 보완하여야 한다. 협상담판은 이성적으로 소통하는 일종의 교류방식으로서 참여자 사이에 상호승인의 관계를 정립하고 상대방의 시각을 수용하며 상호 이해·포용하고 타인의 시선으로 자신을 심사하리라는 것에 대해 알 것을 요구하며 신념에 기초한 컨센서스를 이루는 것이다. 최근에 이르러 양안과 네 지역은 사법관할, 범죄에 대한 공동타격 등 관련 문제에서 긴밀히 협력하였고 초보적으로 이성소통의 효과를 검증하였다.

양안 공권력기관 컨센서스의 매체는 양안협의이고 기존의 실행시스템은 일종의 상담시스템이다. 응당 양안 공권력기관 컨센서스에 대한 협력 실행의 제도화를 점차적으로 실현하여야 한다. 구체적으로 말하면 첫째는 법치화, 즉 규범화 통로이다. 둘째는 상담에 참여하는 시스템을 확대하고 협의의 정당성을 제고하는 것이다. 양안의 법치화 건설은 반드시 양안협의에 기초하여야 한다. 일단 관련 협의를 제정하기만 하면 각자 법률시스템의 일부분이 되어야 하고 양안은 협의의 실행에 대하여 성실신용의 원칙에 따라 양안 공권력기관으로 하여금 약속을 지킬 것을 요구하여야 한다. 그 구속력은 합의 자체에 기초한 구속력이고 또한 일종의 법규범적 구속력과 실질적 영향력으로 법률의 구속력과는 다르다. 협의실행 측면에서 자아집행협의와 비자아집행협의로 나

---

1 [美]詹姆斯·M.布坎南、戈登·塔洛克, 同意的計算－立憲民主的邏輯基礎, 中國社會科學出版社, 2000, 279쪽.

누어 후자는 각자의 법률체계로 전환된 후 적용할 수 있다. 입법실행 외 양안
은 사법과 법집행 과정에서도 협의에 근거하여 법률적용을 선택하여 법률을
보완할 수 있다. 양안 간의 컨센서스가 절실히 실행되어야만 후속적인 교류과
정에서 형성된 컨센서스의 실행에 기대가 형성될 수 있다.

현대사회에서 양안 공권력기관의 교류는 구조적 변혁에 직면하고 있다.
국내외 환경의 변화발전은 양안교류에 새로운 요구를 제기하였고 양안 컨센
서스의 실행은 형식상의 합법성, 합리성, 민주성의 경로를 준수하여야 하며
인정에 의한 준수의 실행논리를 형성하여야 한다. 양안 컨센서스의 실행과정
에서 공민의 참여를 강화하고 공권력기관의 목적적 이성을 추구하며 법치를
중심으로, 협력을 방식으로 하는 다층차, 다구조, 다요소의 목표실현적 종합실
행체계를 구축하여야 한다. 양안 컨센서스의 실행과정에서도 여전히 상담을
진행하여야 한다. 이는 컨센서스 형성단계에 있어서의 건설적인 상담과는 달
리 주로 운용적인 상담이어야 한다.

제4절 양안 공권력기관 교류시스템하의
양안 정치적 협력의 전망

양안교류의 심화와 함께 정치성 문제는 양안 공권력기관 교류과정에서
피할 수 없는 문제가 되었고 양회의 층차로부터 양안의 층차에로, 사무성 의
제로부터 정치성 의제로의 발전은 피할 수 없는 추세가 되었다. 총체적으로
양안 공권력기관의 정치적 협력은 "양안 간"의 정치적 협력과 "양안 외"의 정
치적 협력 등 두 층차로 나눌 수 있다. 예컨대 남해와 댜오위다오 문제에서 양
안은 응당 협력을 강화하여야 한다. 만약 양안 공권력기관의 교류시스템이 존
재하지 않는다면 양안의 "대교류시스템"은 완전하지 못하게 될 수밖에 없으며
제도적 궤도에 들어설 수 없다. 따라서 양안 공권력기관의 정치적 협력이 없
으면 양안의 교류는 기필코 지속적일 수 없고, 전면적일 수 없으며 심화될 수
도 없어 최종적으로 양안관계의 진일보한 발전에 영향을 주게 된다. 정치는
대중의 일로서 갈등은 필연적이고 타협은 정치의 핵심이다. 양안 공권력기관
의 정치적 협력은 다양한 채널을 통해 진행되고 동시진행형이며 다층차이고

그물형으로서 양안의 양성 교류에 더욱 강력한 활력을 주입할 수 있고 더욱 넓은 길을 개척할 수 있으며 그 직접적인 목적은 양안관계 평화발전 과정에서 언급되는 정치방면의 갈등을 해결하는 것이고 최종목적은 조국의 통일을 실현하는 것이다.[1]

1. 양안 공권력기관 정치적 협력의 중대한 의의

양안 공권력기관의 교류는 제도화건설에 근거하여야 하고, 제도화건설은 불가피하게 양안의 정치관계와 언급되며, 양안의 정치적 의제에서의 협력은 난도가 높다. 양안 공권력기관의 교류는 사무성 문제일 뿐만 아니라 정치적 문제이기도 하다. 예컨대 양안의 군사상의 상호신임은 정치와 군사방면의 이중성을 모두 띠고 있다. 양안 간의 많은 의제는 모두 정치적 문제와 연관되기 때문에 반드시 양안 간의 정치관계에 대하여 합리한 자리매김을 하여야 한다. 이는 현재와 미래의 국세에 영향을 주는 중대한 문제이다. 만약 양안의 교류에 공권력기관 간의 교류가 포함되지 않으면 완전하지 못하고 전면적이지 못하다. 동시에 양안 공권력기관 간의 교류에 정치영역의 교류가 없으면 양안 기타 층차 교류의 실제적인 효과를 약화하고 양안교류의 제도화, 규범화와 법제화건설에 영향을 주게 된다.

첫째, 양안 정치적 협력은 양안교류를 한층 더 심화할 수 있다. 양안문제는 근본적으로 정치문제이고 정치문제는 양안충돌의 근원이며 또한 양안관계 발전의 근본적인 장애이다. 만약 양안 공권력기관의 정치적 협력이 줄곧 시작되지 않으면 양안 간의 교류에는 일정한 한계가 존재하게 된다. 양안교류의 초기 정치적 의제를 제쳐둔 것은 양안의 사무성 영역의 전면적인 교류를 추진하는데 도움이 되었다. 그러나 양안사무가 경제, 문화와 사회 등 방면으로부터 점차적으로 정치와 군사 등 방면의 교류로 발전됨과 함께 양안의 물자, 자금과 인재 등 방면의 교류도 빈번해졌고 양안교류의 규모, 범위와 방식에도 심각한 변화를 가져왔다. 양안교류시스템은 전방위적 특징을 띠고 있고, 정치의제에 관한 진전의 더딤으로 인하여 양안은 직접적인 정치의제 소통경로를

1 林勁, "關於構建兩岸關係和平發展框架的若干思考", 海峽兩岸持續合作的動力和機制－全國臺灣研究會2011年學術研討會論文選編(周志懷), 九州出版社, 2012, 11쪽.

수립하지 못하였으며 정치적 협력은 여전히 명확하지 않고 불안정한 상태에 놓여있다. 양안의 교류는 양안의 정치가 분리된 상황에서 이뤄진 것으로 경제, 문화와 사회 등 영역의 교류와 협력의 범위, 심도는 정치적 갈등의 영향을 많이 받고 있으며 일부는 어려운 상황에 처해 있다. 현대사회에서 정치권력과 경제권력은 구별하기 어려워졌고 정치방면의 오해와 불신임은 양안 공권력기관의 경제, 문화, 사회와 군사 등 영역에서의 교류를 저해하는 가장 큰 문제가 되었다.[1] 예컨대 양안 서비스협의는 대만 내부에서 장해가 발생했는데 이는 경제교류에 있어서의 정치적 문제의 중요성을 보여주었다. 일단 양안 정치적 협력의 제도적 틀을 건립하기만 하면 양안 공권력기관은 직접 소통 플랫폼을 건립하여 교류를 통해 갈등을 해소하고 더욱 많은 상호신임과 선의를 축적하여 경제협력을 강화하고 사회문화교류를 강화하며 군사적 상호 신임을 구축함으로써 양안교류를 새로운 단계로 추진할 수 있다. 정치적 측면의 컨센서스를 형성하고 정치적 방면의 협력을 진행하여야만 국가통일을 아직 이루지 못한 상황에서 양안은 정치관계에 대하여 합리적으로 자리매김할 수 있다. 설사 이 과정이 험난하고 긴 시간이 필요하다 하더라도 이러한 정치교류만이 양안관계를 더욱 안정적이며 장구하게 발전할 수 있게 한다. 다시 말하면 정치협력과 상호신임은 양안 공권력기관 교류의 기초이며 지지대라고 할 수 있다.

둘째, 양안의 정치적 협력은 대만지역 정치환경의 최적화에 도움이 된다. 대만지역은 민주적 변혁을 완성하였지만 이는 불완정하여 대만사회로 하여금 여전히 분열 상태에 놓여있게 한다. "남록(藍綠)갈등", "종족(族群)갈등", "성적(省籍)갈등"과 "통독(統獨)갈등"은 대만사회를 분열하고 있으며 양안의제는 대만 내부에서 피할 수 없는 화제가 되었다. 장기간 대만민중은 "남"과 "록"만 따지고 옳고 그름을 묻지 않아 "대만당국"으로 하여금 정책실행에 있어서 어려운 상황에 빠지게 하였고 양안의제는 늘 일부 정치세력에 의하여 매도되고 부호화되었으며 대만 내부의 정치환경은 부단히 악화되었다. 그러나 최근에 이르러 양안의제가 대만사회에서 점차적으로 이성적·실용적으로 발전함과 함께 양안의제는 대만정치의 풍향계로 변모했다. 2012년 대선은 이미 후선인의 양안문제에 관한 태도의 중요성을 표명하였다. 비록 "대만독립" 세력은 여전히 양안 공권력기관의 교류에 장벽을 쌓고 양안의 정치영역에서의 협력을 저

---

1 周葉中、祝捷, 兩岸關係的法學思考, 香港社會科學出版社有限公司, 2010, 104쪽.

해하고 있지만 민진당의 일부 인사들은 대륙과의 정치교류를 이미 시작하였다. 이외에 대만은 국제정치에서도 대륙의 지지가 필요하다. 양안의 정치적 협력을 통하여야만 대만이 국제공간에 대하여 합리적인 배치를 할 수 있다. 때문에 양안 공권력기관의 정치적 교류는 대만지역 내부의 정치환경을 최적화할 수 있을 뿐만 아니라 대만의 국제사회에서의 정치환경도 최적화할 수 있다. 대만지역 지도자를 담당하고 있던 시절 마잉주(馬英九)는 2013년 6월의 인터뷰에서 넓은 의미에서의 양안의 정치협상은 이미 시작되었다고 하였다. 예컨대 해협양안관계협회와 해협교류기금회가 당시 상담하고 있던 상호간 사무소의 설치가 곧 일종의 정치협상으로서 거기에는 면회권, 국기, 국호 등 많은 정치적 내용이 언급되었다.[1] 국제공간문제에 관하여도 대만은 일방적으로 소구를 제기하지 않고 대륙도 끊임없이 조건을 창조해 주고 있다. 예컨대 최근에 대만이 국제민간항공기구에 요청된 것과 대륙사무위원회 주임 왕위치(王鬱琦)가 APEC 회의에 참가한 것이 증명이다.

셋째, 양안의 정치적 협력은 평화발전으로부터 양안의 평화통일을 실현하는 관건적 절차이다. 양안관계의 현황은 20세기 세계혁명의 영향을 받았을 뿐만 아니라 부동한 정치 이념과 제도 간의 갈등의 영향도 받았지만 중화민족의 위대한 부흥과 조국통일을 완성하는 것은 양안 평화발전의 최종목표이다.[2] 평화통일은 양안동포의 공동한 기대이고 양안교류의 최종목적은 국가의 평화통일을 실현하는 것이다. 양안의 경제, 사회와 문화방면에서의 교류는 양안의 통합에 유리하고 양안의 정치적 협력을 위하여 조건을 마련한다. 그러나 양안문제는 결국 정치문제로서 쉽게 국내외 정치 환경의 영향을 받는다. 리덩후이(李登輝)는 집권 이후 한동안 대륙으로 하여금 대만을 대등한 정치실체로 승인하고 대만에 대해 무력을 포기하며 대만의 국제공간을 "억압"(打壓)하는 것을 정지할 것을 요구하면서 이러한 전제하에서 양안의 정치협상을 진행할 것을 주장하였다. 1995년에 대륙은 "하나의 중국"을 전제로 양안의 적대상태를 종결하고 협상을 전개할 것을 표시하였고, 1996년에 리덩후이는 아무런 부가조건 없이 대륙으로 "평화의 여행"을 진행할 것을 표시하였다. 1998년

---

1 "馬英九: 廣義來說, 兩岸政治協商早已展開", 자료출처: http://www.zhgpl.com/doc/1025/6/7/3/1025 67361.html?coluid=3&kindid=12&docid=102567361&mdate=0605092614, 최후방문날짜: 2017, 4, 1.
2 彭付芝, 臺灣政治經濟與兩岸關係, 北京航空航天大學出版社, 2013, 399쪽.

에 이르러 왕구(汪辜)는 상하이에서 회담을 가짐으로써 정치 대화의 서막을 열어놓았다. 양안은 이 기회를 통해 의견충돌을 해소하고 상호신임을 배양하며 정치담판을 진행할 수 있었으나 리덩후이가 제기한 "양국론"(兩國論) 때문에 중단되었고 양안관계는 점차 다시 멀어졌다. 2015년 11월, 양안 지도자는 싱가포르에서 60여 년 만에 처음으로 직접 만났고 양안의 정치적 협력의 진행을 위하여 전형적인 선례를 제공하였다. 정치적 협력을 통하여 "양안 내", "양안 간" 및 양안이 국제사회에서 정치적 문제에 대하여 상담을 진행하여야만 협력과정 중에서 정치적 갈등을 해결할 수 있다. 정치적 협력은 양안 정치현실의 수요를 반영하였을 뿐만 아니라 정치적 협력을 통하여 양안의 정치관계의 발전을 인도하고 최종적으로 조국의 평화통일을 실현할 수 있다. 양안 간의 정치적 협력은 아세아 태평양의 평화, 나아가 전 세계의 평화를 위한 중대한 공헌이고 기타 지역적 충돌의 해결에 시사하는 바가 있다.

2. 양안 공권력기관 정치적 협력의 기회와 난관

현재 양안관계 평화발전이 심화되는 배경에서 양안 공권력기관 간의 정치적 협력은 많은 기회를 갖고 있다. 이러한 기회는 다음과 같은 여러 방면에서 표현된다.

첫째, 양안경제의 상호 의뢰성의 심화와 양안의 공동이익의 강화는 양측이 정치협력을 하는 데 경제적 기초를 제공하였다. 정치와 경제는 밀접한 연관성이 있다. 양안의 경제무역교류는 경제로 정치를 추진할 수 있고 양안민중의 이해를 증진하며 "대만독립" 세력의 정치적 영향력을 약화시키고 개별적이고 우발적인 사건이 양안관계에 주는 충격을 감소할 수 있으며 정치적 난제를 풀고 양안의 정치적 협력을 추진하는 데 도움이 된다.[1] 대만은 외향적 경제로서 반드시 자유로운 경제체로서의 상태를 유지해야만 경제를 진흥시킬 수 있고 대륙은 대만이 경제적 곤경에서 벗어날 수 있는 선택 중의 하나이다. 대만은 대륙과 정치적 문제에서 협상을 보아야만 동아경제권과 세계경제일체화의 진로에 한층 더 융합될 수 있고 그러하지 아니하면 대만경제는 비주류로 밀릴 수 있다.

---

1 彭付芝, 臺灣政治經濟與兩岸關係, 北京航空航天大學出版社, 2013, 410쪽.

둘째, 대륙의 국력이 부단히 제고되고 국제지위가 나날이 제고됨과 함께 양안의 일부 영역에서의 정치협력은 국제사회의 긍정과 환영을 받고 있다. 이는 양안의 정치적 협력의 외부적 환경이다. 2008년 이래 대륙의 성의와 노력 및 대만당국의 대외정책조절을 통하여 양안은 상호의 국교관계에 대해 더는 방해하지 않았다. 대만의 "위생소장"은 정식 직함으로 세계보건총회에 참여할 수 있었고 "중화민국"의 전 "부통령", "행정원장"은 여러 차례 APEC 비공식 지도자회의에 참석하였으며 대만은 국제민간항공기구 제38기 회의에 요청되었다.

셋째, 양안 공권력기관은 교류주체, 내용과 형식상에서 점차적으로 다원화하였고 이는 양측의 정치적 협력을 위하여 교류의 기초를 닦아놓았다. 2008년 대만지역 지도가 바뀐 이래 대륙의 지도자는 각종 행사에서 대만 각계 인사들을 20여 차례 회견하였고, 성부(省部)급 이상 지도간부들 30여 명이 대만을 방문교류하였으며 새로 구성된 중공중앙정치국 위원 중에도 여러 사람이 대만방문 경험을 갖고 있다. 롄잔(連戰), 우보슝(吳伯雄), 샤오완창(蕭萬長) 등 국민당 고층인사도 여러 차례 대륙으로 방문하여 국공양당 간의 교류를 밀접히 하였고 민진당 셰창팅(謝長廷), 천쥐(陳菊) 등도 선후 대륙을 방문하여 교류활동을 하였다. 대만 각지의 지방 지도자들도 빈번히 대륙을 방문하였고 대륙 각 성시의 지도자들도 선후로 대만을 방문하여 대만 각계 인사들과 교류를 진행하였다. 이러한 양안 공권력기관의 다층차 교류는 양안 공권력기관이 정치적 협력을 진행하는 데 기회를 제공하였다.

넷째, 양안 공권력기관의 교류에 대한 양안민중의 광범위한 지지는 양측이 정치적 협력을 하는 데 민의적 기초를 제공하였다. 양안의 정치관계는 경제 관계와 사회문화관계의 긴밀한 결합에 의해 변화될 수 있다. "양안 간"의 전면적이고 다차원적이며 체계적인 교류 구조의 형성은 경제, 사회와 문화의 융합을 통하여 양안 인민의 공생관계를 강화하였고 대만 인민의 정치 관념과 정치인정상의 변화를 추진하였다. 이는 양안의 평화발전과 정치협력에 매우 안정적인 조건을 마련해 주었다. 대만 경쟁력포럼 2013년 5월 9일의 민의조사 결과, 57.5%의 민중은 자기가 중국인임을 인정하고 있고, 89.3%는 자기가 중화민족에 속하고 있음을 인정하고 있으며, 45%가 양안의 평화협의의 체결을 지지하고 있다. 대만은 선거정치로서 민의가 남록갈등을 혐오하고 대륙과의 교류가 대만인민의 컨센서스가 될 경우 대만의 공권력기관도 필연적으로 대륙과의 교류를 선택할 것이고 정치적 측면의 교류는 더욱 그러하다.

다섯째, 대륙과 대만의 근본법은 각기 각자 법률체계의 최고지위에 놓여 있고 대륙과 대만의 양안정책의 근본적 근거가 된다. 양안의 근본법이 모두 "하나의 중국"이라는 이 "우연한 일치"(暗合)는 양안 공권력기관 교류의 헌법 제도적 기초가 된다. 양안 각자 근본법의 기본내용을 고찰하여 보면 양측의 "하나의 중국"에 대한 규정은 "우연한 일치"를 이루고 있다. 즉, 양안 양측이 제정한 근본법은 사전 협상이 없는 상황에서 "하나의 중국" 문제에 대해 모종의 일치를 이루었다. 구체적으로 이러한 "우연한 일치"는 이하와 같은 면에서 나타난다. (1) 양안의 근본법에서 확정한 양안주권의 통일과 국가주권의 범주는 기본적으로 일치하고 이로써 "하나의 중국"의 틀을 수호하기 위한 주권적 함의를 위하여 헌법 제도적 기초를 마련하였다. (2) 양안 각자 근본법은 모두 "국가통일을 추구"하는 것을 양안관계를 처리하는 최고의 준칙으로 삼고 있다. 이는 양안의 평화통일을 최고목표로 하기 위한 헌법 제도적 근거를 제공하였다. (3) 양안 각자 근본법은 상대방에 관한 사무 처리를 위하여 미리 특수한 제도적 공간을 배치하여 놓았고 이는 통일 전과 통일 후의 양안사무 처리를 위하여 제도적 기초를 제공하였다. 이로부터 알 수 있다시피 양안 공권력기관의 교류는 양측 근본법의 규정에 기초하였고 충분한 헌법 제도적 기초를 갖고 있다.

그러나 기회와 도전은 병존하는 법으로 양안 공권력기관의 정치적 협력에는 여전히 여러 가지 현실적인 장애요소가 존재하고 있다. 현재 양안의 정치적 갈등은 양안 공권력기관이 정치영역에서의 협력의 주요한 장애가 되고 양안 간의 제도적 차이, 가치의 다원화와 이익분할은 정치적 협력으로 하여금 많은 난관에 봉착하게 한다. 구체적으로 말하면 현재 양안 공권력기관의 정치적 협력에 있어서의 곤경은 다음과 같은 방면에서 나타난다.

첫째, 대만민중의 정치의제에 대한 입장 갈등이 심각하다. 대만민중은 양안관계의 발전에 아직도 의심을 갖고 우려하고 있으며 대만주체성 의식은 이미 대만사회에 깊게 뿌리를 내렸고 "하나의 중국"에 대한 대만민중의 인정도 점차적으로 약화되고 있다. 대만은 선거정치인만큼 대만의 변화하는 민의는 양안 공권력기관의 정치적 정책결정에 한층 더 영향을 주게 된다.

둘째, 양안 공권력기관은 정치의제에 대한 입장 때문에 심한 갈등을 빚고 있다. 특히 대만 공권력기관은 일부 영역에서 아직도 냉전사유와 대항적인 사유로 대륙에 대해 적의와 의심을 갖고 있고 양안문제에 있어서 양안의 평화안정의 현황에 만족하고 있으며 경제와 사회방면의 교류만 지지할 뿐 문화와 정치영역에서는 주춤거리고 있고 평화협의와 군사안전 상호신임시스템 등 정치성 문제에 대하여는 가능한 한 지연하고 있다.

셋째, 대만섬 내의 각 정치세력의 정치의제에 대한 입장 갈등이 심각하다. 정치과정은 일정한 자주성을 띠고 있다. 정치발전은 때로는 각종 정치집단의 충돌, 경쟁과 타협의 결과로서 정치결단과 타협이 매우 중요하고 정치인의 주관적 염원과 노력도 매우 중요하다.[1] 대만 정치는 정당정치이고 대만의 2대 정당인 국민당과 민진당은 모두 "통일"에 대한 명확한 정치적 주장이 없다. 국민당은 "통일도 독립도 주장하지 않고" 점차적인 본토화와 대만화를 주장하며, 민진당은 여전히 대만독립을 견지하고 많은 행사에서 중국에 관한 것이면 모두 반대한다.

3. 양안 정치적 협력의 의제선택 책략

양안 정치적 협력의 의제란 양안의 평화발전과 국가통일을 실현하기 위하여 협상과 담판 등 방식을 통하여 해결하여야 할 일련의 문제들의 총칭이다. 양안 정치적 협력의 의제는 양안 공권력기관의 정치적 협력의 전제와 방향으로서 네 가지 특징이 있다. 첫째는 의제선택의 다양성과 불명확성이다. 둘째는 의제확정에 있어서의 주관성과 객관성 병존이다. 셋째는 의제 간에 존재하는 관련성, 층차성, 변천성이다. 넷째는 의제의 복합성과 교차성이다. 정치적 협력의 의제는 양안 정권 내의 핵심적인 권위부서에서 인정하고 공식적으로 시작한 제도적인 의사일정을 가리키고, 양안의 관련 주체가 보편적으로 인정하는 주목할 가치가 있는 정부권한범위 내의 모든 문제를 말하는 것은 아니다. 구체적으로 말하면 양안의 정치적 협력의 가장 큰 문제는 다음과 같은 몇 가지 방면을 포함한다.

첫째는 "하나의 중국"의 틀 문제이다. 양안이 진행하는 정치적 협력은 한

---

1 林紅, "'漸進'及'有選擇的激進': 兩岸關係和平發展的路徑選擇", 臺灣研究集刊, 2013, 제4기.

국가 내의 부분 간의 협의로서 국가와 국가 간의 협의인 것은 아니기 때문에 반드시 "하나의 중국"의 틀 안에서 진행되어야 한다. "하나의 중국"은 대륙이 대만사업에 대한 최소한의 한계로서 양안의 정치적 상호신뢰의 기본점이고 양안 정치적 협력의 최대 공약수이며 또한 양안 각자 규정이 명확히 확정한 최저한계이기도 하다. "하나의 중국"은 최소한의 정치적 상호신뢰이고 이 기초에서만 상호 상대방을 승인하면서 자신의 합법성을 잃지 않는다. 양안은 각자의 관리권 범위에서 "하나의 중국"의 주권이 분열되지 않고 영토의 완정함을 확인하며, "92합의"를 승인하는 기초에서 관련 법률을 제정하여 "하나의 중국"의 틀을 확인하고, 또한 양안이 직접 담판을 하여 "하나의 중국"에 관한 구조적 협의를 체결할 수도 있다. 양안의 "헌법"은 모두 양안은 "하나의 중국"이라고 인정하고 있다. 대륙은 현실을 직시하고 대만에 대한 정책을 더욱 실용적·진취적으로 제정하여야 하며 양안 "헌법"이 주권영토상에서 중첩되는 사실을 직시·존중하고 양안 "헌법"의 틀 안에서 "하나의 중국"의 틀을 확인하여 양안이 "하나의 중국" 문제에서의 법통에 관한 쟁의를 해소하여야 한다.

　둘째, 정치적 협력은 절차적 문제이다. 양안 공권력기관의 정치적 협력의 경로는 의제화와 단계화이다. 전자는 주로 양안 공권력기관의 정치적 교류를 하나의 의제로 삼아 양안이 담판을 통하여 협상·해결하는 것을 가리킨다. 후자는 정치적 협력의 전반 국면과 전 과정에 대하여 합리적으로 설계하고 문제의 성질과 영역에 근거하여 그들의 실행순서를 확정하며 각기 부동한 단계에서 점차적으로 협력이 필요한 의제에 대하여 각 방면의 자원을 집중하여 해당 의제에 관한 협력을 실현함으로써(구조성과 심층적 모순에 대한 해결이 더욱 그러하다) 양안 공권력기관의 전반적 정치적 협력의 양성 발전을 진일보 추진하는 것이다. 양안 공권력기관의 정치적 협력 과정 중 "의제화"와 "단계화"는 기본수단이다. 정치적 협력 의제의 설정은 응당 현실과 미래에 관한 문제를 포함하여야 하고 양안의 각 방면에 대한 치중점은 서로 다르다.[1] 양안은 정치적 협력 의제의 선택에 있어서 응당 쉬운 것으로부터 어려운 것으로, 낮은 수준으로부터 높은 수준으로, 중요하지 않은 것부터 중요한 것으로, 급하지 않은 것부터 급한 것으로, 늦은 절차로부터 급한 절차로의 원칙을 준수하여야 하고 우선 낮은 수준의 정치문제에 대하여 협의를 달성한 후 점차적으로 높은 수준

---

1 [以色列]葉海爾·德羅爾, 逆境中的政策制定, 上海遠東出版社, 2009, 110쪽.

의 정치문제로 발전하여야 하며 조건이 성숙되는 순서에 따라 하나씩 체결하면서 점진적으로 나아가야 한다.

셋째는 평화협의의 체결문제이다. 양안의 평화협의 문제는 역치가 매우 높은 정치적 문제로서 평화협의는 양안 평화발전의 산물이고 양안의 평화발전을 규범화하는 계약이며 적대상태를 종결하는 것을 주요 내용으로 하고 양안관계의 평화발전을 추진한다.[1] 대륙이 평화협의를 체결하는 목적은 조국의 평화통일을 수호하는 것이지만 대만이 평화협의를 체결하는 목적은 대만의 "주체성"과 대만해협의 안전을 보장하는 데 있다. 비록 양안의 대교류와 대협력의 추세는 막을 수 없는 것이지만 만약 양안 간에 공식적인 정치적 협력이 없다면 양안관계는 늘 불안정상태에 놓이게 된다. 물론 이러한 협력은 반드시 "하나의 중국"의 틀 안에서 진행되어야 하고 반드시 양안 인민의 이익과 중화민족의 전반이익을 귀착점으로 하여야 한다. 양안교류는 모두 공통점을 찾고 차이점을 보류할 것을 강조하지만 "공통점"으로 "차이점"을 해소할 수는 없다. 양안은 이미 반드시 차이점에 직면하여야 할 단계에 이르렀다. 설명하여야 할 점은 양안의 평화협의는 양안 양측 합의의 산물로서 국가가 통일되지 아니한 특수상태에서의 정치적 배치이고 양안 평화발전의 구조적 협의이며 또한 양안관계 평화발전의 제도화이다.[2]

넷째는 양안 정치관계의 정립문제이다. 양안의 정치관계 정립문제는 정치적 협력에 있어서의 관건이다. 정치적 협력 초기에는 양안의 정치관계 정립에 대해 "모호화"하여 처리하는 것이 필요하였지만 양안의 실질적 정치협력은 반드시 양안 정치관계 정립에 대한 "명확성"을 요구한다. 이렇게 하여야만 구체적 문제를 토론할 명분이 있는 것이다. 학계에서 양안의 정치관계 정립에 관한 관점은 주로 "일중각표(하나의 중국이라는 전제하에 각기 중국을 대표 – 역자), 상호 부인하지 않기"(一中各表, 互不否認), "하나의 중국, 양안 통합"(整個中國, 兩岸統合), "일중이헌, 대등실체"(一中兩憲, 對等實體), "하나의 중국의 틀, 상호 묵인"(一中框架, 相互默認), "일중공표(하나의 중국이라는 전제하에 함께 중국을 대표 – 역자), 상호승인"(一中共表, 互相承認), "일중삼헌"(一中三憲), "구형이론"(球體理論), "일국양제"(一國兩制), "일국이정부"(一國兩府), "협력주권"(合作主權)과 "다체제국가"(多體制

---

1 陳孔立, 走向和平發展的兩岸關係, 九州出版社, 2010, 120쪽.
2 張文生, "兩岸和平協議的性質芻議", 臺灣研究集刊, 2013, 제2기.

國家) 등이 있다.[1] 정치관계 정립의 불명확성은 양안으로 하여금 통일된 의견을 달성할 수 없게 하고 모순, 충돌과 분열의 대립적 언어환경에 처하게 한다. 대륙은 통일을 목표로 하여 모든 정치관계 정립은 조국통일이라는 큰 목표에 복종할 것을 요구하고, 대만은 현실주의로서 양안의 대등한 지위와 사실적인 승인을 요구함으로써 정권의 안전을 수호하려고 한다.[2] 총체적으로 양안의 정치관계 정립은 응당 "하나의 중국"의 원칙에 부합되어야 하고, 양안에 대한 평등한 정치실체의 승인은 양안 정치관계 정립의 전제가 된다. 이러한 전제하에서 "일중일대"(一中一臺)만 조성하지 아니하면 어떠한 관계정립이든 모두 논의할 수 있고 양측이 모두 받아들일 수 있는 방안 혹은 합의를 이루려면 양안이 상호이해하고 부단히 감정을 쌓으며 기회를 찾아 교착된 국면을 타파하여야 한다.

비록 양안의 정치적 협력은 많은 제한에 봉착하고 있지만 정확하게 책략을 선택하여 "하나의 중국"의 틀에서 평화발전을 주축으로 하고 국가통일을 목적으로 하며 점차적으로 갈등을 해소해 나간다면 정치적 협력을 실현할 수 없는 것은 아니다. 양안 공권력기관은 각 층차의 교류를 통하여 필연적으로 정치의 운영에 영향을 주게 된다. 현재 양안은 응당 쉬운 것으로부터 어려운 것으로, 점진적으로 실제 정황에 맞게 돌파할 수 있는 의제를 선택하여 양안관계 발전의 수준과 대만 내부의 현실 정황에 따라 해결할 수 있는 문제들은 해결하고 제도상의 배치와 설계를 진행하여야 한다. 해결할 수 없는 일부 문제들은 급히 서두르지 말고 광범위한 토론을 진행하여 해결방법을 모색하면서 문제해결의 조건을 창조하여야 한다. 물론 양안의 정치적 협력 의제에 관한 선택에 있어서 역사적인 측면으로 더욱 깊게 들어갈 수 있다. 특히 1949년이래 정치적 변화와 국제정치의 정세를 고려하고 상대방의 입장에서 문제를 사고하면서 객관사실에 부합되는 기초에서 각자의 주장을 제기하여 공통점을 찾고 차이점을 보류하면서 양안 간의 연결점, 일치하는 점을 찾아야 한다.

양안 공권력기관의 정치적 협력의 의제선택 과정에서 정치적 의제는 여러 방면의 영향을 받는다. 양안의 정치적 기후, 특히 대만의 정치 분위기는 의

---

1 陳孔立, 走向和平發展的兩岸關係, 九州出版社, 2010, 111쪽.
2 張晉山, "兩岸政治定位話語譜系下的'一國兩區'考辯", 臺灣研究集刊, 2013, 제3기.

제의 선후순서를 결정하는 요소가 되고, 의제의 실행가능성과 필요성은 의제 선택의 핵심문제가 되며 양안의 공권력기관은 관건적인 요소가 된다. 때문에 반드시 "양안 내"와 "양안 외"의 부동한 주체 간의 소통, 조절과 타협을 중시하고 각 주체 이익의 최대화를 실현하여야 한다. 구체적으로 말하면 이는 다음과 같은 몇 가지 방면을 포함한다. 첫째는 민의요소이다. 대만은 선거정치로서 각 당파는 집권을 위하여 민중의 취향에 따라야 한다. 따라서 민중은 지도자 선거를 통하여 양안관계에 영향을 줄 수 있을 뿐만 아니라 또한 양안문제의 정책결정에도 광범위하게 참여하여 영향을 줄 수 있다. 때문에 양안민중의 인정과 상호신임은 양안 공권력기관의 정치적 협력의 기초가 된다. 양안민중은 비록 정치적 인정에 있어서는 다소 견해의 차이가 있지만 민족성과 문화에 대하여는 여전히 인정하고 있고, 양안 공권력기관이 상호신임을 증진하는 것은 양안민중의 보편적인 인정을 받고 있다. 둘째는 정당적 요소이다. 대만의 정당, 특히 국민당과 민진당은 엄밀한 조직구조와 통일적인 의식형태를 갖고 있고 양안관계 발전과정에서 가장 영향력 있는 단체이다. 정당의 양안관계에 대한 영향은 집권방면에서뿐만 아니라 민의의 방향을 유도하는 데 있고 대만의 "인종집단갈등"(族羣矛盾)과 민주화 개혁은 모두 정당과 밀접한 연관이 있다. 때문에 임기만료에 의한 선거에서의 정당교체는 양안의 정치적 협력에 비교적 큰 영향을 주고 있다. 셋째는 국제적 요소이다. 대만문제는 국제정치 속에 깊게 뿌리박혀 있다. 특히 미국과 일본의 영향이 더욱 크다. 따라서 국제정치도 양안관계에 대하여 결정적인 작용을 하고 있다. 넷째는 사건요소이다. 양안정치는 부동한 시기의 사건의 영향을 받고 있고 이는 어느 정도에서 양안정치의 관심사에 영향을 준다. 다섯째는 대륙의 요소이다. 한편으로 대륙의 국력상승, 경제의 성장과 정치사회의 안정은 대만에 대한 자석 흡인효과를 증가하고 대만의 대륙에 대한 무역의존을 확대한다. 이는 양안의 정치적 협력을 추진하는 기초가 된다. 다른 한편으로 대륙의 대만에 대한 정책은 점차적으로 원칙성과 융통성의 통일을 견지하고 "하나의 중국"과 "대만인민에 대한 희망기탁"을 견지하는 원칙에 따라 섬 내 정치 형세의 변화에 따라 부단히 조정하고 있다. 여섯째는 공권력기관의 요소이다. 대륙의 정부는 비교적 권위적이고, 정치적 협력 의제의 선택에 있어서 결정권이 있으며 군중을 설득하여 이해를 얻기만 하면 된다. 그러나 대만은 여러 차례의 "헌법개정"을 거쳐 대만지역의 "입법원", "행정원"과 "사법원"이 부단히 권력을 확대하였지만 상응한 책임은 명확히 하지 않았다. 서비스무역협의의 분쟁과 같은 많은 문제는 실질상에서 "헌정" 구조의 문제이다.

4. 양안 공권력기관 정치적 협력의 법치화

2008년 이래, 양안은 양측의 정치적 선고를 통하여 "대만독립"을 반대하고 "92합의"를 견지하는 공동의 정치기초를 건립하였고, "건립호신(建立互信), 각치쟁의(擱置爭議), 구동존이(求同存異), 공창쌍영(共創双赢)(상호신임을 수립하고 쟁의를 제쳐두며 공통점을 찾고 차이점을 보류하며 공동이익을 창조는 것-역자)"의 교류 원칙을 준수하였으며 "선이후난(先易後難), 선경후정(先經後政), 순서점진(循序漸進), 파옥절주(把握節奏)(쉬운 것으로부터 어려운 것으로, 경제적 문제로부터 정치적 문제로, 점진적으로, 속도를 조절하는-역자)"의 발전경로를 찾았다. ECFA와 「양안의 공동 범죄단속 및 사법공조에 관한 협의」(兩岸共同打擊犯罪和司法協助協議)와 같은 일정한 정치성이 있는 일부 양안협의 외, 세계위생조직에 참가하는 등 기타 영역의 문제에서도 양안은 묵인하면서 정치적 협력을 진행하였다. 그러나 이러한 협력은 비협상적 형식으로서 안정적이지 못하다. 비록 양안은 공통한 역사, 문화, 민족적 유대를 갖고 있고 공동의, 혹은 상호보충적인 경제이익도 있으며 더욱이는 평화발전에 대한 공동염원을 갖고 있어 양안민간의 정치교류는 이미 시작되었지만 양안 공권력기관의 정치적 협력은 굴곡적이고 변화가 많으며 복잡하고 다원적이며 안정성이 낮고 상황에 따라 돌변할 가능성이 높다. 이러한 과정에서 점차적으로 양안 공권력기관 교류의 제도화를 실현하는 것은 더욱 중요하게 표현된다. 왜냐하면 양안의 정치적 문제를 해결하기 전에는 윤리적 구속에 기초한 신임이 견고하지 못하기 때문에 양안 공권력기관의 신임을 응당 제도적으로 구축하여야 한다. 제도적 신임은 양안이 제도적 규범을 매개체로 한 신임으로서 그 보장시스템은 곧 제도적 권위성이다. 때문에 반드시 양안 공권력기관의 정치적 협력의 법치화를 통하여 양안의 정치적 협력의 예견성과 안정성을 증가시켜야 한다.

현재, 양안의 정치관계는 중앙과 지방정부 간의 관계도 아니고 두 개의 주권국가 간의 관계도 아니며 각자 "일중헌법"의 틀에서 두 개의 정치실체가 분리되어 관리하는 복합관계이다.[1] 양안의 정치적 협력은 양안 각자의 법통과 정치적 전통에서 일정한 근거를 갖고 있다. 예컨대 중화인민공화국헌법과 "중화민국헌법"은 법리적 주권범위 내에서 상당히 일치한 부분이 많다. 그러나 대륙은 "괴뢰법통"(僞法統)을 폐기한 후 줄곧 "중화민국"의 법통을 부정하고 있다. 양안의 정치적 협력은 반드시 각자의 법통을 정시하여야 한다. 왜냐하면 양안 법통에 대한 승인, 연결과 조절문제는 양안 공권력기관의 정치적 협력 법치화의 전제가 되기 때문이다. 양안 공권력기관 정치적 협력의 법치화는 "양안 내" 입법으로부터 실현할 수 있다. 각자는 양안에 연관되는 내부의 입법에 대하여 특별규정을 할 수 있다. 비록 이러한 특별규정은 명확성, 논리성과 절차성을 보장할 수는 없지만 대체적인 입법을 실현할 수 있어 이후의 실천 과정에서 점차적으로 보완할 수 있다. 양안 공권력기관 교류에 관한 법률은 주로 각자의 법률체계, 협력협의, 국제법 등 세 층차를 포함할 수 있다.

　법률은 규칙적인 관리를 위해 복무하는 사업으로서 법치화는 양안관계 발전을 가늠하는 중요한 표준 중의 하나이다. 양안 정치적 협력의 법률화는 양안관계가 한층 더 순조롭게 평화발전할 수 있는 기반이고 양안교류의 안정성과 예측성을 제고할 수 있다. 만약 교류협력을 다그치는 것과 평등협상이 수단이라면 법제화건설을 강화하는 것은 정치적 협력의 기초와 보장을 한층 더 다지는 것이며 법률화한 정치적 협력은 더욱 장기적인 것이다. 양안 공권력기관 정치적 협력의 법률화는 반성적이고 복잡하며 결합성이 높은 특징을 갖고 있다. 양안은 통일된 "법통"이 없기 때문에 양안관계의 법치화는 "합법률성으로 합법성을 지지"할 수 없고 반드시 "합의성으로 합법성을 지지"할 수밖에 없다. 양안계약은 협력을 통하여 양안사항에 대하여 시스템에 근거하여 총괄적으로 배치하는데 이는 기능성으로부터 조직성으로의 과정이고 사무성 계약화로부터 정치계약화의 과정이며 또한 정치, 사회, 문화와 정치 등 영역의 전반적인 계약화의 과정이다. 양안계약은 양안관리 과정에서 형성되고 견지하여온, 서로를 구속하는 법치시스템으로 이는 양안의 공동성 규범으로서 양측에 대하여 모두 구속력을 갖고 있으며 또한 양안 신임을 구축하는 과정이기도 하다.

---

[1] 林岡, 臺灣轉型與兩岸關係的演變, 九州出版社, 2010, 276쪽.

양안의 정치적 협력은 양안관리의 중요한 일환이다. 양안관리는 양안이 공존, 협력으로부터 공동체로 발전하는 과정으로서 어느 측도 폭력의 합법성을 독점할 수 없고 양측의 상호인정에 기초하여야만 한다. 양안 정치적 협력의 법률화는 실천 과정에서 규범과 사실이 일치하지 않는 현상이 존재할 수 있다. 실천적 법률관을 지도로 하는 것은 실천의 지혜이고 설득력이 있는 의견이며 관계의 주체로서 주체간성을 갖고 있으며 양안교류과정 중에서 사실을 일반화하고 법률의 적용을 구체화·이유화하며 사실과 법률의 상호조량 속에서 규범을 생성할 수 있다.[1] 정치적 협력의 법치화 과정에 있어서 법률연원의 이원화와 법률사유의 이원화를 실천함으로써 규범과 사실을 조절하여 균형을 이루고 기존의 규칙과 개념의 논리에 구속되지 말며 논리적이고 합목적적인 사유에 근거하여 양안 법률체계의 안정과 개방을 실현하여 양안법의 모체와 가치의 귀착점을 형성하여야 한다.

---

1 鄭永流, "實踐法律觀要義－以轉型中的中國爲出發點", 中國法學, 2010, 제3기.

제4장 양안법제의 형성시스템과 실행시스템

"양안관계 평화발전 구조의 구축"의 전략적 사고가 제기된 후 다년간의 연구와 논증을 거쳐 학계와 정계는 법치사유가 양안관계 평화발전의 구조를 구축하는 방면에서의 역할을 명확히 인식하였고 해당 구조가 주로 법률시스템을 포함하여야 한다는 점에서는 기본적으로 합의를 이루었다. 그러나 법률이 양안관계 평화발전의 구축에 있어서의 의의를 추상적으로만 연구하는 것만으로는 이미 현실적인 수요를 만족시킬 수 없게 되었다. 비록 일부 학자들이 양안협의가 양안평화발전의 법치화 형식을 구성하는 특성에 대하여 인식하였지만 전반적으로 볼 때 양안관계 평화발전의 법률에 대한 조절과 규범화에 대하여 학계에서는 아직 명확하게 인식하고 있지 못하다.[1] 이는 양안관계 평화발전 구조의 법률시스템이 이론형태 혹은 관념형태에 머물고 있는지, 아니면 이미 초보적으로 형성되었는지와 같은 근본적인 문제에 대한 답을 아직 찾지 못하고 있는 점에서 드러난다.

제1절 양안법제의 개념과 연원

우리가 제기한 "양안법제" 개념은 양안 각자가 상대방과 관련된 사무를 처리하는 법률규범 및 양안이 양회 사무성 협상시스템을 통하여 형성된 협의의 포괄적인 개념으로서 양안관계 평화발전에서의 법률의 지위와 역할을 보다 깊이 있고 정확하게 연구하는 데 지적자원을 제공한다.

1. 양안법제의 개념과 기능

양안관계 평화발전 구조의 구축에 있어서의 법률시스템의 역할에[2] 근거

---

1 杜力夫, "論兩岸和平發展的法治化形式", 福建師範大學學報, 2011, 제5기.
2 周葉中, "論構建兩岸關係和平發展框架的法律機制", 法學評論, 2008, 제3기.

하여 양안법제에 대하여 다음과 같이 정의할 수 있다. 양안법제는 대륙과 대만의 평화발전 과정에서의 각종 행위를 조절하고 규범화하는 규범과 제도의 총칭이다. 이러한 묘사적 정의는 양안법제의 특징을 명시하지 못하였고 실천과정에서 양안법제가 직면한 난관과 질문에도 대답하지 못하였는바 양안관계 평화발전의 수요를 만족시키기에는 많이 부족하다. 때문에 양안관계 평화발전 구조 자체의 특징 및 제도에 대한 수요에 기초하여 양안관계 법제의 개념을 더욱 정확하게 분석할 필요가 있다.

대만학자 쑤훙다(蘇宏達)는 유럽의 형성원인을 분석함에 있어서 유럽 각국은 자기이익의 원칙에서 출발하여 유럽통합을 위한 주권 양도를 꺼리고 있었고 유럽통합의 동력은 유럽 전체의 구조적 제약과 가이드에 있었다고 지적하였다.[1] 이에 기초하여 그는 다음과 같은 의미 있는 주장을 제기하였다. 즉, 유럽통합의 동력은 그의 "불가와해성"(不可瓦解性)에 있고, "공동체 기득 성과"(共同體既有成果)의 위협으로 유럽의 구조가 흔들리거나 와해될 수 있다는 두려움에 봉착할 때 유럽통합은 진일보 통합되어야 한다는 자극을 받을 수 있다. 이것이 곧 유럽동력시스템이다.[2] 비록 유럽모식은 그대로 가져와 적용할 가능성이 존재하지 않고[3] 유럽과 양안관계도 필연적인 연계가 없지만 쑤훙다의 유럽에 대한 연구 성과는 양안관계에 대하여 매우 중요한 참고적 의의가 있다. 대륙과 대만도 유럽동력시스템과 유사한 양안동력시스템을 형성하였고 이는 주로 양안관계 평화발전 구조를 위해 지속적인 추진력을 제공하는 것을 임무로 하고 있다. 양안동력시스템의 특징에 근거하여 양안법제가 양안관계 평화발전의 구조를 구축함에 있어서의 의의는 다음과 같은 두 가지 방면으로 해석할 수 있다. 첫째, 양안법제는 양안관계 평화발전의 구조를 구축하는 데 제도적 동력을 제공한다. 둘째, 양안법제는 양안구조의 안정성을 보장하여 양안동력시스템을 위하여 "불가와해성"적인 구조를 제공한다. 본서는 양안동력시스템을 분석도구로 하여 양안법제의 개념에 대한 탐구를 시도하려 한다.

---

1 蘇宏達, "以'憲政主權建造'槪念解釋歐洲統合之發展", 歐美研究, 2001, 제3기.
2 蘇宏達, "以'憲政主權建造'槪念解釋歐洲統合之發展", 歐美研究, 2001, 제3기.
3 王泰銓, "歐洲聯盟之本質及其形式", 歐洲統合與臺灣(施正鋒), 臺北前衛出版社, 2003, 46쪽.

(1) 제도적 동력: 양안법제가 양안관계의 평화발전에 미치는 추진 역할

양안동력시스템의 동력은 주로 두 가지 방면으로부터 온다. 첫째는 중국 전통문화 중의 대일통(大一統) 관념과 이로 인해 형성된 중국의 통일에 대한 추구는 양안동력시스템의 역사적 동력이다. 둘째는 대만해협지역의 안정과 양안 인민의 복지를 수호하는 것은 양안동력시스템의 현실적 동력이다. 이 두 가지 동력은 현시대에 주로 다음과 같이 실현된다. 역사적 동력은 양안의 통일에 대한 민족감정과 중국표기에 대한 인정으로 해석되기 때문에 그 실현방식은 주로 중화문화에 대한 홍보와 하나의 중국의 원칙에 대한 반복적인 확인에 집중된다. 현실적 동력은 양안민중의 경제이익에 대한 만족으로 해석된다. 특히 현재 양안의 정치적 대립 상황에서 현실적 동력은 대륙이 우대정책을 통하여 대만에 일방적으로 이익을 수출하는 것으로 이해된다.

상술한 양안동력시스템의 실현방식은 그 효과가 아주 명확하다. 적어도 2008년 이후, 중화민족과 "92합의"의 두 가지 표기에 대한 운용 및 대만에 대한 대륙의 일련의 우대정책은 양안관계 평화발전에 있어 중요한 추진 역할을 하였다. 그러나 "종족"(族羣), "성적"(省籍) 등 의제로 넘치는 대만지역의 비이성적인 정치적 영역에서 이러한 실현방식이 지속될 수 있을지는 의문이다. 2012년 대만지역 입법기관의 선거를 예로 들면, 대륙의 우대정책에서 직접적인 수혜를 받은 일부 선거구의 선거상황이 현실적 이익에 따라 긍정적으로 변화하지 않은 반면 남색진영은 대다수의 대륙구매지역에서 득표율 하락 현상이 발생하였다. 마찬가지로 국민당의 "92합의"에 대한 견지도 상당 부분의 선거인들에게 양안관계 평화안정에 필요한 경로로만 이해되었고 "92합의"가 갖고 있는 "일중성"(一中性)의 함의는 대만민중들에게 충분하게 인정받지 못하였다. 따라서 양안동력시스템의 새로운 실현방식에 대한 탐구는 더욱 필요하게 되었다.

법률이라는 제도적 요소는 민족감정, 국가인정 및 경제이익이 발휘할 수 없는 역할을 할 수 있다. 역사적 동력의 실천방면에 있어서 법률은 민족인정과 국가인정에 대한 컨센서스를 규범화하고, 규범의 명확성, 안정성과 강제성을 통하여 컨센서스의 권위성과 유효성을 수호할 수 있다. 유럽통합 운동에서 한때 유행하였던 "헌법애국주의"는 곧 인민들이 국가에 대한 인정을 헌법에 기탁하여 유럽헌법 제정의 필요성을 논증한 사례이다.[1] 자칭린(賈慶林)은 제8차 양안경제무역포럼 연설에서 "하나의 중국의 틀의 핵심은 대륙과 대만이 하나의 국가에 속하는 것이고, 양안관계는 국가와 국가 간의 관계가 아니다. 양안이 각자의 현행규정으로부터 출발하여 객관사실을 확인하고 공통인식을 형성하는 것은 곧 하나의 중국의 틀을 확립하고 수호하며 공고히 하는 것이다"라고 말하였다. 이 연설은 민족인정과 국가인정에서 법률규범의 중요성을 긍정하였다. 때문에 적절한 법률규범은 양안의 컨센서스를 합리적으로 표현하고 주권과 국가로 인한 양안 간의 "개념간의 논쟁"을 최소화함으로써 컨센서스의 체현을 극대화할 수 있다. 현실적 동력의 실현에 있어서 사회관계조절기로서의 법률의 기능을 발휘하여 양안 간의 이익관계를 권리와 의무의 관계로 전환하며 권리의무시스템으로 인민들의 현실적 이익에 대한 수요와 실현을 긍정하고 보장할 수 있다. 현재 대륙의 대만에 대한 우대조치는 주로 정책 형식으로 체현되기 때문에 융통성이 넘치는 반면에 규범성과 안정성이 부족한 문제도 있다. 정책과 법률 간의 차이는 정책의 대만지역에서의 수용도와 신임도가 이상적이지 못한 상황을 초래하였다. 응당 현실적 이익을 법제화하여 현실이익의 권리화를 추구하고, 권리를 긍정하고 보장하는 방식으로 현실이익의 불안정성을 제거함으로써 관련 주체의 이익 수요를 지속적·안정적으로 만족시켜야 한다.

양안동력시스템의 목적은 양안관계 평화발전을 지속적으로 추진하는 것이다. 양안동력시스템의 지속적인 추동력은 유럽동력시스템과 유사하게 양안관계 평화발전의 "불가와해성"으로부터 온다. 이러한 "불가와해성"은 지속적인 변화 상태에 존재하고 있는 인정과 감정, 불안정한 현실이익으로부터 비롯되지만은 않으며 그 외에도 제도를 통한 규범에 대한 실행과 보장이 생산하는 추구도 필요하다. 양안법제의 제기는 양안동력시스템의 수요에 부합되고 양안관계 평화발전을 구축하는 데 제도적 동력을 제공하였다.

(2) 제도적 의존: 양안관계 평화발전 구조에 대한 양안법제의 보장메커니즘

양안동력시스템은 양안법제를 통하여 양안관계 평화발전을 추구하여야 할 뿐 아니라 양안관계 평화발전을 일종의 튼튼한 구조로 전환하여 구조의 안

---

1 王展鵬, "憲法愛國主義與歐洲認同: 歐盟憲法的啓示", 歐洲研究, 2005, 제10기.

정성을 통해 양안관계 평화발전의 "불가와해성"을 강화할 필요성이 있다. 이러한 구조는 곧 정책언어가 표현하는 양안관계 평화발전 구조이고 양안관계 평화발전 구조는 양안의 평화발전에 대한 제도의존을 강화하기 위하여 구축한 구조로 이해할 수 있다.

양안관계의 역사와 현황을 고찰하여 보면 양안관계의 평화발전 여부는 인간적 요소에 많이 의존한다. 즉, 양안관계의 발전상황은 양안의 정치인, 주요 당파 및 양안이 처하여 있는 국제배경 등과 모두 밀접한 연관이 있다. 이는 양안관계 평화발전이 상당한 정도 "인치형"(人治型)의 모식에 따르고 있음을 보여준다. "인치형"의 발전모식에서 양안관계 평화발전의 전도와 절차는 모두 사람의 의지에 의존한다. 특히 대만지역 지도자의 "통독"(統獨) 관점, 개인의 품성은 양안관계에서 결정적인 요소로 작용한다. 이러한 "인치형"의 발전모식이 양안관계 평화발전에 불리하다는 것은 이미 여러 차례 증명되었다. 정치인의 행위, 당파의 정책조정은 근본적으로 양안관계의 총체적 국면을 변화시킬 수 있다. 심지어 2008년 이후의 양안관계 평화발전의 양호한 국면은 대만지역에서 발생한 양안관계 평화발전에 유리한 정치적 형세의 변화와 밀접한 연관이 있다. "정당교체"는 대만지역에서 이미 일상화의 모습으로 나타나고 있다. 따라서 양안관계 평화발전의 희망을 대만지역의 한 당파 심지어는 한 사람한테 기탁하는 것은 현실적이지 못하다. 양안관계 평화발전 중의 우연성을 극복하는 관건은 양안관계 평화발전 중의 "인치" 사유를 해소하고 법치형의 양안관계 평화발전의 틀을 구축하여 제도적 안정성에 근거하여 양안관계 평화발전의 우연성을 약화하고 해소함으로써 그 필연성을 높이는 데 있다.

그러나 더 큰 문제는 양안에 유럽연합과 같은 초양안(超兩岸)적 구조가 존재하지 않는다는 점이다. 즉, 양안법제가 사실상 강제 적용될 수는 없다는 점이다. 그렇다면 법치형의 발전모식은 어떻게 양안의 법제를 통해 양안관계 평화발전의 구조를 구축할 것인가? 대륙에서는 공권력기관과 국가통일 사업에 대한 민중의 추구와 인정에 의해 양안법제에 충분한 효력의 원천을 제공할 수 있지만 대만에서는 그렇게 간단하지 않다. 이는 대만학자 우위산(吳玉山)이 제기한 "득표극대화 책략 모식" 이론으로 해석할 수 있다.

우위산은 대만 당국의 양안정책은 두 가지 지향을 포함하고 있다고 한다. 하나는 "통독"쟁의, 즉 "인정 지향"이고, 다른 하나는 경제와 안전의 충돌, 즉

"이익 지향"이다. 이 두 가지 지향은 대만지역 양안정책의 "의제공간"을 구성하였다.[1] 최근 대만지역의 여론조사에 따르면 "현상유지 후 재론"(維持現狀後再談)과 "현상영구유지"(永久維持現狀)는 이미 "통일" 혹은 "독립"을 추월하여 대만민중의 주요 선택으로 자리 잡았다. "인정 지향"과 "이익 지향"이 구성한 의제공간에서 대만지역 민중의 선택은 중립적 현상을 나타내고 있다. 중립적 현상이라 함은 대만민중이 "통일"과 "독립" 사이에서 현상유지를 선택하고 경제와 안전 중에서 평화발전을 선택하는 것을 말한다. 양안법제는 양안관계 평화발전의 가치 취향을 나타내고 있고 양회구조의 제정절차를 통하여 양안의 컨센서스를 충분히 실현하고 있으며 대만민중이 받아들일 수 있는 의제공간 내에 자리를 잡고 있다. "득표극대화"의 추구하에 대만지역의 정당과 정치인은 자신의 득표극대화에 따라 정책의 성향을 결정하여야 하기 때문에 양안법제에 제도적으로 의존하게 된다. 정치적 힘은 양안법제가 형성될 때 자연히 양안법제가 설정한 규범의 틀에 소속되고 양안법제에 대한 의존이 발생되며 양안법제에 의해 제한된다. 즉, 반드시 양안법제에 복종하여야 한다. 이러한 의존이 심화됨에 따라 양안법제는 제도의존을 통해 양안관계 평화발전의 구조의 "불가와해성"을 강화한다.

이상의 논의에 근거하여 양안법제의 개념은 세 개 층차로부터 이해할 수 있다. 외재적 표현에 있어서 양안법제는 양안교류 중의 각종 관계를 조절하고 규범화하는 규범체계로 체현된다. 방법론적 차원에서 양안법제는 양안관계 평화발전을 추진하는 제도적 동력을 구성하고 있고 양안관계 평화발전의 성과를 공고히 하는 규범적 방법이다. 본체론 차원에서 양안법제는 양안관계 평화발전의 틀의 구조적 구성부분이고 이러한 구조적 기능을 강화하는 역할을 하며 양안관계 평화발전의 틀을 보장하는 제도적 요소이다.

2. 양안법제의 연원형식

법의 연원은 곧 법률의 표현형식이다. 이른바 양안법제의 연원이란 양안법제의 표현형식, 즉 양안법제를 체현하는 규범적 매체를 말한다. 양안법제는

---

1 吳玉山, "臺灣的大陸政策: 結構與理性", 爭辯中的兩岸關係理論(包宗和、吳玉山), 臺北五南圖書出版股份有限公司, 1999, 180쪽.

주로 양안 각자가 제정한 상대방의 사무와 관련된 법률과 양안이 컨센서스를
바탕으로 창제한 양안 협의에서 체현된다. 그러므로 양안법제의 주요 연원도
이 두 부분으로 구성된다.

(1) 대륙의 대만 관련 사업에 관한 입법체계의 기본구성과 주요 내용

대륙의 법률 체계 중 양안 사무와 관련된 법률규정으로는 주로 현행 헌
법, 「반분열국가법」(反分裂國家法), 기타 부문법, 지방적 법규, 최고인민법원의
사법해석 등이 포함된다.

첫째는 중국 현행 헌법의 양안사무에 대한 규정이다. 중국 현행 헌법은
우리가 대만문제를 처리하는 근본적인 법률근거로서 국가와 공민의 대만통일
의무를 규정하고 "평화통일, 일국양제"의 기본원칙을 체현하였을 뿐만 아니라
이는 또한 대륙의 대만에 대한 각종 입법과 규정의 기본적인 근거이기도 하
다.[1] 양안문제에 대한 헌법상의 규정은 주로 다음과 같은 내용을 담고 있다.
⑴ 헌법규정은 "하나의 중국"의 틀을 위해 법률적 근거를 제공하였다. 1982년
헌법 서문 아홉 번째 단락에서는 "대만은 중화인민공화국의 신성한 영토의 일
부분이다. 조국통일의 대업을 완성하는 것은 대만 동포들을 포함한 전 중국
인민의 신성한 직책이다"라고 규정하였다. 1982년 헌법 제52조는 중화인민공
화국 공민은 국가의 통일과 전국 각 민족의 단결을 수호할 의무를 지닌다고
규정하였다. 이 두 조항의 규정은 정책 선언의 의미를 띠고 있을 뿐만 아니라,
대만동포를 포함한 전국 인민에게 헌법상의 국가통일의 완성·수호의 의무를
설정하였고, 1982년 헌법의 효력이 중국 대륙뿐만 아니라 대만 지역에도 적용
된다는 것을 표명하며 "하나의 중국"이라는 틀의 근본적 근거를 구성하였다.
⑵ 헌법은 양안의 통일을 실현하는 데 법적 근거를 제공하였다. "평화통일, 일
국양제"의 방침을 관철하기 위해 1982년 헌법 제31조는 "특별행정구" 제도를
규정하고 있다. 이는 1982년 헌법제정 시 대만을 평화통일하기 위해 마련한 제
도적 배치이다. 헌법은 평화적 통일방식을 규정한 동시에 비평화적 방식으로
대만문제를 해결하기 위한 근거도 마련하였다. 1982년 헌법 제29조, 제62조, 제
67조와 제89조 등은 국가가 무력을 사용하는 기본규칙을 규정하고 대만문제를
비평화적 방식으로 해결하는 경우의 집행기관 등 문제에 관하여 규정하였다.

---

[1] 周葉中、祝捷, 構建兩岸關係和平發展框架的法律機制硏究, 九州出版社, 2013, 12쪽.

　둘째는 「반분열국가법」의 양안사무에 대한 규정이다. 「반분열국가법」은 대륙이 대만문제를 다루기 위해 만든 헌법 관련법이다. 「반분열국가법」은 2005년에 효력을 발생한 이래 "법리상의 대만독립"(臺灣法理獨立)을 억제하고 양안관계 평화발전의 틀을 구축하는 데 중요한 역할을 하였다. (1) 「반분열국가법」은 대만문제를 해결함에 있어서의 정치적 기초와 전제에 대하여 규정하였다. "하나의 중국" 원칙은 우리가 대만문제를 해결함에 있어서 반드시 견지하여야 하는 기본원칙이고, 이 원칙은 우리가 대만문제를 해결하는 정치적 기초와 전제이다. 「반분열국가법」 제2조는 "하나의 중국" 원칙의 법리적 함의에 대하여 상세히 설명하였다. 해당 규정은 "세계에는 오직 하나의 중국만 있고, 대륙과 대만은 모두 하나의 중국에 속한다"고 규정하고, 이 규정은 새로운 시기의 당과 국가의 대만에 관한 정책을 법률로 승격시켜 우리가 대만문제를 해결하는 기본적인 법률원칙을 구성하였다. 주목하여야 할 점은 「반분열국가법」의 "하나의 중국" 원칙에 대한 구체적 표현은 헌법의 아홉 번째 단락의 규정과 차이가 있다. 이는 사실상 "대만은 중화인민공화국 신성한 영토의 일부분"이라는 헌법규정에 대한 무형의 개정이다.[1] 해당 조항의 규정은 "하나의 중국" 원칙의 표현에 있어 양안관계 발전에서의 실천과 더불어 대륙이 대만정책을 제정할 때 날로 실무적인 사고방식을 관철하고 있음을 보여준다. (2) 「반분열국가법」은 조국의 평화통일을 실현하는 구체적인 방식과 경로 등에 대하여 규정하였다. 「반분열국가법」 제5조, 제6조와 제7조는 평화통일의 기본 원칙, 양안관계 평화발전의 추진을 위한 국가의 구체적 조치, 양안 간의 협상 주제 등에 대해 규정하였다. 이 법은 양안 평화통일의 전제와 통일 후 대만에서 실행하게 될 정치제도 등을 명확히 규정하여 "평화통일, 일국양제"의 실현을 위한 법적 근거를 제공하고 있다. 동시에 양안관계 평화발전을 위한 양안의 인원, 경제, 문화적 교류에 관한 국가 정책, 양측의 사무성 협력을 추진하는 구체적인 정책 등을 규정하여 양안 각 층차 간의 교류발전을 추진하기 위한 법적 근거를 제공하였다. 이외에도 양안이 평화통일을 실현함에 있어서의 선택할 수 있는 구체적인 방식을 규정하여 양안이 협상과 담판을 통하여 평화통일과정에서 나타나는 각종 문제를 해결할 수 있도록 법적 근거를 제공하였다. (3) 「반분열국가법」은 비평화적 방식으로 조국통일을 실현하는 조건, 원칙, 실행 주체와 구

1 周葉中、祝捷, 構建兩岸關係和平發展框架的法律機制研究, 九州出版社, 2013, 24쪽.

체적인 절차에 대하여 규정하였다. 「반분열국가법」 제8조는 "대만독립 분열세력이 어떠한 명목, 어떠한 방식으로든 대만이 중국으로부터 분열되는 사실을 조성하거나, 혹은 대만의 중국으로부터의 분열을 초래하는 중대한 사변을 일으키거나, 혹은 평화통일의 가능성을 완전히 상실하는" 세 가지 경우에 국가는 비평화적 방법으로 대만문제를 해결할 수 있다고 규정하고 있다. 이 규정은 곧 국가가 비평화적 방식으로 조국통일을 실현하는 조건규정이다. 이와 동시에 해당 규정은 대만문제를 비평화적 방식으로 해결할 때의 국무원, 중앙군사위원회, 전국인민대표대회 상무위원회 등 국가기관의 구체적인 권한을 규정하고 있다. 국가가 비평화적 방식으로 대만문제를 해결할 때, 대만동포와 대만거주 외국인의 정당한 권익을 보호하기 위하여 「반분열국가법」 제9조는 국가가 최대한 그들의 합법적 권익을 보호하여야 한다는 기본원칙을 명확히 규정하였다.

셋째는 기타 부문법이 양안사무에 관한 규정이다. 중국은 「헌법」과 「반분열국가법」 외에 「대만동포투자보호법」(臺灣同胞投資保護法), 「중국공민의 대만지역왕래 관리방법」(中國公民往來臺灣地區管理辦法) 등 법규를 제정하여 대만사업 관련 법률체계를 초보적으로 형성하였다.[1] 대만사업 관련 입법의 구체적인 내용을 고찰하여 보면 양안사무에 관한 규정은 주로 다음과 같은 세 방면에 집중되고 있다. 첫째는 대만동포의 대륙지역에서의 투자보호문제에 관한 법률규정이다. 1994년에 반포·실행된 「대만동포투자보호법」(臺灣同胞投資保護法)은 전국인민대표대회 상무위원회에서 제정한 대륙 최초의 대만 관련 입법으로서 이 법의 반포는 대만동포들의 대륙으로의 투자를 적극 권장하고 관련 투자이익을 보장하려는 대륙 측의 결심을 충분히 표현하였고 또한 중국의 대만 관련 사업에 관한 입법체계의 기초를 닦아놓았다. 「대만동포투자보호법」 외에도 대륙은 「샤면경제특구대만동포투자보장조례」(廈門經濟特區臺灣同胞投資保障條例), 「대만동포투자보호법시행규칙」(臺灣同胞投資保護法實施細則), 「푸젠성 '대만동포투자보호법'시행방법」(福建省實施「臺灣同胞投資保護法」辦法) 등 대만동포의 대륙에서의 투자보호에 관한 법률법규를 연이어 반포·실행하였다. 둘째는 대만

---

1 국무원 대만사무판공실의 臺灣事務法律文件選編에 따르면 중국은 현재 대만 사무에 관한 법률, 법규, 규약 및 규범성 문서 107건을 제정하고 있으며 그중 법률, 행정법규, 지방법규는 약 20건이다. 國務院臺灣事務辦公室, 臺灣事務法律文件選編, 九州出版社, 2011.

동포가 대륙지역에서 행정관리를 받는 경우에 관한 법률규정이다. 대륙에서의 대만민중의 행위를 규범화하고 대만동포의 합법적 권익을 보장하기 위하여 대륙은 대만동포의 출입경(出入境), 문화교육, 인터뷰, 직업종사자격 등에 관련되는 행정관리사무에 관하여도 일련의 규정을 제정하였다. 예컨대 「중국공민의 대만지역 왕래관리방법」(中國公民往來臺灣地區管理辦法), 「대만홍콩마카오 주민의 내륙에서의 취업관리규정」(台湾香港澳门居民在内地就业管理规定), 「대만지역주민의 국가사법시험 참가에 관한 약간의 규정」(臺灣地區居民參加國家司法考試若干規定) 등이다. 셋째는 양안동포 간의 민사법률관계에 관한 법률규정이다. 위 두 종류의 법률규정 외에도 대륙은 양안동포 간의 혼인, 입양 등 민사법률관계를 조정하는 법률법규를 부분적으로 제정하였다. 예컨대 「대륙주민과 대만주민의 혼인신고 관리에 대한 잠정방법」(大陸居民與臺灣居民婚姻登記管理暫行辦法), 「대만에 간 인원과 대륙에 남아있는 배우자 간의 혼인관계 문제 처리의견에 대한 통지」(關於去臺人員與其留在大陸的配偶之間婚姻關係問題處理意見的通知) 등이다.

넷째는 최고인민법원의 사법해석을 통한 양안사무에 대한 규정이다. 헌법, 법률, 지방성법규 등 대만과 관련된 법규 외에도 최고인민법원은 대만과 관련된 민상사 사건의 심리, 대만지역법률의 대륙에서의 적용 등에 관하여 일부 사법해석을 내놓았다. 이러한 사법해석도 실천 과정에서 대륙의 대만 관련 업무 법률체계의 중요한 구성부분이 된다. 1998년부터 현재까지 최고인민법원은 대만 관련 심판문제에 관하여 선후로 「인민법원이 대만지역 관련 법원의 민사판결 승인에 관한 규정」(關於人民法院認可臺灣地區有關法院民事判決的規定), 「대만 관련 민사소송문서의 송달에 관한 약간의 규정」(關於涉臺民事訴訟文書送達的若干規定), 「인민법원이 대만지역 관련 법원의 민사판결 승인에 관한 보충규정」(關於人民法院認可臺灣地區有關法院民事判決的補充規定), 「인민법원의 해협양안 간의 문서송달과 증거조사에 있어서의 사법공조사건 처리에 관한 규정」(關於人民法院辦理海峽兩岸送達文書和調查取證司法互助案件的規定) 등을 내놓았다. 이러한 사법해석의 내용은 세 가지 방면과 관련되어 있다. 첫째는 양안의 사법공조 문제로서 문서송달, 증거조사 등 문제를 포함한다. 둘째는 양안 지역 간 법률충돌에서의 대만지역 법률의 대륙에서의 적용문제이다. 셋째는 대륙 측이 대만지역 법원의 민사판결을 승인하는 문제이다. 이러한 사법해석은 사법실천 과정에서의 대만 관련 입법의 적용과 대만 관련 사무의 법률적용문제를 해결함에 있어서 중요한 현실적 의의가 있다.

(2) 대만의 대륙 관련 사업에 관한 입법체계의 기본구성과 주요 내용

대만지역의 대륙 관련 규정은 주로 대만지역의 현행 헌법, 「대만지역 인민과 대륙지역 인민 간의 관계조례」(臺灣地區人民和大陸地區人民關繫條例)[이하 「양안 인민관계조례」(兩岸人民關繫條例)로 약칭], 부문법 및 여러 건의 「대법관해석」 등 규범적 문서에서 표현된다.

첫째는 대만지역의 현행 헌법과 그의 「보충수정조항」의 대륙사무에 대한 규정이다.[1] 대만지역의 현행 헌법은 1946년 「중화민국헌법」을 바탕으로 일곱 차례의 "헌정개혁"을 거쳐 수정한 대만지역의 헌제적 규정이다.[2] 1990년 이후 대만지역의 "헌정개혁"은 1946년의 「중화민국헌법」이 확립한 정치체제에 대하여 중대한 조정을 진행하였으나 이는 1946년 「중화민국헌법」 제4조가 규정한 "중화민국 고유영역"에 대한 서술에 대하여 개정하지 않았고 1946년 「중화민국헌법」이 확립한 "하나의 중국, 즉 중화민국"의 원칙에도 고치지 않았다. 동시에 대만당국은 양안관계의 발전에 발맞추어 "헌정개정" 과정에서 "일국양구"(一國兩區)의 이론으로 양안관계를 정립하였고 또한 "보충수정조항"에 관련 규정을 증가하였다. "일국양구" 이론의 수요에 적응하기 위하여 대만지역의 현행 헌법은 "국가통일", "일국양구", 양안관계 등 문제에 대하여 모두 명확한 규정을 두었다. 첫째, "보충수정조항" 서문에서 "보충수정조항"의 "법개정" 목적은 "국가통일의 수요에 순응"하는 것이라고 명시함으로서 대만지역 현행 헌법 변화의 근본원인을 설명하였고 "양안의 최종통일"의 근본 목표도 긍정하였다. 둘째, "헌정개혁"은 "일국양구"의 지도적 사상을 표현하였다. 제1차 "헌정개혁"으로부터 시작하여 헌법 보충수정조항의 적용범위를 "중화민국의 자유지역"에 한정하여 "중화민국의 대륙지역"과 구분함으로써 사실상 법률형식으로 "중화민국"의 치권(治權)을 축소하고 양안분립의 상태를 긍정하였다.[3] "일국양구"의 기본 틀의 지도하에 대만지역의 현행 헌법은 대만지역 지도자의 산

---

1 본서에서는 1946년 난징(南京)에서 제정된 중화민국헌법을 1946년 「중화민국헌법」으로, 1990년대부터 대만에서 여러 차례 헌정개혁을 거쳐 개정된 중화민국 헌법을 「대만헌법」으로 약칭한다.

2 "헌제적 규정"이라는 용어로 대만 지역의 현행 "헌법"을 정의하는 관점은 周葉中, 祝捷, "論憲法資源在兩岸政治關係定位中的運用", 法商研究, 2013, 제5기를 참조.

3 周叶中, 祝捷, 台湾地区"宪政改革"研究, 香港社会科学出版社有限公司, 2007, 377쪽.

생방식, 양안사무의 처리방식 및 1946년 헌법의 일부 조항에 대한 동결처리방식 등을 규정하였다. 그러나 이러한 조항들의 설치는 "하나의 중국"의 존재를 부인하지 않았고 반대로 "하나의 중국"이라는 사실을 법적으로 확인하여 대만지역 관련 규정에 있어서의 "하나의 중국"이라는 틀의 법리적 토대를 확립하였다.

둘째는 「양안 인민관계조례」(兩岸人民關繫條例) 및 일부 부분법의 대륙사무에 대한 규정이다. 나날이 밀접해지는 양안교류의 수요에 적응하기 위하여 대만당국은 1993년에 「양안 인민관계조례」를 제정하여 "헌법"하의 대륙 관련 사무를 조정하는 종합적인 기본입법으로 삼았다. 「양안 인민관계조례」의 대륙사무에 대한 규정은 주로 다음과 같은 몇 가지 방면을 포함한다. 첫째는 양안 사무성 협상시스템의 법률지위에 대한 규정이다. 「양안 인민관계조례」 총칙 부분에서는 해당 조례에 대한 관련 용어에 대하여 해석을 한 것 외에도, 주로 양안 사무성 협상시스템에 관한 문제에 대하여 규정하였다. 「양안 인민관계조례」 제4조 등은 "행정원"이 지정한 "대만지역과 대륙지역인민의 왕래와 관련한 사무를 처리"하는 기구의 조직구성에 대하여 규정하였다. 제4-2조, 제4-3조는 상술한 기관이 "대륙지역의 관련 기관 또는 수권 받은 법인·단체 혹은 기타 기관과 협의를 협상·체결"하는 절차, 권한, 인원 및 협의에 대한 대만 입법기관의 심의감독 등 문제에 대하여 규정하였다. 이러한 규정은 대만 측 민간 기구에 수권하여 대륙과 협의를 체결하는 규범적 근거로 되었다. 둘째는 대만으로 온 대륙주민의 법률적 지위에 대한 규정이다. 「양안 인민관계조례」 제2장 "행정"과 제4장 "형사" 부분에서는 대만으로 온 대륙 주민의 법률지위 문제에 관하여 규정을 하였다. 이는 대만에서의 대륙 주민의 기본권리 제한, 대륙 인민이 대만에서의 범죄활동에 대한 처벌문제 등이다. "조례" 제2장에서는 대만으로 온 대륙 인민의 출입경, 호적관리, 정착조건, 취업, 공직담임, 학력인정, 납세, 대만투자 등 방면의 권리에 대하여 대량의 제한적 규정을 두었다. "조례" 제4장에서는 대륙인민의 대만에서의 범죄에 관한 처벌문제에 대하여 규정하였다. 이러한 규정은 한편으로는 대만으로 온 대륙 민중의 대만지역에서의 법률적 지위에 관한 기본적 틀을 확립하였고 다른 한편으로는 "대만지역의 안전과 민중복지를 확보하고 대만지역과 대륙지역 인민 간의 왕래를 규범화한다"는 명의로 대만으로 온 대륙 민중의 기본 권리에 대하여 일정한 제한을 함으로써 대만에 거주하고 있는 대륙민중의 법률적 지위에 관한 규범적 근거가 되었다. 셋째는 양안의 민간교류 문제에 관한 규정이다. 「양안 인민관계조례」 제2장 "행정"과 제3장 "민사" 부분에서는 양안의 민간교류에서 나타나는 일부 문제들에 대하여 규정하였다. 제2장에서는 양안선박의 항행, 대만인민의 대륙에서의 취임, 대만인민의 대륙에서의 상법행위 종사, 대륙화폐의 대만지역에서의 사용, 양안 출입경 물품에 대한 통제 등 문제들에 대하여 규정하였고 제3장에서는 양안 민사분쟁에 있어서의 법률적용, 양안 인민의 혼인, 상속, 입양, 기부 등 문제들에 대하여 규정하였다. 이러한 규정들은 대만 측이 양안의 민간교류 관련 문제에 대하여 규제하는 규범적 근거가 되었다.

　　셋째는 대만지역 「사법원대법관해석」을 통한 양안사무에 대한 규정이다. 대만지역의 현 정치체제하에서 사법원 대법관은 중요한 역할을 하고 있다. "법리상의 대만독립"을 추구하는 과정에서 "대만독립" 분열세력은 여러 차례 「사법원대법관해석」(이하 「대법관해석」으로 약칭)을 통하여 "양안분립의 영구화"의 국면을 시도하였다.[1] 최근에 이르러 양안관계 평화발전과 양안 각 층차의 교류가 끊임없이 발전함과 아울러 양안 주민들의 대만지역에서의 권리보장 문제가 더욱 두드러지고 있고 「대법관해석」은 이 문제의 해결에 있어서 갈수록 중요한 역할을 하고 있다. 2014년 10월까지 대만지역 "사법원"이 통과한 「대법관해석」은 총 725건이고, 그중 양안관계와 관련되는 해석은 20건이었다. 해석의 구체적인 내용으로부터 보면 주로 두 가지 문제로 나뉜다. 하나는 대만당국의 "법통"과 대만 내부의 정치제도 운영 문제와 연관이 있는 것으로, 대만당국의 공권력 운영 과정에서 나타난 각종 문제이다. 이 유형의 "해석"은 내전으로 인한 대만당국 통치의 "합법성"이 야기한 불안정한 곤경을 해소하고 대만당국의 정상적인 운영을 보장하기 위한 것이거나 또는 대만당국의 정치제도 운영 과정에서 여러 방면의 원인으로 나타난 정치적 난국을 타개하기 위한 것이다. 이 유형의 해석이 언급한 내용은 양안관계의 발전과 밀접한 내용들이다. 예컨대 "입법위원"의 연임, "국민대회대표"의 임기, 보충선거 자격, "중화민국" "고유영역"의 범위, "왕구회담"의 네 가지 합의의 법률적 성격, "타이완성"(臺灣省)의 법적 지위, "푸젠성"(福建省)의 법적 지위 등 문제에 대한 해석이다. 이러한 해석은 "석자(釋字) 제31호", "제85호", "제117호", "제150호",

---

[1] 周葉中、祝捷, "論我國臺灣地區'司法院'大法官解釋兩岸關係的方法", 現代法學, 2008, 제1기.

"제261호", "제328호", "제329호", "제467호", "제481호 해석" 등이다. 최근 대만지역 "헌정개혁"의 완성 및 정치구조의 보완과 함께 이 유형의 해석은 감소하는 추세를 나타내고 있다. 다른 하나는 대륙 주민의 대만지역에서의 기본권리 제한과 보장 문제에 관한 해석이다. 즉, 양안정치관계 대립의 특수한 정치적 배경에 기초하여 대만에 온 대륙 주민들의 대만지역에서의 출입경, 결혼, 상속, 공직담임 등 권리에 대하여 일정한 정도 제한을 하여 "대만지역의 안전, 민중복지를 확보하고 자유민주의 헌정질서를 수호하는"[1] 목적을 실현하는 것이다. 이러한 해석은 "석자(釋字) 제242호", "제265호", "제475호", "제479호", "제497호", "제558호", "제618호", "제644호", "제692호", "제710호", "제712호 해석" 등이다. 비록 이러한 해석은 대만으로 온 대륙 주민의 기본권리 보장에 관한 문제를 해석대상으로 하였지만 그 해석문과 일부 대법관이 제출한 의견서에는 수시로 양안 정치관계에 대한 입장과 태도가 드러났다.[2] 기존의 해석문을 보면 대만지역의 현행 헌법과 「보충수정조항」의 양안관계 "일국양구"에 대한 정치적 자리매김에 명확히 위배하는 서술은 아직 나타나지 않고 있지만 "헌법해석"의 방식으로 대만 측의 대륙 관련 규정에 대한 정치입장을 은밀하게 바꾸는 사례가 존재하고 있다. 이에 대하여 주목이 필요하다. 최근에 이르러 양안 민간교류의 활성화와 대만지역 "사법원 대법관"의 "헌법해석" 수준의 제고와 함께 이러한 해석의 수는 늘어나는 추세를 보이고 있다.

(3) 양안협의체계의 기본구성과 주요 내용

"양안협의"는 해협양안 간에서 대륙의 해협양안관계협회와 대만의 해협교류기금회의 협상을 거쳐 양안 모두에 일정한 구속력을 갖고 있는 규범적인 협의을 체결하는 것을 가리킨다. 양안은 지난 2015년 9월까지 양회의 구조 내에서 32개의 관련 합의를 체결하였고, 그 명칭은 "협의", "합의", "공동의견" 등 다양하다.[3] 비록 현재 양안협의는 체계화 정도가 높지 않지만 양안협의의

---

1 "司法院大法官" "釋字第618號解釋" 해석이유서.
2 대륙지역주민의 입경, 정주에 관한 규정의 "합헌성"을 해석대상으로 한 "釋字第497號解釋"에서 「양안 인민관계조례」는 "국가통일 전 대만지역과 대륙지역 간의 인민권리 의무를 규제하는 특별입법"이라고 명시하였다. 해석에서는 "국가통일 전"이란 문구가 등장했고, "양안은 하나의 중국에 속한다"라는 긍정적인 입장을 보였다.
3 中共中央臺灣工作辦公室、國務院臺灣事務辦公室網站, 자료출처: http://www.gwytb.gov.cn/lhjl/, 최후방문날짜: 2017, 2, 20.

발전과 양안관계 평화발전의 추세로 보면 양안협의는 체계화되는 방향으로 발전하고 있다. 양안협의 체계의 구조에는 주로 기초적 협의와 사무성 협의가 포함된다.

첫째는 양안협의 체계 중의 기초적 협의이다. 양안협의가 정비된 체계로 되기 위해서는 반드시 기초적 협의가 양안협의체계 전체에 효력의 원천을 제공하고, 양안협의의 접수, 효력, 연락주체, 해석 등 공통의 절차적 문제를 규범화하여야 한다. 우리는 해협양안의 평화협의를 양안협의 체계의 기초적인 협의로 하여야 하고 양안협의의 효력 원천으로 하여야 한다. 헌법에 입각한 국내 법률체계에 비추어 보면 평화협의는 양안협의 체계의 "헌법"에 해당한다. 평화협의와 그에 의해 생성된 양안협의는 양안 간의 규범체계를 구성한다. 평화협의가 아직 체결되지 않은 점에 비추어 현 단계 양회가 형성한 일련의 양안협의는 평화협의가 체결된 후 평화협의와 저촉되지 않으면 계속하여 효력을 발생할 수 있고 평화협의와 저촉되는 내용이 있으면 양회 관련 절차에 따라 변경하여야 한다. 양안관계 평화발전은 일종의 동태적인 과정으로서 양안협의는 연성법의 일부 특징을 구현하고 있다.[1] 양안협의의 접수, 효력, 연락주체, 해석 등 공통의 절차성 문제에 대하여 양회는 적절한 시기에 기존 양안협의에서 규정한 모식을 토대로 절차성 문제를 규범화하는 협의를 제정하거나 관습 또는 관례의 방식으로 이를 확정할 수 있다.

둘째는 양안협의 체계 중의 사무성 협의이다. 사무성 협의는 양안협의 체계의 주체 부분이고 또한 양안관계 평화발전의 법률시스템의 중요한 구성부분이다. 기초적 협의가 양안협의 체계의 "헌법"이라면 사무성 협의는 양안협의 체계의 "부문법"으로 볼 수 있다. 양안의 관리수단으로서의 특수성으로 말미암아 양안의 사무성 협의를 전통적인 부문법의 구분에 따라 구분하면 양안협의의 특징을 체현할 수 없다. 양안의 사무성 협의가 해결하려는 문제의 성질에 근거하여 양안의 사무성 협의는 세 가지 유형으로 나눌 수 있다.

첫 번째 유형은 양안사무에 관한 실체성 협의이다. 양안사무에 관한 실체성 협의는 양안 간의 정치, 경제, 사회, 문화 등을 직접 조정하는 협의이다. 양안 사무에 관한 실체성 협의는 양안교류 과정에서 자주 발생하고 양측 영역 내의 제도적 규정이 기본적으로 동일하며 양안이 이에 대해 일치를 이룰 수

---

[1] 周葉中、祝捷, "兩岸治理: 一個形成中的結構", 法學評論, 2010, 제6기.

있는 사항을 실체성 규범으로 규정하여 양안 및 양안 인민들의 관련 영역에서의 교류에 있어서 해당 실체성 규범에 직접 근거할 수 있게 한다. 양안사무에 관한 실체성 협의는 일반적으로 양안교류 중 가장 중요한 사무를 규정하고 있다. 주로 해운, 우편, 경제무역 협력, 관광, 지적재산권 보호, 해협 간의 혼인, 봉양, 입양, 상속, 용역교류 등을 포함한다. 물론 우리가 여기서 말하는 양안사무에 관한 실체성 협의는 양안 영역 내의 실체법을 직접 대체하는 효과가 없고 상술한 분쟁이 해협 간에서 발생할 때에만 효력을 발생한다.

두 번째 유형은 양안사무에 관한 절차성 협의이다. 양안사무에 관한 절차성 협의는 양안 간의 공권력 부서의 협력, 연락과 공동처리 절차를 규정한 협의이다. 양안사무에 관한 절차성 협의는 비록 양안 간에 상호 교류의 현실적 수요가 있지만 양안의 관련 제도의 차이가 비교적 크거나 당분간 컨센서스를 형성할 수가 없어 양안이 상호협력, 연락 또는 공동처리할 수밖에 없는 사무에만 적용된다. 양안 영역 내의 법률제도 다수는 차이가 비교적 크므로 양안이 아직 컨센서스를 형성하지 못한다는 전제하에서 양안사무에 관한 절차성 협의는 양안의 사무성 협의의 주요 내용을 구성한다. 현 단계에 양회가 체결한 협의는 모두 이 유형의 협의에 속한다. 예컨대 「해협양안 금융 협력협의」(海峽兩岸金融合作協議), 「해협양안의 공동 범죄단속 및 사법공조에 관한 협의」(海峽兩岸共同打擊犯罪及司法互助協議), 「해협양안 농산품 검역검증 협력협의」(海峽兩岸農産品檢疫檢驗合作協議), 「해협양안 표준계량 검증인정 협력협의」(海峽兩岸標準計量檢驗認證合作協議), 「해협양안 원자력안전 협력협의」(海峽兩岸核電安全合作協議), 「해협양안세관협력협의」(海峽兩岸海關合作協議) 등이다.

세 번째 유형은 양안 지역 간의 법률적용 협의이다. 양안 지역 간 법률적용 협의라 함은 양안의 민상사법률의 적용문제를 해결하는 협의를 말한다. 양안은 서로 다른 법역에 속하며 민상사법률 충돌 문제는 오래전부터 존재하여 왔다. 비록 일부 학자들은 소위 지역 간 충돌 규범을 제정하거나 국제사법을 적용하여 양안 간의 민상사법률 충돌을 해결할 것을 계속하여 주장하고 있지만[1], 이는 여러 가지 원인으로 인해 실행되지 못하였는데, 그 원인 중의 하나가 바로 대만지역 법률의 지위문제이다. 그러나 대륙에서는 1987년 이후로 대만법을 적용하여서는 안 된다고 명확히 밝힌 적은 없다. 광동성(廣東省)고급인

---

1 韓德培, 國際私法問題專論, 武漢大學出版社, 2004, 147쪽.

민법원이 발행한 「섭외상사 심판에 관한 약간의 문제에 대한 지도의견」(關於涉
外商事審判若干問題的指導意見)을 예로 들면, 해당 의견 제41조는 만약 당사자가
대만법률을 적용할 것을 주장하면 대만지역의 민상사법률로서 하나의 중국의
원칙과 위배되지 않고 중국 대륙의 사회공공이익을 위반하지 않는 조건하에
서 적용할 수 있고, 적용 시 반드시 "대만지역 xx법"이라고 명시하여야 한다고
규정하였다.[1] 2010년 최고인민법원이 반포한 「대만 관련 민상사 사건의 심리
에 있어서의 법률적용 문제에 관한 최고인민법원의 규정」(最高人民法院關於審理
涉臺民商事案件法律適用問題的規定) 제1조 제2항은 "법률과 사법해석 중 적용 법
률의 선택에 관한 규칙에 근거하여 대만지역의 민사법률을 적용할 것을 확정
하면 인민법원은 이를 적용한다"[2]고 명확하게 규정하였다. 이 사법해석은 대
륙에서의 사법재판 중에서의 대만지역 민사법률의 적용가능성을 명확히 하였
고 또한 대만지역 민사법률의 지위를 공식적으로 확인한 것이다. 그러나 관련
문제에 관한 대만지역의 현행 제도는 개방적이지 못하다. 일부 대륙학자들은
대만지역의 양안 민상사법률 적용 문제를 해결하는 「양안 인민관계조례」는
"개방이 제대로 이뤄지지 않고 규제가 느슨하지 않으며 전망성이 부족하다"고
지적하고 있다.[3] 그러므로 구체적 상황에 따라 해협 간의 사무이지만 통일적
인 실체성 협의 또는 절차성 협의에 의해 조절하기 적합하지 않은 사무는 양
안 지역 간 법률적용 협의를 통해 조절하는 것이 최선의 선택이다. 이 유형의
협의는 민사주체의 행위능력법, 침권행위법, 물권법, 계약법, 회사법 및 일부
상사법률 등 영역을 포괄할 수 있다.

양안협의는 양안관계 평화발전의 법률시스템의 중요한 구성부분이고 또
한 양안관계 평화발전의 중요한 제도적 보장이다. 양안 간의 교류가 날로 심
화되고 있는 오늘날, 양안협의 체계의 구축은 양안관계 평화발전을 추진하고
평등한 협상을 촉진하며 제도건설을 강화하고 현 단계 양안관계 발전의 제도
적 성과를 한층 더 공고히 하는 데 중대하고도 현실적인 의의가 있다.

---

1 「廣東省高級人民法院關於印發'關於涉外商事審判若干問題的指導意見'的通知」(2004), 제41조.
2 「最高人民法院關於審理涉臺民商事案件法律適用問題的規定」(2010), 제1조.
3 裴普, "一國兩制架構下海峽兩岸區際私法構想－兼評臺灣「兩岸人民關繫條例」", 重慶大學學報(社會
科學版), 2004, 제2기.

제 2 절 양안의 상대방 관련 사무에 관한 입법의 보완과 실행

양안법제는 양안의 각자 영역 내의 상대방 관련 사무에 관한 입법, 양안 협의 및 그 체계화 건설을 거쳐 이미 초기 형태를 갖추었고 양안관계 평화발전의 틀의 구축과 양안 교류행위를 규범화하고 조절함에 있어서 중요한 역할을 하고 있다. 그러나 현재의 양안법제는 법치형의 양안관계 발전모식을 갖추기 위해 필요한 제도의 수준에 도달하기까지는 아직 상당한 거리가 있다. 특히 지적할 점은 현재의 양안법제는 양안의 상대방 관련 사무에 관한 법률이든 체계화의 양안협의든 모두 "양안법제"라는 개념에 포괄된 학문적 묘사일 뿐, 양안관계 평화발전의 법률과 제도에 대한 수요에 응하여 양안이 행한 주동적 행위가 아닌 것이다. 양안관계 평화발전의 틀을 구축하기 위해서는 양안은 보다 적극적인 마인드로 자발적으로 양안법제를 "형성"하는 것에서 자각적으로 양안법제를 "구축"하는 것으로 전환해야 한다. 정치적 쟁의는 법률언어로 피하고 맹목적인 정치적 행동은 법률의 권위로 극복하여 법치형 양안관계의 발전모식을 형성하는 것이다. 양안의 상대방 관련 사무에 관한 입법은 양안법제의 초급형태이다. 양안법제를 구축하는 과정에서 양안은 각자의 상대방 관련 사무에 관한 입법체계를 적극적으로 보완하고 양안의 헌법 제도적 협의를 체결하여 양안의 입법시스템을 보완하며 상대방의 법률, 법률문서와 재판의 상호승인시스템을 구축하는 등 구체적인 방법을 운용할 수 있다.

1. 양안의 상대방 관련 사무에 관한 법률체계의 비교

비록 양안의 상대방 관련 사무에 관한 입법은 대륙과 대만 두 개 법역 내부의 입법이고 각자 법역과 관련되는 입법의 특징을 가지고 있지만 양자는 많은 중요한 문제에서 여전히 상당한 정도의 일치를 이루고 있다. 구체적으로 말하면 양자의 같은 점은 주로 다음과 같은 세 가지 방면에서 나타난다.

첫째, 비록 구체적인 표현상 일정한 차이가 있지만 양안의 상대방 관련 사무에 관한 입법은 모두 "일중성"(一中性)의 특징을 보이고 있다. 대륙의 대만 관련 입법에서 이러한 "일중성"은 "양안이 모두 하나의 중국에 속한다"는 "하나의 중국"의 원칙에서 직접 체현되고 대만 관련 입법의 법률적 효력은 사실상 대륙에 미칠 뿐만 아니라 법리상 대만을 포함한 해협양안에 모두 미친다. 대륙의 대만 관련 입법의 "일중성"은 일련의 입법체계를 관통하는 기본원칙에서 체현될 뿐만 아니라 법률이 설정한 양안관계 평화발전의 정치적 기초와 전제에서도 체현된다. 예컨대 「반분열국가법」 제5조는 "하나의 중국"의 원칙을 견지하는 것은 조국의 평화통일을 실현하는 기초라고 명확히 규정하였다. 대만의 대륙 관련 입법에서 이러한 "일중성"은 간접적으로 서술되는 "하나의 중국"의 원칙에서 체현되었고 그 표현방식은 대만지역 현행 헌법 보충수정조항 중의 "국가통일 전의 수요에 응한다", 「양안 인민관계조례」 중의 "대륙지역은 대만지역 외의 중화민국 영토를 가리킨다" 등을 포함한다. 그 함의는 "대륙과 대만은 하나의 중국에 속한다"에 있고 "일중"에 대한 확인을 통하여 "중화민국"의 "주권성"에 "합법적" 근거를 제공하였다. 비록 양안이 상대방 관련 사무에 관한 입법 중에서의 "일중성"에 대한 표현방식, 법리적 함의 등은 서로 차이가 있고 양안 정치인들도 이러한 "일중성"에 대한 표현으로부터 부동한 정치적 함의를 발굴할 수 있지만 "하나의 중국"의 원칙이 양안의 각 규정에 객관적으로 존재한다는 사실은 의심할 바가 없다.

둘째, 비록 양안의 상대방 관련 사무에 관한 입법의 정비 정도에는 차이가 있지만 양안 모두 비교적 정비된 상대방 관련 사무에 관한 입법체계를 형성하였다. 이는 양안이 모두 법제를 통해 양안의 교류질서를 수호하려는 기본태도를 형성하였음을 보여준다. 양자를 비교하여 보면 현재 대륙의 대만 관련 입법의 주요 조정 대상은 "대만독립" 분열세력에 대한 억제, 대만동포의 투자, 대만 관련 사무에 대한 행정관리 등 개별 영역에 집중되어 있고 기타 많은 중요한 영역에 대하여는 법률적 규제가 결여되어 있으며 입법 정비 정도가 여전히 낮은 것으로 나타났다. 그렇지만 양안교류와 협력이 부단히 강화됨과 동시에 대륙 측은 대만 관련 법제건설을 적극 강화하고 양안관계 발전요구에 부응하는 법제 환경을 힘써 구축하여 대만 관련 입법체계로 하여금 초보적인 규모를 갖추게 하였다.[1] 대륙의 대만 관련 입법에 비해 대만의 대륙 관련 입법체계의 정비정도는 더욱 높다. 대만의 대륙 관련 입법체계는 규제의 밀도 면에

---

[1] 彭莉, "試論近年來兩岸法律事務處理方式的變化", 臺灣研究, 2011, 제4기.

서 대륙의 입법에 비해 훨씬 높을 뿐더러 해당 법률규범 내부 간의 관련성과 논리성도 대륙 측에 비해 강하다. 결론적으로 양안교류가 부단히 심화됨에 따라 양안교류활동 참여자인 양안민중과 양안 공권력기관이 양안의 상대방 관련 사무에 관한 입법에 대한 수요 정도가 부단히 높아지고 양안이 법률로 정책을 대체하여 양안관계의 조절도구로 사용하려는 의도는 갈수록 뚜렷해지고 있다. 이러한 배경에서 양안의 상대방 관련 사무에 관한 입법도 초보적 체계를 갖춘 기초에서 한층 더 보완되고 발전할 것이다.

셋째, 비록 구체적인 대우에 관하여 규정상 일정한 차이가 있지만 양안의 상대방 관련 사무에 관한 입법은 모두 상대방 주민을 구분하여 관리하는 태도를 취하고 있다. 양안의 상대방 관련 사무에 대한 입법의 중요한 구성 중의 하나가 바로 자신의 영역 내에서의 상대방 주민의 법률적 지위에 대한 양안의 관련 규정이다. 대륙에서 대만 주민은 법률상 "중국인"의 신분을 갖고 있고 실제적으로는 "공민과 동등한"(視同公民)의 지위를 누린다. 즉, 대륙공민과 상응한 법적 지위를 갖고 있고 기본적으로 "국민대우"를 누리며 개별적인 영역에서는 "초국민 대우"(超國民待遇)를 누리고 있다.[1] 그러나 양안의 정치적 대립의 영향으로 인하여 대만 주민들은 대륙에서 출입경, 거주, 취업, 취학의 경우 여전히 일정한 정도의 "구별 관리"를 받고 있고 권리의 실현에 있어서도 일정한 정도에서 제한을 받는다. 대만에서는 "대만지역의 안전과 복지를 보장한다"는 이유로 대만을 방문한 대륙 주민의 기본 권리에 대하여 일정 정도 제한을 하여 대만 주민과 차별화된 법적 지위를 부여하고 있다. 양안의 상대방 주민의 대우문제에 관한 구체적인 규정은 다소 차이가 있다. 대륙 측은 "대만우대"(惠臺)의 목적으로 대만 주민에게 비교적 높은 법률적 대우를 규정하고 있지만 대만 측은 자신의 이익을 수호하는 목적으로 대륙 주민에게 비교적 낮은 법률적 대우를 규정하고 있다. 하지만 법률로써 상대방 주민과 자기 측의 주민을 구별하여 대하고 관리하는 면에서 대륙과 대만 양자의 태도는 일치한다.

양안의 상대방 관련 사무에 관한 입법은 대륙과 대만의 입법 전통과 입법 취지의 차이로 인하여 다소 다른 양상을 보이고 있다. 구체적으로 말하면 이러한 차이점은 주로 다음과 같은 두 가지로 귀납할 수 있다.

첫째, 양안의 상대방 관련 사무에 관한 입법의 형식이 다르다. 입법의 형

---

1 陳動, "臺灣居民在大陸的法律地位", 兩岸關係和平發展制度化學術研討會論文集, 2014, 9.

식으로부터 보면 양안의 상대방 관련 사무에 관한 입법은 단행법 입법형식과 종합적 입법형식의 구분이 있다. 대륙 측에서 제정한 20여 부의 대만 관련 법규와 100여 부의 대만 관련 규범성 문서는 주로 단행법 입법형식을 채택하고 있다. 즉, 관련 법률법규와 기타 규범성 문서는 모두 특정된 구체적인 대만 관련 법률문제에 대해서만 규정하고 있다.[1] 대륙 측의 단행법 입법형식과는 달리 대만 측의 대륙 관련 입법은 종합적 입법형식을 채택하고 있다. 즉, 한 부의 법률규범에서 대륙과 관련되는 각 방면의 법률문제를 규정하고 있다. 「양안 인민관계조례」가 바로 이러한 종합적 입법형식의 산물이다. 입법원가, 법률의 실행효과 등을 감안하면 이 두 가지 입법형식은 나름대로 각기 장단점이 있다. 단행법 입법형식은 입법원가가 낮은 우세가 있지만 체계화정도가 낮고 내부논리성이 강하지 못한 열세가 있으며 종합적 입법형식은 비록 입법원가는 높지만 그 내부논리성이 비교적 엄밀하고 전반 실행효과도 단행법 입법형식에 비하여 높다. 양안의 상대방 관련 입법형식의 차이는 양안의 법제전통, 입법사유의 차이를 드러내고, 또한 일정한 정도에서 양안의 상대방 관련 입법체계의 정비성의 차이를 보여준다.

둘째, 양안의 상대방 관련 사무에 관한 입법의 중점이 다르다. 입법의 중점으로부터 보면 양안이 상대방 관련 사무에 관한 입법 간에는 일정한 차이가 존재한다. 대륙 측이 제정한 대만관련 입법의 중점은 "반독립"과 "대만우대" 두 가지 목표에 초점이 맞춰져 있다. 전자는 「반분열국가법」을 대표로 하고, 후자는 「대만동포투자보호법」을 대표로 한다. 이외의 대륙 측의 기타 대만 관련 법률법규는 이 두 가지 중점목표를 둘러싸고 제정하였거나 혹은 이 두 가지 중점목표를 실현하기 위하여 제정한 것이다. 대만 측이 제정한 대륙 관련 입법은 "대만지역의 안전과 민중의 복지 확보"라는 중점에 초점이 맞춰져 있다. 대륙 관련 종합적 법률인 「양안 인민관계조례」는 바로 이를 중점으로 제정된 양안 인민의 교류를 규제하고 대륙인민의 권리를 제한하는 법률 규범이다. 이외에도 많은 대륙 관련 「대법관해석」 중에도 이러한 입법중점을 둘러싼 서술이 많다. 예컨대 대륙 인민의 대만에서의 공직 담당조건이 제한받는 문제에 대한 "석자 제618호 해석"의 해석문에서 관련 제한규정에 대하여 "대만지역의 안보, 민중의 복지, 자유민주화의 헌정질서를 수호하기 위하여 특별히

---

1 陳向聰, "涉臺法律規範體系若干問題硏究", 海峽法學, 2010, 제4기.

규정하는 것은 목적상 합리적이고 정당하다”고 해석하였다. 양안의 상대방 관련 사무에 관한 입법중점에서의 차이는 양안이 상대방 인민의 권리에 대하는 부동한 태도를 충분히 보여주었고 또한 양안관계 평화발전의 목표에 대한 대륙과 대만의 부동한 태도를 드러냈다.

2. 양안의 상대방 관련 사무에 관한 법률체계의 보완

법을 제정하는 것은 아주 엄숙한 일이다. 양안 각자의 상대방 관련 사무에 관한 법률은 본질상 여전히 양안 각자 영역 내의 법률에 속한다. 현재 양안을 놓고 보면 각자의 상대방 관련 사무에 관한 법률체계에 모두 양안교류와 양안관계 평화발전을 추진하는 데 불리한 요소들이 존재하므로 시급히 보완·개정하여야 한다. 이 문제에 관하여 대륙에서는 아직도 체계적인 대만 관련 기본입법을 결여한 점에서 표현되고 대만에서는 「양안 인민관계조례」에 양안관계 발전의 현실에 부합되지 않는 내용이 다수 존재하는 점에서 표현된다. 이러한 문제점들은 시급히 개정하여야 한다.

(1) 대륙의 대만 관련 기본입법의 결여와 창설

비록 양안관계 평화발전으로 지난 몇 년간에 다수의 중요한 성과를 거두었지만 2014년 이래 양안관계의 발전과정에는 많은 문제점들이 나타났다. 대만지역 내부 정치형세의 변화로 인해 2016년 이후 양안관계는 비록 전면적인 대항 상태로 발전하지는 않았지만 미래의 양안관계 평화발전의 추세를 보면 발전의 빈도, 절주, 함의에 있어서는 어는 정도 조절될 수 있다.[1] 어떻게 하면 양안관계 평화발전의 성과를 대만지역의 정치형세의 변화에 따라 “얻은 후 다시 잃지”(得而復失) 않을 것인가, 어떻게 하면 양안관계를 대만지역 집권자의 변화에 따라 후퇴하지 않도록 할 수 있을 것인가 하는 것이 현 단계에서의 급선무이고 현실적인 수요가 되었다. 상술한 문제를 해결하려면 정치적 수단에 근거하여야 할 뿐만 아니라 법률적 수단에도 근거하여야 한다는 것은 의심할 바 없다. 이 판단에 근거하여 대륙의 대만 관련 입법사업 현황과 양안관계 평화발전의 단계적 특징을 결부하여 보면 현재에 양안관계 평화발전의 단계와

1　倪永傑, “‘九合一’選舉牽動臺灣政局與兩岸關係嬗變”, 臺灣硏究, 2015, 제1기.

관련되는 문제들을 조절하는 종합적인 법률을 제정하는 것은 매우 필요하다
고 생각한다.

   첫째, 양안관계 평화발전 단계를 조절하는 종합적인 법률을 제정하는 것
은 중국의 대만 관련 입법체계를 보완하고 양안관계 평화발전을 수호하는 제
도적 틀을 구축하기 위한 필수 조건이다. 어떻게 하면 "양안관계의 정치적 기
반을 훼손하는 언행을 단호히 반대하고 어렵게 얻은 대만해협의 평화와 양안
관계 평화발전의 성과를 절대 잃지 않"을 것인가 하는 것은[1] 현재 우리 앞에
놓인 중요한 과제이다. 양안관계 평화발전을 제도화하여 추진하여야만 정치·
경제·문화와 사회기반을 튼튼히 다질 수 있고, 양안관계의 정확한 발전방향
을 보장할 수 있으며 양안관계 평화발전을 필연성 없는 추세로 만들 수 있
다.[2] 우리는 법치사유를 운용하고 제도적 건설을 강화하며 양안관계 평화발
전을 수호하는 제도적 틀의 구축을 통하여 양안관계로 하여금 개별적인 정치
인과 개별정당에 대한 의존에서 제도의존으로의 단계적인 전환을 실현하는
것이야말로 이 과제를 해결함에 있어서 반드시 거쳐야 할 길이라고 생각한다.
중국의 대만 관련 법률체계의 제도화 정도로부터 보면 2005년 「반분열국가법」
이 반포·실행된 이래 대륙 측에서 이미 대만 관련 입법체계를 초보적으로 구
축하였다고 할 수 있지만 이 입법체계에는 다소 결함이 존재하고 있다. 기존
의 대만 관련 입법체계의 입법중점은 "대만독립" 분열활동을 반대하고 대만동
포의 대륙지역에서의 출입경, 투자, 관광 등 개별적인 활동 분야에 대하여 규
제하는 데 초점을 두었지만 대만지역 주민의 대륙지역에서의 개인권리 보장,
양안 공권력기관 사무성 교류시스템 등 양안관계 평화발전 단계에 존재하는
일부 중대한 현실적 문제에 대한 규제는 부족하였다.[3] 때문에 양안관계 평화
발전과정에서 나타나는 현실적 문제를 실제적으로 해결할 수 있는 종합적인
법률을 제때에 제정하여 중국의 대만 관련 입법체계를 보완하고자 하는 목적
을 실현하여야 한다.

   둘째, 양안관계 평화발전 단계를 조절하는 종합적인 법률을 제정하는 것

---

[1] 新華網, "習近平總書記會見中國國民黨主席朱立倫", 자료출처: http://news.xinhuanet.com/politics/
   2015-05/04/c_1115169416.htm, 최후방문날짜: 2017, 4, 22.
[2] 劉佳雁, "兩岸關係和平發展制度化芻論", 臺海研究, 2015, 제2기.
[3] 段磊, "海峽兩岸涉對方事務立法體系的構成、比較與啓示", 西安電子科技大學學報(社會科學版),
   2015, 제3기.

은 대만에 대한 "법에 근거하여 법을 제정하는"(以法製法) 전략을 전면적으로 관철하기 위한 요구이다. 대만문제는 정치문제이기도 하고 법률문제이기도 하다. 정치문제를 법률화하는 것은 인류사회 발전의 필연적 추세이고 인류정치 문명 성과의 결정체이기도 하다.[1] 그러므로 법률수단을 통해 대만 측의 관련 주장에 대응하는 것은 대륙 측의 대만 관련 전략의 중요한 구성부분이 되어야 한다. 현재 대만 측은 기존 입법의 토대 위에서 대륙 관련 입법을 한층 보완하고 있다. 최근의 입법 중점으로는 「양안협의감독처리조례」(兩岸協議監督處理條例)의 제정과 「양안 인민관계조례」에 대한 수정 등이다. 만약 이러한 입법 활동이 완성된다면 대만 측의 대륙 관련 법률체계는 더욱 보완될 것이다. 이와 비교하면 현재 대륙 측의 대만 관련 입법은 여전히 많이 미비하다. 특히 거시적이고 종합적인 법률이 부족하다. 이러한 열악한 입법현황은 이미 양안관계 평화발전의 현황에 적응할 수 없게 되었다. 때문에 대만에 대한 "법에 근거하여 법을 제정하는"의 전략을 전면적으로 관철하고 대만 관련 투쟁에서의 주도권을 장악하려면 대만 측의 관련 입법과정을 면밀히 주목하는 기초에서 대륙 측의 대만 관련 입법을 하루빨리 보완하여야 한다.

셋째, 양안관계 평화발전 단계를 조절하는 종합적인 법률을 제정하는 것은 "법치형" 양안관계 평화발전의 새로운 모식을 구축하여 양안관계 평화발전을 적극 보장하기 위한 필수적인 요구이다. 2008년 5월 이래 양안관계는 평화발전의 새로운 단계에 들어섰고 대륙과 대만의 관계는 짧디짧은 몇 년 사이에 관계의 개선으로부터 깊은 교류의 단계로 발전하였다. 그러나 2014년 이래 대만지역 내부정치형세의 변화는 각계로 하여금 양안관계 평화발전의 미래에 대한 의심과 관망상태로 신속히 전향하게 했다. 이는 양안관계의 발전에는 여전히 비교적 강한 인치색채가 존재함을 충분히 보여준다. 시진핑(習近平) 국가주석은 현재 양안관계는 비록 일부 새로운 정황과 새로운 문제에 봉착하였지만 평화발전의 대세는 개변되지 않았다고 지적하였다.[2] 양안관계 평화발전의 대세가 바뀌지 않는 배경에서 우리는 응당 양안이 함께 인정하는 "법치"의 사회관리 방식과 핵심가치를 핵심으로 하는 "법치형"의 양안관계 평화발전의 새

---

1 周葉中, "臺灣問題的憲法學思考", 法學, 2007, 제6기.
2 新華網, "習近平總書記會見臺灣和平統一團體聯合參訪團", 자료출처: http://news.xinhuanet.com/politics/2014-09/26/c_1112641354.htm, 최후방문일자: 2017. 4. 22.

로운 모식을 구축하여야 한다.[1] 양안관계에 관한 종합적인 법률을 제정하는 것은 바로 우리가 법치정신을 관철하여 "법치형"의 양안관계 평화발전의 새로운 모식을 구축하는 중요한 절차이다.

결론적으로 대륙 측에서는 비교적 완정하고 체계적인 대만관계와 대만 관련 사무를 처리하는 종합적인 법률을 제정하는 것이 시급하다. 그리고 이 법률을 기초로 양안사무 발전의 수요에 따라 약간의 특별법을 제정하고 점차적으로 대만 관련 법률시스템을 형성하여야 한다. 영역 내의 관련 입법의 정비에 관한 과제에 대하여, 대륙 측은 먼저 양안관계를 조절하는 기본 법률을 제정하고 이 법률을 통해 현재 양안관계와 양회 협상시스템에 존재하는 각종 합법성 문제를 해결하며 현재 양안관계와 관련 문제를 처리할 때 지나치게 많이 나타나는 대륙 측의 "특수상황"에 대하여 합리적이고 합법적인 해석을 하여야 한다. 기본 법률의 제정된 후 이 법률을 근거로 일련의 대만 관련 법률규범을 창설·보완하고 최종적으로 중앙과 지방의 입법을 결합하며 인민대표대회의 입법과 행정입법을 결합하는 대만 관련 입법체계를 형성하여야 한다.

예상하고 있는 대만 관련 기본입법[이하 "대만관련기본법"(涉臺基本法)이라 약칭]의 기본 내용은 최소 세 가지 내용을 포함하여야 한다. 첫째, 대만지역과 양안의 평화적 교류 관련 사무를 상담하는 기관의 법적 지위를 명확히 하고 그 권한을 위임하는 법적 근거를 명확히 하여야 한다. 둘째, 양안협의가 대륙 법역 내에서 적용되는 방식을 명확히 하여야 한다. 셋째, 각 국가기관이 대만 관련 문제를 처리함에 있어서 지켜야 할 기본원칙을 확립하여 대만 관련 특별 입법에 법적 근거를 제공하여야 한다.

(2) 대만지역 「양안 인민관계조례」의 낙후성과 개정 방안

1992년 대만지역 "입법원"이 「양안 인민관계조례」를 통과한 후로 이 "법률"은 대만지역이 양안관계와 대륙 관련 사무를 해결하는 기본 "법률"로 자리 잡았다. 20여 년간 「양안 인민관계조례」는 무려 14차례나 개정되었지만 이러한 개정은 다수가 기술적이고 보충적인 개정으로 기본적인 입법원칙과 절차는 변하지 않았다. 이 "법률"이 제정된 1990년대는 양안관계의 대립적인 정서가 비교적 심하였기 때문에 해당 조례에 표현된 내용은 여전히 양안교류를 엄격

---

1 周葉中、段磊, "論'法治型'兩岸關係的構建", 福建師範大學學報(哲學社會科學版), 2015, 제6기.

히 제한하는 기본정신을 담고 있었다. 「양안 인민관계조례」의 기본정신은 다음과 같은 몇 가지 방면에서 나타난다. 첫째, 여전히 "중화민국"의 정통성과 일부 내전(內戰)적 사유를 견지하고 있다. 둘째, 여전히 "일국이구"의 기본이론을 견지하고 있다. 셋째, "주권치권"(主權治權) 구분의 기본방법을 견지하고 있다. 넷째, 내전과 냉전사유를 견지하고 있다. 이러한 대립적 사유는 양안교류를 진일보 발전시키는 데 뚜렷한 장애역할을 한다. 「양안 인민관계조례」를 대표로 하는 대만지역의 "대륙 관련 법률"이 양안의 평화교류에 대한 법률적 장애는 주로 경제무역 투자방면, 인적교류방면, 형사사법공조방면 등 여러 방면에서 나타난다.[1] 때문에 대만지역은 응당 양안관계의 발전 및 관련 양안협의의 체결에 근거하여 시기에 적절하지 않은 "법률"을 개정함으로써 양안교류 중에 존재하는 법률적 장애를 해소하여야 한다.

영역 내의 관련 입법의 정비에 관한 명제에 대하여, 대만 측은 대륙 관련 기본 "법률"―「양안 인민관계조례」를 수정·보완함으로써 양안 인민의 교류를 가로막는 울타리를 제거하고 양안 평화 교류의 발전을 한층 더 추진하여야 한다. 「양안 인민관계조례」의 수정은 응당 이하의 기본적인 원칙을 준수하여야 한다. 첫째는 양회상담에 대한 제한을 적절히 완화하여야 한다. 둘째는 기존의 양안협의의 기초에서 전망성 있게 양안 인민의 민간교류에 대한 법률적 제한을 완화하여야 한다. 셋째는 시기에 적절하지 않은 일부 법률조항을 포기하여야 한다.

물론 대만지역 섬 내의 정치상황이 복잡하기 때문에 대만지역으로 하여금 짧은 시일 내에 「양안 인민관계조례」를 대폭적으로 개정하라는 것은 현실적이지 못하다. 비록 대만지역의 지도자 마잉주(馬英九)는 "현재의 시간과 공간적 환경에 맞춰 「양안 인민관계조례」를 전면적으로 개정하겠다"고 밝혔지만[2], 사실상 국민당은 이러한 전면적인 재모식 과정을 추진할 정치적 에너지를 갖고 있지 않다. 설사 고립된 조항들에 대한 일부 점검을 진행한다고 하더라도 섬 내의 종족 정치와 정당정치의 큰 저항을 받게 될 것이다. 때문에 본서에서 제기한 세 가지 개정원칙은 장기적인 전망에 불과하며 단시일 내의 입법

1 周葉中、祝捷, 構建兩岸關係和平發展框架的法律機制研究, 九州出版社, 2013, 98−100쪽.
2 網易新聞, "馬英九: 通盤檢討修正「兩岸人民關繫條例」", 자료출처: http://news.163.com/12/1010/22/8DG5B87300014JB6.html, 최후방문일자: 2017, 4, 22.

계획으로는 될 수 없다.[1] 생각건대 대만지역의 「양안 인민관계조례」에 대한 개정은 단일 조항에 대한 점진적인 개정의 방식으로 추진될 것이라 예상된다.

3. 양안의 상대방 관련 사무에 관한 법률법규의 적용성에 관한 고려

양안법제의 형성시스템에서 승인이란 양안이 서로 상대방의 일부 법률, 문서, 법원의 판결 등의 효력을 승인하는 것을 말한다. 이는 이러한 문서들의 상대방의 법역에서의 효력과 자기 측 법역에서의 효력을 승인하는 문제를 포함한다. 그러나 현재 양안 간에 존재하는 "인정 논란"으로 인하여 양안 간의 정치적 대립의 영향은 단기간에 완전히 해소하기는 어렵고, 따라서 양측이 짧은 시일 내에 상대방의 근본법 및 공법을 승인하는 것도 어렵다. 그러나 "의사자치"(意思自治)를 핵심으로 하는 민상사법률과 공법은 일정한 차이가 있다. 상대방이 지정한 민상사법률에 대한 승인이 상대방 정권의 합법성을 승인하는 것은 아니다. 따라서 지금까지의 상대방이 지정한 법률에 대한 양안의 승인은 여전히 민상사법률과 그로 인해 파생된 민상사판결에 국한되어 왔다.

(1) 대만지역 민상사법률의 적용에 대한 대륙의 태도: 회피에서 승인으로, 간접적인 승인에서 직접적인 승인으로

1980년대 중반부터 지금에 이르기까지 대륙의 대만지역 민상사법률에 대한 적용은 회피에서 승인으로, 간접적인 승인에서 직접적 승인으로의 과정을 거쳤다.

제1단계: 「국제경제계약법」(涉外經濟合同法) 및 그의 사법해석(실효)에 대한 회피태도.

1985년에 반포된 「국제경제계약법」은 처음으로 국외법률의 적용 문제에 관하여 "계약당사자는 계약쟁의 처리에 적용하는 법률을 선택할 수 있다. 당사자가 선택하지 않은 경우에는 계약과 가장 밀접한 관계가 있는 국가의 법률을 적용한다"고 규정하였다.[2] 1987년 최고인민법원은 「국제경제계약법」을 적

1　田飛龍, "兩岸人民關繫條例的歷史考察與修改展望", 臺灣民情, 2012, 제6기.
2　「涉外經濟合同法」, 제5조.

용에 관한 약간의 문제에 대한 해답」(關於適用「涉外經濟合同法」若干問題的解答)에
서 "당사자가 선택할 수 있는 법률은 중국법일 수도 있고 홍콩, 마카오 지역의
법률일 수도 있으며 또는 외국 법률일 수도 있다"고 규정하였다.[1] 이 규정은
"홍콩, 마카오지역"의 법률적용 문제만 다루었을 뿐 대만 법률에 대하여는 언
급하지 않았다. 이는 의도적으로 회피하는 태도를 취한 것이다. 비록 「국제경
제계약법」과 그의 사법해석은 이미 「계약법」의 반포와 함께 효력을 상실하였
지만 대만지역의 민사법률에 대한 적용에 있어서의 회피태도는 대륙지역의
사법실천에 영향을 주었다. 2006년에 이르러서도 선전(深圳)시 중급인민법원
은 대만 관련 상사사건에서 여전히 "우리나라 법률은 대만지역 민상사법률의
효력을 명확히 승인하지 않고 있다"는 것을 이유로[2] 당사자들의 약정을 인정
하는 것을 거부한 바 있다.

제2단계: 대만지역 민사판결의 효력을 승인하는 것을 표현하는 간접적인
승인태도.

비록 대륙은 대만지역 민상사법률의 대륙에서의 적용을 오랫동안 거절하
여 왔으나 1998년부터는 대만지역 법원의 민사판결의 법률효력을 승인하기
시작하였다.[3] 2008년에 통과된 「대만 관련 민사소송문서의 송달에 관한 약간
의 규정」(關於涉臺民事訴訟文書送達的若干規定)은 양안의 사법공조의 길을 열어놓
았다.[4] 2009년 최고법원은 「인민법원이 대만지역 관련 법원의 민사판결 승인
에 관한 보충규정」(關於人民法院認可臺灣地區有關法院民事判決的補充規定)을 반포
하여 원 규정의 적용범위를 상사, 지적재산권, 해사 등 민사분쟁 사건과 대만
지역 관련 법원의 민사결정, 합의서, 지급명령 및 대만지역 중재기관의 판결
에까지 확대하였다.[5] 대만지역 법원의 민사판결은 당연히 대만지역의 법률에
근거하여 판결한 것이기 때문에 대만지역 법원이 내린 민사판결의 법률효력

---

1 「關於適用"涉外經濟合同法"若干問題的解答」, 제2조 제2항.
2 廣東省深圳市中級人民法院(2006), 深中法民四初字第173號 민사판결서.
3 「關於人民法院認可臺灣地區有關法院民事判決的規定」, 제10조는 인민법원이 청구에 대해 심사를
  한 후 대만 법원의 민사판결에 대하여 본 규정 제9조의 내용에 속하지 않는 경우에 한해 그 효력
  을 승인하도록 규정하고 있다.
4 「關於涉臺民事訴訟文書送達的若干規定」, 제1조: "하나의 중국 원칙과 법률의 기본원칙을 준수하
  고, 사회적 공공의 이익에 위배되지 않"는 전제하에서 인민법원은 해당 당사자와 대만지역 관련
  법원의 송달청구를 받아들일 수 있다.
5 「關於人民法院認可臺灣地區有關法院民事判決的補充規定」, 제2조.

을 승인하고 소송문서 송달협조를 제공하는 것은 사실상 대륙지역에서 대만
지역 민사법률의 효력을 간접적으로 승인한 것이다.

제3단계: 간접적인 승인에서 직접적인 승인으로.

2008년 이래 양안관계는 점차 좋아졌고 양안 간의 교류도 날로 밀접해졌
으며 대륙에서의 대만 관련 민상사사건도 갈수록 늘어남에 따라 관련되는 민
상사법률도 갈수록 복잡해졌다. 이런 배경에서 대만지역 법원의 민사판결에
대한 승인만으로는 이러한 복잡한 사건들을 해결하기 어렵게 되었다. 따라서
관련 사건해결에서의 대만지역 법률의 직접적인 승인은 불가피해졌다. 2010년
최고인민법원의「대만 관련 민상사사건 심리에 있어서의 법률적용 문제에 관
한 규정」(關於審理涉臺民商事案件法律適用問題的規定)의 반포는 대륙에서의 대만
지역 민상사법률의 적용효력을 간접적인 승인으로부터 직접적인 승인으로 전
환하였다.[1] 이는 양안교류 과정에서 나타나는 각종 분쟁을 해결하고 법률적
용문제를 명확히 하는 데 중대한 실천적 의의가 있다. 대만지역 법원의 민사
판결을 승인하고 지역 간에 법률충돌이 발생 시 대만지역 법률을 적용하는 것
은 "하나의 중국"의 원칙에 위배되는 것이 아니고 대륙이 대만의 공권력기관
의 합법성을 인정한다는 의미도 아니다. 최고인민법원이 대만지역의 민사법률
효력에 대한 승인은 사실상 대만지역의 법을 "하나의 중국"의 법률체계의 일
부분으로 재해석하여 대륙법률과 대만법률 간에 발생한 충돌을 "하나의 중국"
아래 두 개 부동한 법역의 지역 간 법률충돌로 본 것이다. 양안 간에 존재하는
민상사법률 충돌은 한 국가 주권범위 내의 지역 간 법률충돌에 속한다. 국제
사법에서 기타 법역의 민상사법률을 적용하는 것은 단지 개인의 민상사 이익
을 보호하기 위한 것이지 그 법역의 국제정치와 법률지위에 대한 승인은 아
니다.

(2) 대륙지역 민상사법률의 승인에 대한 대만지역의 태도: 특정 명목하에서 의 제한적인 승인

대만의 경우, 지금까지의 중국 관련 입법은 주로 민상사 영역에서 대륙의
법률을 승인하는 것으로 표현된다. 이는「양안 인민관계조례」의 규정에서 볼

---

1 「關於審理涉臺民商事案件法律適用問題的規定」, 제1조: 법률과 사법해석 중 적용 법률의 선택에
  관한 규칙에 근거하여 대만지역의 민사법률을 적용할 것을 확정하면 인민법원은 이를 적용한다.

수 있다. 이 조례는 제3장 제41조 제2항에서 대륙지역 주민 상호 간 및 외국인
과의 민사사건은 본 조례에 다른 규정이 있는 것을 제외하고는 대륙의 규정을
적용한다고 명확히 규정함으로써 포괄적인 방식으로 대륙지역의 민상사법률
의 유효성을 간접적으로 승인하였다. 물론 그 전제는 사건이 대륙지역 인민
상호 간 혹은 대륙지역 인민과 외국인 간에 발생한 것에 한하는 것이다. 만약
대만지역 인민과 대륙지역 인민 간에 발생한 사건의 경우에는 이 조례에 다른
규정이 있는 것을 제외하고는 대만지역의 법률을 적용한다. 「양안 인민관계조례」
의 용어를 자세히 살펴보면 제41조 제1항은 "대만지역의 법률"이라고 하여
"법률"이라는 용어를 사용하였고 제2항에서는 "대륙지역의 규정"이라고 하여
"규정"이라는 용어를 사용하였다. "법률"과 "규정"의 용어상의 차이에서 볼
때 해당 조례는 대륙지역 법률의 유효성을 명시적으로 인정하지는 않았지만
사실상 특정 주체 간에서의 대륙지역 법률의 유효성을 간접적으로 인정한 것
이다.

　대만지역의 대륙 관련 사무에 관한 입법은 주로 「양안 인민관계조례」이
다. 이 조례는 대만지역 법원의 대륙 관련 사무에 관한 사건에 대한 심리에 관
하여 두 가지 경우를 규정하였다. 한 가지 경우는 대륙지역 인민 상호 간 혹은
대륙지역 인민과 외국인 간에 발생한 민상사사건이다. 해당 조례의 규정에 따
르면 대만지역 법원은 이 유형의 사건을 심리할 경우 대륙지역의 법률을 적용
하여 판결을 할 수 있다. 두 번째 경우는 대륙지역 인민과 대만지역 인민 간에
발생한 민상사사건이다. 해당 조례의 규정에 따르면 대만지역 법원은 이 유형
의 사건을 심리할 경우 대만지역의 법률을 적용한다.

　대만지역 법원의 이 같은 두 가지 판결은 대만에서의 대륙지역 인민의 관
광, 출장 혹은 생활 등에 비교적 큰 영향을 미치게 되고 이는 양안법제의 중요
한 구성부분이 된다. 또한 대만지역 사법원 대법관의 현행 헌법과 법률에 대
한 해석, 특히 양안관계에 대한 해석이 대만지역 내의 법률체계에서 중요한
위치를 차지하고 있기 때문에 이도 양안법제의 중요한 구성부분이 된다.

제 3 절 양안협의 체계의 보완과 실행

  "법치형"의 양안관계 평화발전 모식의 제도에 대한 수요는 두 가지로 해결할 수 있다. 한 가지는 입법자의 입법을 통해 제도를 제공하는 것이고 다른한 가지는 주체 간의 상호협상을 통해 제도를 형성하는 것이다. 대륙과 대만위에는 초양안적 주체가 없고,[1] 따라서 양안의 공동 규범을 제정하는 "초입법자"(超級立法者)도 존재하지 않는다. 이러한 인식에 근거하면 양안관계 평화발전에 제도를 마련하려면 반드시 대륙과 대만 사이의 협상에 근거하여야 하는데 양회구조도 양안제도 공급의 주요 원천이 된다. 현실적 차원에서 보면 대륙과 대만이 협상을 통해 제도를 창설하는 주요한 형식은 양안협의이다. 체계화된 양안협의는 양안협의로 하여금 영역 내의 법률과 유사한 규범적 특징과체계적 특징을 갖추게 하였다. 양안협의는 규범성 문서의 형식으로 양안의 컨센서스를 제도화함으로써 양안관계 평화발전에 규범적 근거를 제공하여 준다. 그러므로 양안협의는 양안이 제정한 상대방 관련 사무에 관한 법률보다 더욱충분히 법률규범을 운용하여 양안의 컨센서스를 표현할 수 있고 따라서 양안의 교류행위를 규범화하고 조정하는 데도 더욱 유리하다.[2] 이 부분에서는 주로 양안협의에 대한 보완과 실행에 대해 논술하려고 한다. 주요 내용은 양안협의의 접수, 연락주체, 해석과 개정을 포함한다.

1. 양안협의의 접수

  양안협의의 접수란 양안의 입법기관이 양안협의를 자기 영역 내의 법으로 받아들이는 행위를 말한다. 양안협의의 접수[3] 문제를 논함에 있어서는 반드시 대륙과 대만이 서로 다른 법역이라는 것을 인정하여야 한다. 일반적으로 "법역"(法域)이란 하나의 독특한 법률제도를 갖거나 적용하는 구역으로, "법역"은 "국가", "주권" 등 개념과 관계없이 하나의 주권국가라 하더라도 여러 개를

---

[1] 周葉中, 祝捷, "論兩岸關係和平發展框架的內涵", 時代法學, 2009, 제1기.
[2] 祝捷, "論兩岸法制的構建", 學習與探索, 2013, 제7기.
[3] "接受"의 용법은 李浩培, 條約法概論, 法律出版社, 2003, 314쪽 참조.

가질 수 있다.[1] 대륙과 대만은 서로 다른 두 개의 "법역"에 속하고, 이는 양안 관계의 현실에 부합되며 대륙 학계에서도 공인하는 바이다.[2] 대륙과 대만을 두 개의 부동한 법역으로 인정하는 전제하에 양안협의의 접수란 대륙과 대만이 양안협의를 체결한 후 양안협의로 하여금 각자 영역 내 법률체계의 일부분이 되게 하는 과정을 말한다.

양안협의가 양안 각자 영역 내의 법으로 되는 과정은 곧 "컨센서스결"(共識決)이 "민주결"(民主決)의 검증을 받는 과정이다. 이 과정에서 양안협의는 양안 각자의 입법기관에 접수되어 양안 각자 영역 내의 법률로 될 수 있거나 또는 양안 각자의 입법기관에 접수되지 않아 방치될 수 있다. 양안협의에는 양안협의와 향후 양안 공권력기관이 직접 접촉한 후 제정하는 협의 등 두 가지가 포함된다. 양안협의 제정주체인 해협양안관계협회와 해협교류기금회는 민주적 정당성이 약하고 양안 각자의 대의기관과 동떨어져 있으며 그의 영향도 적게 받기 때문에 해협양안관계협회와 해협교류기금회 사이에 체결된 양안협의의 내용은 양안 각자 대의기관의 요구에 맞지 않아 접수되지 않을 수도 있다. 해협양안관계협회와 해협교류기금회에 비교하면 양안 공권력기관은 더욱 강한 민주적 정당성을 갖고 있고 대의기관의 영향도 크게 받으며 상대방의 공권력기관과 평등하게 협상하는 과정에서 각자 대의기관의 의견을 최대한 협의에 반영함으로써 협의로 하여금 대의기관에 쉽게 접수되게 할 수 있다. 양안 공권력기관이 지금까지 직접 접촉한 적이 없고, 어떠한 양안협의도 제정한 적이 없기 때문에 양안협의에 대한 접수에 관하여는 주로 양안협의를 접수한 양안의 실천 내용에 대하여 소개하겠다.

(1) 접수에 관한 양안협의 자체의 규정모식

대륙과 대만은 1990년부터 정식으로 사무성 협상을 시작한 뒤 해협양안관계협회와 해협교류기금회의 명의로 일련의 협의를 체결하였고 이러한 협의는 "양안협의"라 불리고 있다. 양안협의는 주로 두 가지 형식이 있다. 한 가지는 "협의"라는 이름으로 체결된 양안협의이다. 예컨대 「대륙주민의 대만관광

---

1 韓德培, 國際私法問題專論, 武漢大學出版社, 2004, 117-118쪽.
2 양안은 객관적으로 서로 다른 법제도를 가지고 있는 지역으로, 각기 다른 법역이라고 할 수 있다. 韓德培, 國際私法新論, 武漢大學出版社, 1997, 447쪽 참조.

에 관한 해협양안협의」(海峽兩岸關於大陸居民赴臺灣旅遊協議) 등이다. 다른 한 가지는 "요강"라는 이름으로 체결된 양안협의이다. 예컨대 「해협양안 전세기 관련 회담요강」(海峽兩岸包機會談紀要) 등이 이에 속한다. 비록 이러한 협의는 "국가와 국가 간"에 체결한 조약은 아니지만 양안이 각자 관할구역 내에서의 양안협의의 적용 문제에 대해 분석할 경우 이론적인 측면에서 국제법 관련 이론을 운용하여 유사하게 해석할 수 있다.

국제법 준칙과 국제법 이론에 따르면 국가는 조약을 실행할 의무가 있다. 실행하는 방식에는 일반적으로 다음과 같은 두 가지가 있다. 만약 조약이 직접 적용에 관한 내용을 포함하면 조약은 입법의 전환을 거치지 않고 편입의 방식으로 직접 국내법의 일부분으로 접수된다. 만일 조약에 직접 적용에 관한 내용이 포함되어 있지 않을 경우 체약국은 국내에서 조약을 적용할 수 있도록 조치를 취해야 한다.[1] 조약을 접수함에 있어서 직접 적용하는 방식을 취하는가 아니면 직접 적용하지 않는 방식을 취하는가 하는 것은 전적으로 조약 자체의 규정에 의한다. 직접 적용하는 내용을 포함하지 않은 조약에 대해서는 두 가지의 적용방식이 있다. 첫째는 조약의 규정을 국내법으로 전환하는 것이다. 둘째는 조약의 규정을 국내법에 포함시키는 것이다. 국내법으로 전환한다는 것은 조약으로 하여금 국내에서 효과적으로 적용될 수 있게 하기 위하여 입법기관을 통하여 조약의 구체적인 관련 규칙을 국내법에 융합시켜 국내법의 형식으로 표현하는 것을 말한다. 국내법에 포함시킨다는 것은 조약으로 하여금 국내에서 적용될 수 있게끔 하기 위하여 일반적으로 원칙적인 규정을 제정함으로써 총체적으로 조약을 국내법의 일부분으로 승인하는 것을 말한다.

양안협의를 구체적인 예로 말하면 양안협의의 효력발생은 양안협의의 규정에 따라 선후로 네 가지 모식을 취하였다. 첫 번째는 체결 후 규정된 기간이 지난 후에 효력을 발생하는 것이다. 즉, 양측이 양안협의를 체결한 후 일정한 기간을 거쳐 당해 기간이 만료된 후에야 효력을 발생하는 것을 말한다. 이러한 모식은 「왕구회담 공동합의」(汪辜會談共同協議)에서 처음으로 출현하였다. 해당 합의 제5조는 "본 공동합의는 양측이 서명한 날로부터 30일 후에 효력을 발생한다"고 규정하였다. 이 모식은 주로 1990년대에 체결한 양안합의에서 채용되었다. 예컨대 「양회의 연계 및 회담제도에 관한 협의」(兩會聯繫與會談制度協議)

---

1 黃異, 國際法在國內法領域的效力, 元照出版公司, 2006, 37쪽.

등이다. 두 번째는 양측이 확인한 후 날짜를 정하여 효력을 발생하도록 하는 것이다. 즉, 양회가 양안협의의 내용을 확인한 후 확정된 날짜에 효력을 발생하게 하는 것이다. 이러한 모식은 양회가 기타 조직 또는 개인에게 위탁하여 체결한 양안협의에서 흔히 사용되고 있다. 예컨대 「홍콩대만 해운 상담요강」 (港臺海運商談紀要) 제4조는 "본 상담요강은 해협양안관계협회, 재단법인 해협 교류기금회의 허가와 문서교환의 확인을 거쳐 올해(1997년) 7월 1일부터 정식으로 효력을 발생한다"라고 규정하였다. 세 번째는 체결 후 정해진 기간 내에 효력을 발생하는 것이다. 즉, 양안협의는 양회가 체결한 뒤 일정한 기간 내에 효력을 발생하는 것이지만 실천 과정에서는 일반적으로 기간이 만료된 날로부터 효력을 발생한다. 이러한 모식은 양회가 2008년 11월에 체결한 4개의 협의에서 채용하였다. 예컨대 「해협양안 항공운수에 관한 협의」(海峽兩岸空运协议) 제13조는 "본 협의는 양측이 서명한 날로부터 40일 이내에 효력을 발생한다"고 규정하였다. 네 번째는 최대 과도기 내에 효력을 발생하는 것이다. 즉, 양안협의에서 최대 과도기를 규정한 후 양측이 상응한 준비 작업을 진행하고 준비 작업이 완료된 후에 효력을 발생하되 규정한 최대 과도기를 초과하여서는 안 되는 경우이다. 예컨대 「해협양안 금융 협력협의」 제12조는 "본 협의는 서명한 날부터 시작하여 각자가 관련 준비를 완료한 뒤 효력을 발생하되 늦어도 60일을 지나서는 않는다"라고 규정하였다.

앞의 두 가지 모식은 모두 양안협의가 1990년대에 채용한 모식이고 이 부분에서 토론하려는 중점은 2008년 후에 채용한 세 번째 모식과 네 번째 모식이다. 세 번째 모식은 예비 기간에 대하여 명확하게 규정하지 않아 이에 대한 양안의 이해는 서로 엇갈리고 있다. 대륙 측은 해당 예비 기간을 "효력발생 완충기간"(生效緩衝期)으로 보고 있다. 즉, 어느 한 측이 접수절차를 완성하지 못하였다 하더라도 협의는 자동적으로 효력을 발생하여야 한다고 보고 있다. 그러나 대만 측은 해당 예비 기간은 양안이 각자의 영역 내 법률의 규정에 따라 협의를 비준하는 기간이어야 하고 만약 어느 한 측이 이 기간 내에 협의를 비준하지 않으면 해당 협의는 효력을 발생하지 않는다고 보고 있다. 상술한 쟁의를 귀납하면 바로 양안협의가 효력을 발생함에 있어서 반드시 형식적인 접수절차를 거쳐야만 하는가 하는 것이다. 이에 관해 예를 들어 설명하도록 하겠다.[1]

1 祝捷, 海峽兩岸和平協議研究, 香港社會科學出版社有限公司, 2010, 5, 353쪽.

2008년 11월 12일, 대만지역 "입법원"은 같은 달 4일에 해협양안관계협회와 해협교류기금회 지도자들이 체결한 4개 협의를 관련 위원회에 심사하도록 교부하였다. 대만지역 「입법원직권행사법」(立法院職權行使法) 제8조의 규정에 따르면 "관련 위원회에 교부하여 진행하는 심사"는 입법원이 "의안 심의"를 하는 "일독절차"(一讀程序)이다. 즉, "관련 위원회에 교부하여 진행하는 심사"의 대상으로 되는 의안은 반드시 법적 효력을 갖는 것은 아니다. 그러나 대만지역 "입법원"이 상술한 4개의 협의를 관련 위원회에 교부한 당시 그중의 「해협양안 식품안전에 관한 협의」(海峽兩岸食品安全協議)는 서명일로부터 7일이 지났고, 이는 해당 협의 제8조의 규정에 의하면 이미 효력을 발생하게 된다. 이는 「해협양안 식품안전에 관한 협의」의 규정과 대만지역 "입법원"의 업무절차가 상호 모순되는 현상을 초래하였다. 그렇다면 대만지역 "입법원"에서 자체의 규정에 따라 효력을 발생시킨 「해협양안 식품안전에 관한 협의」를 관련 위원회에 심사하도록 교부하는 것은 양안협의가 반드시 대만지역 법률이 규정한 절차에 따라야만 법적 효력을 발생할 수 있다는 것을 의미하는가?

세 번째 모식의 결함을 인식한 이후 양안에서는 네 번째 모식을 채택하게 되었고 이는 2009년 4월에 체결한 3개의 양안협의에서 처음으로 운용되었다. 세 번째 모식에 비해 네 번째 모식은 "예비 기간"을 "효력발생 완충기간"으로 명시하고 있을 뿐 아니라 양안은 효력발생 완충기간 내에 "관련 준비작업"을 끝내야 한다고 규정하였다. 여기에서 말하는 "준비사업"에는 깊은 함의가 담겨있다. 첫째, 준비사업은 인원, 물자, 장비 등에 관한 사업은 물론 양안이 적절한 방식으로 양안합의로 하여금 각자 영역 내 법률체계의 일부분으로 되게 하는 양안협의의 접수과정도 포함한다. 둘째, "준비사업"이란 표현은 엄밀한 의미의 법률용어가 아니고 그 의미에 있어서 상당한 모호성을 띠고 있기 때문에 국제법학 의미에서의 "비준", "접수" 등 용어를 효과적으로 회피하여 양안협의의 "일국성"을 확보하고 협의문서의 결함으로 인한 이른바 양안협의의 "조약화" 문제를 방지할 수 있다.

(2) 대륙의 양안협의 접수에 관한 실천

대륙에는 양안협의의 접수에 관한 제도화 규정이 없다. 대륙이 양안협의를 접수하는 실천에 근거하면 정부는 양안협의가 직접 적용의 성격을 띠고 있다고 인정하고 양안협의의 직접적인 적용을 기초로 하여 세 가지의 구체적인 적용방식을 형성하였다.

첫째는 직접적용의 방식이다. 이러한 방식은 양안협의가 자체의 규정에 따라 효력을 발생한 후 곧 대륙법률 체계의 일부분이 되어 자연적으로 법적 효력을 지니는 것을 말한다. 대륙이 양안협의를 접수하는 구체적인 실천에 따르면 이러한 "직접적용"은 넓은 함의를 갖고 있다. 하나는 "직접적용"의 대상에 있어서 양안협의가 공권력기관을 포함한 모든 공민, 법인 및 기타 조직에 적용되는 것을 말한다. 다른 하나는 "직접적용"의 방식에 있어서 양안협의는 관련 부서가 구체적인 사건을 처리하는 규범적 근거일 뿐만 아니라 또한 규범적인 문서를 제정하는 근거가 되는 것을 말한다. 예컨대 1993년에 사법부가 반포한 「해협양안 공증서 사용검증협의 시행방법」(海峽兩岸公證書使用查證協議實施辦法) 제1조에 따르면 사법부가 이를 제정한 목적은 "양안 공증서 사용검증협의의 이행을 위한 것"이다. 그러므로 양안협의는 적어도 대륙에서 행정입법의 근거가 될 수 있다고 말할 수 있다.

둘째는 선행입법의 적용방식이다. 이러한 방식은 대륙이 양안협의를 체결하기 전에 관련 법률을 먼저 제정하고 해당 법률을 양안협의와 관련한 사항을 조절하는 근거로 하는 것을 말한다. 예컨대 일찍 2006년에 국가관광국, 공안부, 국무원 대만사무판공실은 이미 「대륙 주민의 대만지역 관광에 관한 관리방법」(大陸居民赴臺灣地區旅遊管理辦法)을 제정하였지만 2008년 6월이 되어서야 양회를 통하여 「대륙주민의 대만관광에 관한 해협양안협의」(海峽兩岸關於大陸居民赴臺灣旅遊協議)를 체결하였다.

셋째, 포섭적용의 방식이다. 이러한 방식은 양안협의가 체결된 후 대륙의 관련 부서에서 "인쇄발행", "통지" 등의 형식으로 양안협의를 법률체계에 포섭시키는 것을 말한다. 예컨대 국무원 대만사무판공실, 공안부와 세관총서는 1995년에 공동으로 "통지"의 형식으로 「양회합의 회담인원의 출입경 왕래에 편의를 제공하기 위한 방법」(兩會商定會晤人員入出境往來便利辦法)을 각지의 대만사무판공실, 공안기관과 세관에 발부하여 규정에 따라 준수·집행하도록 요구하였다.

(3) 대만의 양안협의 접수에 관한 실천

대륙이 양안협의의 직접 적용성을 승인하는 것과는 달리 대만지역은 양안협의의 직접 적용성에 대해 부정적인 태도를 취하고 있다. 대만 측은 양안협의에 대한 접수는 형식적인 비준 혹은 심사의 절차를 거쳐야 한다고 인식하고 있지만 어떠한 절차로 양안협의를 접수하여야 하는가에 대하여는 논란이 있었다. 논란의 원인은 대만지역의 일부 정치인과 학자들이 대만지역의 "국가" 속성에 기초하여 대륙과 대만이 체결한 양안협의를 "두 국가 간의 조약"으로 인식하고 있기 때문이다.

1993년 천젠핑(陳建平) 등 84명의 대만지역 "입법원" 입법위원은 왕구회담에서 체결한 4개의 사무성 협의에 대하여 "어떠한 협의는 입법원에 교부하여 심의를 하여야 하고, 어떠한 협의는 입법원에 비치하기만 하면 되는지에 관하여 … '조약안'에 관하여 의의와 범위를 규명하여야 한다"고 주장하면서 해당 이유로 대만지역 「대법관해석」을 신청하였다.[1] 대법관은 해당 신청에 대하여 "석자 제329호 해석"을 작성하였다. 해당 해석사유서에서 대법관은 "대만지역과 대륙 간에 제정한 협의는 본 해석에서 말하는 국제서면협의가 아니므로 입법원에 송부하여 심의하여야 하는지의 여부에 대하여는 본 사건 해석의 범위에 속하지 않는다"고 명확히 지적함으로써[2] 양안협의의 "조약성"을 부정하였다. "석자 제329호 해석"은 대만지역에서의 양안협의 접수에 관한 근본적인 법원(法源)으로서 양안협의의 "조약" 여부에 관한 문제를 법적으로 해결하였다. 해당 해석의 취지에 따르면, 양안협의의 접수는 조약의 접수절차에 따라야 할 것이 아니라 「양안 인민관계조례」의 관련 규정에 따라야 한다.

「양안 인민관계조례」는 양안협의의 접수에 대하여 제도적 규정을 하였다. 양안협의의 접수에 관한 해당 조례의 규정은 두 부분으로 나뉜다. 첫째는 "협의"의 개념에 대한 범주를 확정함으로써 양안협의 접수시스템의 적용대상을 명확히 하는 내용이다. 「양안 인민관계조례」 제4-2조 제3항의 규정에 의하면 대만 측은 "협의"를 "대만지역과 대륙지역 간의 공권력 행사 혹은 정치적 의제 관련 사항에 관하여 체결한 문서"라고 정의하고 "협의의 추가 의정서, 부칙, 서명 의정서, 동의 기록, 부록 및 기타 첨부 서류는 모두 협의를 구성하는 일부분이다"고 하였다. 이 정의에 따르면 양안협의가 「양안 인민관계조례」에 규정된 접수시스템의 적용을 받기 위해서는 반드시 공권력 행사 혹은 정치적

---

1 陳建平 등 84인의 "釋憲聲請書".
2 대만지역 "司法院"大法官"釋字第328號解釋" 해석이유서.

의제 관련 사항이 포함되어야 한다. 양안협의의 실행은 필연적으로 대만지역 공권력의 행사와 관련되기 때문에 당연히 「양안 인민관계조례」가 규정한 절차를 적용한다. 둘째는 양안협의를 그 내용이 대만지역의 법률개정 또는 법률유보사항과 관련되는가의 여부에 따라 각기 부동한 접수절차를 규정한 것이다. 「양안 인민관계조례」 제5조 제2항의 규정에 의하면 양안협의의 내용이 "만약 법률의 개정 혹은 법률로 정하여야 하는 내용과 연관되면" "협의 취급기관은 응당 협의 체결 후 30일 내에 행정원의 검토를 거쳐 입법원의 심의를 받아야 한다." 반대로 양안협의의 내용이 "법률의 개정 혹은 기타 법률로 규정할 필요가 없을 경우 협의 취급기관은 응당 협의 체결 후 30일 내에 행정원의 심사결정을 거쳐 입법원에 비치하여야 한다." 이 규정에서 "검토", "심의", "심사결정"과 "비치" 등 네 단어에 주의를 돌려야 한다. 그중 "검토"와 "비치"는 실질적인 심사의미가 없고 형식상에서의 "전달"과 "등록"의 의미만 있다. 그러나 "심사결정"과 "심의"는 실질적 심사의 의미를 갖고 있다.[1] "행정원"은 "심사결정"의 절차를 거치고, "입법원"은 "심의" 절차를 거쳐 양안협의에 대하여 실질적인 결정을 내릴 수 있다. 즉, 양안협의는 이 두 단계에서 부결될 가능성이 있다는 것이다. 따라서 양안협의의 내용이 대만지역의 법률 개정이나 법률유보사항에 연관될 경우 양안협의는 응당 "입법원"의 심의를 거쳐야 하고, "입법원"의 심의가 통과된 후여야만 대만지역의 법역 내에서 효력을 발생한다. 그러나 만약 협의의 내용이 대만지역의 법률 개정이나 법률유보사항에 연관되지 않을 경우 "행정원"이 심사결정하며, "행정원"의 심사결정을 거치면 양안협의는 대만지역의 법역 내에서 즉시 효력을 발생한다.

「양안 인민관계조례」 제5조 제1항의 규정에 의하면 양안협의는 체결 전에 반드시 대만지역 "행정원"의 동의를 거쳐야 하기 때문에 만약 대만 측이 양안협의의 접수에 관하여 "행정원"의 심사결정과 "입법원" 비치의 방식을 적용할 경우 접수될 가능성이 높은 것으로 보고 있다. 따라서 실질적으로 양안협의에 대하여 부결효과를 산생하는 것은 "행정원"의 검토를 거쳐 "입법원"이 심의하는 방식이다. 문제의 관건은 양안협의가 대만지역의 법률개정 또는 법률유보사항과 연관이 있는지의 여부를 어떻게 판단하는가 하는 데 있다. 예컨대 2008년 11월에 양회가 체결한 「해협양안해운협의」에 대하여 대만지역의

---

1 祝捷, 海峽兩岸和平協議研究, 香港社會科學出版社有限公司, 2010, 5, 359쪽.

"행정원"과 "입법원" 사이에 논란이 있었다. "입법원"은 해당 협의가 대만지역
「상업항구법」의 개정과 연관되므로 "입법원"이 심의하여야 한다고 주장한 반
면, "행정원"은 해당 협의가 「상업항구법」의 개정과 연관되지 않는다고 주장하
였다.[1]

2. 양안협의의 연락주체

양안의 공동정책으로서의 양안협의는 강력한 "양안 간" 색채를 띠고 있고
이는 양안협의가 양안에서 함께 실행될 것을 요구한다. 양측은 양안협의에 따
라 각자 영역 내의 법률을 개정하여 각자의 법률과 협의 간의 충돌을 해소하
거나 혹은 양안협의의 요구에 따라 의정사항에 대해 공통 입장과 공통 조치를
취하여야 한다. 그러나 양안이 양안협의를 같이 실행할 경우, 필연적으로 양
안의 의지 차이에 따른 양측의 협의 실행의 불일치를 겪게 된다. 이 경우 양안
협의가 양안에서 효과적으로 실행되려면 양측이 특정된 경로를 통해 의사소
통과 조율을 진행하여 협의사항을 실현하는 목적에 도달해야 한다. 현재 양안
은 기존의 양안협의에 "연락주체" 제도를 공동 설계하여 협의연락주체를 협의
의정사항에 관한 양측 소통의 대상으로 삼으면서 협의실행에 있어서의 양측
입장과 행동의 효율적인 조화를 이루었다.

(1) 양안협의 연락주체제도의 유형

「양안 공증서 사용검증협의」부터 시작하여, 각종 양안협의는 협의의 연락
시스템에 관하여 관련 규정을 두었다. 관련 규정 중 "연락"을 담당하는 주체는
다음과 같은 두 가지 유형이 있다.

첫째는 협의의 "의정사항"을 책임진 연락주체이다. 양안협의는 양안 공권
력기관이 양안의 공동사무를 조절·처리하는 사항에 대하여 규제하는 문서로,
주요 내용은 양안 공권력기관의 직책 범위 내의 구체적 업무와 연관될 수밖에
없다. 이러한 구체적인 업무는 전문성과 기술성이 높아 일반적으로 협의의
"의정사항"을 책임지는 연락주체를 규정하는 경우가 많다. "의정사항"이란 양
안협의가 연락주체제도에 대하여 사용하는 전문용어로, 양안협의에서 규정하

1 祝捷, 海峽兩岸和平協議研究, 香港社會科學出版社有限公司, 2010, 5, 360쪽.

는 전문성과 기술성이 높은 구체적 업무를 지칭하는 것이다. 양안협의에서 "의정사항"과 유사한 표현으로는 ECFA가 규정한 "본 협의와 관련된 업무사항" 과 「양안 공증서 사용검증협의」, 「양안 등기우편의 조회와 보상에 관한 협의」 에서 열거한 업무사항 등이 포함된다.[1] 때문에 양안협의는 일반적으로 대륙 과 대만의 관련 업무를 책임진 기구가 협의의 연락을 책임진다고 규정하고 있 다. 다시 말하면 이 같은 "의정사항"의 연락주체가 양안 영역에서의 협의 실행 자가 되는 것이다. 양안협의의 "의정사항"을 책임진 연락주체에 대한 표현방 식은 주로 다음과 같은 몇 가지가 있다. 첫째, 일부 협의에서는 양안 각자가 설치한 민간 기구를 협의 의정사항의 연락주체로 한다고 규정하였다. 둘째, 일부 협의는 양안 업무주관부서가 지정한 연락인(그가 지정한 기타 부를 포함)을 협의 의정사항의 연락주체로 규정하였다. 셋째, 상술한 두 가지 연락주체 외 ECFA의 후속협의는 모두 "양안 경제협력위원회" 관련 산하 소조와 양안 업무 주관부서에서 지정한 연락인으로 공동 구성된 연락시스템을 규정하고 있다.

둘째는 협의의 기타 관련 사항을 책임진 연락주체이다. 양안협의는 협의 "의정사항" 외에 "기타 관련 사항"을 책임지는 연락주체도 규정하였다.[2] 양안 협의 중 기타 관련 사항의 연락주체는 일반적으로 해협양안관계협회와 해협 교류기금회이다. 그러나 협의는 "기타 관련 사항"의 범위에 대하여는 명시하 지 않았다. 양안협의의 전반 내용으로부터 보면 "기타 관련 사항"이란 협의에 서 규정한 전문성·기술성이 있는 "의정사항"을 제외한 기타 협의의 규정사항 과 관련된 사항들이다.

양안의 사무성 협상 과정에서 양회는 기존의 양안협의의 집행효과에 대 하여 정기적으로 검토·회고한다. 2011년까지 양안협의의 효과에 대한 검토는 주로 매번의 양회 고위급회담을 통해 진행되었다. 예컨대 제6차 "천장(陳江)회담" 에서 양측은 양회가 이미 체결한 14개 협의의 집행상황에 대하여 중점적으로 회고·점검하였을 뿐만 아니라, 양안의 관광·항공운수·범죄공동단속·식품안

---

1 「兩岸公證書使用查證協議」 규정에 의하면 공증서 사본의 송부 및 검증에 관해서는 중국 공증원 협회 또는 관련 성·자치구·직할시 공증원협회와 재단법인 해협교류재단을 통해 상호 연락한다. 「兩岸挂号函件查询、补偿事宜协议」에서는 등기우편물 조회에 관해서는 중국통신학회 우정전문 위원회와 재단법인 해협교류재단 또는 그가 지정한 우편처리센터(항공우편센터)가 상호 연락하 도록 규정하고 있다. 여기서 나타나는 연락주체는 "의정사항"이라 불리는 연락주체이기도 하다.
2 「海峽兩岸包機會談紀要」와 「海峽兩岸空運補充協議」는 "기타 관련 사안"의 연락주체를 규정하지 않았다.

전 등에 관한 협의의 강화와 개선에 관하여서도 의견을 나누었다. 회고와 점검 이후 양측은「해협양안 항공운수에 관한 협의」중 설 연휴 기간의 항공편과 관련된 내용에 대해 조절을 진행하였고,「대륙주민의 대만관광에 관한 해협양안협의」에 규정된 대륙주민의 대만방문방식에 관해 조정하여 대륙관광객의 자유행 방식의 대만방문을 허락하고 대륙관광객의 대만방문 배당을 조절하였다. 2011년 이후 양회는 "양안협의 성과 검토회의"를 정기적으로 개최하여 전문적으로 양안협의의 실행 효과를 점검하기로 합의했다. 양안은 지금까지 "양안협의의 집행효과 검토회의"를 두 차례 개최했고, 협의 집행효과에 대한 검토는 정례적인 시스템으로 이루어졌다. 양안협의의 실천효과에 대하여 공통으로 검토·회고하는 것은 이미 양안협의의 연락주체가 공통으로 진행하는 중요한 사업이 되었다. 우리는 이 사업이 바로 양안협의에 규정된 "기타 관련 사항"에 속하는 것이라고 생각한다. 다만 ECFA 및 그 후속협의는 "기타 관련 사항"의 연락주체를 규정하지 않고 모든 협의사항의 연락기능을 양안 경제협력위원회 산하 소조와 양안 업무주관부서가 지정한 연락인에게 맡겼다는 점을 지적할 필요가 있다.

(2) 양안협의 연락주체 운영의 실천에 관한 서술

양안협의의 연락주체는 양안협의의 실행에 대하여 중요한 제도적 기능을 갖고 있다. 협의의 창제·접수·적용 등 절차적 내용과 비교하여 보면 연락주체 시스템은 사실상 양안협의 실행 주체에 대하여 규제하는 것이다. 실천 중 양안협의의 연락주체는 협의 실행 과정에서 중요한 현실적 역할을 하였다. 요컨대 연락주체의 실천적 역할은 다음과 같은 두 가지 방면으로 나타난다.

첫째, 각종 연락주체는 양안이 소통하고 관련 정보를 교류하는 효과적인 통로가 될 수 있다. 양안협의의 연락주체는 직접 자기의 명의로 관련 조치를 취하고 협의의 실행에 참여할 수 있는가에 따라 두 가지 유형으로 나눌 수 있다. 첫째는 연락만 책임지고 실행은 책임지지 않는 관련 주체이다. 둘째는 연락도 책임지고 실행도 책임지는 주체이다. 전자는 앞에서 언급한 협의 의정사항 연락주체로서의 양안 각자가 설치한 민간기구와 협의의 기타 사항 연락주체로서의 해협양안관계협회와 해협교류기금회 양회를 가리킨다. 후자는 양안 업무주관부서(및 그가 지정한 연락인), 양안경제협력위원회 등 기구를 가리킨다.

양자의 차이를 살펴보면, 전자는 양안 각자의 영역 내에서 직접 자체의 명의로 양안협의를 조직·실행할 수는 없지만 양안의 관련 정보를 교류하는 데 협조할 수 있다. 후자는 연락주체제도를 통하여 양측 정보의 상호 소통과 교류를 실현할 수 있을 뿐만 아니라 양안 각 영역 내에서 직접 자체의 명의로 양안협의를 조직·실행할 수 있다. 비록 첫 번째 유형의 연락주체는 협의실행 과정에서 "연락"만 담당하고 "실행"은 책임지지 않지만 여전히 양안 간 소통하고 관련 정보를 교류하는 효과적인 통로이다. 해협양안관계협회와 해협교류기금회 양회는 양안협의에서 "연락"만 담당하고 "실행"은 책임지지 않는 가장 대표적인 연락주체이다. 2007년 7월에 발생한 "성대화호"(胜大和號) 사건에서 대만의 어선 "성대화호"는 대륙 측의 어획금지에 관한 공고를 위반하여 압수되었고, 해당 사건을 해결하기 위하여 해협교류기금회는 해협양안관계협회에 공문으로 보내어 양측이 공동으로 해상의 조화로운 분위기를 수호하고 이러한 사건이 다시 발생하여 양안관계에 불리한 영향을 조성하는 것으로 방지할 것을 희망하였다.[1] "성대화호" 사건에서 양안의 양회는 소통과 조율의 역할을 맡았다.

　둘째, 의정사항 연락주체로서의 양안 업무주관부서는 흔히 직접 협의의 실행에 참여하고 협의의 실행과정에서 양측의 효과적인 연락을 실현한다. 앞에서 서술한 바와 같이 양안협의의 진정한 실행 주체는 양안 각자의 공권력기관인 "양안 각자의 업무주관부서"이다. 따라서 의정사항 연락주체인 양안 업무주관부서는 일반적으로 연락부서의 신분으로 상대방과 정보소통을 실현하고 효과적으로 자기 영역 내에서의 관련 협의의 실행을 주도한다. 그러므로 실천 과정에서 의정사항 연락주체인 양안 업무주관부서는 흔히 양안협의 실행과정에서 구체적 실천과 결부하여 필요 시 상대방과 연락을 가진다.

　「해협양안 식품안전에 관한 협의」를 예로 들면, 협의에서는 정보 통보, 협의처리체제 등 구체적인 제도를 마련하였고, 협의의 의정사항 연락주체는 양측의 식품안전 등 업무주관부서에서 지정한 연락인으로 규정하였다.[2] 협의 실행과정에서 양안의 식품안전업무주관부서는 협의의 규정에 따라 상기 제도의 운행과정에서 유력하게 실천을 진행하였고 정보를 신속하게 통보함으로써

1　祝捷, "論兩岸海域執法合作模式的構建", 臺灣研究集刊, 2010, 제3기.
2　武漢大學兩岸及港澳法制硏究中心, 海峽兩岸協議藍皮書(2008−2014), 九州出版社, 2014, 116쪽.

양안의 업무주관부서가 관련 사건을 미리 처리하는 데 중요한 역할을 하였다. 2011년 5월, 대만에서 발생한 식품플라스틱오염사건에서 양안 업무주관부서는 협의연락시스템을 통하여 문제 제품의 행방 등 중요한 정보를 서로 통보함으로써 사건의 불리한 영향을 통제하는 데 중요한 역할을 하였다. 대만 당국의 "대륙위원회"의 통계에 따르면 사태 수습과정에서 대만 측은 60건 상품과 관련되는 정보를 대륙 측으로 17회에 걸쳐 통보하였고, 대륙 측은 이 사건에 있어서 대만 측으로 정보를 4회 통보하였으며, 대륙의 질량감독검증검역총국은 입국검역 시 대만의 37건 상품의 플라스틱 함량의 불합격 판단정보를 30회에 걸쳐 대만 측에 통보하였다.[1] 양안은 식품안전협의를 통해 설치한 업무연락시스템을 통하여 원활한 식품안전 연락시스템을 구축하여 대만의 플라스틱 사건이 대륙에 미치는 영향을 전면적이고 효과적으로 통제함으로써 양측의 손실을 비교적 낮은 정도로 낮추었다.

「해협양안 농산품 검역검증 협력협의」를 예로 들면 해당 협의에서는 협의 의정사항을 양측 업무주관부서가 지정하는 연락인이 상호연락하여 실행한다고 규정하였다. 이 규정에 따라 양안의 검역검증업무주관부서는 농산물무역 검역검증 연락플랫폼을 구축하였다. 양안은 이를 통해 상대방에게 각자의 검역검증 규정, 기준, 절차와 사례 등에 대한 정보 조회 서비스를 제공하였다. 대만정부 "대륙위원회"의 공시자료에 근거하면 2014년 1월 말까지 대륙 측과 대만 측은 이미 구축된 정부업무 연락시스템을 통하여 조회, 불합격사건 통보, 메시지회신 및 사건연락을 871건 하였고, 이는 구체적으로 불합격사건 통보 401건, 제품 입력 및 검역규정 조회 67건, 업무 연락 301건, 메시지회신 102건을 포함한다.[2] 「해협양안 농산품 검역검증 협력협의」에 의하여 제정된 양안업무주관부서의 연락제도는 양안이 상호 관련 업무에 대한 이해를 증진하고 양안의 업무주관부서가 관련 사안을 제때에 처리함에 있어서 뚜렷한 역할을 하였다.

---

1 臺灣"陸委會", 兩岸十九項協議執行成效"(2014, 2), 자료출처: http://www.mac.gov.tw/ct.asp?xItem=102611&CtNode=7526&mp=1, 최후방문날짜: 2017, 4, 22.

2 자료출처: 臺灣當局"大陸委員會"網站, www.mac.gov.tw, 최후방문날짜: 2017, 4, 22.

3. 양안협의의 해석

해협양안은 1993년 "왕구회담" 이후 민간단체인 해협양안관계협회와 해협교류기금회 등을 통하여 일련의 사무성 협의를 체결하였다. 지난 20여 년 동안, 특히는 2008년 3월 이래 양안은 양회 사무성 협상시스템을 통하여 양안의 "3통"과 경제협력 등 중요한 현안들에 대해 많은 협의를 달성하였다. 이러한 협의들은 양안관계 평화발전의 틀을 구축하는 데 중요한 추진 역할로서 능력을 발휘하였다.[1] 양안협의에 대한 해석은 해석권을 갖고 있는 주체가 일정한 해석방법과 해석규칙을 적용하여 기존의 양안합의서의 정확한 함의를 명백히 해석함으로써 양안협의가 효과적으로 적용될 수 있도록 하는 과정을 말한다.

(1) 양안협의 해석시스템의 제도적 기능

라렌즈가 말한 것처럼 "해석은 일종의 매개행위로서, 해석자는 이를 통해 의의가 있다고 인정하는 문자의 의의를 이해될 수 있게끔 한다."[2] 법률의 해석은 법률적용 과정에서 유권자가 법률문서의 문자적 함의를 설명하고 해석하여 적용자가 이해할 수 있도록 하는 과정이다. 양안협의로 말하면 협의 해석시스템은 바로 협의서가 사람들에게 이해될 수 있도록 하는 제도적 배치로서 이 시스템의 제도적 기능은 주로 다음과 같은 네 가지 방면에서 표현된다.

첫째, 양안협의 해석시스템은 협의내용을 해석하여 양안이 정확하게 협의를 적용하는데 편리하도록 하는 기능을 갖고 있다. 법률은 포괄적이고 추상적이며, 해석을 거쳐야만 구체적인 행위의 규범기준이 될 수 있다.[3] 양안협의는 포괄적이고 추상적인 텍스트로 표현되고, 양안의 공동 의지를 명확한 문자로 표현하며, 양안 범위 내의 일반 민중과 공권력기관의 행위기준을 설정하는 것을 목적으로 한다. 따라서 협의의 적용과정에서 구체적인 개체와 개별적인 행위가 나타날 경우, 협의의 적용은 그 적용자가 개괄적이고 추상적인 텍스트를

---

1 周葉中・段磊, "海峽兩岸公權力機關交往的回顧、檢視與展望", 法制與社會發展, 2014, 제3기.
2 [德]卡爾・拉倫茨 著, 陳愛娥 譯, 法學方法論, 商務印書館, 2003, 85쪽.
3 張文顯, 法理學, 高等教育出版社, 2007, 281쪽.

구체적인 행위규범으로 전환하는 데 근거한다. 즉, 양안협의의 텍스트에 대하여 해석하는 것이다. 그러므로 양안협의 해석시스템의 첫 번째 제도적 기능은 일정한 제도적 배치를 통하여 협의 적용자로 하여금 협의내용을 이해하고 협의를 정확하게 적용하는 데 있다.

둘째, 양안협의 해석시스템은 양안관계 평화발전의 다변성을 조화시키고 양안협의서의 안정성을 보장하는 기능을 갖고 있다. 양안협의는 양안의 양회가 관련 부서의 수권에 따라 협상하고 체결한 행위규범으로서 그 권위성과 안정성은 양안의 공동한 보호를 받아야 한다.[1] 그러나 양안협의가 조절하는 사회관계는 끊임없이 변화·발전하고 있고 양안관계의 발전변화의 속도는 일반적인 사회 사무를 훨씬 능가하기 때문에 현실과 텍스트 사이의 긴장관계는 더욱 빨리 나타나게 된다. 법률의 해석은 바로 법률 텍스트를 개정하지 않는 전제하에서 법률규범에 새로운 함의를 부여하여 사회관계 발전변화의 수요에 적응하게끔 하는 방법이다. 그러므로 양안협의와 양안관계 발전변화 간의 이러한 긴장한 관계를 완화시키는 동시에 협의 텍스트의 안정성을 확보하려면 협의에 대한 해석이 필요하다.

셋째, 양안협의 해석시스템은 협의의 허점을 보완하는 기능을 갖고 있다. 인간 이성의 한계로 인하여 어떠한 입법 활동도 완벽할 수 없다. 따라서 법률의 적용과정에서는 법률내용의 결여, 표현의 모호성, 구조적 갈등 등 문제로 인한 장애도 나타나기 마련이다. 이러한 경우, 법률의 안정성을 보장하고 제때에 허점을 보완하기 위하여 사람들은 흔히 해석의 방식을 취한다. 사람들의 이성적인 산물로서의 양안협의도 마찬가지이다. 협의서를 개정하지 않는 전제하에서 협의 실행과정에서 나타나는 허점을 효과적으로 보완하려면 일련의 협의해석시스템을 통하여야만 한다.

넷째, 양안협의 해석시스템은 양안 분쟁을 해결하는 기능을 갖고 있다. 양안협의는 정치적 대립상태에 처해 있는 대륙과 대만 간에 체결한 협의이기 때문에 양안협의의 해석시스템은 협의의 적용과 협의의 허점을 보완하는 등 기능을 담당할 뿐만 아니라 해석을 통하여 양안협의의 실행과정에서 나타나는

---

[1] 국무원 대만사무판공실 대변인은 "양회수권협상이 합의한 권위는 지켜져야 한다"고 여러 차례 말했다. 國臺辦新聞發佈會輯錄(2014－04－16), http://www.gwytb.gov.cn/xwfbh/201404/t2014041 6_6026239.htm. 최후방문날짜: 2017, 4, 22.

양측의 분쟁을 해소하는 기능도 담당하고 있다. 양안이 협의를 실행하는 과정에서 협의서의 함의에 대해 분쟁이 생겼을 경우, 양측은 협의를 해석하는 방식으로 이러한 분쟁을 해결할 수 있다. 비록 현재까지의 양안협의의 실행 과정에서 아직 협의해석을 통하여야만 분쟁을 해결할 수 있는 상황은 나타나지 않았지만, 이러한 "분쟁 제로" 현상의 출현은 2008년 3월 이래 대만에서의 국민당의 지속적인 집권과 매우 큰 관계가 있다는 것을 인정하지 않을 수 없다. 대만지역의 정치형세 변화와 함께 "정당교체" 현상은 다시 발생할 수 있고, 일단 민진당이 다시 집권할 경우 양안협의의 실행 과정에서 논란이 빚어질 수 있어 협의해석 문제가 불거질 수 있다. 그러므로 현재 양안관계의 평화발전이 지속적으로 심화되고 있는 시대적 상황에서 양안협의에 대한 해석문제를 연구하는 것은 필요한 사전준비로서 미래에 발생할 수 있는 분쟁상황에 대비하는 것이다.

요컨대 일종의 성문의 제도규범으로서 양안협의는 성문법의 고유한 한계를 피할 수 없기 때문에 효과적인 양안협의 해석시스템을 구축하는 것은 양안협의 실행과 발전과정에서의 필연적인 요소가 된다. 법률해석시스템은 일종의 법률기술로서 끊임없는 해석을 통해 양안협의를 발전시키며 양안관계의 평화적인 발전을 끊임없이 추진하는 동시에 협의를 더욱 충실하고 풍부하게 한다.

(2) 양안협의 해석시스템의 규범적인 서술

이미 체결된 양안협의 중 「해협양안 항공운수에 관한 보충협의」(海峽兩岸空運補充協議), 「해협양안 경제협력에 관한 기본협의」(海峽兩岸經濟合作框架協議), 「해협양안 투자보호와 추진에 관한 협의」(海峽兩岸投資保護和促進協議)와 「해협양안서비스무역협의」(海峽兩岸服務貿易協議) 외의 기타 협의는 모두 협의의 해석문제에 관하여 직접적인 규정은 두고 있지 않지만 다수가 "분쟁해결"(爭議解決) 조항을 설치하여 협의해석에 관한 내용을 잠재적으로 규정하고 있다. 현재 양안협의는 협의해석시스템에 대하여 주로 세 가지 방식으로 규정하고 있다.

첫째, 다수의 양안협의는 "분쟁해결" 조항을 통하여 협의에 대한 해석문제를 규정하고 있다. 양안이 협의를 실행하는 과정에서 분쟁이 발생할 경우 대륙과 대만지역은 자연히 동일한 협의에 대하여 서로 다른 해석을 하는 경향이 나타날 것이고 이로 하여 협의해석 과정에 분쟁이 발생하게 된다. 협의 실

행 과정에서 발생하는 분쟁의 본질은 해석상의 분쟁이다.[1] 따라서 양안협의
에서 나타나는 "분쟁해결" 조항은 자연히 "분쟁해석"에 대한 규제도 포함하고
있다. 양안협의 중 22개의 협의에서 "분쟁해결" 조항을 규정하였다. 그 서술방
식은 두 가지가 있다. 첫째는 "본 협의를 적용함에 있어서 발생하는 분쟁에 대
하여 양측은 신속히 협상·해결하여야 한다"라고 규정한 것이다. 「양안 공증서
사용검증협의」(兩岸公證書使用查證協議)를 비롯하여 「양안 등기우편의 조회와
보상에 관한 협의」(兩岸掛號函件查詢, 補償事宜協議), 「해협양안 항공운수에 관한
협의」(海峽兩岸空運協議), 「해협양안 해상운수에 관한 협의」(海峽兩岸海運協議),
「해협양안 식품안전에 관한 협의」(海峽兩岸食品安全協議) 등 21건의 협의는 이
러한 방식을 사용하였다.[2] 둘째는 "본 협의를 집행함에 있어서 발생하는 분쟁
에 대하여 양측은 신속히 협상·해결하여야 한다"라고 규정한 것이다. 「해협양
안 금융 협력협의」가 이러한 방식을 사용하였다. 비록 양자는 문자 표현에 있
어서 "적용"과 "집행"의 차이지만 양자 모두가 협의를 "실행"하는 범주에 속하
기 때문에 본질상 모두 협의실행에 있어서의 분쟁에 대한 해결이다. "분쟁해
결" 조항의 규정에 의하면 협의에 대한 해석은 양측이 협의를 "적용"하거나
"집행"함에 있어서 분쟁이 발생할 때에만 진행할 수 있는 것이고, 협의에 대한
해석이 필요할 경우 양측의 "협상해결"을 필요로 한다.

　　둘째, 일부 양안협의는 "협상해석" 조항으로 협의에 대한 해석문제를 규
정하고 있다. 「해협양안 항공운수에 관한 보충협의」는 처음으로 "해석"이란
용어를 사용한 양안협의이고, 20여 개의 양안협의 중 유일하게 전문적인 조항
으로 협의해석 문제를 규정한 협의이다. 해당 협의 제13조 "실행방식" 제2항
은 양측이 협의의 실행 또는 해석에 관하여 분쟁이 발생할 경우 양안의 항공
주관부서가 협상·해결한다고 규정하였다. 이에 근거하여 우리는 이 조항에
대하여 다음과 같이 해석할 수 있다. 첫째, 이 조항은 협의의 해석주체를 명확
히 하였다. 기타 협의에서 규정한 "양측"이라는 모호한 분쟁해결 주체와는 달

1　祝捷, 海峽兩岸和平協議研究, 香港社會科學出版有限公司, 2010, 395쪽.
2　이러한 모식에 따라 "분쟁해결" 문제를 규정한 협의는 다음과 같다. 「兩岸公證書使用查證協議」,
　「兩岸掛號函件查詢、補償事宜協議」, 「海峽兩岸關於大陸居民赴臺旅遊協議」, 「海峽兩岸海運協議」,
　「海峽兩岸空運協議」, 「海峽兩岸郵政協議」, 「海峽兩岸食品安全協議」, 「海峽兩岸共同打擊犯罪及司
　法互助協議」, 「海峽兩岸漁船船員勞務合作協議」, 「海峽兩岸標準計量檢驗認證合作協議」, 「海峽兩
　岸和點安全合作協議」, 「海峽兩岸農產品檢疫檢驗合作協議」, 「海峽兩岸知識產權保護合作協議」, 「海
　峽兩岸醫藥合作協議」, 「海峽兩岸氣象合作協議」, 「海峽兩岸地震監測合作協議」 등이다.

리 "양안 항공주관부서"를 협의의 해석주체로 명확히 규정하였다.[1] 둘째, 이 조항은 해당 협의의 해석권한의 소속을 명확히 하였다. 이 조항에서는 협의해석은 반드시 양측이 "협상해결"하여야 한다고 명확히 규정하였다. 즉, 협의의 해석권은 양측이 공동으로 향유하고 해석권의 행사방식은 협상하여 행사하는 것이다. 셋째, 이 조항은 협의의 해석 방식을 명확히 규정하였다. 이 조항은 양측의 협의해석에 대하여 "협의의 실행 또는 해석에 관하여 분쟁이 발생할 경우"라고 명확히 규정하고 있다. 즉, 협의해석의 전제는 양측 간의 분쟁 발생이다. 따라서 해당 협의에 대한 해석은 피동적인 해석일 뿐, 주동적인 해석이 아니다.

셋째, 「해협양안 경제협력에 관한 기본협의」(ECFA)와 그의 후속협의는 모두 "분쟁해결" 및 "기관배치" 조항으로 협의에 대한 해석문제를 규정하고 있다. "분쟁해결"과 "협상해석"의 방식으로 양안협의에 대한 해석문제를 규정한 외에, 2010년에 체결한 ECFA는 처음으로 해당 협의의 틀 안에 속하는 모든 후속협의에 대한 해석시스템을 확립하였고, 또한 처음으로 "양안경제협력위원회"를 협의의 해석기구로 규정하였다. ECFA 중 제10조 분쟁해결 조항과 제11조 기관배치 조항 등 두 조항이 협의의 해석문제와 관련이 있다. 이 두 조항의 규정을 살펴보면 ECFA는 협의해석에 관하여 세 가지 방안을 확립하였다. 첫째는 빠른 시일 내에 분쟁해결 절차를 구축하고 해당 절차를 통하여 협의에 대한 해석을 완성하는 것이다. 둘째는 양측이 협상·해결하는 것이다. 셋째는 "양안경제협력위원회"를 통하여 해결하는 것이다. 첫 번째 방안에서 제시한 분쟁 해결절차가 구축되기 전 양안은 협의에 대한 해석문제를 해결함에 있어서는 두 번째 방안 혹은 세 번째 방안의 선택과 공동으로 결정한다. 현재 양안은 아직도 분쟁해결 문제에 대하여 합의를 보지 못했고 따라서 ECFA에 대한 해석은 여전히 두 번째 혹은 세 번째 방안을 통하여 진행하고 있다. ECFA가 협의해석 문제에 대한 규정은 기타 양안협의보다 훨씬 복잡하다. 그는 협의해석의 주체(즉, 양측이 협상·해결하거나 경제협력위원회가 해결)를 명확히 하였을 뿐만 아니라 해석의 방식(분쟁이 발생할 경우 해석을 하거나 혹은 부가조건이 없이도

---

1 「海峽兩岸空運補充協議」에서 양안항공주관부서는 또한 연락주체이기도 하다. 「海峽兩岸空運補充協議」 제12조는 양안 항공주관부서가 필요한 경우 양안 간 항공운수에 관해 수시로 의사소통하고 의견을 교환하는 연락시스템을 구성하는 데 합의했다.

해석이 가능)도 명확히 하였으며, 이는 양안협의 해석시스템의 중대한 발전이다. ECFA가 조절하는 대상은 양안경제협력의 각 영역과 관련되기 때문에 양안 간에 분쟁이 발생할 가능성이 기타 협의보다 훨씬 높고 따라서 합리한 협의해석시스템의 구축은 필수이기 때문에 ECFA는 이처럼 상세히 협의해석시스템을 설정하였다. 이는 양안협의 제정의 기술의 제고를 나타낸다. 「해협양안 투자보호와 추진에 관한 협의」, 「해협양안서비스무역협의」 등 ECFA의 후속협의는 협의의 해석문제에 관하여 모두 ECFA의 규정에 따른다고 규정하였다. ECFA와 그의 후속협의 간의 효력관계로부터 보면 이후 양안이 관련 문제에 관하여 체결하는 협의는 이러한 준용성 규칙의 방식으로 규정할 것으로 예정된다.

4. 양안협의의 개정

양안협의의 개정이란 개정권한이 있는 주체가 양안관계의 발전 상황에 따라 기존의 양안협의의 내용을 변경·보충하는 과정을 말한다. 기존의 양안협의에서는 협의의 개정시스템에 대하여 흔히 "협의의 변경" 또는 "미규정 사항"이라는 두 가지 형태로 표현하고 있다. 전자는 좁은 의미에서의 협의내용에 대한 개정이고, 후자는 협의에 대한 보충이다. 서술의 편의를 위하여 본서는 이 두 가지 조항을 모두 양안협의의 개정시스템에 포함시켰다. 기존의 양안협의는 다수가 협의 자체의 개정(미규정 사항에 대한 보충도 포함) 문제에 대하여 규정하였다. 2008년 이래의 양안관계의 실천에서도 여러 차례 협의를 개정하는 현상이 나타났다. 그러므로 양안협의 개정시스템에 대하여 진일보로 서술하려면 분석과 논증에 필요한 이론적 소재를 제공하기 위하여 우선 협의개정의 규범과 실천에 대하여 총결하여야 한다.

(1) 양안협의의 개정규범에 대한 서술

해석조항이 "희소"한 현황과 달리 이미 체결된 양안협의 중 상당수는 협의에 대한 변경조항과 보완조항을 두고 있다. 기존 양안협의는 협의변경과 보완에 관한 문제에 대하여 주로 세 가지 서술방식으로 규정하였다. 즉, 협의의 전반적 변경에 대한 서술방식, 구체적 사항에 대한 서술방식과 협의 미규정

사항에 대한 서술방식 등이다.

첫째는 협의의 전반적 변경에 대한 서술방식이다. 양안협의는 일반적으로 특정조항으로 협의의 변경제도에 대하여 규정하였다. 이러한 조항의 효력범위는 일반적으로 협의의 전반 내용에 미치기 때문에 우리는 "협의의 전반적인 변경"에 대한 규정이라고 한다. 양안협의에서 이러한 조항의 서술방식은 주로 두 가지가 있다. 첫째는 "협의의 변경은 …… 양측의 협상동의를 거친다"는 서술방식이다. 이러한 서술방식은 "왕구회담" 때 체결한 「양안 공증서 사용검증 협의」, 「양안 등기우편의 조회와 보상에 관한 협의」와 「양회의 연계와 회담제도에 관한 협의」에서 나타났다. 둘째는 "협의의 변경은 …… 양측의 협상동의를 거쳐 서면형식으로 확인한다"는 서술방식이다. 이러한 서술방식은 2008년 6월 양회가 회담을 회복한 후의 양안협의에서 나타났다.[1]

둘째는 구체적 사항의 변경에 대한 서술방식이다. 일부 양안협의에서는 부분적 특정사항에 대하여 변경할 수 있는 구체적 내용을 규정하였다. 이러한 조항은 일반적으로 협의의 특정조항 중에 규정되어 있고 그 효력범위는 해당 조항에만 해당하기 때문에 "구체적 사항에 대한 변경" 규정이라고 한다. 양안 협의 중 6개의 협의가 이러한 "구체적 사항에 대한 변경" 조항을 갖고 있다. 그중 4개 협의는 별지의 서술에서 나타났고 2개 협의는 협의 본문의 서술에서 나타났다. 이러한 조항은 흔히 "조절", "증가", "증감", "계속하여 협상" 등 용어로 "구체적 사항에 대한 변경" 문제에 관하여 규정하였다.

셋째는 미규정 사항에 대한 서술방식이다. 양안협의는 앞에서 서술한 두 가지 협의개정에 대한 규정 외에 "미규정 사항"에 대한 보충적 제도도 규정하고 있다. 「양회의 연계와 회담제도에 관한 협의」부터 시작하여 각종 양안협의는 모두 "미규정 사항"에 대한 특별보충조항을 설치하였다. 이 조항에 관하여는 "본 협의에 미규정 사항이 있을 경우 양측은 적당한 방식으로 따로 상의할 수 있다"라고 구체적으로 서술하였다.

(2) 양안협의의 개정실천에 관한 서술

양안협의의 실천에 있어서 양안의 양회는 관련 협의의 규정에 따라 양안

---

1 "양측의 협상 동의를 거쳐 서면형식으로 확인한다"를 처음으로 제안한 것은 「兩岸關於大陸居民赴臺旅遊協議」이며, 그 후 각 협의는 이러한 방식을 채택하였다.

협의 및 그의 별지에 대하여 여러 차례 개정활동을 진행하였다. 그중 상술한 세 가지 규범방식에 관련되는 협의개정의 실천경험이 모두 있다. 이러한 실천은 우리가 현행의 양안협의 개정시스템의 운영방식을 관찰하고 그 속에 존재하는 문제와 모순을 발견·해결하는 데 중요한 현실적 의의가 있다.

첫째, 실천과정에서 "협의의 전반적 변경" 조항에 근거하여 협의의 변경을 완성한 경우는 한번 나타났다. 즉, 양회는 문서 「대륙 주민의 대만관광에 관한 해협양안협의의 개정문서 1」에 대한 교환·확인을 통하여 「대륙주민의 대만관광에 관한 해협양안협의」에 대하여 부분적 개정을 하였다. 2011년 6월 21일, 양회는 문서 「대륙 주민의 대만관광에 관한 해협양안협의의 개정문서 1」에 대한 교환·확인을 통하여 원 협의 중의 "양측은 단체방식의 대만관광을 동의하고 단체의 입경·출경형식을 취하며 단체 활동을 진행하고 단체를 단위로 하여 왕복한다"에 관한 규정에 대하여 원 규정의 기초에서 "대륙 주민의 대만으로의 개인관광을 개방한다"고 개정하였다. 즉, 대륙 주민의 대만 "자유행"에 대해 개방한 것이다. 「개정문서 1」은 대륙 주민의 대만 "자유행"에 관한 개방구역, 개방인수, 체류시간, 신청절차, 여행스케줄, 지연체류와 실행방식에 대하여 각각 상응한 규정을 하였다. 동시에 지적해야 할 점은 「개정문서 1」은 처음으로 원 협의 제9조의 변경조항을 인용하여 해당 문서와 원 협의 간의 법리관계를 명확히 하였다는 점이다.

둘째, 실천 과정에서 "구체적 사항에 대한 변경" 조항에 근거하여 협의를 변경한 경우는 두 번 나타났다. 하나는 「해협양안 항공운수에 관한 보충협의」가 「해협양안 항공운수에 관한 협의」의 부분조항에 대한 변경이고 다른 하나는 「해협양안 어선 선원 노무협력에 관한 구체적 배치에 대한 개정문서 1」이 「해협양안 어선 선원의 노무협력에 관한 협의」 별지 부분의 조항에 대한 변경이다. 2009년 4월 26일, 양회는 「해협양안 항공운수에 관한 보충협의」를 체결하고 해당 협의 제1조, 제3조와 제4조의 규정에 따라 원 협의가 규정한 "여객 전세기의 일상화 배치"[1]를 "양안의 정기적인 여객화물 운수노선을 개통한다"로 개정하고, 원 협의가 규정한 항로의 기초에서 "남선로와 제2북선로의 왕복 직통항로를 개통"[2]하여 양안 항공운수업무의 정상화를 실현하였다. 비록 「항

---

1 「海峽兩岸空運補充協議」, 제1조.
2 「海峽兩岸空運協議」, 제6조.

공운수 보충협의」가 명칭은 「보충협의」이지만 내용에 따라 판단하면 이는 사실상 「항공운수협의」 내용에 대한 변경이다.

　양회는 지난 2011년 3월 1일 문서 「해협양안 어선 선원 노무협력에 관한 구체적 배치에 대한 개정문서 1」을 교환·확인하는 방식으로 「해협양안 어선 선원의 노무협력에 관한 협의」의 별지 내용 "해협양안 어선 선원 노무협력에 관한 구체적인 배치"에 대하여 변경하였다. 이 「개정문서 1」은 "구체적인 배치" 제4조의 증명서 검사에 관한 기존 규정을 변경하여 원래의 "연해 선원은 승선작업증명서로 현지 검사증명서를 수령한다"는 규정을 "연해 선원은 승선작업증명서 또는 여행증명서로 현지 검사증명서를 수령한다"고 변경하였다. 또한 제7조 접선선박에 대한 규정에 관하여 "양측은 해협양안 해상운수에 관한 협의가 허용하는 해상여객운수선박이 각자의 주관부서가 발급한 허가/여행증명서를 지닌 선원을 태우고 양안 직항항구를 왕복하면서 본 협의를 이행하는 데 동의한다"고 규정하여 새로운 조항을 신설하였다.

　셋째, 실천과정에서 "미규정 사항" 조항에 근거하여 양안협의를 변경한 경우는 모두 11번 나타났다. 구체적으로 말하면 1번은 「양안 공증서 사용검증협의」 중의 문서 종류에 대한 보충으로서 세무, 병력, 경력, 전공증명 등 4가지 공증서 사본 종류에 대한 상호 송부에 관해 증가된 규정이다. 7번은 「해협양안 항공운수에 관한 보충협의」 별지인 「해협양안의 항로 및 항공편에 관한 구체적 배치」 부분에 대한 보충으로 상응한 항공편 운행횟수, 직항지점 등에 대한 조절과 증가 규정이다. 3번은 「해협양안 어선 선원의 노무협력에 관한 협의」 및 그의 별지 내용 "해협양안 어선 선원 노무협력에 관한 구체적 배치"에 대한 보충으로서 기존의 "계약요건", "권익보장", "증명서 검사", "접선 선박", "여행증명서" 등 내용에 대하여 보완하였다. 설명하여야 할 점은 「해협양안 공증서 사용검증협의」에 대한 보충만이 양회가 각기 상대방에게 공문을 보내어 개정이 완료되었음을 확인한 외에 기타 10번의 협의보충은 모두 양회가 문서교환을 통하여 개정을 완성하였다는 것이다.

제5장 법치형 양안관계의 발전모식과 양안교류의 제도의존의 형성

양안관계의 발전역사를 고찰하여 보면 양안 간의 교류와 관계의 평화발전 문제에 관하여 양안은 모두 많은 중요한 정책들을 제정하였고 정책주도하의 양안관계는 각종 예견이 불가능한 변수가 존재하였다. 양안관계의 장기적인 발전과정을 살펴보면 일련의 완벽한 (법률)규범으로 표현되는 제도적 배치가 결여되어 있음을 알 수 있다. 때문에 양안관계의 장기적이고 안정적인 발전을 추진하려면 반드시 법치사유를 운용하고 제도건설을 강화하며 양안관계로 하여금 개별적인 정치인과 정당에의 의존으로부터 제도에 대한 의존으로의 단계적 전환을 실현하여 "법치형"의 양안관계 발전의 새로운 모식을 형성하여야 한다. 본장은 양안의 상대방 관련 사무에 관한 정책의 맥락을 정리한 기초에서 양안관계 평화발전의 정책의존현상의 형성원인과 폐단을 분석하고 이를 양안교류시스템과 결부하여 양안교류시스템과 양안관계 평화발전 단계의 전환을 탐색하고 (법률)규범으로 표현되는 양안관계 평화발전의 제도적 구조를 구축하여 양안관계 평화발전의 안정성을 수호하고 역전시킬 수 없는 발전추세를 확보하려고 한다.

제1절 양안의 상대방 관련 사무에 관한 정책 맥락의 서술과 평가분석

양안관계 발전과정에서 대륙과 대만은 모두 일련의 상대방 관련 사무에 관한 정책을 형성하였다. 이러한 정책의 제정과 실행은 양안관계의 발전과 양안교류에 대하여 중요한 현실적 영향을 미쳤다. 그러므로 양안교류시스템과 양안관계 평화발전의 제도적 방향을 모색함에 있어서 양안의 상대방 관련 사무에 대한 정책에 대하여 회고하고 분석하는 것은 매우 필요하며 이는 추후의 이론분석에도 도움이 된다.

1. 대륙 측의 대만에 관한 정책 맥락에 대한 서술

1949년에 장제스(蔣介石) 정부가 내전에서 실패하자 잔여부대를 거느리고 대만으로 퇴각하여 대륙과 바다를 사이에 두고 대치하면서 대만문제가 형성되었다. 1949년부터 1978년 사이, 양안은 군사 대치시기에 처한 상태였고 양측의 각 방면의 교류는 전면적으로 중단되었다. 이 시기에 대륙과 대만의 정치관계 정립은 상호 모두 "합법적인 정부와 반란단체"였다. 다만 대륙과 대만은 각자 입장이 다르기 때문에 이 모식의 의미에 대한 정의가 달랐을 뿐이다.[1] 대륙은 1949년 10월 1일 중화인민공화국이 수립됨과 함께 중화인민공화국 정부가 중화민국 정부를 대체하여 중국의 합법적인 정부가 되었고, 대만으로 퇴각한 "중화민국" "정부"는 대만을 고수하고 있는 국민당의 잔여부대들로 구성된 반란단체라고 지적하였다. 대만은 대륙을 소위 "피점령구"(淪陷區)로 보고 중국공산당이 지도하는 인민정권을 반란단체라고 지적하였다. 이처럼 팽팽한 정치적 대결 속에서 양안은 절대적인 대치상태에 놓여 있었다. 양안 공권력기관 간에는 어떠한 교류도 존재하지 않았고 양안민중 간의 교류도 극히 드물었으며 양안은 국제사회에서 소위 "한적불양립"(漢賊不兩立)의 원칙에 근거하여 "법통논쟁"을 진행하였다.

이 시기의 대륙의 대만정책은 "무력으로의 대만해방"으로 나타났고, 대만의 대륙정책은 "대륙광복"으로 나타났다.

1970년대 말, 국제 및 국내 정세는 일련의 중대한 변화가 일어났다. 1979년 미중수교와 전국인민대표대회 상무위원회에서 발표한 "대만동포에게 알리는 글"은 중국의 대만정책 전환의 "가장 중요한 분수령"이 되었다.[2] 국제적으로 볼 때 새 중국의 국제사회에서의 완화는 대만문제를 해결하는 데 아주 유익한 조건을 제공하였고 중미수교는 대만문제 해결에 있어서의 가장 큰 국제적 장애요소를 제거하였다. 국내정세를 보면, 1978년의 중국공산당 제11기 제3차 전원회의의 소집은 대만문제를 해결하는 데 장기적이고 안정적인 국내 환

---

1 周葉中、祝捷, "關於大陸和臺灣政治關係定位的思考", 河南政法幹部管理學院學報, 2009, 제3기.
2 邵宗海, 兩岸關係, 臺灣五南圖書出版股份有限公司, 2006, 제175쪽.

경을 제공하여 주었다. 이러한 복잡한 역사적 배경하에 중국공산당 제11기 제
3차 전원회의의 정신을 관철·실행하기 위하여 전국인민대표대회 상무위원회
는 1979년 설날에 "대만동포에게 알리는 글"을 발표하였다. 이 성명은 진먼(金門)
에 대한 포격 중지를 선언하고, 양안이 군사적 대치상태 종결에 관한 협상을
제안하였으며 양안은 응당 양측의 정상적인 교류의 회복을 고려하여 "양측 동
포들의 직접적인 접촉에 유리하게끔 신속히 항로와 통신을 실현하고 상호 정
보교환, 친척·친구 방문, 관광과 참관, 학술·문화·체육 등 공익적인 견학을
진행"[1]할 것을 제안하였다. "대만동포에게 알리는 글"의 발표는 중국공산당
대만정책의 중대한 변화를 상징하며 또한 미래의 "일국양제"의 과학적인 구상
의 제기를 위해 기초를 닦아놓았다.

　　"평화통일, 일국양제"의 과학적 구상은 중국 대륙의 새로운 시기 대만정
책의 핵심적인 사유방식이다. 덩샤오핑(鄧小平)은 이 구상을 형성하는 과정에
서 관건적인 역할을 하였다. 덩샤오핑은 1983년 6월 26일 미국인 양리위(楊力宇)
를 만나 양안통일의 6개 구상[이른바 "덩6조"(鄧六條)를 가리킴]을 처음으로 자세
하게 서술하였다. 덩샤오핑은 "조국통일 이후 대만특별행정구는 대륙과 다른
제도를 실행할 수 있다 …… 사법의 독립, 종심권은 북경에 속하지 않으며, 대
만은 자기의 군대를 가질 수 있다 …… 대륙은 대만에 인원을 상주시키지 않
으며, 군대는 물론 행정인원도 파견하지 않는다"[2]고 하면서 "양당이 평등하게
회담하고, 중앙과 지방 간의 담판이 아닌 국공 제3차 협력을 실행할 것을 제
안"[3]하는 견해를 통일협상의 주요 방식으로 제시하였다. 덩6조는 "일국양제"
의 기본이론으로 대만문제를 평화적으로 해결하는 기본 틀을 마련하였고 향
후 대륙의 대만정책에 기본적인 사유방식을 제공하였다. "일국양제"의 구상은
조국 평화통일의 최적의 설계도를 그려놓았고 대만, 홍콩, 마카오 문제를 적
극적이고 안정적으로 해결함으로써 조국의 평화통일을 실현할 수 있는 경로
를 개척하였다.[4] 비록 양안 정세, 특히 대만지역의 정치형세의 변화에 따라
"덩6조"에서 제시한 일부 구체적인 조치들은 더 이상 대만문제의 해결에 적용
될 수 없지만 일부 원칙적인 견해들은 여전히 효과적으로 적용될 수 있다.

1　第五屆全國人大常委會, 告臺灣同胞書, 新華社, 1979年, 1月 1日 電.

2　「鄧小平文選」(第三卷), 人民出版社, 1993, 30−31쪽.

3　「鄧小平文選」(第三卷), 人民出版社, 1993, 31쪽.

4　李松林、祝志男, 中共和平解決臺灣問題的歷史考察, 九州出版社, 2012, 139쪽.

"일국양제"의 대만모식을 개척하는 것은 우리의 중요한 사명이라 할 수 있다.

1995년 1월 31일, 장쩌민(江澤民) 국가주석은 "조국통일이라는 대업의 완성을 추진하기 위하여 계속 분투하자"라는 중요한 연설을 발표하여 조국의 평화통일 추진에 관한 8개 주장을 내놓았다. 이는 "장8점"(江八點)이라고 부른다.[1] 이 8개의 주장은 대만문제에 대한 조국대륙의 기본방침, 정책을 아주 명확하게 논술하였고 양안관계 발전과정에서 나타나는 중대한 문제에 대한 대륙 측의 기본태도에 대하여 설명하였으며 또한 많은 건설적인 의견들을 내놓아 양안관계에 중대한 영향을 주었다. "장8점"의 핵심내용은 중국공산당 제14기 대표대회 보고에서 제기한 "하나의 중국이라는 전제하에 모든 문제를 협상할 수 있다"는 기본관점을 재확인하였고, "하나의 중국"의 원칙을 강조하는 동시에 당시 대만지역에서 출현한 "단계적 두 개의 중국"의 분열적인 관점을 반박하였으며 "하나의 중국"의 함의에 대하여 유연하게 서술하여 하나의 중국이 반드시 중화인민공화국이라는 표현을 강조하지 않았다. 또한 "장8점"은 양안의 경제·문화 교류, 양안 통일을 위한 중화문화의 중요성, 양안 지도자 회담 개최 등에 관한 주장을 강조하였다. 당시 대만에서 부각되기 시작한 "성적(省籍)갈등"에 대하여도 "2100만 대만동포는 대만의 성적이든 기타 성적이든 모두 중국인이다"라고 명시하였다. "장8점"은 당과 국가의 제3세대 지도집단이 "예9조"(葉九條)와 "덩6조"를 계승한 기초에서 양안관계 발전의 현실에 근거하여 제기한 중요한 대만정책으로서 양안관계 평화발전의 국면을 형성하는 데 중요한 의의가 있다.

새로운 세기, 새로운 단계에서 국제·국내 형세의 복잡다단한 배경에서 후진타오(胡錦濤) 국가주석은 "예9조", "덩6조"와 "장8점"을 계승하는 동시에 대만사업에 대하여 적절한 조절과 배치를 진행하였다. 선후로 "후4점"(胡四點)과 "후6점"(胡六點)을 발표하여 대만사업에 대한 일련의 새로운 주장, 새로운 조치를 제시하고 대만사업의 정책방침에 새로운 함의를 부여하여 양안관계의 발전을 추진하였다. "후6점"의 새로운 주장은 다음과 같은 몇 가지 방면에서 표현된다.[2] 첫째는 "하나의 중국"이라는 인식에 대하여 깊이 있게 서술하고, 양안 간의 역사적 사실과 현황에 대하여 객관적으로 묘사하였으며 "세상에는

---

1 江澤民, 爲促進祖國統一大業的完成而繼續奮鬥, 新華社北京 1月 30日 電.
2 胡錦濤, 攜手推動兩岸關係和平發展 同心實現中華民族偉大復興, 新華社北京 2008年12月31日 電.

단 하나의 중국만 있고, 중국의 주권과 영토완정의 분할은 허용할 수 없다"는 기초에서 처음으로 "대만과 대륙"이 "아직 통일을 이루지 못한" 원인은 "중국 내전으로 이어진 정치적 대립"이라고 제시하여 "하나의 중국"의 함의를 더욱 뚜렷하게 정의하였다. 둘째는 새로운 상황에서의 양안관계 발전의 기본방향을 명확히 하였다. 양안은 응당 "경제협력을 추진"하고 "중화문화를 발양"하며, "인적교류를 강화"하여야 한다고 제시하고, 양안 간에 "포괄적 경제협력협의" 와 "문화교육교류협의"를 체결할 수 있다고 지적하였으며, 처음으로 "민진당 이 '대만독립'의 분열입장을 바꾸기만 하면 우리는 직접적인 대화를 하겠다"는 견해를 밝혔다. 셋째는 양안은 국가주권을 수호하고 적대관계를 종결하는 면 에서 더욱 많은 역할을 하여야 한다고 주장하였다. 한편 "후6점"은 "대만동포 들의 국제사회 참여 문제에 대한 생각"에 대하여 이해한다고 밝히면서 대만지 역의 국제 활동의 참여 가능성에 대한 협상의 뜻을 내비쳤다. 또한 "후6점"은 양안 간 "평화협의" 체결의 입장을 재확인하였다. 평화협의를 기점으로 양안 관계 평화발전의 틀을 구축하겠다는 것이다.

중국공산당 제18기 전원회의 이래, 대만해협은 풍운이 변화하여 양안관계 평화발전은 극심한 변화를 겪고 있다. 2014년 대만지역의 "구합일"(九合一) 선 거 이후, 특히는 2016년 대만 지도자 선거 이후 "92합의"(九二共識)의 인정을 거부하는 민진당이 대만에서 집권하면서 양안관계는 새로운 도전에 직면하였 다. 날로 복잡해지는 대만해협 정세에 직면하여 시진핑(習近平) 총서기를 핵심 으로 하는 중국공산당 지도부에서는 대만문제와 양안관계에 관한 일련의 새 로운 사상, 새로운 전략과 새로운 이론을 내놓았다. 시진핑 총서기는 대만문 제와 양안관계에 대하여 일련의 표지적 개념을 간결하게 개괄하였다. 이러한 표지적 개념에 대한 이론적 언설, 정책과 책략의 전개는 시진핑 총서기의 대 만문제에 관한 중요논술의 기본 방법론을 구성하였다. 이러한 표지적 개념 중 "양안은 한 가정"은 정책의 기초를 이루었고, "양안 운명공동체"는 핵심 이념 을 구성하였다. 이 두 개의 표지적 개념은 상호연결되어 새로운 시기의 대만 사업을 위한 사상적 기초를 다졌다. 결론적으로 말하면 시진핑 총서기의 대만 에 관한 중요논술은 대만문제와 양안관계의 세부상황을 결부시켰고 목적성, 계발성과 유도성을 갖고 있다. 예컨대 시진핑 총서기는 "하나의 중국"을 핵심 으로 하는 "92합의"를 보충하고 발전시키는 기초에서 "92합의"의 견지와 "대만독립"을 반대하는 것을 "양안관계의 닻"(兩岸關係之錨)에 비유하면서, "닻이 고정되어야만 풍랑이 일어나도 끄덕하지 않을 수 있다"고 말하였다.[1] 이는 "92합의"의 견지 및 "대만독립"에 대한 반대가 양안관계에서의 기초적 지위로 확립된 것이다. 2015년 11월 7일의 "시진핑·마잉주회담"(習馬會)에서 시진핑 총서기는 양안관계의 정치기초에 관하여 "양안 쌍방이 함께 노력하고 양안 동포가 손잡고 92합의를 견지하며 공동으로 정치기초를 공고히 하기를 바란다"고 말하였다.[2] "시진핑·마잉주회담"에서의 양안 양측 지도자의 직접적인 대화는 양안관계의 정치적 기반을 더욱 튼튼하게 다졌다. 모든 형태의 "대만독립"의 분열활동을 단호히 반대하고 중국대륙의 "대만독립" 반대에 대한 결심을 나타내기 위하여 시진핑 총서기는 쑨중산(孫中山) 탄생 150주년 기념대회에서 "우리는 누구, 어떤 조직, 어느 정당이 언제, 어떠한 형식으로든, 한 덩어리의 영토라도 중국에서 분열하는 것을 결코 용납하지 않는다"는 입장을 밝혔다.[3] 분열세력, 분열활동, 분열형식에 대한 이러한 열거는 최근 몇 년 간의 발언 중에서 가장 강도가 높고 전면적인 것이며 중국정부와 인민들의 "대만독립"을 반대하고 국가통일을 수호하려는 강한 의지를 보여주었다. "양안은 한 가정"이라는 것을 주장하고 양안의 민심을 고무하고 집결함에 있어서 시진핑 총서기의 중요한 논술은 양안 민심의 응집을 형식적 통일과 동등한, 중요한 위치로 끌어올렸다. 이는 국가통일을 실현하는 과정적 목표와 가치일 뿐만 아니라 결과적 의의를 갖는 가치적 함의이다. 양안 민심은 양안관계 발전의 근본방향이다. 양안의 민심을 어떻게 고무하고 응집시킬 것인가 하는 것은 대만사업의 중요한 일환이며 대만정책을 동요 없이 견지함에 있어서 반드시 필요한 것이다. 요컨대 시진핑 총서기의 대만에 관한 중요논술은 이미 시진핑의 국정운영사상의 중요한 구성부분이 되었고 대만사업을 위해 사상기초와 행동지침을 마련하였다.

---

1 "習近平: 共圓中華民族偉大復興的中國夢" 참조, 자료출처: http://news.xinhuanet.com/tw/2014−02/19/c_126157576.htm, 최후방문일자: 2017, 4, 22.
2 "習近平'習馬會'致辭全文", 자료출처: 中國網, 2015, 11, 7. http://www.china.com.cn/news/2015−11/07/content_37005398.htm, 최후방문일자: 2017, 4, 22.
3 "習近平: 在紀念孫中山先生誕辰150週年大會上的講話", 자료출처: http://cpc.people.com.cn/n1/2016/1111/c64094−28854791.html, 최후방문날짜: 2017, 4, 22.

2. 대만 측의 대륙에 관한 정책 맥락에 대한 서술

대만당국은 1979년 양안 간 군사적 대치국면이 끝난 이후에도 통치의 합법성 유지를 위해 여전히 "대륙광복"을 목표로 하는 대륙정책을 견지하였다. 양안의 세력 변화와 대만지역의 정치적 전변이 시작되면서 장징궈(蔣經國) 집권 말기에 국민당 당국은 점차적으로 "대륙 역습"(反攻大陸) 정책을 약화하기 시작하였다. 비록 90년대 초반까지도 대만당국은 대륙에 대하여 여전히 이른바 "접촉하지 않고, 협상하지 않으며 타협하지 않는다"는 "3불"(三不) 정책을 견지하여 왔지만 양안관계 발전에 대한 기본적인 판단에는 이미 변화가 감지되었다. 국공 양당의 대등한 담판의 가능성을 비공식적으로 긍정하였을 뿐만 아니라 1987년 11월부터 대만민중들의 대륙방문에 대한 제한을 완화하여 양안 민간교류의 대문을 열어놓았다.

1988년에 장징궈가 사망한 후 리덩후이(李登輝)는 대만지역의 지도자로 승계하였고 그의 임기 내에 양안관계의 발전에는 중대한 변화가 일어났다. 그가 대만을 집권한 12년 동안의 대륙정책은 두 단계로 나눌 수 있다. 전 단계는 "하나의 중국"의 원칙을 지키면서 대륙과 대화를 견지하는 것이고 후 단계는 "양국론"이라는 "대만독립"론을 꺼내 양안관계를 얼어붙게 한 것이다. (1) 리덩후이가 대만지도자로 승계된 초기에 그의 대륙정책은 기본적으로 장징궈 집권시기의 기본관점을 이어왔다. 즉, "하나의 중국"의 원칙을 견지한 것이다. 당시 그는 "대만은 중국의 일부분이고 미래의 중화문화 발전에 있어서 관건적인 지위에 놓여 있을 것이며 따라서 절대 독립의 가능성이 없다", "대만인은 중국인이고 중화민족의 일원으로 이는 부인할 수 없는 사실이다", "중국인의 핏줄은 끊길 수 없으며 중국인의 운명은 결과적으로 동일체이다"[1]라고 명확히 주장하였다. 그러나 양안의 정치형세의 변화와 함께 그는 장징궈 시대의 대륙에 대한 "반란 단체"라는 정치적 자리매김을 포기하고, 대신 "일국이구"(一國兩區), "일국이체"(一國兩體)라는 자리매김으로 중국공산당의 대륙에서의 집권의 합법성을 승인하기 시작하였다. 1991년에 채택한 「국가통일강령」(國家統一綱領)에서는 "해협양안은 이성적이고 평화적이며 대등하고 호혜적인 것을

---

1 楊梓, "李登輝大陸政策思想硏究", 臺灣硏究, 1994, 제1기.

전제로"[1] 통일을 이루어야 한다고 명확히 주장하였다. 1995년, 국민통일위원회 개편 이후의 첫 회의에서도 리덩후이는 여전히 "대륙과 대만은 모두 중국의 영토이고 국가의 통일을 이루는 것은 중국인의 공동책임"[2]이라고 주장하였다. 최소한 리덩후이의 집권 초기에는 "하나의 중국"의 원칙을 긍정하고 양안 통일의 목표를 인정하였다. 물론 이러한 긍정 또는 인정과 연결되는 것은 대만이 대륙과의 "대등한 지위"를 추구하면서 "양안 분치"(兩岸分治)를 인정해 달라고 요구하는 관점이다. 리덩후이 집권 시기에 양안은 기존의 절대적인 격리상태를 타파하고 제한적인 자발적 교류를 시작하였다. 양회의 출범, "92합의" 달성과 1993년의 "왕구회담"의 전개 등은 리덩후이 집권 초기의 대륙정책과 밀접한 관련이 있다. (2) 대만지역의 "헌정개혁"이 성대히 진행됨과 함께 리덩후이가 "견지"하던 "하나의 중국"의 원칙은 점차적으로 약화되었다. 대만 "사법원" 대법관의 "석자 제261호 해석"(釋字第261號解釋)에 따라 1991년 12월 31일에 대만은 소위 "만년 국민대회"는 직권행사를 중단하고, "중앙민의의 대표"는 "전국 선거구"(全國不分区) 선거로 선출되며 "전국 선거구" 선거는 "자유지역"에서만 실행하기로 하였다.[3] 1994년 8월 1일에 채택된 세 번째 "헌법" 보충개정조문은 "대통령과 부통령은 중화민국 자유지역의 전체 인민이 직접 선출한다"고 규정하였고, 1996년에 대만은 첫 대통령 직선제가 실행되었다. 이로써 대만은 정치권력의 배치에 있어서 대륙과 완전히 단절되었다. 동시에 리덩후이정권 시기 대만적(籍) 인사들이 대만 정국에서 차지하는 위상이 갈수록 중요해졌고, "정치본토화" 과정이 점차 가속화되면서 이른바 "대만주체의식"이 강화되었으며 종국적으로 "대륙적(大陸籍)인 국민당이 다년간에 걸쳐 키워온 중국 의식"을 압도하였다.[4] (3) 리덩후이집권 후반기에 이르러 양안정책은 끝내 중대한 전환을 가져왔고, 숨겨져 있던 "대만독립" 정책이 점차 드러났다. 1999년 7월, 리덩후이는 독일의 해외 방송국 "도이체 벨레"(德國之聲)와 가진 인터뷰에서 양안의 정치적 자리매김에 관하여 "양국론"의 분열관점을 제기하였다. 그는 "1991년 개헌 이후 양안관계를 국가와 국가, 적어도 특수한 국가와 국가 관계로 설정하여야 한다. 이는 하나의 합법정부와 하나의 반란단체 또는

---

1 「國家統一綱領」前言.
2 "李登輝在國統會改組後第一次會議上的談話".
3 周葉中、祝捷, 臺灣地區"憲政改革"研究, 香港社會科學出版社有限公司, 2007, 26쪽.
4 林岡, 臺灣政治轉型與兩岸關係的演變, 九州出版社, 2010, 185쪽.

중앙정부와 지방정부의 '하나의 중국'의 내부관계가 아니다"[1]고 주장하면서 "양안관계는 특수한 국가와 국가 간의 관계에 해당되기 때문에 대만독립을 선언할 필요가 없다"는 관점을 제기하면서 노골적으로 "두 개의 중국"과 중국을 분열하는 "대만독립"의 관점을 드러냈다. 리덩후이의 "양국론"은 "하나의 중국"이라는 기본사실에 위배될 뿐 아니라, 대만지역의 "헌법" 규범과도 모순되어 결국 국민당 대륙정책의 주축으로 개정되지 못하였다.[2] 그러나 "양국론"의 제기는 양안관계의 추락을 가져왔고 당초 예정되었던 왕다오한(汪道涵) 해협양안관계협회 회장의 대만방문 계획은 취소되었으며, 양안 공권력기관의 교류도 전면 중단되었다.

2000년 대만지역에서는 처음으로 "정당교체"가 이루어졌고, 민진당 후보인 천수이볜(陳水扁)이 대만 지도자로 선출되었다. 리덩후이의 대륙정책과 마찬가지로 천수이볜 집권 시기 대륙정책도 2002년 8월에 제기한 "일변일국론"(一邊一國論)을 분계선으로 전후 두 단계로 나눌 수 있다. 전 단계의 대륙정책은 2000년 5월 취임사에서 밝힌 "사불일무"(四不一沒有)를 핵심으로 전개된다. 천수이볜이 제기한 이른바 "사불일무"란 "중국공산당이 대만에 대해 무력을 행사하려 하지 않는다면 본인(천수이볜)은 임기 내에 독립을 선포하지 않고 국호를 바꾸지 않으며 양국론의 입헌을 추진하지 않고 현 상태를 개변하는 통독(統獨) 투표도 추진하지 않으며 국가통일강령과 국민당통일회의도 폐지하는 일은 없을 것이다"라는 정책적 선언이다. 일부 학자들은 천수이볜의 이같은 정책적 선언은 모종의 의미에서 대륙에 대해 호의를 보인 것이라고 인정하였다. "사불일무"의 제기와 함께 천수이볜은 양안교류에 유리한 약간의 정책적 배치를 하였다. 예컨대 리덩후이 시대의 "서두르지 말고 참는" 정책을 개변하여 "적극적으로 개방하고 효과적으로 관리하자"라는 양안 경제무역정책 등을 제기하였다. 그러나 이러한 "부정면 제거"의 방식으로 제기한 정책적 표시에 대하여는 검토할 필요가 있다. 이른바 "사불일무"는 "하나의 중국"이라는 기본원칙을 의식적으로 회피하고,[3] 양안이 한 국가에 속하는지의 여부

---

1 리덩후이가 독일의 해외 방송국 "도이체 벨레"와 가진 인터뷰에서의 담화, 자료출처: www.president. gov.tw, 최후방문날짜: 2017, 3, 17.
2 邵宗海, 兩岸關係, 臺灣五南圖書出版股份有限公司, 2006, 103쪽.
3 천수이볜은 2000년 8월 아메리카 방문 시에 가진 기자 회담에서 "양안관계의 발전방향에 관해서는 대만 2300만 인민이 최종적인 선택권과 결정권을 갖고 있다 …… '국가통일강령'은 반드시 '통

에 관한 관건적 문제를 비켜갔다. 한편 이러한 표시는 가능한 "대만독립"의 정책적 성향에 여지를 남겼다. 사실상 천수이볜은 2002년 8월에 도쿄에서 진행한 「세계타이완동향연례회의」의 화상 연설에서 "일변일국론"을 제기하였다. 즉, "대만과 대안에 있는 중국은 일변 일국으로서 분명히 구분해야 한다"[1]는 "분열"적 논단이다. 이 같은 논란은 리덩후이의 "양국론"의 "대만독립" 주장을 계승한 것으로서 사실상 천수이볜 자신이 제기한 "사불일무" 정책을 대체하여 민진당 집권시기 대륙정책의 핵심내용으로 부상하였다. 그 후 천수이볜은 대내로는 "탈중국화"로, 대외로는 "유엔 가입" 등 방식으로 기존의 양안관계에 도전하면서 국가를 분열하려 하였다. 그는 "헌정개혁", "국민투표" 등 활동을 통해 끊임없이 떠들어대면서 "법리상의 대만독립"을 실현하려 하였으며, "헌법"과 "법률"은 "대만독립" 분자들이 "대만독립"을 모색하는 중요한 수단이 되었다.[2]

2008년 3월, 대만지역에서는 제2차 "정당교체"가 이루어졌고, 8년간 야당으로 있었던 국민당은 다시 대만지역의 집권당이 되었다. 국민당 후보인 마잉주(马英九)의 대만지역 지도자로의 당선은 양안관계의 평화발전에 중대한 기회를 가져다주었다. 양안관계 개선을 적극 주장해온 국민당이 정권을 잡고 "입법원"의 4분의 3 이상의 의석을 장악한 것은 민진당의 대륙정책에 대한 광범한 대만민중들의 혐오, 나아가 양안관계의 평화발전이 양안 인민의 공동의 염원이라는 양안민심을 충분히 보여주었다. 마잉주의 양안정책은 "헌법일중"과 "92합의"를 바탕으로 "불통(不统), 불독(不独), 불무(不武)"의 대만해협의 현황을 유지하고 양안의 경제무역교류와 문화교류의 전면적인 정상화를 기점으로 하며 양측의 "화해 휴전"(和解休兵)을 제2단계의 목표로 하고 양안문제의 최종 해결은 미래에 남겨두는 것이었다.[3] 한편, 마잉주 당국은 "92합의"를 바탕으로 양안관계를 발전시켜 양안협상의 재개를 위해 전제조건을 마련하였다. 마잉주는 2008년의 "취임사"에서 "우리는 앞으로도 계속하여 '92합의'의 기초에서 하

일'만을 유일한 최종적 선택으로 하여야 하는가에 관해서는 진일보 검토하여야 한다"고 표시하였다. "足見在陳水扁看來, 兩岸走向統一不再是其兩岸政策的終極目標, 而淪爲一個'選項'", 「中國時報」, 2000, 8, 18, 제1면 참조.

1 천수이볜이 도쿄에서 진행한 「세계타이완동향연례회의」에서의 화상 연설, 자료출처: www.president.gov.tw, 최후방문날짜: 2017, 3, 17.
2 周葉中, "臺灣問題的憲法學思考", 法學, 2007, 제6기
3 林岡, 臺灣政治轉型與兩岸關係的演變", 九州出版社, 2010, 208쪽.

루빨리 협상을 회복할 것이다"고 지적하면서,[1] 대륙에서 견지하는 양안협상의 기초인 "92합의"를 승인함으로써 대북 측의 리덩후이(李登輝)의 "양국론"과 천수이볜의 "일변일국론"에 대한 편향을 바로잡고 양안협상의 재개, 각 층차와 각 영역 간 교류의 지속적인 번영과 질서화를 위하여 유리한 정치적 지지를 제공하였다. 또한 마잉주는 대만의 주류 민의를 바탕으로 이른바 "불통, 불독, 불무"의 양안관계를 주장하고 대만해협의 현 상태를 유지하는 것을 정책의 주요 목표로 내세웠다. "불통"이란 "임기 내에 통일을 거론하지 않고" "미래에 국민투표로 통일"을 하는 것을 뜻한다. 이는 마잉주의 현상유지 정책성향을 충분히 나타냈다. 해협양안의 현상유지는 대만섬 내의 주류 민의이다. 선거정치의 주도하에 있는 대만은 득표극대화 책략의 영향을 받아 이러한 민의방향을 어기는 정당이 아주 드물다. "불독"이란 "법리상의 대만독립을 반대"하고 "중화민국을 수호"하는 것을 뜻한다. 마잉주는 양안의 정치적 관계의 정립에 있어서 양안은 "일종의 특별한 관계이지만 국가와 국가 간의 관계는 아니다"라고 수차례 밝혀 민진당 당국이 내세웠던 "대만독립"의 주장을 부정하였다. 마잉주가 견지하는 "하나의 중국"이란 "중화민국"을 지칭하는 것으로, 그의 "효과적인 통치구역은 대만, 펑후, 진먼, 마쭈이지만 헌법에 의하면 고유영역은 중국 대륙도 포함하는"[2] 것이다. 즉, 이것이 바로 "헌법일중"의 주장이다. "불무"란 "대만문제의 무력 해결을 반대"하고 "'방어 고수, 효과적인 제지'의 군사방어태세전략을 채택"하며 "대만해협의 평화는 양안 인민과 국제사회의 공동 기대에 부합된다"는 것을 뜻한다. 마잉주는 "양안은 평화롭게 공존하고 공동 번영해야 한다. 우리가 지금 하고 있는 일은 바로 이러한 일이다. 나의 양안정책 중의 아주 중요한 일환은 바로 '불통, 불독, 불무'이다"라고 공언하였다.[3] 양안은 "92합의"라는 정치적 컨센서스의 기초에 따른 많은 실무적 문제에 있어서 구체적인 합의를 달성하였다. 당시 양안관계는 60년 이래 가장 좋은 시기에 있었다. 그러나 이러한 컨센서스 외에도 양안 간의 정치적 갈등

---

1 "中華民國"第十二任"總統"馬英九"就職演說", 자료출처: www.president.gov.tw, 최후방문날짜: 2017, 3, 17.

2 "馬: 九二共識 可反對但不能否定", 자료출처: http://www.stnn.cc/taiwan_forum/200804/t20080402_756305.html, 최후방문날짜: 2017, 3, 17.

3 環球時報, "馬英九接受英媒專訪 重申'不統不獨不武'", 자료출처: http://news.21cn.com/domestic/taihaijushi/a/2011/0308/15/8160190.shtml, 최후방문날짜: 2017, 3, 17.

은 여전히 존재하였다. "일중각표"라는 양안의 정치적 자리매김의 표현이 이를 잘 보여주었다. 양안 간에는 "인정 논란"에 관한 중대한 갈등이 여전히 존재하고, 이로 인하여 일련의 중대한 문제가 해결되지 못하였다. "석 자 얼음이 하루 추위에 언 것이 아니다"라고 하듯 양안관계의 발전은 일시에 이루어질 수 있는 것이 아니다. 그러나 적어도 마잉주 정부의 출범과 국민당의 집권은 양안관계의 평화발전을 위한 문을 열어놓았고, 양안관계의 평화발전은 새로운 단계로 발전하였다.

2016년, 대만지역에서 제3차 "정당교체"가 이루어졌고, 민진당 당원인 차이잉원(蔡英文)이 대만지역의 지도자로 당선되면서 양안관계는 또다시 심각한 위기에 직면하였다. 차이잉원이 대만지역의 지도자 선거에 출마한 이후의 양안정책에 관한 주장을 살펴보면 이미 "보편적 민의"와 "중화민국 헌정체제" 등 개념으로 구축된 언론체계를 갖추었다. 이 체계의 요지는 두 가지 방면에서 체현된다. 한편으로는 소위 "보편적 민의"에 기초하여 대륙이 제창하는 "92합의" 혹은 그 핵심적인 함의를 배척하고 자신이 실행하는 "잠재적 대만독립" 정책에 소위 "합법성 기초"를 제공하는 것이다. 다른 한편으로는 다양한 해석을 할 수 있는 "중화민국 헌정체제" 등 표현으로 대륙을 현혹하고 나아가 향후 양안정책을 조절할 수 있는 여지를 남겨둔 것이다. 차이잉원의 이러한 양안정책 체계는 본질적으로 "현상유지"라는 명분하에 양안관계의 정치적 기반을 훼손하고 "잠재적 대만독립"을 추진한 것이다. 한편, 대만의 여론적 구조로부터 보면 민진당이 만들어낸 "대만독립", "반중" 등 언론들은 포퓰리즘적 여론 속에서 "올바른 정치"로 포장되어 있다. "대만독립"에 관한 포퓰리즘적 조작만이 섬 내에서 대세를 형성할 수 있고 양안관계의 평화발전에 대한 민중의 기대는 이러한 "올바른 정치"에 매몰되어 "침묵의 다수"가 될 수밖에 없었다. 다른 한편, 대만지역 내부, 특히는 민진당 내부의 정치적 언론체계로 보면 "중화민국"은 이미 경선과 "대만독립" 분열활동의 "베일"(遮羞布)이 되었다.[1] 차이잉원의 집권 이래 양안에 관한 화제를 보면 "중화민국", "중화민국 헌정체제"라는 단어를 사용하는 경우가 가장 많았다. 이러한 발언체계를 선택한 목적은 대륙에 대해 "우호적"으로 보이는 언론체계를 통하여 "92합의" 혹은 그 핵심적인 함의를 배척하거나, 대륙으로 하여금 그의 양안정책에 대해 오판하도록

---

1 王英津, "論兩岸政治關係定位中的'中華民國'問題(下), 中評月刊, 2016, 2월호.

하기 위함이 분명하다.

섬 내에서 차이잉원 당국은 "탈중국화" 활동을 계속 추진하면서 정치, 역사, 문화 등 측면에서 대만과 중국의 관계를 한층 더 단절시키고 "중화민국 대만화"를 핵심으로 하는 "대만독립"의 정책체계를 진일보 보완해 나가고 있다. 양안이 오랫동안 정치적 대립을 겪어온 역사적 배경하에 "중화민국"은 대만민중의 국가인정의 주요 대상이 되었고 또한 섬 내 주요 정치역량의 "최대 공약수"로 인식되고 있다. 차이잉원 당국은 "중화민국"이라는 간판을 최대한 활용하여 "중화민국"의 정치적 함의를 분석·재구축함으로써 "중화민국은 독립국가이다"—"중화민국은 대만이다"—"대만은 주권독립 국가이다"로 구성된 "3단론"식의 "대만독립" 논리적 연결을 형성하였다. 이러한 논리적 연결에서 "대만화의 중화민국"이 핵심적 논증부분이다. 차이잉원 당국이 추진하는 정책체계는 바로 "중화민국의 대만화"를 둘러싼 것이다. 일부 학자들은 1990년대에 있은 대만지역의 "헌정개혁"은 이른바 "중화민국 대만화"의 시발점이었고,[1] 그 후 민진당이 추진한 이른바 "탈중국화" 운동은 이를 "고속도로"로 이끌었다고 한다. 현재 차이잉원 당국이 추진하고 있는 "중화민국 대만화"를 핵심으로 하는 정치논리는 대만 본토 세력의 장기적인 추진과 함께 이미 일정한 사회적 기초를 이루었다. "대만독립"의 분열주장을 부각시킨 이데올로기는 갈수록 성행하는 포퓰리즘이라는 촉매작용으로 더욱 큰 영향력을 갖게 될 것이 분명하다.

국제적으로 차이잉원 당국은 양안의 "외교휴전"의 묵계를 깨고 "대만"을 약화하고 "중화민국"을 대체하는 대외정책을 적극 관철·실행하며 미국, 일본 등의 중국 억제정책에 영합해 외부 세력의 지지를 얻으려 하고 있다. 해협양안은 오랜 기간, 특히는 리덩후이(李登輝)와 천수이볜이 대만지역의 지도자로 재임하는 동안 대만의 국제사회에 참여하는 문제에 관하여 "외교 격전"을 치렀고, 양측은 "제로섬 게임" 방식으로 끊임없이 "외교 공방"을 벌였다. 2008년 이후, 양안의 지식인들은 이미 "외교 격전"이 양측에 모두 매우 불리한 영향을 미쳤고, 중화민족의 국제적 이미지를 심각하게 손상하였음을 인식하였다. 이에 따라 양측은 "92합의"를 바탕으로 "외교 휴전"이라는 정치적 묵계가 이뤄

---

1 [日]若林正丈 著, 洪鬱如 等 譯, 戰後臺灣政治史－中華民國臺灣化的過程, 臺灣大學出版中心, 2014, 214쪽.

지면서 대만지역의 국제사회 참여에 관한 마찰이 크게 줄었다.[1] 그러나 차이
잉원이 집권한 이래의 대외정책을 보면 "대만"으로 "중화민국"(R.O.C) 중의
"중국"(China) 요소를 약화하는 방식으로 양안 간에 달성한 "외교 휴전"이라는
정치적 묵계의 기반을 무너뜨리기 시작하였다. 예컨대 차이잉원이 파나마에서
활동 시 영문서명에 "대만(중화민국) 대통령" "President of Taiwan(ROC)"[2]을
사용하고 마잉주집권시절의 "중화민국(대만) 대통령" "President of ROC(Taiwan)"
을 사용하지 않았다. 이는 민진당 당국이 대외교류에 있어서 "대만"으로 "중화
민국"을 약화, 심지어는 이를 대체하여 "외교상의 대만독립"의 목표를 실현하
려는 정책적 경향을 충분히 나타냈다. 이 외에도 차이잉원 당국은 동해, 남해
문제에 대해 모호한 표현으로 자신의 권리주장을 회피함으로써 미국, 일본 등
국가의 관련 정책에 영합해 외부의 지지를 얻으려 하고 있다. 이는 두말할 것
없이 양안이 공동으로 중화민족의 전반 이익을 수호하는데 장애를 설치하였
다.[3] 요약하면 차이잉원 당국은 집권 이래 "92합의"와 그 핵심적인 함의를 저
버리고 "대만독립"의 분열활동을 선양하는 잘못된 길에 들어섰으며, 양안관계
는 또다시 극히 심각한 도전에 직면할 수밖에 없게 되었다.

　　1990년대에 대만이 정치적 전변을 실현한 이후, 특히 1996년에 대만지역
에서의 첫 지도자 직선이 실시된 후 선거인들의 투표는 경쟁자들의 정책 선택
에 큰 영향을 주고 있다. 양안관계는 각 정당이 "선거전"을 벌일 때 중요한 의
제 중 하나가 되었고, 때로는 선거 전반을 좌지우지할 수도 있었다. 때문에 리
덩후이가 "자유, 민주와 부를 고르게 하여 중국을 통일하자"로부터 양안관계
를 "특수한 국가와 국가 간의 관계"로 정립한 것이나, 천수이볜이 제기한 "일
변일국론"과 "유엔 가입 국민투표"나 혹은 마잉주가 출마한 후 "92합의"를 승
인하고 양안경제, 문화교류의 추진을 단기 목표로, 양안의 "화해 휴전"의 실현
을 중기 목표로 하고 "불통, 불독, 불무"의 중간노선을[4] 실행한 것 또한 차이
잉원이 집권 이래 "92합의"를 저버리고 "중화민국대만화"를 추진하여 "중화민
국 헌정체제"를 구축한 것이나 일정한 의미에서 모두 선거에 대한 고려에서

1　祝捷, 两岸关系定位与国际空间, 九州出版社, 2013, 207쪽.
2　中評社, "蔡英文簽President of Taiwan", 자료출처: http://www.crntt.com/doc/1042/8/3/6/104283694.
　　html?coluid=0&kindid=0&docid=104283694, 최후방문날짜: 2017, 3, 18.
3　張亞中, "蔡英文執政的困境", 中評月刊, 2016, 6월호.
4　林岡, 臺灣政治轉型與兩岸關係的演變, 九州出版社, 2010, 181쪽.

형성된 것이었다. 다만 4명의 지도자의 시간대별 섬 내의 주류 여론에 대한 판단과 해독 차이가 존재하면서 양안정책의 차이가 이처럼 컸을 뿐이다. 하지만 이러한 지도자들의 판단과 해석상 차이가 지난 20년간 양안관계에 있어 상상하기 어려운 곡절을 겪게 하였다. 양안관계의 발전이 정책에 극히 의존하는 시대에 안정된 양안관계는 사람들의 아름다운 염원일 뿐 장기적인 현실이 되기는 어렵다.

3. 양안의 상대방 관련 사무에 관한 정책 변화의 주요 특징

상술한 회고내용으로부터 우리는 양안의 상대방 관련 사무에 관한 정책의 변화과정에서 다음과 같은 몇 가지 주요 특징이 나타났음을 알 수 있다.

첫째, 대륙 측은 일관성과 신축성을 결합한 특징을 보이고 있다. 1979년에 "대만동포에게 알리는 글"을 발표한 이래 "대만의 무력해방" 대신 "평화통일"을 대만문제 해결의 주요책략으로 채택하였다. 이 책략은 지난 30년 동안 일관되게 실시하여 왔고 개변되지 않았다. 동시에 대륙의 대만정책에서의 일부 기본적인 입장과 원칙은 시종 변하지 않았다. 예컨대 대만정책에 있어서 대륙은 모호하게 표현된 "92합의"를 받아들임으로써 양회 회담의 기초와 전제를 마련하였지만 "하나의 중국"의 원칙을 고수하는 데 변함이 없었다. 비록 대륙은 "대만주체의식"에 대한 존중은 표명하였지만 "대만독립"을 반대하는 기본입장은 시종 바뀌지 않았다. 이러한 변화 속에서 변화하지 않는 기본입장과 원칙은 대륙이 대만정책을 일관되게 견지하여 왔다는 중요한 표현이다. 그러나 이는 대륙이 오랫동안 견지해온 "평화통일"의 기본사유가 경색된 것을 의미하는 것은 아니다. 양안정세의 끊임없는 변화에 따라 대륙의 대만정책도 융통성 있게 점차 신축성 있는 방식으로 서술됨으로써 대만문제의 해결에 충분한 정책공간을 남겨주었다. 이 같은 신축성 있는 정책 변화는 구체적으로 다음과 같은 두 가지 측면에서 나타난다. (1) "하나의 중국"에 대한 서술의 변화이다. 1992년까지 양안은 "중국"에 대한 정통성 논쟁의 단계에 있었다. 이 단계에서 중국이 주장하는 "하나의 중국"의 원칙은 "세계에는 하나의 중국이 있고, 대만은 중국의 일부분이며, 중화인민공화국은 중국의 유일한 합법정부이다"라는 소위 "하나의 중국" 원칙의 최초 함의였다. 1992년에 양회는 "92합의"

를 달성하고 양안은 "하나의 중국"을 견지하는 원칙 아래 "하나의 중국"의 함의에 대하여 각자 서술하였다. 이 단계에서 대륙이 말하는 "하나의 중국"에 대한 표현은 "세계에는 하나의 중국이 있고, 대만은 중국의 일부분이며, 중국의 주권과 영토완정은 분할할 수 없다"라고 변화·발전하였다.[1] 이 서술에서는 "중화인민공화국은 중국의 유일한 합법정부이다"라는 표현을 더는 사용하지 않았다. 이것이 바로 "하나의 중국"의 3단론 II이다. 2000년에 이르러 대륙이 말하는 "하나의 중국"의 뜻은 진일보하였다. 즉, "세계에는 하나의 중국이 있고, 대륙과 대만은 하나의 중국에 속하며, 중국의 주권과 영토완정의 분할은 허용할 수 없다"는 것이다. 이러한 서술은 그 후의 중국공산당 제16기, 제17기, 제18기 대표대회의 보고서에서 확인되었고 「반분열국가법」에 규정되어 대륙의 공식 표현으로 되었다. 이것이 바로 "하나의 중국"의 3단론 III이다. 변화 중의 "하나의 중국"의 함의는 양안관계의 발전과 변화에 따른 것이고, 동시에 더욱 큰 포용성을 가지고 있어 양안이 대화를 전개하고 컨센서스를 형성하는 데 충분한 정책적 공간을 제공하여 주었다. (2) 통일 후 대만지역에서 실행하는 제도문제에 대한 서술상의 변화이다. 제2세대, 제3세대 지도부가 대만문제를 평화적으로 해결하는 기본주장 중에서 "일국양제"는 중요한 경로였을 뿐만 아니라 유일한 경로로 인정되었다. 이 구상은 헌법 제31조에 "국가는 필요시 특별행정구를 설치할 수 있다"로 규정되었다. 그러나 2005년에 제정된 「반분열국가법」에서는 국가통일 후의 대만지역에서 실행하는 제도문제에 관하여 더는 "특별행정구제도"로 규정하지 않고 "국가가 평화적으로 통일되면 대만은 대륙과 다른 제도를 실행할 수 있다"(「반분열국가법」 제5조 제3항)라고 명시하였다. 이 조문은 헌법에 규정된 "특별행정구" 제도를 적용하지 않아 구체적으로 어떠한 제도를 실행할지에 관하여는 여지를 남겨놓았다.[2]

둘째, 대만 측은 "하나의 중국"의 견지로부터 "대만독립"의 의식이 점차 강해지고 있다. 중국의 일관성과는 달리 대만 측은 지난 30년, 특히 1990년 이래 20여 년간 대륙정책과 통독(統獨) 관념에 있어서 큰 변화가 있었다. "양장(兩蔣－장제스 부자를 말함)"의 권위적인 통치 시기와 리덩후이(李登輝)가 대만지

---

1 錢其琛, "在首都各界紀念江澤民主席'爲促進祖國統一大業的完成而繼續奮鬥'重要講話發表三週年座談會上的講話".
2 周葉中、祝捷, 構建兩岸關係和平發展框架的法律機制研究, 九州出版社, 2013, 24쪽.

역의 지도자로 된 초기에는 "하나의 중국"의 원칙을 견지하고, "중화민국"의 법통을 고수하며, "대만독립"을 반대하였다. 그러나 섬 내 정치형세의 변화에 따라 일부 "대만독립" 분열세력은 "대만주체의식"을 고취하였고 이는 2000년 민진당의 집권과 함께 대만에서 더욱 큰 영향을 미치게 되었다. 따라서 한동안 대만당국은 양안정치관계의 정립에 대하여 조절하였고, 심지어 이른바 "양국론"과 "일변일국론" 등 분열을 조장하는 표현도 나타났다. 비록 2008년에 국민당이 정권을 되찾으면서 양안관계에 대한 대만당국의 입장은 "하나의 중국"의 틀 내로 다시 자리매김하였지만 통일은 대만당국이 확립한 양안관계 발전의 유일한 목표가 아니었고 다만 하나의 옵션으로 낮춰졌다. 지난 30년 동안 대만 측의 정책 방향에는 중대한 변화가 일어났고, 섬 내에서 "통일"의 목소리는 부단히 약해졌다. 이는 양안관계의 평화발전에 극히 불리하다.

셋째, 중국과 대만의 정책상의 상호교류는 무에서 유로 발전하였고 양측은 "독백"으로부터 "컨센서스"의 변화를 실현하였다. 양안관계의 발전과정에서 양안정책의 변화는 나름대로 특징이 있지만 전반적으로 보면 양안정책 간에는 "독백"에서 "대화"로의 변화가 나타났고 양측 정책 간에도 상호 전혀 교류가 없던 상황에서부터, 각자가 자기주장만 내세우고, 나아가 각종 방식으로 대화를 전개하는 상황으로 발전하였다. 1979년 전국인민대표대회 상무위원에서 "대만동포에게 알리는 글"을 발표하면서부터 1992년에 양안이 양회의 플랫폼을 빌려 실무성 상담을 하기까지 비록 양안은 각자 모두가 양안관계의 정립 등 중요한 문제에 대하여 정책을 내놓았지만 이러한 정책 간에는 거의 교류가 존재하지 않았고 설사 교류가 있었다 하더라도 이는 "하늘을 향한 외침"의 형식으로 진행된 간접적인 상호교류였다.[1] 때문에 이 단계에서 양안 간에는 "대화"가 존재하지 않았기에 따라서 "독백"의 시기라고 부른다. 양안의 1992년 "92합의"의 달성은 양안관계에 변화를 가져다 준 중요한 사건이다. 이후로 양안은 "양회 플랫폼"을 위주로 점차 사무성 상담을 전개하기 시작하였다. 양회의 회담과정 중에서 양안 각자의 정책은 점차 "대화"의 형식으로 표현되기 시작하였

---

1 1982년 전인대 상무위원회 부위원장이던 료청즈(廖承志)는 1982년 7월 25일 인민일보에 "廖承志致蔣經國的公開信"을 게재하여 장징궈(蔣經國)한테 "3불정책"을 포기하고 국공양당이 제3차 협력을 진행할 것을 호소한 바 있다. 그해 8월 17일 미국에 있는 쑹메이링(宋美齡)도 언론을 통해 "宋美齡致廖承志的公開信"을 발표하고 회답했다. 그러나 양측은 주고받는 편지에서 서로 다른 말을 하고 있었다. 따라서 이 단계에서 양안의 정책 간에 직접적인 교류는 거의 존재하지 않았다.

고, 양안 각자의 정책도 "각자가 혼잣말을 하는" 것이 아닌 실질적인 교류가 점차 시작되었다. 정책상의 상호교류 현상의 출현은 한편으로 양안관계 평화발전 중에서의 양안 간 교류와 소통이 증가하고 적대의식이 약화되었음을 보여준다. 이는 양안관계의 장기적인 발전에 중요한 의의가 있다. 다른 한편으로 양안이 상대방 관련 사무에 관한 정책을 제정함에 있어서 상대방의 현실 상황을 점차 고려하기 시작함으로써 자기 측의 정책이 효과적으로 실행될 수 있도록 노력하고 있음을 보여준다.

제 2 절   양안관계 평화발전의 정책의존 및 폐단

상술한 회고내용으로부터 주지하다시피 양안관계의 발전과정에서 양안 각자의 상대방 관련 사무에 관한 정책은 양안관계의 발전에 중요한 영향을 미치고 있다. 이러한 영향은 일정한 정도에서 양안관계의 평화발전이 양안 지도자 개인의 의지에 따라 변화하고, 대만지역의 정치형세의 변화에 따라 변화하는 "정책의존" 현상을 초래하였다. 이러한 "정책의존" 현상을 어떻게 이론적으로 해석하고, 양안관계에 미치는 부정적 영향을 어떻게 극복하느냐가 우리가 양안교류시스템을 구축함에 있어서 숙고하지 않을 수 없는 문제로 대두되고 있다.

1. 양안관계 평화발전 정책의존의 이론적 함의

정책은 정치학 개념이다. 이 개념은 많은 정치학 문헌에서 "공공정책"과 함께 통용되며, 일반적으로 "특정 환경 내의 문제와 기회에 대하여 개인, 조직 또는 정부가 한 가지 목표, 목적 또는 취지를 달성하기 위하여 취하는 일련의 행동"[1]을 가리킨다. 이런 의미에서 볼 때 정책은 법률의 상위 개념이다. 즉, 법률도 공공정책의 표현형식의 일종이다. 본서에서 말하는 "정책"은 법학 차원에서 말하는 것으로 법률의 상위 개념이 아니라 법률에 대응하는 개념이다.

---

1 Anderson, Public Policy Making, 4th ed.Boston, MA: Houghton Mifflin Company, 2000, pp.4-8, 華世平, 政治學, 中國人民大學出版社, 2007, 227쪽에서 재인용.

중국에서 정책이란 일반적으로 정당의 정책을 가리킨다. 즉, 일정한 정치목표
를 달성하거나 일정한 임무를 수행하기 위하여 정당이 정치적인 의사결정을
하는 것을 말한다. 이는 정당이 국가정권을 장악하고, 국가의 정치, 경제, 사
회, 문화 등 제반 사업을 관리하는 중요한 조치이며, 집권당이 정치활동을 하
는 주요 방식이다.[1] 장기간 중국은 하나의 정책사회에 처하였다. 즉, 정책에
근거하여 국가와 사회를 다스리는 사회였다. 정책의 특징은 주로 다음과 같은
몇 가지 방면에서 나타난다.[2]

첫째, 정책결정의 과단성이다. 집권당 정책의 결정자는 당내 지도부 중의
소수 몇 명에 국한된다. 정책의 제정은 엄격한 절차를 거칠 필요가 없기 때문
에 짧은 시간 내에 일부 특정문제를 해결하기 위해 신속히 정책이 제정될 수
있다. 이러한 의미에서 볼 때 정책의 제정과정은 아주 짧을 수 있고 흔히 한
차례의 회의를 통해 하나의 정책을 제정할 수 있으며 번잡한 제정절차가 필요
없다. 그러나 엄격한 절차적 제한이 부족하여 정책의 정책결정 과정에 있어서
의 자의에 대한 제한과 정책결정 선택에 있어서의 이성을 담보하기 어렵다.[3]
이는 정책의 과단성의 배후에 이성이 결핍된 자의적 선택이 있을 수 있음을
의미하고 공정하고 합리적인 외적보장이 부족함을 의미한다.

둘째, 융통성이다. 정책의 융통성은 두 가지 면에서 표현된다. 첫째는 정
책 제정에 있어서의 융통성이다. 즉, 제정은 정세의 변화에 따라 신속히 조절
할 수 있다. 정책은 형세의 변화에 따라 신속하게 조절될 수 있고, 중대한 조
절일 수도 있지만 복잡한 절차에 얽매일 필요가 없다. 때문에 사람들은 흔히
집권당의 정책이 불안정성을 가지고 있다고 여긴다. 둘째는 적용에 있어서의
융통성이다. 정책에서의 서술은 흔히 원칙성과 거시성의 특징을 가지고 있기
때문에 그 적용과정에서 집행자는 형세의 차이에 따라 일정한 범위 내에서 스
스로 해석하고 조절할 수 있어 융통성 있게 운용할 수 있다. 그러나 융통성에
대응하는 안정성이 부족하다. 정책은 제정과정과 적용과정이 원활하기 때문
에 법률처럼 장기간 안정성을 유지하기 어렵고, "조령모개"(朝令暮改) 현상이 정책
분야에서 자주 나타나게 된다. 이는 정책의 권위성을 담보하는 데 매우 불리하다.

---

1 李龍, 法理學, 武漢大學出版社, 2012, 512쪽.
2 蔡定劍、劉丹, "從政策社會到法治社會 — 兼論政策對法制建設的消極影響", 中外法學, 1999, 제2기.
3 季衛東, 法治秩序的建構, 中國政法大學出版社, 1999, 15쪽 이하.

셋째, 집행효과가 빠르게 나타난다. 중국에서 정책의 집행효율은 매우 높다. 이는 두 가지의 원인에 의하여 결정된 것이다. 한편으로 정책의 표현은 흔히 원칙성과 거시성의 특징을 갖고 있고 그중에 관련되는 전문적인 문제도 법률 등 구체적인 규범성 문서에 비하여 적다. 따라서 민중들의 정책에 대한 이해도 간단해지며 많은 경우에 정책은 일종의 구호식 홍보를 통해 표현되어 매우 쉽게 전파된다. 다른 한편으로 중국에서의 정책의 전달경로는 대부분 매체를 통한 홍보와 각급 조직에 의한 전달이고 이 두 가지 전파방식은 민중들의 광범성과 중점성의 요소를 고려한 것으로서 양자가 결합되면 아주 좋은 집행효과를 가져올 수 있다.

넷째, 당의 지도방법에 적응된다. 특히는 계획경제 체제하의 관리시스템에 적응된다. 중국공산당은 장기간 민주집중제의 지도방식을 견지하여 왔다. 이러한 지도방식은 중국공산당이 중국의 혁명 사업을 장기적으로 지도한 것과 중요한 관련이 있다. 이처럼 상하급 관계가 엄격한 조직체계 속에서 중국공산당은 가장 효율적인 방식으로 대중을 동원하고 행사를 진행하는 목적을 실현할 수 있었다. 민주집중제의 지도방식과 정책의 결정 및 집행과정은 매우 일치한바 민주집중제하에서 정책은 더욱 효율적으로 집행될 수 있다. 건국 이래 중국은 장기간 고도로 집중된 계획경제를 실행하여 왔다. 이러한 경제관리 방식도 정책과 비교적 잘 결합되는 효과를 거둘 수 있었다. 그러나 중국이 계획경제에서 사회주의 시장경제로 전환됨과 함께 광범위한 민의의 지지가 부족한 정책적 결정 방식은 적합하지 않게 되었다.

정책, 특히는 집권당의 정책은 법률과 상당히 큰 관련성을 가지고 있다. 어떠한 집권당이나 모두 국가의 정권기관을 통한 법률적 수단을 이용하여 자기의 정책을 관철하여야 하고 어떠한 법률의 창제나 모두 일정한 정책적 배경을 지니고 있으며 모두 집권당 정책의 영향을 받는다.[1] 그렇다고 하여 정책과 법률 간에 구별이 없다는 것은 아니다. 국정운영의 과정에서 정책과 법률이 발휘하는 역할의 차이는 주로 다음과 같은 몇 가지 방면에서 드러난다. 첫째, 정책은 일반적으로 집권당의 의지를 체현하며 그 실행범위도 집권당의 범위 내에 국한된다. 그러나 법률은 인민의 의지를 구현하고(적어도 형식상으로는 그

---

[1] 孫國華、王立峯, "依法治國與改革和完善黨的領導方式和執政方式 — 以政策與法律關係爲中心的考察", 政治學硏究, 2002, 제4기.

렇다) 그 실행범위는 국가와 사회 전반에 미친다. 둘째, 정책은 일반적으로 엄격한 논리적 구조를 갖고 있지 않고 명확하고 구체적인 규범형식이 없으며 결의, 의견, 통지 등 형식으로 표현된다. 그러나 법률은 국가가 승인하는 규범성 법률문서로 표현되고 엄격한 논리적 구조를 갖고 있으며 구체적이고 명확한 규범형식을 통하여 특정된 권리의무관계를 조절한다. 셋째, 정책의 안정성은 법률에 비해 훨씬 부족하다. 정책은 엄격한 절차에 얽매여 있지 않기 때문에 수시로 정세의 변화에 따라 비교적 신속하게 조절할 수 있고 심지어는 단시일 내에 반대되는 조절을 할 수도 있다. 그러나 법률의 변화와 조절은 엄격한 법률절차 때문에 비교적 큰 제약을 받고 있으므로 안정적이라는 특징을 보이고 있다. 정책의 제정권은 흔히 소수의 지도자에게 있고 집중통일의 지휘 아래 형성되며 엄격한 상하급 관계의 기초에 수립되어 있기 때문에 충분한 민주정당성이 결여되어 있다. 정책을 주요 표현 형태로 하는 이러한 정책결정은 중국에서 흔히 개별적인 당내 고위급 지도자 또는 행정책임자의 개인결정으로 이화(異化)되었고 이러한 상황은 건국 초기의 오랜 기간 특히 뚜렷하게 나타났다. 정책의 정책결정 시스템과 비교하면 법률의 제정시스템은 광범위한 민주성에 기초하고 엄격한 법률절차를 보장하는 것으로서 고도로 이성화된 제도적 표현이다. 비록 정책의 제정도 상당한 정도에서 민의를 많이 존중하고 있지만 정책의 제정은 완벽한 절차적 보장시스템이 결핍되어 있기 때문에 그 정책결정의 실수 가능성이 법률보다 훨씬 높다. 역사상 중국공산당도 일련의 그릇된 정책결정들을 연이어 내놓은 적이 있다. 그러므로 정책에 의한 통치는 본질상에서 일종의 인치로서 이는 법치에 적응되지 않는다. 국가에서의 정책의 지위가 법률보다 높을 때와 정책이 국정운영에서 최고의 권위를 갖게 될 때 법치국가 건설의 목표는 실현될 수 없다.

"의존"은 심리학 개념으로 "다른 사람이나 사물에 근거하여 자립하거나 자급할 수 없음"을 뜻한다. 경제학에서 이 개념은 인류사회에서 나타나는 물리학의 관성과 유사한 현상을 설명하는 데 쓰이고 있다. 많은 경제학자들이 "경로의존"론을 제기하였다. 이 이론은 긍정적 피드백(positive feedback) 시스템이 있는 우연적인 비선형동태(非线性动态) 시스템을 가리키는데, 일단 어떠한 우연적인 사건에 영향을 받으면 하나의 고정된 궤적 또는 경로를 따라 줄곧 진화되며 설사 더욱 훌륭한 대안이 마련되어 있어도 기존의 경로를 바꾸기가 매우 어려운 것을 말한다. 즉, 일종의 "되돌릴 수 없는 자기 강화 추세"를 형성하는 것이다.[1] 만약 이 경제학이론을 양안관계를 풀어가는 데 운용하면 우리는 다음과 같은 것을 알 수 있다. 양안관계의 발전과정에서 일단 어느 한 단계에 정책조정과 양안관계에 영향을 주는 상황이 형성되면 양안관계의 전반적인 발전궤적은 그에 따라 일종의 관성의 경로를 형성하게 된다. 즉, 양안관계의 발전은 모두 정책의 영향을 크게 받게 된다. 양안관계의 역사와 현황을 고찰하여 보면 양안관계의 평화발전의 여부는 양안 집권당의 주요 정책에 비교적 큰 의존성을 갖고 있는바 다시 말하면 인적인 요소에 의존이 비교적 크다. 양안관계의 발전상황은 양안의 정치인들, 주요 당파, 나아가 양안이 처하여 있는 국제배경과 모두 밀접한 관계를 갖고 있다. 정치인과 주요 당파들이 양안관계의 평화발전에 유리한 정책을 내놓으면 양안관계는 이에 상응하여 완화되고 나아가 일부 양안관계의 발전에 유익한 성과도 이룩하게 된다. 정치인과 주요 당파의 양안정책이 변화되어 양안관계의 평화발전에 불리한 정책이 제기되면 양안관계도 따라서 냉각되고 급기야는 전쟁의 변두리에까지 이르게 된다.

2. 양안관계 평화발전의 정책의존의 형성원인 분석

상술한 분석에 따르면 최근 30년 동안 양안관계에 가장 큰 영향을 미친 것은 양안 각자의 상대방 사무 관련 정책이고, 그 표현 형태는 연관성, 안정성, 예견가능성이 있는 완전한 의미에서의 제도가 아닌 양안 지도자의 연설로 나타났다. 정책 주도하의 양안관계는 예측불가의 변수가 존재하고, 이는 양측이 양안관계 문제를 처리함에 있어서 상대방 지도자의 발언 중에 있을 수 있는 어떠한 "말속에 숨은 뜻"도 조심스럽게 해석하지 않을 수 없게 한다. 이렇게 된 원인은 세 가지가 있다.

첫째, 장기적인 인치사유의 영향으로 인하여 양안 각자의 내부 정치 환경은 동태적인 정책으로 양안관계를 통제하는 데 치우쳤다. 1949년 양안이 정치적 대립상태에 빠진 이래, 양안 각자가 구축한 정치체제는 상당기간 법치와

---

1 Witt, U., 1993. Evolutionary Economics. Edward ElgarPublishing Limited. 劉和旺, "諾思制度變遷的 路徑依賴理論新發展", 經濟評論, 2006, 제2기에서 재인용.

민주적 요소가 부족하였다. 대륙을 보면 건국 이후의 오랜 기간 정책은 당이 국가를 지도하는 주요한 도구이었다. 정책은 결정에 있어서 과단성 있고, 집행이 신속하며, 융통성이 있다는 특징이 있다. 이는 중국공산당이 장기적으로 견지하여온 민주집중제, 엄격한 상하급 지도관계, 홍보로 대중을 동원하는 등의 지도방법에 적응하여 중국공산당으로 하여금 정책을 운용하여 융통성 있고 효과적으로 지도를 할 수 있도록 한다.[1] 그리하여 마오쩌둥(毛澤東) 주석은 "정책과 책략은 당의 생명이다……정책은 혁명정당의 모든 실제행동의 출발점이며 행동의 과정과 귀착점에서 표현된다"[2]고 지적하였다. 그 결과 정책은 중국에서 매우 높은 권위성을 지니게 되었고 급기야는 정책이 법률보다 우선하고 정책이야말로 진정한 "법률"이 되는 국면이 형성되었다. 중국에서는 당정기관이든 일반 민중이든 모두 정책을 지도방향으로 하는 사회관리 체제에 이미 적응되어 있다. 그러므로 정책으로 나라를 다스리는 이러한 배경에서 정책 주도로 대만사무를 처리하는 것은 자연적인 선택이 되었다. 대만을 보면, 1949년부터 1991년까지 이른바 "계엄"이 공식적으로 해제된 40여 년간 대만은 기본적으로 장씨 부자의 권위통치하에 있었다. 법률은 통치와 합법성을 유지하기 위한 도구로 사용되었고 실제 정치에서는 자기의 기능을 발휘하지 못하였다. 대만학자 옌쭤안(顔厥安)은 "아무런 민주적 정당성도 없이 장기간 반란평정 체제를 동원하여 대만 인민의 참정권을 억제하였다 …… 이는 전형적인 '헌법파기'이다"라고 주장했다.[3] 장씨 부자 시대에 국민당은 대만에서 "일당독재"와 "반란평정" 체제를 실행하였고 이는 대만에서 법치가 통치의 주요 수단이 될 수 없었음을 의미하며, 국민당의 정당정책도 권위시대의 대만에서 중요한 역할을 하였음을 의미한다. 대만 측은 양안관계와 같은 중요한 의제를 법률로 조정한 것이 아니고 지도자의 정치적 결단을 대륙정책의 최고지침으로 삼았다. 비록 1990년대 이전에 양안은 일부 상대방 사무에 관한 태도를 법률의 형식으로 표현하였지만 이러한 표현은 주로 양안의 근본법에서 나타났다. 예컨대 1978년 헌법 서언에서는 "대만은 중국의 신성한 영토이다. 우리는 반드시 대만을 해방하고 조국통일의 위업을 완성하여야 한다"라고 규정하였고 1982

---

1 蔡定劍、劉丹, "從政策社會到法治社會-兼論政策對法制建設的消極影響", 中外法學, 1999, 제2기.
2 毛澤東選集(제4권), 人民出版社, 1991, 1241쪽; 1229쪽.
3 顔厥安, 憲邦異式-憲政法理學論文集, 元照出版公司, 2005, 155쪽.

년 헌법 서언에서는 "대만은 중화인민공화국의 신성한 영토의 일부분이며 …… 조국통일의 대업을 완성하는 것은 대만동포들을 포함한 전 중국 인민의 성스러운 의무이다"라고 규정하였다. 그러나 이러한 규정들은 법률규범이라기보다는 차라리 정책적 선언이라고 해야 할 것이다.

둘째, 양안의 정치인들은 보다 융통성 있는 정책으로 양안관계를 조절하는 경향이 있다. 정치란 상부구조 영역에서 각종 권력주체가 자신의 이익을 수호하는 특정행위 및 그로 인하여 형성된 특정관계를 말한다. 정치는 각종 권력주체가 자신의 이익을 수호하는 특정방식으로서 주로 국가권력을 지주로 하는 각종 지배행위와 국가에 대한 제약적 권력을 지주로 하는 각종 반지배행위로 표현된다.[1] 대만문제는 양안 간에 존재하는 정치문제로서 국공 양당의 내전의 산물이며 양안의 정치적 대립의 연장이기도 하다. 대만문제는 국가, 주권, 정권 등 중대한 정치문제에 대한 양안의 인식적 차이와 관련된 것으로 그 형성원인, 변천과정이나 또는 자체의 특성으로 보나 모두 정치문제이다. 양안은 지난 60여 년간 각종 수단을 이용하여 대만문제를 해결하고 자기 측의 정치목표를 실현하기 위하여 노력해왔다. 이러한 수단은 다수가 비절차성과 비이성적이라는 특징을 보여주었고 그중 양안의 장기적인 무장대치, 산발적인 무장충돌이 가장 뚜렷하였다. 이러한 배경에서 양안은 모두 정책을 이 정치문제를 해결하는 주요한 표현방식으로 삼았고 이로 인해 양안의 교류시스템의 정책의존현상이 형성되었다.

셋째, 양안관계는 경로의존법칙의 영향 하에 강렬한 정책방향성을 보여주었다. 상술한 글에서 언급한 바와 같이 양안관계의 발전과정은 경로의존현상의 영향을 받아 점차적으로 현재의 정책의존현상을 형성하였다. 모두가 알다시피 경로의존현상의 출현은 네 가지 조건에 근거한 것이다. 첫째는 규모효과의 영향, 둘째는 학습효과의 영향, 셋째는 협력효과의 영향, 넷째는 적응성 기대의 영향이다.[2] 이러한 조건들의 종합적인 영향하에 경로의존현상이 형성된다. 실천과정에서의 대만문제의 융통성과 특수성으로 인하여 양안은 초기에 법률이라는 안정성이 강한 도구로 양안관계를 조절하기 어려웠기 때문에 정책을 각자의 결정을 표현하는 주요 수단으로 삼을 수밖에 없었다. 그 후 경로

---

1 中國大百科全書·政治學卷, 中國人百科全書出版社, 1992, 482쪽.
2 呂愛權, "中國製度變遷的'路徑依賴'探析", 山東大學學報(哲學社會科學版), 2003, 제1기.

의존법칙의 영향을 받아 정책은 장기간 양안관계의 발전방향을 결정하는 주요한 도구로 되었다. 양안관계가 평화적 발전으로 향하는 오늘에 이르러 정책이라는 도구는 갈수록 안정성에 대한 양안관계 발전의 요구에 적응할 수 없게 되었다. 그러나 이러한 경로의존법칙의 영향하에 정책의존현상은 대체되지 않았을 뿐만 아니라 오히려 점차 강화되어 양안관계에 대한 방향을 결정하는 역할을 더욱 분명하게 나타내고 있다.

3. 양안관계 평화발전의 정책의존의 폐단의 표현

다양한 요인이 함께 작용하여 형성된 양안교류시스템과 양안관계 평화발전의 제도의존현상은 양안관계 발전과정에서 이미 많은 폐단을 드러내었다. 이러한 폐단은 양안관계에 안정된 발전환경을 제공하는 데 불리할뿐더러 또한 양안 기존의 상호 신임의 토대에 부정적인 영향을 줄 수도 있다. 양안교류시스템과 양안관계 평화발전의 제도의존시스템의 폐단은 구체적으로 다음과 같은 세 가지 방면에서 표현된다.

첫째, 융통성만 있고 안정성이 부족한 정책은 양안관계의 장기적이고 안정된 발전에 유력한 제도적 보장을 제공하기 어렵다. 사회질서는 인류사회가 존재하고 발전하기 위한 필연적 수요이다. 어떠한 질서의 존속이든 모두 그 통치원리를 갖고 있다. 인류역사에는 일찍이 신의 통치, 인치, 덕치, 법치 등 네 가지 주요한 통치원리가 출현하였다. 그중 법치와 인치는 현대사회의 주요한 두 가지 통치원리이다.[1] 부동한 통치원리 주도 하의 사회질서는 서로 부동한 특징을 나타내고 있다. 법치는 의존하고 있는 법률의 안정성의 특징에 의하여 더욱 많은 안정성, 일관성과 예견가능성을 나타내고 있다. 그러나 인치는 의존하고 있는 인간의 융통성에 의하여 더욱 많은 변동성, 임의성과 우발성을 나타내고 있다. 양안 간의 교류질서를 구축하는 것은 해협양안의 평화발전의 틀의 필연적 요소이고 또한 양안 인민의 공동복지를 보장하는 필연적 요소이기도 하다. 무질서하고 규범을 잃은 양안교류 상태는 양안동포의 직접적인 이익에 해로울 뿐만 아니라 국가통일을 실현하는 데도 불리하다. 따라서 통일 전에 양안교류질서를 구축하는 것은 양안의 관련 방면에서 공동으로 노

---

1 高鴻鈞, 現代法治的出路, 淸華大學出版社, 2003, 제1장.

력하는 방향으로 되었다.[1] 정책 주도하의 조절시스템의 양안질서는 본질적으로 인치의 통치원리를 의미하고, 이런 인치의 통치원리 하의 양안질서는 필연적으로 변동성이 많고 안정성이 결여된 질서일 수밖에 없다. 양안관계의 발전상황은 양안 지도자, 특히는 대만 지도자의 변화로 인하여 크게 흔들린 것은 결코 드문 일이 아니다. 2000년부터 2008년 사이의 양안관계 저조기와 2008년 이후의 고속 발전기가 바로 이에 대해 증명하고 있다. 해협양안이 평화적으로 발전하고 있는 오늘날, 양안관계는 안정된 발전환경이 필요하다. 때문에 인치의 통치원리하의 양안질서는 양안관계 평화발전의 틀에 강력한 제도적 보장을 제공할 수 없다.

둘째, 정책을 지향하는 양안관계의 발전방식은 "인치형" 발전모식이다. 이러한 모식은 이미 양안관계 평화발전의 장기적이고 지속적인 장기 목표를 만족시킬 수 없다. "인치형"의 발전모식하에서 양안관계 평화발전의 전망, 절차를 비롯해 단계적 성과의 취득도 모두 사람의 의지(意志)에 근거한다. 양안 지도자, 특히 대만 지도자의 "통독"(統獨) 관점, 개인의 정치적 성향은 양안관계에서 점차적으로 결정적인 요소로 부상하고 있다. 이러한 "인치형"의 발전모식이 양안관계의 평화발전에 불리하다는 것은 이미 여러 차례 증명되었다. 지난 세기 90년대 양안관계는 한때 비교적 좋은 발전단계를 맞이하였다. 양회협상시스템이 시작되었고, 양회 책임자가 처음으로 만나 4개의 사무성 협의를 체결하였다. 그러나 1999년에 리덩후이(李登輝)가 "특수 양국론"의 "대만독립" 분열언론을 공공연히 내놓음과 함께 양안관계는 최악으로 치닫고 전쟁이 일어나기 직전까지 악화되었으며 양안 간에 구축된 양회 협상시스템은 9년 넘게 중단되었다. 그러므로 지도자와 고도로 연관성이 있는 이러한 정책의존시스템이 야기할 수 있는 일부 우발적 사건은 양안관계의 평화발전에 아주 불리한 영향을 조성할 수 있다. 이러한 "인치형"의 발전모식하에 개별 정치인의 행동, 일부 주요 당파의 정책조절은 양안관계의 전반적인 국면을 근본적으로 변화시킬 수 있다. 이러한 변화는 양안관계의 발전에 부정적인 영향을 미칠 가능성이 매우 크지만 유리한 변화를 초래할 수도 있다. 그러나 이러한 불확실한 개인 행동의 변동과 당파정책의 변화가 양안관계의 평화발전에 가져다주는 것은 지속 가능한 원동력인 것이 아니라 끊임없이 반복되는 곡절일 수 있다.

---

1 王建源, "在事實與規範之間－論國家統一前的兩岸交往秩序", 臺灣研究集刊, 2001, 제2기.

2008년 대만의 제2차 "정당교체"의 실현과 함께 섬 내의 "정당교체"는 이미 일상화의 모습을 나타내고 있다. 이러한 현실조건 하에서 여전히 양안관계 평화발전을 대만지역의 한 당파, 심지어는 한 사람에게 의존한다는 것은 현실적이지 못하다. 양안관계 평화발전의 전망과 그에 대한 기대는 이미 기존의 정책의존의 상황에서는 실현할 수 없게 되었다.

셋째, 일부 원칙성과 고도의 추상성을 띤 정책들은 양안에 상대방의 태도에 대한 불확정적인 추측, 심지어는 오판까지 가져다주고 있고 이러한 오해는 상호신임의 심각한 결여를 초래한다. 정책은 변동성이 클 뿐만 아니라 원칙성과 고도의 추상성도 갖고 있다. 이러한 특성 때문에 정책제정주체가 정책을 통해 밝히는 정치적 태도는 모호하고 불확정적일 수 있다. 양안관계의 발전과정에서 양측은 모두 정책을 각자의 정치태도를 설명하는 주요 방식으로 삼고 있기 때문에 양측은 상대방의 정책표현방식의 변화를 열심히 추측함과 아울러 일정한 추측의 의미를 지닌 판단을 하지 않을 수 없다. 그러나 이러한 판단은 상대방 정책의 추상성으로 인해 오판이 생길 수 있다. 모종의 의미에서 보면 효과적이고 제도화된 의사소통시스템의 부족은 양안의 정치적 상호신뢰의 증가에 아무런 도움이 되지 않을 뿐만 아니라 양안 기존의 취약한 정치적 상호신뢰를 흔들거나 심지어 파괴할 수도 있다.

제 3 절 양안교류시스템 및 양안관계 평화발전의 제도의존과 그 형성

양안관계 평화발전의 제도적 틀을 구축하고 법치형의 양안관계 발전의 새로운 모식을 형성하는 것은 양안교류시스템 및 양안관계 평화발전의 제도의존을 구축하는 중요한 방법이다. 현재 양안은 각자 법역 내에서 상대방 관련 법률체계를 초보적으로 구축하였지만 자기 영역 내의 입법이 여전히 부족하다. 이러한 문제는 중국대륙에서의 「반분열국가법」 입법이 원칙성이 강하고 그에 따른 구체적인 특별입법이 부족한 데 반영되고, 대만지역에서는 「양안인민관계조례」(兩岸人民關繫條例)의 시대에 뒤떨어진 많은 조항이 제때에 수정되지 못한 것으로 보인다. 이러한 결함에 대하여는 제때에 수정·보완하여야 한다.

1. 양안교류시스템 및 양안관계 평화발전의 제도의존의 이론적 함의

제도의 산생은 일반적으로 사람들의 수요와 연관이 있다. 제도는 안정된 사회질서에 대한 사람들의 수요에서 비롯된다. 제도는 산생된 후 안정성, 규범성, 보편성 등 기본적인 특징을 가지게 되고, 각종 방식으로 그것을 적용하는 객체로서의 사람과 사람 간의 사회관계의 변화에 영향을 미친다. 제도의존이란 제도가 산생된 후 제도를 적용하는 조직 내부의 각종 사회관계가 제도자체에 의존하는 현상을 말한다. 양안교류시스템 및 양안관계 평화발전의 제도의존은 양안관계라는 사회관계가 일부 특정된 사회제도에 의존하는 현상으로 이러한 현상이 나타난 후 양안교류와 양안관계의 평화발전은 모두 정해진 사회제도에 따라 운행된다. 양안교류시스템 및 양안관계 평화발전의 제도의존이 일단 형성되면 이는 양안 각 층차의 교류과정에서 나타날 뿐만 아니라 양안관계의 정치, 경제, 문화, 사회 등 각 방면에서도 나타날 것이다.

(1) 제도와 제도의존현상에 대한 이론적 해석

"제도"라는 개념에 관하여 학계에서는 다양한 설이 있다. 그것은 "일정한 역사적 조건에서 형성된 법령, 예의습관 등 규범"[1]을 가리킬 수도 있고, "사람들의 행위를 지도할 수 있는 법률 등과 같은 규범체계"[2]를 가리킬 수도 있으며, 또한 "정치체제 또는 정치경제조직구조에 삽입된 공식적 혹은 비공식적인 절차, 규칙, 규범과 관례"[3]를 가리킬 수도 있다.

제도이론은 서양 정치과학에서의 중요한 논제 중의 하나로, 제도이론의 형성과 발전과정에서 선후로 구제도주의, 행위주의와 신제도주의 등 다양한 유파가 나타났으며,[4] 그들은 각 측면으로부터 출발하여 제도이론을 보완하고 발전시켰다. 현재 서방에서 가장 유행하는 신제도주의의 관점에 의하면 "제

---

1 漢語大詞典(제2권), 漢語大詞典出版社, 1998, 664쪽.
2 Webster's Third New International Dictionary, G.C.Merriam Co, 1976, p.1171.
3 彼得·豪爾、羅斯瑪麗·泰勒 著, 何俊智 譯, "政治科學與三個新制度主義", 經濟社會體制比較, 2003, 제5기.
4 魏姝, "政治學中的新制度主義", 南京大學學報(哲學·人文科學·社會科學), 2002, 제1기.

도"라는 단어는 규범성, 구조성과 조직성 등 세 가지 측면으로 나뉘어 해석되었다. 비록 신제도주의 중 각 학파 간의 "제도"에 대한 정의는 다소 차이가 있지만 결론적으로 "공식적인 규칙, 복종하는 절차, 부동한 정치체와 경제에서의 인간관계를 연결하는 표준조작절차"[1]의 계통적인 집합이라고 정의할 수 있다. 학자들이 제도개념에 대한 정의에 있어서 어떠한 논쟁을 일으켰는지를 막론하고 제도라는 용어의 본질은 그로 인하여 왜곡되지 않았다. 프랜시스 후쿠야마가 지적했듯이 "제도는 규칙이거나 반복되는 행동모식으로서 기관을 장악한 누구보다도 오래 간다".[2] 제도라는 단어의 각종 정의로부터 출발하여 거의 모두 다음과 같은 결론을 얻을 수 있다. 제도는 형식상에서 일종의 규범으로 표현된다. 그는 공식적으로 국가가 제정한 규범, 즉 법률일 수도 있고 또는 비공식적인 규범일 수도 있으며 민간에 존재하는 규범일 수도 있다. 제도는 본질상 질서라는 단어와 연관되어 있으며 안정성을 띤 사회관계 및 그 내재적인 사회질서를 나타내고 있다. 신제도주의 중의 역사주의 학파의 관점이 주장하듯이 "하나의 관념이 수용되고 구조적 형태가 부여되면 제도는 산생된다".[3] 제도의존이란 제도가 산생된 후 제도를 적용하는 조직 내부의 각종 사회관계가 제도자체에 의존하는 현상이 형성되는 것을 말한다. 이런 의존관계 하에 제도가 조절하는 사회관계는 제도가 미리 정한 규칙에 따라 운행되면서 안정성, 일관성과 예견가능성이라는 외적 특징을 나타낸다.

(2) 양안교류시스템 및 양안관계 평화발전의 제도의존의 발생 및 형성 조건

양안교류시스템 및 양안관계 평화발전의 제도의존의 발생과 형성은 일정한 조건을 필요로 한다. 구체적으로 말하면 이러한 조건은 적어도 3개 방면의 조건이 포함되어야 한다.

첫째, 양안관계의 단계적인 진전은 양안관계가 제도화로 나아가는 데 시대적 배경을 제공하였다. 양안교류시스템 및 양안관계 평화발전의 제도의존의 형성과 발전은 양안관계의 변천과 밀접히 연관된다. 총적으로 양안교류시스템

---

1 祝靈君, "政治學的新制度主義: 背景、觀點及評論", 浙江學刊, 2003, 제4기.
2 [美]弗朗西斯·福山 著, 毛俊傑 譯, 政治秩序的起源: 從人類時代到法國大革命, 廣西師範大學出版社, 2012, 제442쪽.
3 [美]B·蓋伊·彼得斯 著, 王向民、段紅偉 譯, 政治科學中的制度理論: "新制度主義", 上海世紀出版社, 2011, 74쪽.

및 양안관계 평화발전의 제도의존은 양안관계가 일정한 단계로 발전한 후의 산물이다. 1950년대부터 양안은 약 30년 동안 절대적인 정치적 대립과 군사적 대치 관계에 있었다. 양안 간 정부와 민간의 교류는 거의 중단되고 양안관계는 절대적인 긴장시기에 처해 있었다. 이러한 역사적 배경에서 양안은 교류에 관하여 언급할 수 없었고 "평화발전"도 기대할 수 없었다. 1979년 전국인민대표대회 상무위원회가 "대만동포에게 알리는 글"을 발표하면서부터 양안은 군사대치라는 심각한 대립국면에 종지부를 찍었고 군사충돌의 가능성도 크게 줄어들었다. 그러나 이는 양안교류의 전면적인 전개를 의미하지는 않는다. 대만당국이 이른바 "3불"정책을 고집하면서 1979년부터 1987년까지의 약 10년 동안 양안은 사실상 교류가 단절된 상태에 있었다. 따라서 이 단계에 양안 간에는 제도의존의 생존공간이 존재할 수 없었다. 대륙 측의 노력과 추진을 거쳐 대만당국은 1987년에 대만민중의 대륙으로의 친척방문을 개방함으로써 30여 년에 달하는 양안의 격리상태가 점차 타파되기 시작하였다. 그러나 섬 내 각종 정치세력의 방해로 인해 양안의 "3통"은 상당기간 이루어지지 않았고 양안 간의 교류는 여전히 각종 제한을 받았다. 이 단계에 양안의 공권력 교류는 양회의 민간조직형식으로서의 접촉에 엄격히 제한되었고, 민중교류는 교통 등 각 방면의 불편한 제한을 받았으며, 국제사회에서의 교류도 극히 적었다. "대만독립" 분열세력의 영향으로 인하여 양안관계의 평화발전은 한때 저조기에 처했고 급기야는 전쟁이 일어나기 직전까지 되었다. 1987년부터 2008년 5월까지 양안의 민간관계는 급속한 발전을 가져왔지만 정치적 대립은 지속되었다. 특히 민진당의 집권 시기에 양안관계가 가장 불안한 상태에 있었다고 할 수 있다.[1] 이런 현실 속에서 비록 양안의 교류는 이미 전개되었지만 "제도화"의 절차와는 동떨어졌고, 양안이 양회 또는 다른 방식을 통하여 이루어진 일부 협의도 자발적인 것으로 체계성이 결여되어 있었다. 양안관계의 평화발전은 비록 이미 양안의 공동한 컨센서스가 되었지만 평화적 발전에는 여전히 문제가 가득하였다. 그러므로 이 단계도 양안 간의 제도의존의 공간이 부족했다. 2008년에 이르러 대만 섬 내의 정치형세는 중대한 전변이 나타났고 양안관계는 드문 발전기를 맞이하였으며 양안교류의 경로는 부단히 확대·증가되었다. 양안이 관련 협의를 체결하여 "3통"문제가 해결됨으로써 양안의 민중교류는

---

1 林岡, 臺灣政治轉型與兩岸關係的演變, 九州出版社, 2010, 4쪽.

날로 밀접해졌고, 양회협상시스템은 재개되어 양안의 사무성 협상이 빈번해졌으며 양측 공권력기관의 교류도 모습을 드러내기 시작하였고, "하나의 중국"의 원칙을 견지하는 전제하에서 양안은 협상의 방식으로 대만의 국제사회활동의 참여 문제를 해결하기 시작하였다. 대만은 2009년 세계보건총회에 옵서버 자격으로 참석하였고 이는 후에 관례화되어 이미 이러한 시스템의 구축에 본보기를 제공하였다.[1] 짧은 몇 년간 양안교류시스템은 신속히 형성되었고 양안관계의 평화발전도 새로운 단계에 들어섰다. 이러한 극히 유리한 시대적 배경에 처한 후에야 양안 간에는 비로소 제도의존을 형성할 수 있는 환경이 존재하게 되었다.

둘째, 양안 각자 이익의 만족은 양안관계가 제도화로 나아가는 데 현실적 조건을 제공하였다. 이익은 사람들이 추구하는 산물로서 사람들은 자신의 수요에 근거하여 끊임없이 그 수요를 만족시킬 수 있는 산물을 추구한다. 해협 양안에 있어서도 이익은 양안이 산물에 대하여 선택하도록 촉진하는 중요한 원인이다. 신제도주의 중 기능주의 학자들의 주장에 의하면 "제도는 이성적인 행동자 간에 집단적 곤경을 해결한 결과이고, 일종의 이성적인 설계의 산물이다……제도 구축과정은 고도의 목적성과 도구성의 특징이 있다."[2] 제도의 이러한 목적성과 도구성 특징이 복무하는 궁극적인 목표는 바로 이익이다. 그러므로 양안교류시스템 및 양안관계 평화발전의 제도의존의 발생과 형성은 반드시 해협양안에 각자의 수요를 만족시켜 줄 수 있는 직접적인 이익을 토대로 하여야 한다. 그렇지 않으면 그 어떤 거창한 보증이나 구호를 막론하고 모두 현실 이익의 부장품이 되고 말 것이다. 대륙이 추구하는 이익은 "대만독립" 세력이 국가를 분열하는 것을 반대하고 해협양안의 평화적 통일을 실현하며 중화민족의 복지를 수호하는 데 있다. 대만이 추구하는 것도 대만 인민의 복지이며 대만 인민의 이익을 수호하는 것을 우선한다. 대만 섬 내의 여러 정치인들이 강조하는 바와 같이 대만이익은 영원히 대만이 양안교류에서 가장 우선적으로 고려하여야 할 문제이다. 양안의 이익추구에 있어서 양안 인민의 복지, 특히는 대만 인민의 이익은 양측의 이익요구의 중합점이고, 이 중합점은 양측

---

1 祝捷, "論臺灣地區參加國際組織的策略 – 以臺灣地區申請參與WHO/WHA活動爲例", 一國兩制硏究 (澳門), 2012, 제10기.
2 朱德米, "新制度主義政治學的興起", 復旦學報(社會科學版), 2001, 제3기.

이 해협양안의 평화와 안정 상황, 번영교류에 대한 공동 추구로 표현될 수 있다. 이러한 공동이익과 공동추구가 뒷받침되어야만 양안교류와 양안관계 평화발전을 규제하는 제도가 형성될 수 있다. 양안의 제도적 협상시스템의 구축과 운영은 양안의 공동이익의 존재와 밀접히 연관된다. 전형적인 것은 양안의 협의과정에서 "양측이 관련 문제의 해결에 있어서 모두 절박한 수요가 있을 경우에는 관련 의제의 상담과 협의의 달성이 순조롭게 진행되고, 반대로 한 측이 상담하는 의제에 대한 수요가 절박하지 않을 경우에는 설사 의제가 상담의 일정에 놓여 있다고 하더라도 수요가 부족한 한 측은 흔히 관련 문제의 해결을 카드로 다른 측에게 불합리한 조건을 만족할 것을 요구하면서 문제를 해결하지 않고 질질 끄는 것이다."[1] 그러므로 제도의존의 형성조건을 고려할 경우, 제도가 양안에 현실적 이익을 가져다줄 수 있는지를 고려하는 것은 경시할 수 없는 현실적 요소이다.

셋째, 양안 간에 제도적으로 양안분쟁을 해결하는 공간이 존재하는 것은 양안관계가 제도화로 나아가는 데 외재적 조건을 제공하였다. 현재 양안 간에는 유럽과 같은 "초양안"(超兩岸)의 틀이 없다. 따라서 양안의 공동규범을 만들수 있는 "슈퍼 입법자"도 존재하지 않는다. 이러한 인식에 기초하여 양안관계의 평화발전에 제도를 공급하려면 반드시 대륙과 대만 간의 협상에 근거하여야 하고 양안의 협상을 통하여 형성된 제도는 양안을 위해 제도를 공급하는 주요 내원으로 된다.[2] 대륙에서는 국가통일 사업에 대한 공권력기관과 민중의 추구와 인정에 근거하여 양안관계의 제도화에 충분한 효력원천을 제공할수 있다. 또한 1999년에 "사회주의 법치국가의 건설"을 헌법에 명시한 후로 법치는 점차적으로 집권당의 국정운영의 기본방식이 되었고, 이는 규범적 의미에서 양안관계의 제도화에 생존의 공간을 제공하였다. 그러므로 대륙에서 양안관계를 처리함에 있어서 정책 주도에서 제도 주도로의 전환을 실현하는 데 큰 장애는 없다. 그러나 대만에서는 이 문제가 훨씬 복잡하다. 대만의 대륙정책의 형성은 대륙의 대만정책처럼 간단명료한 것이 아니라 양안관계에 영향을 주는 국제정세, 대만 섬 내의 정치경제 발전, 정부당국 정책결정자 간의 상호작용 등을 포함한 여러 방면의 요소로부터 영향을 받는다. 대만의 "정당교

---

1 王建源, "兩岸授權民間團體的協議行爲研究", 臺灣硏究集刊, 2005, 제2기.
2 周葉中、祝捷, "兩岸治理: 一個形成中的結構", 法學評論, 2010, 제6기.

체”의 일상화의 정치형세의 변화와 함께 섬 내의 국가인정 문제와 “통독”(統獨)
에 관한 선택은 국민 앞에 놓인 문제가 되었고, 따라서 대만의 민심은 복잡해
졌다. 대만에는 대륙과 같이 양안관계의 처리에 관한 전민의 일치한 표현이
존재하지 않는다. 이는 양안관계의 제도화에 문제의 소지를 남겨놓았다. 2000
년부터 2008년까지 지속된 민진당의 집권이 바로 이러한 문제점의 표현이다.
그러나 이런 문제점의 존재로 하여 양안관계의 제도화가 출로가 없다는 것은
아니다. 대만학자 우위산(吳玉山)이 내놓은 “득표극대화 책략 모식” 이론은 이
문제를 논리적으로 해석하고 이를 해결하기 위한 현실적 방안을 제시하였다.
우위산은 대만당국의 양안정책에는 두 가지 지향이 포함된다고 주장한다. 하
나는 “통독”(統獨) 분쟁에 관한 “인식 지향”이다. 둘째는 경제와 안전의 충돌,
즉 “이익 지향”이다. 이 두 가지 지향은 대만지역 양안정책의 “의제 공간”을
구성하였다.[1] 최근 대만지역의 여론조사에 의하면 대만민중은 “인정 지향”과
“이익 지향”이 구성한 의제 공간에서 중립적 선택의 현상을 나타내고 있다.
즉, “통일”과 “독립” 간의 선택에서 대만민중은 “현상유지”의 기본태도를 나타
내고 있고 “경제이익”과 “안전이익” 간의 선택에서 “평화발전”의 균형 경로를
선택하고 있다.[2] 선거를 통한 집권을 목표로 하는 대만의 주요 정당들은 이
같은 주류 민의의 영향으로 인하여 각기 대륙정책을 조절하여 민의의 변화에
따라 중립의 양상을 보이고 있다. 2008년에는 “불통, 불독, 불무” 및 양안관계
의 현상유지를 주장했던 마잉주 국민당 후보가 대선에서 승리하였고 이는 “득
표극대화 책략 모식”이론에 대한 모종의 검증인 듯하다. 양안관계의 제도화는
양안관계 평화발전의 가치취향을 반영하고 양회구조를 통하여 양안의 컨센서
스를 충분히 반영하고 있으므로 대만민중들이 받아들일 수 있는 의제 공간에
놓이게 된다. 따라서 “득표극대화”의 추진하에 대만의 정당과 정치인들은 자
신의 득표극대화에 따라 정책의 성향을 결정하여야 하고 따라서 양안관계의
제도화를 중요한 선택으로 삼아야 한다. 정치력은 양안관계 제도화의 틀이 형

---

1 吳玉山, “臺灣的大陸政策: 結構與理性”, 爭辯中的兩岸關係理論(包宗和、吳玉山), 五南圖書出版股
份有限公司, 1999, 180쪽.

2 대만의 국립정치대학 선거연구센터가 실시한 1994~2013년 6월 간 ‘대만민중 통독입장 추세 분포’
에 관한 조사에 의하면 대만주민이 ‘현상 유지 결정’과 ‘영원히 현상 유지’를 선택한 비율이 50% 이
상을 유지하고 있다. 자료 출처: 대만의 국립정치대학 선거연구센터 홈페이지, http://esc.nccu.edu.t
w/modules/tinyd2/content/tonduID.htm, 마지막 방문일자: 2017, 3, 17.

성됨과 동시에 자연적으로 제도가 설정한 규범의 틀에 들어서게 되고 해당 제도에 의존이 생기며 또한 해당 제도에 의하여 제한되고 그에 대해 복종하게 된다. 이 같은 의존이 심화됨에 따라 양안관계 평화발전이라는 틀의 "불가와해성"(不可瓦解性)은 강화되어 양안관계 제도화의 양성순환이 이루어지게 된다.

2. 양안교류시스템 및 양안관계 평화발전의 제도의존의 현실적 수요

양안교류시스템 및 양안관계 평화발전의 제도의존은 양안교류의 절실한 현실적 수요에서 비롯된다. 다년간의 굴곡과 곡절을 겪어온 양안 인민들은 양안교류의 제도화에 대한 강렬한 열망을 갖고 있다. 양안민중들의 교류과정에서 양안교류를 저해하는 각종 사무성 문제와 정치성 문제가 끊임없이 나타났고 이러한 현실적 문제는 간단한 개별사건에 대한 소통과 거시적인 정책발언만으로는 해결하기 어렵다. 양안관계 발전의 제도화는 이미 대세적 흐름이 되었다. 구체적으로 말하면 양안교류시스템 및 양안관계 평화발전의 제도의존의 형성은 세 개 차원의 기본수요에서 비롯된다.

첫째, 제도의존의 형성은 해협양안의 교류질서가 안정화되도록 하는 현실적 수요이다. 인류사회질서의 존재는 인류사회가 자연계와 구분되는 표준의 하나이다. 매슬로가 지적한 바와 같이 "모든 시대의 사람들은 안전하고 질서 정연하며 예견가능하고 조직된 세계에 살기를 희망한다 …… 이 세계는 그가 의존할 수 있는 곳이다. 그가 희망하는 세계에서는 예상 밖의 통제할 수 없는 혼란한 사건 등이 발생하지 않는다."[1] 해협양안 각 층차의 교류가 끊임없이 심화되는 과정에서 무질서하고 규범에 어긋나는 양안의 교류 상태는 단기적으로 양안동포의 직접적인 이익을 해칠 뿐만 아니라 장기적으로는 국가통일에도 불리하다. 그러므로 안정된 양안교류 질서를 구축하는 것은 양안동포들의 공동한 현실적 수요가 되었다. 물론 위에서 서술한 바와 같이 현재 양안관계 평화발전과 양안교류질서의 구축에 관건적인 역할을 하는 것은 법치사유에 기초한 제도적 시스템이 아니라 인치사유에 기초한 양안 각자의 정책적 방향이다. 장구적인 시각에서 보면 양안 각자의 상대방 관련 사무에 관한 정책

---

1 Abraham Maslow, *Mativation and Personality*, 2d ed., 1970, New York, p.40.

은 안정성이 결여되어 있다. 따라서 이러한 정책의존 상태는 안정을 주요 특 징으로 하는 양안교류 질서와 서로 어울리지 않는다. 양안관계 평화발전이 정 책에 비교적 크게 의존하는 단계에서, 양안교류의 질서는 일종의 자발적인 질 서로서 이는 양안 민간의 이성적인 회피, 개별사건에서의 공권력기관의 재량 또는 분쟁해결방식의 다원화에서 비롯될 수 있다.[1] 양안 당국의 상호신임의 부족 및 교류가 부족한 상태에서 양안 간의 교류는 극히 제한되어 있기 때문 에 너무 많은 제도적 요소가 이러한 교류에 개입할 필요가 없고 또한 개입할 수도 없다. 그러나 양안교류가 새로운 단계에 들어서면서 양측의 교류는 직접 적이고 빈번해졌으며 단순한 자발적 질서는 현실적 수요를 만족시킬 수 없게 되었다. 때문에 양안교류질서의 안정성의 수요 하에 규범적 질서의 구축을 목 표로 하는 제도의존의 형성은 필연적인 것이 되었다.

둘째, 제도의존의 형성은 양안관계 평화발전의 틀을 구축하고 양안의 효 과적인 통합을 실현하는 현실적 수요이다. 통합이론은 서방학자들이 유럽통합 을 연구하는 중요한 연구도구이다. 대만학자들도 흔히 이를 양안관계의 분석 에 사용한다. 유럽 통합이론에는 여러 유파가 존재하고 있다. 그중 기능주의, 신기능주의와 연방주의는 영향이 가장 큰 세 유파이다. 대만 학자 가오랑(高朗) 은 전통적 의미의 "통합"을 "통합"과 "통일"의 두 개념으로 분리하여 "통합"으 로 "심리, 정책과 제도의 일치"를 표시하고 "통일"로 "정부의 통합"을 표시하 였다.[2] 중국공산당 제17기 전당대회에서는 양안관계 평화발전의 틀에 관한 중요한 이론적 구상을 제기하였다. 이 구상은 통합이론 중 신기능주의와 유사 한 경로, 즉 먼저 경제, 문화, 사회 등 분야에서 기능성 통합을 추진하고, 그 다음 양안의 지도자와 정치엘리트들의 협상을 거쳐 경제, 문화와 사회 등 영 역의 통합이 "국가", "안전"과 "주권" 등 정치영역으로의 "연장"으로 이어지게 하여 양안의 정치방면에서의 교류와 대화를 추진하며 양안의 컨센서스와 신 임을 축적하여 양안의 최종적인 통일을 위하여 기반을 마련하는 것이다.[3] 양 안관계 평화발전의 틀을 구축하여 양안의 효과적인 통합을 실현하려면 반드 시 일정한 방식으로 양안관계 발전 중에 존재하는 많은 불리한 요소들을 극복

---

1 王建源, "在事實與規範之間－論國家統一前的兩岸交往秩序", 臺灣研究集刊, 2001, 제2기.
2 高朗, "從整合理論探索兩岸整合的條件與困境", 爭辯中的兩岸關係理論(包宗和、 吳玉山), 臺灣五南 圖書出版股份有限公司, 1999.
3 周葉中、 祝捷, "論兩岸關係和平發展框架的內涵－基於整合理論的思考", 時代法學, 2009, 제1기.

하여야 한다. 이러한 요소 중 정책의존현상에 잠재되어 있는 불안정요소가 바로 가장 영향력이 큰 요소이다. 양안관계 발전이 안정되지 못한 시기에 전망계획을 갖고 있는 양안관계의 발전경로가 실천될 수 있으리라고는 상상하기 어렵다. 때문에 제도로 정책을 대체하여 양안관계의 발전을 비교적 긴 시간 지속적이고 안정적이며 예견이 가능하게끔 하는 것은 양안관계 평화발전의 구조가 설정한 통합경로 구축의 필연적 요구이며, 또한 이를 효율적으로 실천하기 위한 필연적 요구이기도 하다.

셋째, 제도의존의 형성은 양안 각 층차의 교류를 체계적으로 규제하는 현실적 수요이다. 양안 대교류시스템의 목적은 제도건설과 규범구축을 통하여 양안교류에 충분한 규범적 근거를 제공하고, 양안교류 주체의 행위에 대한 규범을 통하여 양안이 양안교류를 추진함에 있어서 제도의존을 형성하도록 하여 양안의 질서 있는 교류에 대한 정치적 요소의 영향을 최대한 줄이려는 데 있다. 양안 대교류시스템의 형성과정은 바로 양안 기존의 분산된 일방적 입법, 정책 및 선고 등을 규범화하는 과정이다. 이 과정의 본질은 바로 양안교류시스템을 규범화하고 양안관계 평화발전의 주요 경로를 제도화하는 과정이다. 양안교류시스템 및 양안관계 평화발전의 제도의존의 형성은 근본적으로 해협양안관계의 평화발전에 유리하고 양안동포의 공동복지에 유리하며 양안 돌발사건에 대한 통제 불가능성을 줄이고 전반 동아시아의 평화와 안전을 보장하는 데 유리하다. 그러므로 제도의존의 형성은 대만동포를 포함한 전체 중국인민의 직접적인 이익에 부합되고, 존재와 발전에 현실적 기초가 있다.

3. 양안관계 평화발전의 제도의존의 이론적 응결: "법치형" 양안관계의 제기

제도의 표현형식으로부터 보면 제도는 일반적으로 일종의 규범으로 표현되며 법률규범은 제도의 가장 높은 차원의 표현형식이다. 그러므로 양안관계의 장기적이고 안정적잉ㄴ 발전을 추진하려면 반드시 법치사유를 운용하고 제도건설을 강화하여 양안관계로 하여금 개별적인 정치인과 개별정당에 대한 의존에서 제도에 대한 의존으로의 단계적인 전환을 실현하여야 한다. 법치사유와 법치방식을 운용하여 양안관계의 평화발전을 수호하는 틀을 구축하는 본질은 양안관계 평화발전의 사실과 성과를 입법, 사법, 법 집행과 법 준수의 과정으로 전환하고 관련 법률제도의 실행을 통하여 일관성, 명확성과 안정성이 있는 일련의 양안관계 평화발전의 법률질서를 형성함으로써 법률로 하여금 양안관계 평화발전의 기존성과를 수호하고 보장하는 유력한 수단으로 되게 하는 것이다.

이러한 인식에 기초하여 우리는 "법치형" 양안관계 구축에 대한 주장을 내놓아, "법치형" 양안관계의 개념으로 양안관계 평화발전의 제도의존의 이론형태를 응결시켜 법치사유, 법률규범, 법치방식, 법학이론에 기초한 일련의 양안관계 발전의 새로운 모식을 형성하려 한다.

(1) "법치형" 양안관계의 제기

1990년대 이후 대만지역은 세 차례의 "정당교체"를 거쳤고, 다당 정치와 선거정치가 대만정치의 주요 형태로 자리 잡았다. 즉, 어느 정당도 대만에서 영원히 집권할 수 없게 되었고 정당교체는 일상적인 추세가 되었다. 2014년 하반기 실행된 대만지역 지방공직자선거("구합일선거")에서 "92합의"를 견지하고 양안관계의 평화발전을 주장해온 국민당은 큰 패배를 겪었고 섬 내의 정치형세가 변하였다. 이는 2016년 대만지역 지도자와 입법기구의 선거에 큰 변수를 가져다주었다. 만약 "대만독립"을 주장하거나 편향적인 성향을 지닌 정당이 다시 집권한다면 "양안관계의 평화발전이 어떻게 변화될 것인가"에 관하여 정치권과 학계에서는 광범위한 토론이 진행되었다. 심지어 일부 학자들은 만약 민진당이 대만에서 집권한다면 양안관계 평화발전의 발걸음은 정지되거나 퇴보하게 될 것이라고 말하였다.[1] 학자들의 이러한 질시와 우려는 양안관계에 "인치"가 여전히 존재하기 때문이라고 하겠다.

양안관계의 발전방향은 장기간 대만지역의 지도자 한사람에게 달려 있었고 대만지역의 지도자 개인의 정치적 경향과 태도의 변화는 양안관계에 중대한 영향을 조성하였다. 리덩후이(李登辉), 천수이볜(陈水扁) 등 대만지역의 지도자들은 늘 "한사람의 힘"으로 양안관계를 파탄시키기 일쑤였다. 즉, 양안관계의 발전방향은 객관적이고 개인의 의사에 의하여 변화하지 않는 제도적 배치

---

1 中評網, "林文程: 兩岸關係或開始進入停滯期", 자료출처: http://bj.cmtt.com/doc/1035/4/8/9/103548936. html?coluid=0&kindid-0&docid=103548936, 최후방문날짜: 2017, 3, 19.

가 아닌 특정 정치인의 말과 행위에 의하여 결정되는 경우가 많았다. 인치와 법치의 구분방식으로 볼 때 현재의 양안관계 평화발전은 여전히 비교적 강한 인치색채를 띠고 있다. 양안관계 평화발전에서 "인치" 요소를 제거하고, 특정 정치인의 정치적 입장의 변화로 인한 불안정 요소를 제거하려면 반드시 "법치" 요소를 도입하고 법치적 사유, 법학이론과 법률제도를 운용하여 법치의 요구에 부합하는 양안관계 발전의 새로운 모식을 구축하여야 한다. 따라서 우리는 반드시 "법치형"의 양안관계를 구축하고 법치의 이념, 정신, 기본요구에 기초하여 양안관계 제도화의 틀을 구축함으로써 특정 정치인 등 개인적 요소가 양안관계의 평화발전에 부정적인 영향을 미치는 것을 억제하여야 한다.

현재 양안은 모두 법치를 사회 관리의 주요 방식과 핵심가치로 선택하였고 모두 법률을 통한 사회관리가 가장 훌륭한 정치모식이라고 인정하고 있다. 따라서 법치는 이미 양안이 공통으로 인정하는 가치형태와 공통언어가 되었다. 만약 우리가 "하나의 중국"의 틀 안에서 법치중국을 인식하고 이해한다면 이러한 인식과 이해는 자연히 법에 따라 양안관계를 처리하고 양안교류행위를 규범화하는 것을 포함한다. 덩샤오핑(邓小平)은 "제도와 법률이 지도자의 변화에 따라 개변되지 않고, 지도자들의 견해와 주의력의 변화에 따라 개변되지 않는 것"[1]으로 법치의 함의를 자리매김하였다. 우리도 이 고전적인 정의를 빌려 "법치형"의 양안관계의 함의를 설명할 수 있다. 이른바 "법치형"의 양안관계란 대만지역의 정치형세의 변화에 따라 개변되지 않고 대만지역 지도자의 정치적 입장의 변화에 따라 개변되지 않는 규범화되고 제도화된 일종의 양안관계 평화발전의 모식이다.

(2) "법치형" 양안관계 구축의 중요한 의의

"법치형" 양안관계 평화발전의 새로운 모식을 구축하는 것은 국정운영체계와 국정운영능력의 현대화를 추진하고 양안관계 평화발전에서의 불확정 요소를 약화·제거하며 양안 각 층차의 교류행위를 규범화하고 양안 인민의 기본 권리를 수호·보장하는 데 중요한 의의가 있다.

첫째, "법치형" 양안관계를 구축하는 것은 국가의 통일적 운영의 현대화를 추진하기 위한 것으로, 중국의 전반 국정운영의 현대화를 추진하는 데 중

---

1 鄧小平文選(제2권), 人民出版社, 2002, 146쪽.

요한 의의가 있다. 중국공산당 제18기 제3차 전원회의 결정에서는 개혁을 전면적으로 심화하는 총 목표 중의 하나가 국정운영체계와 국정운영능력의 현대화를 추진하는 것이라고 지적하였다. 국가통일을 수호하고 추진하는 것은 중화민족의 근본이익이고 이 목표를 실현한 기초에서만이 국정운영체계와 국정운영능력의 현대화를 진정으로 보장할 수 있다. 그러므로 전반적인 중국의 시각으로 볼 때 국정운영체계와 국정운영능력의 현대화는 자연히 국가의 통일적 운영의 현대화를 포함한다. 현대국가에서 법치는 국가운영의 기본방식이고 국가운영의 현대화의 중요한 표지이며 국가운영의 법치화는 국가운영의 현대화가 반드시 거쳐야 하는 길이다.[1] 따라서 국가의 통일적 운영의 현대화를 실현하려면 반드시 법치사유와 법치방식을 적극 운용하여 양안관계의 평화발전을 심화하고 공고히 하며 관련 법학이론 성과에 기초하여 양안관계를 규제하는 법률제도의 수립과 보완을 추진하며 "법치형" 양안관계 발전의 새로운 모식을 구축하여야 한다.

둘째, "법치형"의 양안관계를 구축하는 것은 양안관계 발전과 대만지역의 정치형세의 변화에 대응하기 위한 것이고, 양안관계 평화발전의 불확정 요소를 약화·제거하는 데 중요한 의의가 있다. 2008년 3월 이래 양안관계는 역사적인 전변을 가져왔고 양안관계의 평화발전은 중대한 진전을 가져왔다. 양안관계가 발전하는 동시에 양안관계 중 장기적으로 은폐되었던 갈등과 문제는 두드러지면서 양안관계가 점차적으로 "수심구"(深水区)로 진입하기 시작하였다. 대만지역의 일부 민중들은 양안관계 평화발전의 방식에 우려를 나타냈는데 2014년 상반기에 폭발한 "서비스무역협의 반대운동"은 이러한 우려를 표현한 것이다. 이와 동시에 "92합의"를 인정하는 국민당이 2016년 대만지역의 지도자 선거에서 중대한 실패를 겪으면서 대만지역의 정치형세는 중대한 변화가 생겼다. 이러한 문제들은 모두 양안관계 평화발전 중에 은폐된 불확정 요소이다. 개별 정치인과 정당에 지나치게 의존하는 "인치형"의 양안관계 발전모식과 달리 "법치형"의 양안관계 발전모식의 가장 큰 특징은 내재적 안정성과 권위성이다. 즉, 법치의 안정성을 통해 양안관계 발전과정 중의 불확정성을 약화·제거하고 법치의 권위성을 통해 양안동포들이 양안관계 평화발전에 대한 동질감을 강화·제고시킬 수 있다. 따라서 양안관계의 평화발전 과정에

---

1 張文顯, "法治與國家治理現代化", 中國法學, 2014, 제4기.

잠재된 불안정 요소를 해소하려면 법치를 양안관계의 발전과정에 도입하고, "법치형" 양안관계 평화발전의 모식을 구축해야 한다.

셋째, "법치형"의 양안관계를 구축하는 것은 양안 각 층차의 교류활동을 규범화하고 양안 인민의 기본 권리를 보장하기 위한 것이고, 양안관계 평화발전의 성과가 진정으로 양안 인민들에게 혜택이 미치게 하는 데 중요한 의의가 있다. 양안관계의 평화발전은 양안 각 층차 교류의 상호화, 다원화와 편리화로 표현된다. 2008년 이래 양안의 공동노력하에 양안의 인원, 무역교류의 차원은 지속적으로 향상되었다. 많은 양안의 사무성 협의의 보장하에 양측은 지적재산권, 원자력안전보장, 금융 감독관리, 투자보호 등 여러 영역에서 중요한 행정적 협력의 발걸음을 내디뎠고 양안의 민간교류의 범위와 영역도 부단히 확대되었다. 대륙과 대만이 협상방식으로 채택한 양안의 공동정책으로서의 양안협의는 양안관계 평화발전의 법치화 형식이고 양안관계 평화발전의 틀을 구성하는 법률시스템의 중요한 구성부분이다.[1] 때문에 양안관계의 지속적인 발전의 시대배경에서 양안 각 차원의 교류활동을 규범화하고 양안 인민의 기본 권리를 보장하려면 반드시 계속하여 법치사유와 법치방식을 운용하여 양안협의를 체결하는 등 방식으로 양안관계 평화발전의 성과를 규범화, 제도화하여 "법치형"의 양안관계 발전의 새로운 모식을 구축하여야 한다.

현재 양안관계의 평화발전은 여전히 비교적 강한 "인치" 색채를 띠고 있다. 이상적인 "법치형"의 양안관계는 우리로 하여금 법치사유를 운영하여 양안관계의 평화발전을 추진하고, 법학이론을 운영하여 양안관계 평화발전의 현황을 해석·논술함으로써 양안관계의 지속적인 발전을 위하여 이론적 지지를 제공하며 법률규범을 양안관계 발전 중의 문제해결의 구체적 근거와 양안관계 평화발전의 확인방식으로 할 것을 요구한다. 그러므로 "법치형" 양안관계를 구축하는 과정에서 법치사유는 이념의 연원과 사유에 대한 인도를 구성하고, 법학이론은 이론적 근거와 지적 지지를 구성하며, (법률)규범은 법리적 근거와 제도형태를 구성한다.

---

1 杜力夫, "兩岸和平發展的法治化形式", 福建師範大學學報(哲學社會科學版), 2011, 제5기.

(3) "법치형" 양안관계 구축의 법리적 근거와 제도형태

"양안관계 평화발전의 틀"의 전략적 구상이 제기된 이래 다년간의 연구와 탐구를 거쳐 학계에서는 이미 법치사유를 운용하여 "양안관계 평화발전의 틀"을 구축하는 방면에서 일정한 정도의 컨센서스를 형성하였다. 그러나 이러한 거시적 차원의 컨센서스는 아직 양안관계의 평화발전과정에서 나타나는 많은 세부적인 문제를 해결하기에는 부족하다. "양안관계 평화발전의 틀"은 단지 정치적 용어로만 존재하는 개념인 것이 아니라 양안이 각자 또는 공동으로 제정한 규범성 문서에 존재하는 개념이기도 하다. 따라서 (법률)규범과 (법률)제도는 법에 따라 양안관계의 평화발전을 보장하는 가장 중요한 법리적 근거를 구성하고 또한 "법치형" 양안관계의 제도적 형태도 구성한다. 현재 양안관계 평화발전의 법치화의 형식은 양안의 상대방 관련 사무에 관한 입법과 양안협의 등 두 가지 표현 형태를 포함한다. 그중 전자는 양안 각자가 제정하고 양안 각자의 영역 내에서 효력이 발생하고 실행되며, 후자는 양안이 협상의 방식으로 공동 제정하고 양안의 범위 내에서 효력을 발생하고 실행된다. 이 양자가 공동으로 완정한 "양안법제"를 구성한다.[1]

　　양안의 상대방 관련 사무에 관한 입법이라 함은 해협양안의 대륙과 대만이 각자의 영역에서 제정한 상대방의 사무문제를 조절하는 규범성 문서의 총칭이다. 즉, 대륙의 대만 관련 입법과 대만의 대륙 관련 입법의 총칭이다. 현재 양안사무에 관한 대륙의 규정은 주로 중국의 현행 헌법(이하 "1982년 헌법"으로 칭함), 「반분열국가법」, 기타 부문법(지방성법규, 행정규정 등 포함)과 최고인민법원[2]에서 제정한 사법해석 등 법률규범이다. 양안사무에 관한 대만지역의 규정은 주로 대만지역의 현행 헌법, 「대만지역 인민과 대륙지역 인민 간의 관계조례」(이하 「양안 인민관계조례」로 약칭), 부문법 및 여러 건의 "대법관 해석" 등 규범성 문서이다. 결론적으로 양안의 상대방 관련 사무에 관한 입법중점과 입법모식은 일정한 정도의 차이가 있지만 현재 양안은 모두 상대방 관련 사무

---

1 양안법제는 대륙과 대만이 양안관계 발전에서 행위를 조절하고 규범화하는 규범과 제도의 총칭이다. 祝捷, "論兩岸法制的構建, 學習與探索, 2013, 제7기.

2 중국에서는 최고인민법원이 제정한 사법해석이 정식 법률의 연원이 아님에도 불구하고 사법해석이 대만 관련 사무의 실천에서 중요한 역할을 하는 점을 감안하여 대륙에서의 대만 관련 사무의 법률체계에 포함시켰다.

에 관한 입법체계를 초보적으로 형성하였다. 비록 양안의 상대방 관련 사무에 관한 입법은 본질상 여전히 양안 각자 영역 내의 법률이고 양안의 컨센서스를 구현한 것도 아니지만 이러한 법률규범은 양안관계 법치화의 기초를 구성하였고 양안교류와 양안관계 평화발전의 틀에 관한 법률제도의 구축에 있어서 대체할 수 없는 기초적 역할을 하고 있다. 물론 양안의 상대방 관련 사무에 관한 입법은 양안 각자 영역 내의 입법에 속하기 때문에 각자의 입법과정에 양 측의 소통과 조화가 부족하다. 그러므로 양안의 상대방 관련 사무에 관한 입법은 모두 양안사무를 조율대상으로 하지만 서로 간에 조화를 이루지 못하는 현상이 존재한다. 이와 동시에 양안관계의 평화발전은 최근에 중대한 진전을 가져왔지만 양안의 상대방 관련 사무에 관한 입법체계는 그에 따라 조절·개정되는 경우가 매우 적고 비교적 심하게 정체되어 있는 상태이다.

양안협의란 양안 간에서 대륙의 해협양안관계협회와 대만지역의 재단법인 해협교류기금회가 평등한 협상을 통하여 양안 모두에 구속력을 갖는 협의를 체결하는 것을 말한다.[1] 2008년 6월, 양안 양회의 회담이 재개된 이래 대륙과 대만은 많은 사무성 협의를 체결하였고 이러한 협의의 조절범위는 양안의 교통운수, 경제협력, 사회협력 등 여러 분야와 관련되어 있어 양안관계의 평화발전을 구축하는 데 중요한 추진력을 발휘하고 있다. 양안의 상대방 관련 사무에 관한 입법과는 달리 양안협의는 일종의 연성법 속성의 양안 공동정책으로서 양안이 각자의 규정에 따라 실행하거나, 양안이 일치한 정책방향을 통해 실행하거나, 또는 각자 영역 내의 법률에 대한 폐지·개정·제정을 통해 실행할 것을 수요로 한다.[2] 실천 과정에서 양안협의는 양안관계 평화발전의 틀에 관한 법률시스템의 중요한 구성부분을 이루고 있고 양안의 컨센서스를 형성·표현하며 양안의 구체적 사무성 문제에서의 협력에 대하여 인도하고 규범화하는 데 중요한 역할을 하였다. 물론 기존의 양안협의로부터 보면 각 항 협의들은 주제가 비교적 분산되어 있고 상응한 연계가 결핍되어 있다. 비록 일부 협의 간에 일정한 연관성이 있다 하더라도 총체적으로 체계화 정도가 높지 못하다. 동시에 양안 양회의 사무성 담판은 여전히 비교적 농후한 비밀정치와 엘리트정치의 색채를 띠고 있어 양안의 일반 민중들은 양안의 협의상담 과정

1 周葉中、段磊, "論兩岸協議的法理定位", 江漢論壇, 2014, 제8기.
2 周葉中、段磊, "論兩岸協議的法理定位", 江漢論壇, 2014, 제8기.

에 대하여 알 수 없고 협의제정에 참여하고 자신의 의견을 표현할 수는 더 더욱 없다. 이는 양안협의의 민의정당성을 기초로 하여금 시련에 직면하게 하였다.

"법치형" 양안관계의 구축은 양안관계가 평화적으로 발전하는 법치화의 형식인 양안법제를 제도의 도구로 삼아야 한다. 양안법제를 구축·보완하는 과정은 동시에 "법치형"의 양안관계를 구축하는 과정이기도 하다. 양안의 상대방 관련 사무에 관한 입법 및 양안협의 현황과 부족한 부분에 대한 위의 분석을 통하여 우리는 다음과 같은 몇 가지 방면으로부터 착수하여 "법치형"의 양안관계 제도형태인 양안법제를 조속히 보완하여야 한다고 생각한다.

첫째, 양안관계 평화발전의 새로운 형세와 결부하여 상응한 상대방 관련 사무에 관한 입법을 제정·개정하여야 한다. 대륙 측에서는 빠른 시일 내에 양안관계 평화발전의 실제에 부합되는「양안관계평화발전촉진법」(兩岸關係和平發展促進法)을 제정하고 동시에 양안관계 발전의 실제와 양안협의의 관련 규정을 결부하여 양안관계 발전의 단계적 특징과 충돌되는 일부 법률규범을 제때에 개정함으로써 내부적으로 조화로운 대만사업 법률체계를 형성하여야 한다. 대만 측은「양안협의감독조례」(兩岸協議監督條例) 등 법률규범의 제정을 조속히 마무리하고「양안 인민관계조례」등 법률규범의 개정을 완성하여 양안협의가 대만지역에서 효력을 발생하고 실행되는 법률적 장애를 해소함으로써 양안 간의 컨센서스가 대만지역에서 관철·실행될 수 있도록 하여야 한다. 아울러 양안은 상대방 주민의 자기영역에서의 권리보장 제도를 발전시키고 "동등대우"의 기본 원칙을 관철하여 양안 주민으로 하여금 상대방 영역에서 마땅히 누려야 할 기본 권리를 누릴 수 있도록 하여야 한다.

둘째, 조속히 양안의 기본협의를 체결하고 양안협의의 입법기능을 강화하며 양안협의와 양안 각자 법률체계 간의 관계를 명확히 하고, 양안협의의 체계화 건설을 추진하여 "양안법" 체계의 구축을 위한 기초를 다져야 한다. 현재 양안협의의 체계화 정도는 하나의 법역 내의 완비된 법률체계와는 비교적 큰 차이가 있다. 이러한 차이는 양안협의 중 협의체계에서 기초적 역할을 하는 협의가 결여한 데서 집중적으로 나타난다.[1] 그러므로 양안협의를 완벽한 체계로 되게 하여 양안관계 평화발전의 틀을 보완하는 법률시스템이 더욱 큰 입법기능을 발휘하게 하려면 양안의 공동수요에 부합되는 기초적 협의를 제때

---

1 周葉中、段磊, "論兩岸協議的接受", 法學評論, 2014, 제4기.

에 제정하여 양안협의 전체에 효력원천을 제공하고 양안협의의 절차성 문제를 규범화하여야 한다. 이렇게 되면 기초적 협의의 통솔하에 체계화된 양안협의는 양안관계의 평화발전을 위해 굳건한 규범적 근거를 제공하고 "양안법" 체계의 구축을 위한 기반을 마련하게 된다.

셋째, 양안법제의 틀 내에서 양안민의통합시스템을 적극 구축하여 양안사무에 "시민참여"의 이념을 도입하고 양안법제의 정당성 기초를 강화함으로써 양안관계의 평화발전으로 하여금 진정으로 양안민중들에게 혜택이 미치게 하여야 한다. 현재의 양안법제의 구축방식은 강력한 "엘리트정치"와 "비밀정치"의 색채를 띠고 있고, 직접적인 참여의 부족으로 인하여 양안민중은 점차적으로 양안관계 평화발전의 "방관자"로 전락하고 있다. 이러한 현상이 계속되면 양안법제의 민의의 정당성 기초는 큰 위기에 봉착하게 된다. 2014년 상반기에 대만지역에서 발생한 "서비스무역협의 반대운동"이 바로 양안협의의 민의정당성 위기의 집중적인 표현이다. 그러므로 양안법제(특히는 양안협의)로 하여금 양안민중의 염원을 진실하게 반영하여 양안관계 평화발전의 혜택을 진정으로 양안의 일반 민중에게 미치게 하려면 반드시 시민참여시스템을 도입하여 양안 사무성 협상시스템 중의 민의수렴시스템을 구축하고 양안민중 및 관련 이익이 있는 단체들로 하여금 직접 양안담판에 참여하고 이해할 수 있도록 격려하며 담판결과에 대하여 의견을 표현할 수 있도록 함으로써 양안법제의 민의정당성 기초의 역할을 강화하여야 한다.

제 4 절   양안교류시스템과 양안관계 평화발전의 단계적 변화

양안관계 평화발전의 정책의존과 제도의존 간의 구별은 본질적으로 법학적 의미에서의 인치와 법치 간의 구별이고 정치학 의미에서의 개인 권위와 제도 권위 간의 구별이다. 전자에서 후자로 전환하는 과정 중 양안교류시스템의 형성은 중요한 역할을 하고 있다.

1. 양안관계 평화발전의 제도의존 형성에서의 양안교류시스템의 지위와 역할

양안관계 평화발전은 구호에만 그치는 것이 아니다. 이 개념에는 풍부한 함의가 내포되어 있다. 현재 양안관계발전의 실천으로부터 보면 양안정권은 "평화발전"에 관한 컨센서스는 형성되었지만 "평화통일"에 관한 컨센서스는 형성되지 않았다. 이는 양안이 평화발전에 대한 인식의 차이를 나타낸다. 즉 대륙은 "평화발전"을 일종의 "평화통일"의 수단으로 삼고 있지만 대만은 "평화발전"을 목표로 하여 "현상유지"의 최종목표에 도달하려고 한다.[1] 때문에 양안은 적어도 대만해협의 평화를 수호하고 양안관계 평화발전을 도모하는 면에서는 상당히 큰 대화공간을 가지고 있다. 양안관계 평화발전의 풍부한 함의는 주로 양안이 이러한 대화공간에서 "92합의"를 견지하고 "하나의 중국"의 기본 틀을 수호하며 점차적으로 정치적 상호 신뢰를 증가하고 정치관계의 정립에 관한 컨센서스를 형성하며 공동으로 양안민중의 직접적인 이익과 수요를 배려하고 중화문화전통을 수호하는 등 각 측면에서 나타난다.

전에 나타났던 고도의 정치적 대치와 군사적 대치와는 달리 양안관계 평화발전 중의 일상적이고 평화적인 경제문화교류와 인적교류는 양안관계의 주요한 표현형식으로 되었고, 양안사무의 핵심은 군사, 정치에서 경제, 문화, 사회 등 분야로 옮겨졌다. 양안관계 평화발전이 계속하여 심화됨과 함께 해협양안에는 물자, 자금, 인재와 정보가 빈번히 교류하는 국면이 나타나게 될 것이다.[2] 그러므로 양안의 각 층차에서 형성된 "대교류"의 상황은 양안관계 평화발전의 중요한 표현형식이 될 것이고 따라서 양안관계의 평화발전 과정에서 정책의존으로부터 제도의존에로의 단계적 전환을 실현하려면 양안교류시스템의 형성이 중요한 역할을 맡게 될 것이다. 구체적으로 말하면 양안교류시스템의 중요한 지위는 주로 다음과 같은 세 가지 방면에서 표현된다. 첫째, 양안교류시스템의 형성은 양안관계 평화발전의 제도화의 기점 중 하나가 될 수 있

---

1 中評網, "張五嶽: 五千年內戰不斷 要把握和平機遇", 자료출처: http://www.zhgpl.com/crn－webapp/search/allDetail.jsp?id＝102792620&sw＝%E5%BC%A0%E4%BA%94%E5%B2%B3, 최후방문날짜: 2017, 3, 17.
2 周葉中, "論構建兩岸關係和發展框架的法律機制", 法學評論, 2008, 제3기.

다. 둘째, 양안교류시스템이 확립되면 양안관계 평화발전의 제도화를 효과적으로 강화할 수 있다. 셋째, 양안교류시스템의 발전은 "유출"효과를 실현할 수 있고, 제도의존을 양안관계 평화발전의 각 차원으로 확장시킬 수 있다.

통합이론은 서방학자들이 유럽통합을 연구하는 중요한 연구도구이고 대만학자들도 흔히 이를 양안의 관계를 분석하는 데 사용한다. 비록 통합이론은 유럽에서 주로 주권국가의 통합과정을 분석하는 데 사용되고 있고 양안관계는 주권국가 간의 관계가 아니지만 통합이론을 이론의 도구로 삼아 양안관계 발전에서 나타나는 현상들을 분석하는 것은 일정한 의미가 있다. "유출"효과(spillover effect)란 신기능주의 통합이론 중의 한 개념이다. 신기능주의의 대표자인 스탠리 호프만(Stanley Hoffmann)은 "로 폴리틱스"와 "하이 폴리틱스" 개념의 구분을 제기하였다. 전자는 경제정책, 복지정책 등 민감성이 낮은 범주를 가리키고 후자는 주권, 안보 등 민감성이 높은 범주를 가리킨다. 신기능주의의 주요관점 중의 하나가 "로 폴리틱스"에 대한 통합을 통하여 이른바 "유출"효과를 실현하고 궁극적으로 통합을 "하이 폴리틱스" 영역으로 확장하는 것이다.

양안관계 평화발전의 틀에도 이러한 호프만의 "하이 폴리틱스"와 "로 폴리틱스"의 구분이 있다. 이런 구분에 따르면 양안의 평화통일, 정치관계 정립 등 중대한 정치문제는 양안관계 평화발전 중의 "하이 폴리틱스" 범주에 속해야 하고 그 밖의 양안 각 층차의 교류는 "로 폴리틱스" 범주에 속해야 한다. 따라서 양안교류시스템이 구축되어 효율적으로 운영·발전하면 그 제도화의 함의는 점차적으로 양안관계의 기타 영역에 파급되어 "유출"효과를 실현할 것이다.

2. 양안교류시스템 형성과정에서의 기회와 도전

양안관계의 발전과 더불어 특히 2008년 이래 양안관계에 중대한 전변이 일어나면서 양안 간의 양안교류시스템과 양안관계 평화발전의 단계적 전환을 실현하는 데 큰 기회를 제공하였다. 이러한 기회는 역사적인 우연히 아니라 양안교류와 양안관계 평화발전 과정에서 나타났고 각종 현실적 조건이 출현할 때 나타난 것이다. 그러나 양안을 놓고 보면 기회와 도전은 흔히 병존한다. 현재 양안관계의 평화발전은 아직 초급단계에 놓여 있고 양호한 제도적 체계는 아직 완전히 형성되지 못하였으며 기존의 제도는 적용성에 있어서 여전히 보편적이지 못하다. 기회와 도전에 직면하여, 우리는 적극적으로 각 방면의 요소를 고려하고, "하나의 중국" 원칙을 견지하는 전제하에서 양안교류시스템의 형성 경로에 대해 고려하여야 한다.

(1) 기회: 여러 조건으로부터의 지지

구체적으로 말하면 적어도 세 가지 중요한 조건이 양안관계의 정책의존으로부터 제도의존으로의 중대한 전환의 기회를 마련하는 데 큰 기여를 하였다.

첫째, 양안교류시스템의 형성은 양안관계 평화발전의 현실적 수요이다. 그 어떠한 시스템의 형성이나 모두 현실의 수요와 밀접히 연관되며 현실의 수요를 위해 존재하고 현실의 수요를 위해 봉사한다. 양안관계 평화발전을 놓고 보면 제도를 통해 조절하는가 아니면 정책을 통해 조절하는가 하는 것은 양안관계 발전의 현황과 직접적으로 연관된다. 양안관계 발전의 현황이 변동성이 강하여 조절시스템의 융통성에 대한 요구가 비교적 높을 때 정책의존형 시스템은 자연히 양측의 우선순위가 된다. 그러나 양안관계 발전의 현황이 안정적이고 조절시스템의 지속성에 대한 요구가 비교적 높을 때 제도는 양측의 선택이 된다. 양안관계 발전의 현실적 수요는 양안관계 조절시스템의 선택에 영향을 주는 외재적 동인이라고 하겠다. 현재 양안관계는 역사상 가장 좋은 시기에 놓여 있다. 양안관계는 평화와 안정의 기본 특징을 나타내고 있다. 비록 20세기 90년대에 일부 곡절을 겪었지만 2008년부터 양안관계는 드문 발전기를 맞이하여 큰 발전을 이루었다. 결론적으로 현재의 양안관계는 1970년대 말 군사적 대치와 80년대, 90년대 양측의 단절, 대항과 비교하면 역사상 가장 좋은 시기에 놓여 있고 평화와 안정의 기본 특징을 나타내고 있다.

둘째, 양안교류시스템의 형성은 양안관계의 발전에 대한 양안민중의 광범한 요구이다. 양안관계의 발전은 수천수만의 양안 일반민중의 직접적인 이익에 영향을 미치고 있다. 해협양안은 서로 같은 선조로 합치면 양측 모두 이롭고, 싸우면 상호불리하다. 양안관계조절시스템에 대한 양측의 선택은 결단코 양안민중의 직접적인 이익과 광범위한 요구와 연관된다. 양안관계의 발전에 대한 양안민중의 가장 광범위한 요구는 양안관계 조절시스템의 선택에 영향을 주는 내재적 동인이라고 말할 수 있다. 물론 현 단계에서 양안관계 평화발전에 대한 양안 인민의 수요의 연유에는 일정한 차이가 있을 수 있다. 대륙민중은 민족감정에 대한 추구에 더 편중될 수 있고 대만민중은 현실 이익에 대한 추구에 편중될 수 있다. 그러나 이는 양안민중들이 양안관계의 발전에 대한 컨센서스를 형성하는 데 영향을 미치지 않는다. 비록 양안관계는 언제나 우여곡절을 겪으면서 전진하고 있지만 양안관계의 평화발전과 공동복지에 대한 양안 주류 민의의 기대는 시종 변하지 않았다. 양안민중을 놓고 보면 약 50년의 단절을 겪었음에도 불구하고 양안은 같은 선조를 모시고 혈육의 정은 물보다 진하며 양안의 주류 민의는 양안관계의 평화발전에 공동한 기대를 지니고 있다. 당시 국무원 대만사무판공실 주임으로 있던 왕이(王毅)가 말한 바와 같이 "양안관계의 개선과 발전은 양안민중들의 공동한 기대이며, 양안관계의 평화발전을 인정하고 지지하는 것은 이미 양안 민의의 주류가 되었다."[1]

　　셋째, 양안교류시스템을 구축하는 것은 양안의 법치환경에 대한 실제적 요구이다. 제도와 법치는 밀접히 연관된다. 앞에서 말한 바와 같이 정책을 주도로 하는 조절시스템의 양안질서가 내포하고 있는 본질은 일종의 인치이고 제도를 주도로 하는 조절시스템의 양안질서가 내포하고 있는 본질은 일종의 법치이다. 그러므로 양안관계 평화발전을 위한 제도의존의 시스템을 구축하려면 양안에 반드시 제도의존이 형성되고 존재할 수 있는 법치환경이 있어야 한다. 현재 양안은 모두 인치로부터 법치로의 전환을 실현하였고 모두 법률을 각자 영역 내 국정운영의 실현수단으로 삼고 있다. 1990년 이래, 대만지역은 점차적으로 "민주전변"을 실현하였고 그 민주법치의 과정에서 중요한 성과를 이룩하였으며 법률이 대만사회에서 차지하는 지위는 갈수록 중요해졌다. 1999년 "사회주의 법치국가의 건설"이 헌법에 명문화된 이래, 중국 대륙지역의 법치국가 건설은 새로운 단계에 진입하였다. 2010년의 중국특색의 사회주의 법률체계의 기본적인 구축은 중국 법치가 한층 더 보완되었음을 보여준다. 양안의 영역 내 법치환경이 효과적으로 개선된 조건에서 양안관계방면의 제도적 수요와 가능성도 따라서 증가되었다.

　　상술한 세 가지 기본조건의 역할과 요구하에 양안관계 평화발전의 단계적 전환을 실현하는 기회가 다가왔다. 양안은 이번 기회를 놓치지 말고 양안관계 조절시스템의 전환을 조속히 실현하여야 한다.

---

1 "王毅: 支持兩岸關係和平發展已成爲兩岸民意主流", 新華網臺灣頻道, 2009, 9, 21, 자료출처: http://news.xinhuanet.com/tw/2009−09/21/content_12089162.htm, 최후방문날짜: 2017, 3, 17.

(2) 도전: 세 가지 요소로부터의 제약

비록 양안교류시스템이 형성되는 과정에 여러 가지 유리한 조건들이 존재하지만 외부적 조건이든 내재적 시스템이든 모두 극복해야 할 많은 문제들이 존재하고 있다. 구체적으로 이러한 문제들은 다음과 같은 몇 가지 방면에서 나타난다.

첫째, 양안교류시스템의 제도적 체계에 내재적 결함이 존재하고 있다. 구체적으로 말하면 이러한 결함은 주로 두 가지로 표현된다. (1) 양안법제의 주요 내용인 양안의 상대방 관련 사무에 관한 규정체계가 아직 완벽하지 못한 것이다. 양안의 상대방 관련 사무에 관한 법제는 양안법제를 구성하는 주요 내용일 뿐만 아니라 양안법제가 형성된 초급단계이기도 하며 동시에 기타 양안법제의 표현형태의 지주이기도 하므로 양안교류시스템의 형성과 강화에 중요한 의의가 있다. 그러나 현재 양안의 상대방 관련 사무에 관한 규정체계는 아직 완벽하지 못하다. 이는 두 가지 방면에서 나타난다. 첫째는 대륙 측에 헌법과 「반분열국가법」을 계승하고 분산되어 있는 대만 관련 각종 법률, 법규, 규정을 이어받을, 체계적으로 양안관계의 운영과 발전을 규범화하는 기본 법률이 결여되어 있다. 둘째는 대만 측의 「양안 인민관계조례」에 현재의 양안관계의 평화발전에 부합되지 않는 많은 규정들이 있어 양안교류시스템의 형성에 일정한 장애역할을 하고 있다. (2) 양안법제의 연결점이 되는 양안협의체계가 아직 완벽하지 못한 것이다. 양안협의는 양안을 관리하는 도구이고 양안법제의 고급단계로서 그 효력이 해협양안에 미치므로 양안의 많은 사무성 문제를 해결함에 있어서 중요한 역할을 하고 있다. 그러나 현재의 양안협의는 아직 체계화, 제도화되지 못하였다. 이외에 양회 상담에서 양측의 상담내용의 범위가 너무 좁은 것도 양안협의체계가 완벽하지 못하다는 하나의 표현이다. 현재 양안이 체결한 양안협의 중 경제 사무에 관한 양안협의가 절반 이상을 차지하고 있고 양측의 문화, 과학기술 협력, 사회사무 협력 등 분야에서의 양안협의는 부족하다.

둘째, 정책의존의 자기강화 역할이 새로운 제도의존의 형성에 영향을 준다. 경로의존이론에 따르면 "강화시스템은 일부 비효율적인 제도로 하여금 장기간 존재하게 한다."[1] 이러한 자기강화시스템은 새로운 경로의존의 형성에

---

[1] 趙祥, "新制度主義路徑依賴理論的發展", 人文雜誌, 2004, 제6기.

심각한 장애역할을 한다. 양안교류시스템과 양안관계 평화발전으로 보면 기존의 정책의존은 이미 현재의 현실 상황에 적응할 수 없게 되었지만 그는 양안관계에서의 주도적 지위를 잃은 것이 아니고 오히려 끊임없이 강화하고 있다. 이 이론은 양안관계 평화발전과정에서 양안정책이 양안관계에 미치는 거대한 영향과 양안관계의 제도화 과정에 존재하는 여러 가지 어려움을 설명하는 데 사용될 수 있다.

셋째, 내외의 정치적 요소는 양안교류시스템의 형성에 영향을 미치고 있다. 이러한 요소는 주로 대만섬 내의 정치적 요소와 국제상의 미국, 일본 등 외부 요소들이다. 한편으로 국민당은 비록 양안관계의 평화발전을 집권의 목표로 삼고 있지만, 그 목표는 "불통, 불독, 불무" 정책하에서의 "대만 위주"의 정책을 견지하고 있다. 따라서 국민당의 대륙정책은 공리성과 양면성을 더 많이 보여주고 있다. 동시에 섬 내에는 민진당을 비롯한 "대만독립"의 분열세력이 여전히 존재하고 그들은 양안관계 평화발전과 양안교류시스템을 형성하는 데 비교적 큰 견제역할을 하고 있다. 예컨대 민진당은 "대만이익의 수호"를 평계로 ECFA, 「해협양안서비스무역협의」(海峽兩岸服務貿易協議) 등 양안협의에 대하여 "조목조목 심의"할 것을 주장하고 있다. 다른 한편, 양안관계 중의 국제요소, 특히는 미국, 일본 등 국가의 영향도 무시할 수 없다. 미국의 싱크탱크 및 일부 정부 인사들의 관점으로부터 보면 미국은 "양회"의 제도화 협상의 회복을 긍정적으로 평가하고 양안의 경제협력에 대하여도 낙관적인 태도를 취하고 있지만 양안정치에 대하여는 고도로 경계하고 있고 양안관계의 발전이 받아들일 수 있는 범위를 초월하는 것을 희망하지 않는다. 일본도 민진당의 친일정책을 대폭 변경한 마잉주에 대하여 우려를 표시하고 있다. 특히 댜오위다오(釣魚島), 난하이(南海) 등 문제에서의 양안의 협력 가능성에 큰 관심을 보이고 있다. 때문에 미일요소는 양안관계의 평화발전과 양안교류시스템의 형성에 외부적인 제약이 되고 있다.[1]

---

1 辛旗, "把握機遇 促進兩岸關係和平發展", 兩岸關係和平發展與機遇管理(周志懷), 全國臺灣硏究會 學術硏討會論文選編(2009), 九州出版社, 2010.

3. 양안교류시스템의 형성경로

양안교류시스템의 형성 여부를 확정하고 해당 시스템의 구성요소에 대하여 평가하려면 우선 여러 개의 목표로 구성된 양안교류 시스템의 형성목표 체계를 구축하여야 한다. 위에서 서술한 양안교류시스템의 제도화의 내외적 도전 요소를 기준으로 하면 이 목표체계는 최소한 다음과 같은 세 가지 구체적인 목표를 포함하여야 한다. 첫째, 양안 기존의 상대방 관련 사무에 관한 제도의 규범화와 보완을 진행하여 양안교류로 하여금 "근거할 법이 있도록" 하여야 한다. 교류시스템 중의 법제보완과정은 전반적인 양안관계를 조절하는 법제의 보완에 시범효과를 가져다 줄 것이다. 둘째, 상대방 관련 사무의 처리에 있어서 양안은 양안 영역 내와 양안 간에 형성된 제도규범을 전면적으로 준수하여 양안교류로 하여금 "반드시 법에 근거"하도록 하여야 한다. 이는 양안법제의 민주적 정당성의 진일보한 강화를 요구한다. 교류시스템 형성 중의 시민참여로 전반 양안관계 법제화과정에서의 민주의 강화를 이끌어야 한다. 셋째, 양안은 「해협양안교류 종합성기본협의」(海峽兩岸交往綜合性框架協議)를 체결하고 특정협의의 형식으로 양안교류시스템을 전면적으로 규범화하여 양안교류시스템의 제도화와 규범화를 실현하여야 한다.

전환의 기본조건이 갖추어졌다는 전제하에 각 방면의 요소들을 적극적으로 고려하여 "하나의 중국"의 원칙을 견지하는 것을 전제로 단계적 전환을 실현하는 제도적 경로를 고려하여야 한다. 상술한 내용과 같이 양안의 상대방 관련 사무에 관한 법률체계는 양안교류시스템과 양안관계 평화발전의 제도의존의 근간을 구성하였다. 때문에 양안교류시스템과 양안관계 평화발전의 단계적 전환을 실현하려면 우선 양안 각자 영역 내의 상대방 관련 사무에 관한 법률체계를 보완하여 해당 근간이 제도의존에서의 역할을 강화하여야 한다.

(1) 대륙 측은 대만사업 관련 법률체계를 보완하여야 한다

대륙 측은 대만과 관련되는 활동의 각 방면에 대해 규제성적인 입법을 진행하여 대만사업 관련 법률체계를 보완하여야 한다. 해당 사업의 중점은 주로 아래의 두 가지 방면에서 체현된다. 첫째는 법치사유를 운용하여 양안관계 정치기초의 핵심함의를 명확히 하여야 한다. 즉, 현재 조건에서 "하나의 중국"의 틀은 최종적으로 "법리상의 하나의 중국"에 자리 잡아야 하고 "법리상의 하나의 중국"으로 "92합의" 및 그 핵심적 함의의 권위성과 안정성을 공고히 하고 수호하여야 한다. 둘째는 조건이 성숙된 상황에서 대만에 대한 중앙의 정책을 법률의 형식으로 확인하여 대륙의 정책변화를 우려하는 대만의 일부 민중들로 하여금 안심할 수 있도록 하여야 한다. 동시에 공권력기관의 대만 관련 사무의 절차와 준칙에 대해 법률의 형식으로 명확히 함으로써 공권력행사의 엄숙성을 수호할 필요가 있다. 구체적으로 말하면 현 단계에 대륙에서는 다음과 같은 몇 개 방면의 대만 관련 입법을 강화하여야 한다.

첫째, 당과 정부의 중대한 대만정책을 법률화하여야 한다. 현재 대만정책의 주요 표현형식은 대부분 중앙지도자와 관련 부서 지도자들의 연설과 문서이며 다수는 법률규범으로 승격되지 않았다. 중국공산당 제18기 대표대회 이래, 시진핑 총서기를 핵심으로 하는 중국공산당 지도부는 양안관계 발전에서 나타난 새로운 문제와 새로운 도전에 대응하여 일련의 새로운 사상과 새로운 논술을 형성하였고 우리가 현 단계에 양안관계를 처리하는 데 중요한 정책적 지침을 제공하여 주었다. 비록 「반분열국가법」은 이미 중앙의 일부 중대한 대만정책을 부분적으로 확인하였지만 그 규정은 단지 가장 원칙적이고 거시적인 정책일 뿐 대만사업 중의 많은 중요한 미시적 방면에 대하여는 상세하게 규정하지 못하였다. 대표적인 것이 대만동포의 취업, 대만과일의 상륙 등과 같은 대만에 대한 중요한 혜택정책이다. 그러므로 향후 어떤 시기 동안 조건이 성숙된 상황에서 법률의 형식, 특히는 특별입법의 형식으로 중국공산당 제18기 대표대회 이래 시진핑 총서기를 핵심으로 하는 중국공산당 지도부가 제정한 대만에 대한 새로운 정책을 법률적 차원으로 승격시켜 확인할 필요가 있다.

둘째, "92합의"의 법리적 속성을 분명히 하여야 한다. 즉, "92합의"를 국가통일을 이루기 전의 특수한 상황에서 정치적 대립상태에 있는 양안 간에 형성된 헌제적 컨센서스로 규정하고 일정한 법률적 규정에 반영하여야 한다. "92합의"가 탄생된 날부터 대만 측에서는 "92합의"를 부인하거나 오해하는 목소리가 끊임없이 흘러나오고 있다. 만약 이에 대하여 제때에 강력한 대응을 하지 않을 경우 "92합의"와 그 핵심적 함의가 대만에서 갖고 있는 실제적 효력과 인정 정도는 직접적인 영향을 받게 된다. "92합의"의 체결주체와 핵심내용을 보면 이 합의는 양안 간의 헌제적 컨센서스에 속하고 양안에 실질적인 구속력이 있어야 하며, 대만 집권당의 변화로 인하여 구속력을 상실하지 말아야 한다. 한편 "92합의"의 체결주체로부터 보면 양안 양회는 양안의 수권 협상기구이기 때문에 제기한 주장이 국공 양당의 의지가 아니라 양안 각자 정부의 의지를 대표해야 한다. 따라서 이 합의의 구속력은 집권당의 변화에 따라 달라져서는 안 된다. 한편 "92합의"의 핵심내용으로부터 보면 합의에 규정된 내용은 양안관계의 성격과 국가통일의 기본방향에 관한 문제이고 이미 양안 각자의 근본법에 의해 확인되었기 때문에 현재의 양안관계 영역 내에서 헌제적 컨센서스의 지위를 갖고 있다. 따라서 이 컨센서스는 양안이 공동으로 인정한 최고 컨센서스라 하겠다. 나아가 "92합의"는 양안에 실질적인 구속력을 갖고 있는 헌제성의 연성법으로 자리 잡아야 한다.[1] 이러한 연성법 성격의 컨센서스의 효력은 정권이 바뀌었다고 하여 달라져서는 안 되며 "92합의"를 일방적으로 훼손하는 자는 응당한 정치적 책임과 법적 책임을 져야 한다. 동시에 조건이 구비되면 최대한 빨리 이러한 "헌제성 연성법"을 일정한 절차를 거쳐 경성법으로 전환시켜 중국의 대만 관련 법률규범에 반영하여야 한다.

셋째, 해협양안관계협회의 법률적 지위를 명확히 하여 양안의 사무성 협상시스템의 일상화에 법적보장을 제공하여야 한다. 현재 양회 플랫폼은 양안교류에 있어서 가장 중요한 창구이고 양안 공권력기관 교류시스템의 핵심이기도 하다. 그러나 중국 대륙에서 해협양안관계협회의 법률적 지위는 명확하지 않다. 현재 해협양안관계협회의 지위문제에 관한 규정은 해협양안관계협회가 자체로 제정한 「해협양안관계협회규약」(海峽兩岸關係協會章程)에만 규정되어 있다. 해당 규약에 따르면 해협양안관계협회는 관련 위탁을 받아 대만의 관련 부서, 수권단체, 인사와 해협양안의 교류에 관한 문제를 협의하고 협의성 문서를 체결할 수 있다.[2] 실천과정에서 해협양안관계협회의 업무지도와 관리기관은 국무원 대만사무판공실이다. 국무원 대만사무판공실은 국무원 산하 사무기구로서 "그 직책은 총리를 협조하여 구체적인 사무를 처리하고 대외로의 실

---

1 양안관계에서 연성법이론의 응용에 관하여는 周葉中、祝捷, "兩岸治理: 一種形成中的結構", 法學評論, 2010, 제6기 ; 周葉中、段磊, "論兩岸協議的法理定位", 江漢論壇, 2014, 제8기를 참조.
2 「海峽兩岸關係協會章程」, 제4조.

행·관리 권한을 가지지 않는다."[1] 또한 국무원 대만사무판공실과 중공중앙 대만사업판공실은 "한 기구에 두 개의 팻말"(一個機構兩塊牌子)로 중국공산당 중앙직속 부서의 서열에 속한다. 따라서 행정법 법리상으로 보면 국무원 대만 사무판공실은 행정주체의 자격을 구비하지 않았기 때문에 일반 행정법에서 말하는 "행정위탁"의 기본조건에 부합되지 않는다. 국무원 대만사무판공실과 해협양안관계협회간의 위탁관계에 대하여 합리적인 해석을 내릴 수 있는 유일한 이유는 양안교류의 특수성에 근거하여 이러한 법리에 부합되지 않는 "행정위탁"이 여전히 기능의의상의 합법성을 갖고 있다는 것이다. 그러나 이러한 "기능의의상의 합법성"으로 양안 협상문제를 다루는 해협양안관계협회의 법률적 규정의 미비의 문제는 덮어둘 수 없다. 양안의 사무성 협상시스템의 일상화를 보장하려면 반드시 해협양안관계협회의 법률적 지위 문제에 대하여 명확한 법률규정을 두어야 한다.

넷째, 중국 대륙지역에서의 양안협의의 실행시스템을 보완하여 양안협의가 법률의 절차적 규정과 실체적 규정에 부합되는 방식에 따라 효과적으로 실행되도록 보장하여야 한다. 중국 대륙지역에서는 양안협의를 직접 적용할 수 있다. 이러한 직접적인 적용성은 두 가지 적용방식으로 표현된다. 하나는 직접적용이다. 적용대상으로부터 보면 양안협의는 대륙지역의 국가기관, 공민, 법인, 사회조직 등에 대하여 보편적인 구속력을 가지고 있고, 적용방식으로부터 보면 양안협의가 직접 관련 부서의 사건처리의 규범적 근거로 될 수 있을 뿐만 아니라 규범성 문서[2]를 제정하는 근거가 될 수 있다. 다른 하나는 적용범위에 포함시키는 것이다. 즉, 대륙 관련 부서가 양안협의 체결 전후 인쇄발행, 통지 등의 형식으로 양안협의를 법률체계에 포함시키는 것이다.[3] 이러한 실행방식은 국제법상의 편입방식과 일정한 유사성을 갖고 있다. 여기서 설명해야 할 것은 이 두 가지 구체적인 적용방식이 제도화된 규정이 아니라 실천에 근거한 이론적 총화라는 점이다. 이러한 실천 중의 방법을 법률형식으로 명확히 규정하여 양안협의의 효과적인 실행을 보장할 필요가 있다.

---

1 江國華, 中國行政法(總論), 武漢大學出版社, 2012, 142쪽.
2 현재의 입법과 사법실천을 보면 대륙지역에서 양안합의는 주로 부문규칙의 입법근거와 사법해석의 해석 근거가 되고 있다. 2013년 9월 현재, 양안협의를 입법 근거와 해석의 근거로 하는 부문 규약과 사법해석은 총 17건이다.
3 周葉中、祝捷, 構建兩岸關係和平發展框架的法律機制研究, 九州出版社, 2013, 113쪽.

다섯째, 각 지방의 대만 관련 지방성 입법을 정리·통합하여 전반적인 대만사업 관련 법률체계를 보완하여야 한다. 1987년 대만당국이 대만동포의 친척방문을 개방하여 양안이 전혀 교류하지 않던 대립적인 국면을 종식한 이래, 중국 대륙지역의 많은 성, 시, 자치구는 현지의 실제와 결부하여 잇따라 대만과 관련되는 지방성 입법을 공포하였다. 현재 중국 대륙에서 효과적으로 실행되고 있는 대만 관련 지방성 법규는 22부, 지방정부 규칙은 17부이다. 그중 푸젠성의 대만 관련 입법이 가장 발달하였다. 그러나 이 같은 대만 관련 지방성 입법은 여전히 "경제무역관계에 대한 규범을 중심으로 하고 내용이 상대적으로 단일하며", "안정성이 지나치고 적응성이 부족하며", "실행성 입법을 주로 하고 창제성 입법이 적으며", "성숙된 경험에 대한 총결에 치우치고 전망성이 부족하며", "입법기술상 보완이 필요한"[1] 등 여러 방면에서 미비하다. 그러므로 현 단계에 대륙 각 지방의 대만 관련 지방성 입법을 정리·통합할 필요가 있다. 이를 통하여 지방성 입법의 입법기술을 제고하고 입법내용을 진일보 보완하여 양안관계 발전의 새로운 상황에 부합되지 않는 내용은 개정하고 시대에 뒤떨어지고 상위법과 충돌하는 내용은 폐지함으로써 전반적인 대만사업 관련 법률체계를 보완하는 목표에 도달하여야 한다.

(2) 대만 측은 제때에 대륙 관련 입법을 개정하여야 한다

대만 측은 하루빨리 기존의 대륙 관련 입법을 양안관계발전의 현황에 부합되는 기준에 따라 개정하여야 한다. 대륙버전의 "양안법제"에 비해 대만버전의 "양안법제"는 시작도 빠르고 내용도 자세하지만, 대만지역의 이러한 대륙 관련 법률들은 모두 이른바 "일국양구"의 "헌법" 사상에 기초하여 보수적이고 조심스러운 태도로 양안관계 중의 입법문제를 다루고 있다. 이러한 보수적이고 조심스러운 태도는 양안관계 평화발전의 빠른 발전현실을 따라가기에는 역부족이다. 따라서 대만은 응당 「양안 인민관계조례」를 포함한 대륙 관련 입법을 조속히 개정하여 양안관계의 제도화가 빠르게 이루어질 수 있도록 하여야 한다. 「양안 인민관계조례」는 준국제사법의 내용뿐만 아니라 양안의 친척방문, 취업 및 경제교류 과정에서 발생하는 민형사, 행정문제까지 포괄하는 광범위한 내용을 규정하고 있는 "제법합체"(諸法合体)의 중요한 법률이

---

[1] 鄭淸賢, "我國大陸地區涉臺地方立法硏究", 福州黨校學報, 2010, 제5기.

다.[1] 따라서 해당 조례에 관한 개정문제에 대하여는 편폭상의 제한으로 일일이 상세하게 분석할 수 없고 다만 약간의 원칙적인 사유방식을 제공하려 한다. 구체적으로 이러한 원칙에는 다음과 같은 내용이 포함되어야 한다.

첫째, 양회상담에 대한 제한을 적당히 완화시켜야 한다. 「양안 인민관계조례」는 "냉전사유"의 영향을 받아 입법에 있어서 민간단체에 위탁하여 대륙과 협상하는 것을 엄격히 제한하고 있다. 이러한 사유는 이미 양안관계 평화발전의 현실과 분명히 분리되어 있으므로 양회의 협상은 제한할 것이 아니라 양안법률의 공동한 인정과 지지를 받아야 한다. 따라서 앞으로 「양안 인민관계조례」의 개정은 기존 조문의 기초에서 양회 협상에 대한 제한을 적당히 완화하여야 한다.

둘째, 기존의 양안협의의 기초에서 양안 인민의 민간교류에 대한 법률적 제한을 전망적으로 완화하여야 한다. 현재의 「양안 인민관계조례」는 양안 인민의 민간교류문제에 관하여 출입경 문제[2], 근로자 고용문제[3], 기업설립 문제[4] 등 각 방면에서 엄격하게 제한하고 있다. 비록 이러한 문제들은 양회 간의 협의를 통하여 해결할 수 있지만 협의로 "법률"을 개정하는 것은 법의 권위를 훼손하는 일이다. 그러므로 「양안 인민관계조례」는 기존의 양안협의의 기초에서 적절히 미래지향적인 입법을 하여야 한다.

셋째, 시기에 적절하지 않는 일부 법률조문을 포기하여야 한다. 「양안 인민관계조례」의 입법사유는 당시의 양안관계와 국제정세의 영향을 받아 입법이 보수적이었고 그중의 많은 규정들은 이미 시기에 적절하지 않게 되었다. 그러므로 지금의 양안관계의 급속한 발전에 적응하기 위하여 이러한 규정들을 최대한 빨리 개정하여야 한다.

---

1 田飛龍, "兩岸人民關繫條例的歷史考察與修改展望", 臺灣民情, 2012, 제6기.
2 「兩岸人民關繫條例」, 제10조, "대륙지역의 주민들은 주관 부서의 허가 없이 대만지역에 들어올 수 없다. 대만지역의 입경허가를 받은 사람들은 허가받은 외의 활동에 종사할 수 없다."
3 「兩岸人民關繫條例」, 제11조, "대만지역에서 대륙지역 인원을 고용하려면 주관 부서에 허가를 신청해야 한다."
4 「兩岸人民關繫條例」, 제40-1조, "대륙지역의 영리사업체는 주관 부서의 허가가 없고, 대만지역에 지사나 혹은 사무소를 설립하지 아니하면, 대만에서 업무활동을 할 수 없다."

(3) 양안은 양회협상시스템을 보완하고 양안 공권력기관 교류시스템을 발전시켜야 한다

양안은 양회협상시스템을 한층 더 보완하고 「양회의 연계와 회담제도에 관한 협의」(兩會聯繫與會談制度協議)를 점검·개정하여 양안관계 발전의 현실적 수요에 더욱 부합되도록 하여야 한다. 상술한바와 같이 양안협의는 양안에서 효력을 발생하는 연성법으로서 제도의존 시스템에서 중요한 연결 역할을 하고 있다. 그러므로 양회 협상시스템을 한층 보완하고 제도화하여 양안지도자의 태도의 변화에 따라 변화되지 않고 양안지도자의 주의력 변화에 따라 변화하지 않도록 하는 것이 무엇보다 중요하다.

「양회의 연계와 회담제도에 관한 협의」는 1993년 "왕구회담" 때 양회에서 달성한 첫 번째 4개의 협의 중 하나이다.[1] 해당 협의의 주요 목적은 양회의 회담 개최, 실무협상 개최, 전문소조의 구성, 긴급 연락망 구축, 상호 출입경 편의 제공 등 양회협상플랫폼의 구축에 관한 기본문제들을 주요 내용으로 하는 "연계와 회담제도의 구축"에 있었다. 이 협의는 전반 양회 플랫폼 운영절차의 기본규칙이라고 말할 수 있다. 그러나 이 협의는 체결된 지 이미 20년이 되었고 그중의 많은 내용들은 이미 양안관계의 발전현황과 부합되지 않는다. 때문에 「양회의 연계와 회담제도에 관한 협의」를 재점검하여 현재 양안관계의 발전현황에 근거하여 변경·보완할 필요가 있다. 구체적으로 이 협의에 대한 변경과 보충은 다음과 같은 5개 방면으로 전개할 수 있다.

첫째, 양회 책임자 회담시스템을 더 한층 규범화하여야 한다. 「양회의 연계와 회담제도에 관한 협의」의 규정에 따르면, 양회의 책임자는 "실제수요에 따라 양측의 동의를 거친 후 양회의 업무에 관하여 회담을 진행하고, 회담장소 및 관련 문제는 별도로 협의·결정한다." 이 조항은 양회 책임자의 회담조건에 대하여 "실제수요 + 양측동의"로 한정하였고 회담방식에 대해서는 "협의·결정"으로 규정하여 사실상 제한을 두지 않았다. 그러나 20년이 지난 오늘, 양안관계의 발전은 당시의 형세를 훨씬 초월하였고, 따라서 「양회의 연계와 회담제도에 관한 협의」는 양회 책임자의 회담 개최의 조건, 방식 등 양회 책임자 회담시스템에 관한 규정에 관하여 더 한층 명확히 규정할 필요가 있

---

[1] 「兩會聯繫與會談制度協議」 서문.

다. 표면상 양회 책임자가 회담을 진행하는 과정이 양회회담의 주체 부분인 것 같지만 일부 학자들은 양회협상이 진정한 양안협상의 시작인 것이 아니라 어떤 의제에 대한 단계적 협상의 마지막 절차라고 지적하고 있다. 즉, 양안 컨센서스가 형성된 후 양회협상의 형식을 거쳐 제도성과 구속성의 성격을 띤 문서로 이러한 컨센서스를 확정하는 것이고, 양회 협상·체결 전에 양안은 이러한 컨센서스의 형성을 위하여 이미 많은 작업을 하였다는 것이다.[1] 이런 의미에서 양회 책임자들의 회담은 양안협의를 완성하는 실질적인 상담인 것이 아니라 "서명인정의 절차를 마치는 것에 불과"[2]하고, 그 정치적 의의가 규범적 의의보다 훨씬 중요하다. 때문에 양회 책임자 회담제도를 실행하는 데 편의를 제공하기 위해 양회 책임자의 회담절차를 완화시킬 필요가 있다.

둘째, 양회 기타 인원들의 정기적인 협상시스템을 개혁하여 사무기구의 상호설치를 추진하여야 한다. 「양회의 연계와 회담제도에 관한 협의」의 규정에 의하면 해협양안관계협회 상무 부회장과 해협교류기금회 부 이사장 혹은 양회의 비서장은 응당 정기적으로 회담을 가져야 하고, "양회회무에 관하여 원칙상 반년에 한 번씩 양안 간에 번갈아 진행하거나 협상한 제3지역에서 진행"하여야 하며 양회 부 비서장 및 기타 인원들은 "주관하는 업무에 관하여 매 분기마다 양안에서 장소를 정하여 회담"하여야 한다. 이 규정은 사실상 양회 책임자를 제외한 기타 양회 인원들의 양회 회무에 관한 정지적인 협상시스템을 규정한 것이다. 양회의 기타 인원들이 진행하는 회담은 정치적 색채가 양회 책임자보다 옅기 때문에 회담조건에 관한 규정이 비교적 느슨하고 회담장소 등 문제에 관한 규정도 비교적 명확하다. 기타 인원의 정기적인 협상시스템도 역시 현재 양안관계의 발전 추세와 양회의 책임자 회담시스템의 변혁과 더불어 적당한 개혁을 진행하여야 한다. 양회 기타 인원의 협상시스템은 기존의 정기적인 협상제도를 견지하는 기초에서 일정한 융통성을 강화하여 양회 기능의 실현을 보장하여야 한다.

셋째, 양회의 사무기구의 상호 설치를 적극 추진하여 양회의 "양안민중의 교류에 편의를 도모하고 양안민중의 권익을 수호하는" 기능의 실현을 더욱 힘있게 추진하여야 한다. 일찍 20세기 90년대 초 양회가 설립된 후 양안의 교류

1 陳星, "新思維下的兩岸關係新模式", 中國評論, 2008, 7월호.
2 祝捷, 海峽兩岸和平協議研究, 香港社會科學出版社有限公司, 2009, 339쪽.

과정에 이미 사무기구를 상호설치할 필요성이 존재하였다. 그러나 당시의 양안교류는 초기단계에 처해 있어 사무기구를 상호설치할 조건이 성숙되지 못하였다.[1] 2008년 대만학자 장야중(張亚中) 버전의 "양안평화협의"-「양안평화발전기본협의」에서 이미 "양안 간 대표처 상호 설치"의 구상을 밝힌 바 있다. 그는 양안의 "상설 대표처"는 대사관이 아니라 "중국 자체"의 "내부관계"라고 지적하였다.[2] 현재 양측은 이미 "상호 간에 사무기구를 설치할 데 관하여 양회의 협상일정에 열거하는 데 동의"하였다고 밝혔다.[3] 머지않아 양회 간 설치한 사무기구가 본격적으로 가동될 것으로 믿어마지 않는다. 그러므로 상호 사무기구를 설치하는 관련 규칙 문제는 당연히 「양회의 연계와 회담제도에 관한 협의」를 보충하는 내용 중 하나가 되어야 한다.

넷째, 양회 상담의 주요 내용을 명확히 하여야 한다. 「양회의 연계와 회담제도에 관한 협의」에서는 양회 회담과 협상의 주요 내용에 관하여 원칙적인 규정만 두었다. 즉, "양회 회무"(해협양안관계협회 회장과 해협교류기금회 이사장, 해협양안관계협회 상무 부회장과 해협교류기금회 부 이사장 혹은 양회의 비서장의 회담 내용), "주관 업무"(양회 부 비서장, 처장, 주임급 인원의 정기적인 협상내용) 및 "양안교류에서 파생된 협상할 필요가 있는 사항"(전담 협상내용)이다.[4] 이러한 원칙적인 규정은 한층 더 명확히 하고 보완하여야 한다.

다섯째, 제도성 협의의 효력 순위를 높여야 한다. 현재 체결된 양안협의는 아직 효력순위질서를 구축하지 못하였다. 즉, 모든 양안협의의 효력은 동일한 순위로 추정되고 후속 협의는 기존의 협의와 저촉될 수 있으며 그러한 경우 후속 협의를 기준으로 한다. 「양회의 연계와 회담제도에 관한 협의」는 양회의 연계, 상담, 협의체결, 협의변천 등 중대한 문제를 규정한 기초적인 협의로서, 그 효력 순위는 응당 기타 구체적인 사무협의와 구별되어야 한다. 즉, 「양회의 연계와 회담제도에 관한 협의」의 개정에 있어서 특별한 규정이 없는 한 그 어떤 구체적인 사무성 협의도 「양회의 연계와 회담제도에 관한 협의」를 개정하

---

1 中國日報, "互設辦事處 兩岸還有很多路要走", 자료출처: http://www.chinadaily.com.cn/hqgj/jryw/ 2013-05-11/content_9001505.html, 최후방문날짜: 2017. 3. 17.

2 張亞中, "「兩岸和平發展基礎協定」芻議", 中國評論, 2008, 제10기.

3 新華網, "兩岸兩會將互設辦事機構正式列入協商議程", 자료출처: http://news.xinhuanet.com/politics/ 2013-03/21/c_115112742.htm, 최후방문날짜: 2017. 3. 17.

4 "양회회무"와 "주관업무"는 「兩會聯繫與會談制度協議」 제1조 "회담"에서 규정하였다. "양안 교류에서 파생되고 협의할 필요가 있는 사안"은 제2조 "사무협상"에서 규정하고 있다.

지 못한다고 규정하여 해당 협의의 효력순위를 제고하여야 한다. 동시에 해당 협의에 전문조항으로 협의개정에 관한 특별조항을 두어 협의의 안정성을 보장할 수도 있다.

제6장 양안교류 종합성기본협의와 양안교류시스템의 규범화

양안교류란 대륙과 대만이 각종 방식으로 의사소통, 접촉과 교류를 진행하는 과정으로 양안민중 간의 교류와 양안 공권력기관 간의 교류 두 단계를 포함한다. 2008년 이래 양안관계가 평화적인 발전을 거듭함에 따라 양안 간의 교류는 나날이 다원적이고 복잡해지고 있다. 그러므로 법치사유를 운용하고 양안교류시스템을 적극 구축하여 양안 교류의 일상화와 제도화를 추진하는 것은 양안민중들의 정을 깊이 하고 양안의 교류와 연계를 강화하며 양안의 정치적 상호신뢰를 쌓는 데 있어서 모두 중요한 현실적 의의가 있다. 양안협의는 양안법제[1]의 중요한 구성부분으로서 일정한 정도에서 양안 기존의 컨센서스를 공고히 하고 대륙과 대만에 대한 현실적 제약을 형성할 수 있다. 이러한 상황에서 양안은 컨센서스를 형성할 필요가 있고, 평등협상의 방식으로 체계화된 양안교류시스템을 공동으로 구축하여 양안 교류를 추진·보장하며 「양안교류 종합성기본협의」(兩岸交往綜合性框架協議)를 형성하여 양안교류시스템의 규범화를 위한 법리적 기초를 제공할 필요가 있다. 이를 위해 우리는 장기적으로 양안관계와 양안교류시스템을 연구해온 경험을 바탕으로 양안 "대교류시스템"[2]의 이론적 틀에 근거하여 「해협양안교류 종합성기본협의」(제안고)(海峽兩岸交往綜合性框架協議)를 작성하여 대륙과 대만이 양안교류의 제도적 문제

---

1 양안법제는 대륙과 대만의 양안관계 평화발전과정에서의 각종 행위를 조절하고 규범화하는 규범과 제도의 총칭하는 것으로, 양안 각자 영역 내에서의 상대방과 관련된 법률규범과 양안협의를 포함한다. 祝捷, "論兩岸法制的構建", 學習與探索, 2014, 제7기, 참조.

2 양안 대교류시스템은 양안의 각종 교류시스템을 통합적으로 관리하고 설명하는 포괄적인 개념으로서, 양안의 각 방면, 분야의 교류시스템을 포괄한다. 구체적으로 대교류시스템은 양안민중교류의 "양안 내" 교류시스템, 양안공권력기관 간 교류의 "양안 간" 교류시스템과 양안의 국제사회교류에서의 "양안 외" 교류시스템을 가리킨다. 祝捷·周葉中, "論海峽兩岸大交往機制的構建", 當代中國政治研究報告(黃衛平 等)(제10집), 社會科學文獻出版社, 2013 참조. 양안의 국제교류를 조절하는 "양안 외" 교류시스템은 정치적 색채가 강해 현재 양안 양회 사무성 협의시스템에서 규정하는 것은 적절하지 않다. 때문에 본 건의문은 양안의 민중교류시스템과 공권력교류시스템의 규제에 한한 것임을 밝혀 둔다.

에 대한 협의를 빠른 시일 내에 마무리하고 양안교류행위를 추진·규제하여 대륙과 대만이 점차 "지도자의 변화에 따라 변화하지 않고, 지도자들의 주의력의 변화에 따라 변화하지 않는"(不因領導人的改變而改變, 不因領導人注意力的改變而改變) 법치화된 양안관계를 형성하는 데 도움을 주려고 한다.

제1절 양안교류 종합성기본협의의 총체적 맥락

양안교류시스템 및 양안관계 평화발전의 제도의존 시스템이 형성된 중요한 표현은 바로 양안 내와 양안 간에 양안이 공동으로 준수하는 양안관계 발전의 실제에 적응하는 규범화된 제도체계가 형성된 것이다. 이 체계하에 양안의 각 층차에서의 교류는 모두 이 제도체계의 요구에 따라 진행되고 이 제도체계를 각자의 상대방 관련 사무에 관한 정책과 법률 제정의 기본적인 요구로한다. 양안 내에서 이 제도체계를 형성하려면 양안 각자가 상대방 관련 사무에 관한 법률체계를 적극 보완하고, 완비된 법률규범으로 양안의 자율범주에서의 정책결정 제도화를 보장하여야 한다. 양안 간에서 이 제도체계를 형성하려면 양안의 컨센서스를 형성하고, 평등협상의 형식으로 기존의 양안 사무성합의를 정리·승격시켜 최종적으로 「양안교류 종합성기본협의」를 달성하고, 이 규범화된 협의로 양안의 타율(他律) 범주에서의 정책결정 제도화를 보장하여야 한다. 그러므로 양안교류 종합성기본협의는 양안의 평화적 교류를 규범화하는 중요한 법률문서가 되어야 한다. 이 문서의 체결은 양안교류시스템을 규범화하는 데 근본적인 토대를 제공하여 준다.

1. 양안교류 종합성기본협의의 성격

양안교류 종합성기본협의는 양안의 법리적 컨센서스 표현형식의 일종이고, 그 전제와 토대는 "양안은 하나의 중국에 속한다"(兩岸同屬一箇中國)는 거시적 컨센서스와 양안교류의 사무성 문제에 대한 약간의 미시적 컨센서스에 있다.

첫째, 법리적 컨센서스는 양안교류 종합성기본협의의 컨센서스상의 자리

매김이다. "법리적 컨센서스"란 개념은 임시 협의와 중첩된 컨센서스와 대응
되는 개념으로서 양안이 이미 형성된 컨센서스에 대해 인정하는 것을 전제로
형성된 제도적 배치이고 이는 양안에 실질적이고 필연적이며 제도화된 장기
적이고 안정된 상태를 제공한다.[1] 양안이 일부 단독적인 영역사무의 해결을
위하여 체결한 과거의 사무성 협의와는 달리 양안교류 종합성기본협의가 해
결하려는 것은 양안교류에 있어서의 포괄적인 문제이고 그 목적은 양안 각 층
차의 교류를 위하여 규칙을 설치하고 양안관계 평화발전의 틀을 구축하기 위
하여 기초를 다지며 양안의 새로운 컨센서스를 진일보하여 양안관계 평화발
전의 새로운 국면을 열어놓으려는 데 있다.

둘째, "양안이 하나의 중국에 속한다"는 거시적 컨센서스는 양안교류 종
합성기본협의의 형성을 뒷받침하는 기본전제이다. "양안은 하나의 중국에 속
한다"는 것은 양안 각자의 규정에서나, 양안 지도자의 정책 발언 중에서나 이
미 양안이 현 단계에서 형성할 수 있는 양안관계에 관한 핵심적인 컨센서스가
되었다. 양안 각 층차의 교류의 실현도 "양안은 하나의 중국에 속한다"는 기본
적인 컨센서스와 밀접한 관련이 있다. 양안교류 종합성기본협의로 말하면 이
핵심적인 컨센서스는 해당 협의가 형성되는 기본전제일 뿐만 아니라 해당 협
의가 효과적으로 역할을 발휘할 수 있는 정치적 기초이기도 하다.

셋째, 양안의 각 층차 교류의 사무성 문제에서 형성한 미시적 컨센서스는
양안교류 종합성기본협의가 형성되는 직접적인 전제이다. 양안의 정치적 대립
의 영향으로 인하여 양안의 거시적 방면에서의 컨센서스는 원칙적이고 모호
한 기술적 수단에 의하여 처리될 수밖에 없다. 그러나 정치적 대립이 양안의
구체적인 사무성 문제 해결에 미치는 영향은 제한적이다. 양안은 정치적 차원
에서 절대적 의미의 명확한 컨센서스가 없는 기초에서 여전히 양안 간 사무성
문제에 대하여 실무적인 협상을 진행할 수 있다. 이러한 실무적인 사무성 협
상의 최종결과는 바로 구체적 실무성 문제에서 양안이 형성한 미시적인 컨센
서스이다. 양안교류 종합성기본협의는 일종의 거시적인 컨센서스와 미시적인
컨센서스의 결합체로서 미시적인 차원에서 볼 때 양안 각 층차의 교류에는 양
안이 협상을 통해 컨센서스를 형성하여야 할 내용이 다수 존재한다. 그러므로

---

[1] "양안의 컨센서스 정립의 3단계"에 관한 이론은 祝捷, 海峽兩岸和平協議硏究, 香港社會科學出版
社有限公司, 2010, 29-31쪽 참조.

양안교류 종합성기본협의가 형성될 수 있는 직접적인 전제는 바로 이러한 사무성 문제에 관해 양안이 형성한 넓은 의미에서의 미시적 컨센서스에 있다.

2. 양안교류 종합성기본협의의 기능

국제조약법의 논리에 의하면 조약은 법률 성격에 근거하여 법 제정 성격 (造法性)의 조약과 계약 성격(契約性)의 조약 두 가지로 나눌 수 있다. 그중 전자는 체약국이 새로운 행위규칙을 창설하거나 기존의 행위규칙을 확인·변경하기 위하여 체결한 조약이고 후자는 체약국 간에서 일반관계 또는 특정사항상의 상호 권리와 의무에 관하여 체결한 조약이다.[1] 비록 양안관계가 국제관계가 아니고 양안 간에 체결한 협의도 국제조약이 아니지만 양안이 정치적으로 서로 예속되지 않을 뿐만 아니라 양측의 권력주체를 능가하는 권위가 존재하지 않는 현실 상황에서 국제법 중의 일부 이론은 양안관계의 연구에 이식할 수 있다. 이러한 분류에 따라 기존의 양안협의도 양안의 구체적인 사무성 문제를 해결하는 계약 성격의 협의와 양안의 공동행위규범을 창설하는 법 제정 성격의 협의로 나눌 수 있다. 물론 이러한 구분이 완전히 정확하지는 않다. 일반적으로 구체적 사무를 해결하는 협의에 법 제정 성격의 내용이 들어있을 수 있고 법 제정 성격의 협의에도 일부 구체적 사무를 해결하는 배치가 나타날 수 있다. 그러나 협의에서 언급하는 주요 내용으로 볼 때 이런 구분방식은 여전히 적용할 수 있다.

양안교류 종합성기본협의는 양안의 교류시스템 방면의 컨센서스에 기초하여 형성된 일종의 법 제정 기능의 협의이다. 즉, 해당 협의가 실행된 후 양안은 협의 자체의 요구에 따라 각자의 입법에 대하여 상응하게 보완하고 해당 협의를 근거로 기타 협의를 계속하여 체결하게 된다. 그러므로 양안교류 종합성기본협의의 핵심기능은 법 제정에 있다. 이런 법제정 성격은 주로 다음과 같은 몇 가지 방면에서 표현된다.

첫째, 협의는 양안 각 층차의 교류규칙, 절차 등을 확립하여 양안교류시스템의 규범화를 위한 기초조건을 제공한다. 전면적으로 양안교류를 규범화하는 첫 협의로서 본 협의의 가장 중요한 기능은 기본원칙, 기본절차를 규정하는

---

1 樑西, 國際法, 武漢大學出版社, 2003, 287쪽.

방식으로 양안 각 층차의 교류에 원칙성 규범을 제공하는 것이다. 이러한 원칙은 양안 각 층차의 교류에 전면적으로 활용되어 거시적 지도의 중요한 역할을 하게 될 것이다.

둘째, 구조적 성격의 법 제정 협의로서 양안교류에서 관련 협의를 한층 더 형성하는 효력 원천을 제공한다. 양안협의는 발전과정에서 일정한 체계화의 특징을 나타냈지만 체계화 정도가 높지 않다. 체계화된 양안협의는 양안관계 평화발전의 법치화 정도를 높이고 나아가 양안관계 평화발전의 틀의 구축을 추진하는 데 중요한 의의가 있다. 양안교류 문제에 대해 말하면 양안교류 종합성기본협의는 이 협의체계 중에서 통솔적인 지위에 있는 기초적인 협의가 될 것이다. 이후 양안이 체결한 양안 각 층차의 교류와 관련된 협의는 모두 본 협의를 근거로 하여 법적 효력이 발생한다.

셋째, 양안에 안정적인 교류질서의 규칙을 제공하는 전제하에 양안의 컨센서스를 형성하고 상호신뢰를 쌓을 기회를 제공하며 해협양안의 최종적인 "평화통일"의 목표를 달성하는 데 기여한다. 양안 컨센서스의 형성은 비교적 긴 역사단계를 거쳐야 한다. 이 역사과정에서 양안이 더욱 밀접한 교류를 전개하도록 끊임없이 격려·지지하고 양측의 이해를 증진시켜야만 컨센서스를 한층 더 형성하고 상호신뢰를 증진하는 데 기회를 제공할 수 있다. 해협양안의 최종적인 "평화통일"의 실현도 역시 보다 광범위한 사무에서의 양안의 컨센서스를 형성하는 데 근거하여 더욱 깊은 상호신뢰를 쌓아야 한다. 양안교류 종합성기본협의는 양안교류에 규범적인 지지를 제공하고 양안교류의 진일보한 발전을 보장하는 데 효과적인 제도적 보장을 제공할 것이다. 그러므로 이 협의에 힘입어 양안교류는 분명 더 밀접하고 깊이 있는 단계로 발전할 수 있을 것이다.

3. 양안교류 종합성기본협의의 내용

양안교류 종합성기본협의는 양안교류과정에서의 각종 실무성 문제에 대하여 전반적으로 규제하고 동시에 양안교류에서의 양안민중 교류시스템, 양안 공권력기관 교류시스템과 양안의 국제사회에서의 교류시스템에 대하여 규범화하며 그중의 일부 절차적 문제와 실질적 문제를 명확히 하여 양안이 진일보한 컨센서스를 형성하는 데 조건을 제공한다.

첫째, 양안민중 교류시스템에 관한 배치이다. 양안의 민간교류는 양안교류 중 가장 밀접하고 심도 있게 진행되는 것으로서 양안민중의 교류에서의 이익을 보장하는 것은 양측의 공동의 목표이다. 그러므로 본 협의의 첫 번째 내용은 바로 양안의 민간교류를 권장·지지하는 데 법률적 보장을 제공하는 것이다. 즉, 원칙적인 언어로 양안의 민간교류를 더욱 심도 있게 실현하는 근거를 제공한다.

둘째, 양안 공권력기관 교류시스템에 관한 배치이다. 양안 공권력기관 교류시스템은 양안 대교류시스템의 핵심내용으로서 공권력기관 간의 교류 정도와 내용은 민간교류의 범위에 영향을 주게 되고, 양안의 국제사회에서의 교류의 본질은 바로 공권력기관 교류의 연장이다. 그러므로 본 협의는 양안 공권력기관 교류의 기본원칙을 명확히 하고 양안 각 층차, 각 부문의 공권력기관의 교류에 거시적인 지도를 제공하며, 양안이 서로 다른 특징의 공권력기관의 교류 문제에 대해 보다 세밀한 협의를 달성하는 데 근거를 제공한다.

셋째, 국제사회에서의 양안의 교류시스템에 대한 배치이다. 국제사회에서의 양안의 교류시스템은 대만지역의 국제사회 참여시스템, 양안이 하나의 국제기구에서의 교류규범과 양안이 공동으로 중화민족의 전체이익을 수호하는 시스템 등 세 가지 내용을 포함한다. 그러므로 본 협의는 상술한 세 가지 경우에서의 양안교류의 기본원칙을 확정하고, 대만지역이 국제사무에 참여하는 명의, 원칙 등 문제에 대하여 규정하며, 양안이 국제사회에서 구체적으로 교류하고 협의를 달성하는 데 규범적인 근거를 제공한다.

제2절 「해협양안교류 종합성기본협의」(제안고) 조문해석

해협양안교류 종합성기본협의

서문

해협양안관계의 평화발전을 추진하고 양안교류의 질서 있는 진행을 보장하기 위하여 해협양안관계협회와 재단법인 해협교류기금회는 상호신뢰, 상호호혜, 점진적인 원칙에 기초하여 양측의 교류사항에 관해 평등하게 협상하여 다음과 같이 합의하였다.

【해석】 서문 부분은 양안협의의 전통적인 내용으로서 주로 본 협의의 목적, 협상 및 조인의 원칙, 주체와 명칭 등 기본문제를 설명한다. 구체적으로 말하면 본 협의의 서문에서는 주로 다음과 같은 내용을 규정한다. 첫째는 협의의 목적이다. 양안관계 평화발전의 틀을 구축하는 중요한 문서로서 양안교류 종합성기본협의의 근본목적은 양안교류의 질서 있는 진행을 보장하여 컨센서스를 형성하고 양안의 상호신뢰를 확대하는 데 있다. 때문에 이 부분에서 "양안교류의 질서 있는 진행을 보장"한다는 표현을 사용하였다. 둘째는 협의 협상과 조인의 원칙이다. 양안협의의 관례에 따라 양회는 협의 협상과 조인 과정에서 평등한 지위를 누려 왔다. 때문에 이 부분에서는 "상호신뢰, 상호호혜"를 협의의 원칙으로 확립하였다. 셋째는 협의 주체이다. 1993년부터 각종 양안협의의 협상과 조인의 주체는 모두 양안의 양회로서 이러한 양회 사무성 협상시스템은 이미 관례가 되었다. 때문에 이 부분의 협의 주체는 여전히 "해협양안관계협회와 재단법인 해협교류기금회"로 규정하였다. 넷째는 협의 명칭이다. 양안은 양회시스템하에서 이미 협의 앞에 "해협양안"을 덧붙이는 관례를 형성하였다. 이 관례는 본 협의에서 개정할 필요가 없으므로 계속 사용하여야 한다. 때문에 본 협의의 명칭은 「해협양안교류 종합성기본협의」로 정하였다.

제1부분 총칙

제1조 양안교류의 목표
본 협의의 목표는 다음과 같다.

1. 양측의 각 차원의 교류를 증진하고 양측 교류의 질서 있는 진행을 보장한다.

2. 양측 교류과정에서의 협력영역을 확대하고 더욱 광범위한 협력시스템을 구축한다.

3. 양측 교류질서에 대한 규범을 통하여 양안관계 평화발전의 양호한 국면을 한층 더 수호·확대한다.

【해석】 본 조항에서는 본 협의의 목표를 규정하였다. 양안협의의 목표조항은 전반 협의의 기본조항으로서 전반 협의의 구체적인 규정에 방향을 가리켜줄 뿐만 아니라 협의의 적용과정에 의문이 존재할 경우 지도를 제공한다. 양안협의 중 「해협양안 농산품 검역검증 협력협의」(海峽兩岸農産品檢疫檢驗合作協議)부터 시작하여 각 협의는 상이한 방식으로 목표조항을 설정하였고 일반적으로 협의의 제1조 또는 제1장에 규정하고 있다. 협의에 대한 목표조항의 중요한 의의와 최근 양안협의의 형성 전통에 근거하여 본 협의도 목표조항을 전문 제1조에 규정하였다. 본 협의에서 규정한 3가지 목표는 협의의 성격, 내용, 기능 등 기본적인 사고의 맥락, 기본정신을 총괄하여 층차를 나누어 규정하였다.

첫째, 본 협의는 양안 각 층차의 교류시스템을 규제하는 기초적 협의로서 양안 각 층차의 교류에 기본준칙을 제공하고 건강한 교류질서를 형성하는 것은 협의의 첫 번째 목표이다. 그러므로 본 조항은 "양측의 각 차원의 교류를 증진하고 양측 교류의 질서 있는 진행을 보장한다"를 협의의 첫 번째 목표로 확정하였다.

둘째, 본 협의는 양안의 대교류시스템의 구축을 지도사상으로 하기 때문에 기존의 양안 교류범위를 효과적으로 통합·확대하고 양측의 협력영역을 확대하는 것도 본 협의의 당연한 목표 중의 하나이다. 이는 양안의 질서 있는 교류를 실현한 필연적 결과라 할 수 있다. 때문에 본 조항은 "양측 교류과정에서의 협력영역을 확대하고 더욱 광범위한 협력시스템을 구축한다"를 협의의 두 번째 목표로 확정하였다.

마지막으로 위의 두 가지 목표 외에 본 협의는 전반 양안관계 평화발전의 틀에서 의심할 바 없이 중요한 역할을 한다. 한편으로는 양안관계 평화발전의 틀의 중요한 구성부분으로서 양안교류시스템의 형성은 전반 발전의 틀에 대한 보완의 동력으로 될 것이다. 다른 한편으로 양안교류는 양안 각 영역의 상호신뢰를 강화하는 데서 중요한 역할을 하기 때문에 양안교류시스템의 형성과 확대도 양안관계의 평화발전에 보다 좋은 내재적 조건을 마련해줄 것이다. 때문에 본 조항은 앞의 두 가지 목표의 기초에서 "양안관계 평화발전의 양호한 국면을 한층 더 수호·확대한다"를 협의의 세 번째 목표로 확정하였다.

제2조 양안교류의 협력범위

양측은 평등호혜의 원칙에 따라 다음의 영역을 포함한, 하지만 그것에 국한되지 않는 영역에서 양안의 교류협력을 강화하는 데 동의한다.

(1) 양측 민간교류의 제도배치는 양측 민간왕래의 규정, 대우, 기준 등 문제에 있어서의 교류와 협력을 포함한다.

(2) 양측 공권력기관 교류의 제도배치는 양측 공권력기관 왕래의 원칙, 규칙, 명의, 양측 공권력기관의 의제를 핵심으로 하는 협력시스템 등 문제에 있어서의 교류와 협력을 포함한다.

【해석】 본 조항에서는 협의의 협력범위를 규정하였다. 양안 대교류시스템의 총체적 배치하에 양안은 양측 교류의 의제에 대한 협력범위를 주로 양측 민간교류의 제도배치와 양측 공권력기관 교류의 제도배치를 포함하는 두 가지 구성부분임을 명확히 하였다. 양안의 대교류시스템에서 양안교류의 주체는 양안민중이고 주도자는 양안의 공권력기관이다. 경제무역, 투자, 관광, 취업, 취학, 문화교류, 친척방문, 혼인 등 각 방면의 교류를 포함한 양안민중 교류시스템은 정치적 색채가 비교적 선명하지 않고, 양안의 정치관계 변화의 영향을 비교적 적게 받는다. 양안의 민간교류시스템에서 가장 중요한 내용은 응당 상술한 양안의 민간교류 영역에 관한 법률규범, 상대방 주민의 대우와 기준 등 문제에 대한 교류와 협력 등 내용을 포함하여야 한다. 때문에 본 협의는 양안 민간교류의 제도배치는 응당 양측 민간왕래의 규정, 대우, 기준 등 문제에 있어서의 교류와 협력을 포함여야 한다고 규정하였다. 양안 공권력기관의 교류시스템은 양안이 정치상 갈등이 있을 경우, 공권력 운영과 관련되는 양안의 사무성 문제를 처리하기 위하여 형성된 교류시스템이다. 현재 양안 공권력기관의 교류시스템은 양안 공권력기관의 "흰 수갑"인 양회교류시스템과 금방 구축된 양안사무 주관부서 간의 소통시스템 등 구체적인 제도를 포함한다. 양안 공권력기관 교류시스템의 정상적인 운영은 양안 간 정치적 갈등의 영향을 크게 받고 동시에 양안 공권력기관 부서의 체제가 일치하지 않는 등 제도적인 어려움의 영향도 크게 받기 때문에 "비정치화"와 체제에 대한 대응책 등 현실적 문제를 충분히 고려하여야 한다. 때문에 본 협의는 양안의 공권력기관 교류의 제도배치에 관한 협력을 규정함에 있어서 응당 양측 교류과정 중의 "비정치화" 문제를 해소하기 위한 양측 교류의 원칙, 규칙, 명의 등 문제 및 체제

에 대응하는 문제를 해소하기 위한 의제를 핵심으로 하는 협력시스템의 구축
문제 등을 포함한다고 규정하였다.

제3조 양안교류의 기본원칙

1. 양측은 적당한 방식으로 민간교류의 전개를 격려·지지하고 아래의 원
칙을 준수한다.

(1) 양측은 양안의 민간교류과정 중의 관련 사항에 관하여 지속적인 협상
을 전개할 것을 약속한다.

(2) 양측의 민간교류에 대한 일방적인 규제는 민간교류의 전개에 유리하
게 하는 것을 원칙으로 한다.

2. 양측의 공권력기관은 양측이 협상결정한 적당한 명의와 방식으로 교류
를 전개하여야 하고 아래의 원칙을 준수한다.

(1) 양측은 각자 영역에서의 관할권을 서로 존중한다.

(2) 양측의 공권력기관은 업무거래활동에서 정치문제를 언급하지 않는다.

3. 양측 교류 중에서 상술한 원칙이 포괄할 수 없는 현실적인 문제가 발생
했을 경우, 양측은 협상의 방식으로 해결한다.

【해석】 법률원칙은 규칙의 사상적 기초나 정치적 기초로 삼을 수 있는
종합성, 안정성의 원리와 준칙을 가리킨다.[1] 본 협의로 말하면 협의의 기본
원칙은 협의의 각 구체적 조항의 기초를 구성하고 그 효력은 협의전체를 포
괄한다. 양안의 교류실천과 결부하여 본 조항은 세 가지 내용을 본 협의의 기
본원칙으로 설계하려고 하였다. 그중 두 가지 내용은 각각 양안의 민간교류
와 양안의 공권력기관 교류에 대해 규정하였고 다른 한 가지 내용은 전반 양
안교류시스템에 대해 포괄적인 규정을 하였다. 구체적으로 설명하면 다음과
같다.

첫째, 본 조항은 양안 민간교류의 기본원칙을 규정하였다. 양안의 민간교
류는 양안교류 중에서 수량이 가장 많고 가장 활발한 교류형식이다. 본 조항
은 양안이 공동으로 양안의 민간교류를 "격려·지지"하는 기본태도를 가져야
하고 동시에 두 가지 기본원칙을 준수하여야 한다고 제기하였다. 첫째는 양안
의 민간교류가 양안민중 교류 중의 각종 문제와 관련되고 내용상 매우 복잡하

---

1 李龍, 法理學, 武漢大學出版社, 2012, 127쪽.

기 때문에 본 조항은 우선 양측이 민간교류 중에서 나타나는 관련 사항에 대하여 계속하여 협상해야 한다는 원칙을 규정하였다. 즉, 양안은 협상의 방식으로 양안의 민간교류 문제를 해결하는 것을 명확히 함으로써 양안 영역에서의 컨센서스에 기초한 정책결정 방식을 강화하고 과거의 일방적인 정책결정으로 인한 각종 문제를 외면함으로써 양안민중교류에 유리한 제도배치를 하였다. 둘째, 양측이 컨센서스에 기초한 정책결정 방식으로 양안 민간교류에서의 각종 문제를 해결할 것을 제창하는 동시에 대륙과 대만의 일방적인 정책결정의 중요한 의의에 대하여도 부정하지 않고 있다. 다만, 본 협의는 양안의 일방적인 정책결정에 대하여 원칙적인 제한을 두었다. 즉, 양안의 일방적인 규정에 대해서는 양안의 민간교류의 전개에 유리해야 한다는 원칙을 견지하여 양안 중의 한 측이 일부러 양안교류를 제한하는 현상을 회피하게 하였다.

둘째, 본 조항은 양안 공권력기관 교류의 기본원칙을 규정하였다. 본 협의는 "양안 간"이라는 개념을 양안 공권력기관 교류시스템의 구축을 지도하는 이론적 기초로 삼으려 한다.[1] "양안 간"의 개념을 지도로 하는 양안 공권력기관 교류시스템은 양안의 현재 통치 권력의 변계에 대한 존중을 바탕으로 정치문제와 현실에서의 공동 관리를 분리함으로써 양안의 현실에 적응하는 방안을 말한다.[2] 양안은 이 같은 방안의 지도하에서 응당 "양측이 협상하고 결정한 적당한 명의와 방식"으로 교류를 전개하고 아래의 두 가지 기본원칙을 준수하여야 한다. 첫째, 양측은 각자 영역에서의 관할권을 서로 존중하여야 한다. 상대방의 기존 통치권력을 존중하는 것은 양안 공권력기관이 교류와 협력을 전개하는 기초이다. "주권", "치권" 등 정치적으로 민감한 용어를 가급적으로 피하기 위하여 본 조항에서는 "관할권"으로 양측의 각자 영역 내에서의 통치 권리를 서술하였고 "존중"으로 "승인"을 대체하여 대륙과 대만이 상대방 통치 권리에 대한 기본적인 태도를 서술(규정이 아님)하였다. 둘째, 양측교류에서의 비정치적 원칙이다. "양안 간" 논리에 바탕을 둔 양안 공권력기관의 교류·협력은 양안의 사무성 문제의 해결에 초점을 맞추고 있기 때문에 양측 교류과정에서의 양안 공권력기관의 정치적 속성을 최대한 약화시켜 정치적

---

1 祝捷、周叶中, "论海峡两岸大交往机制的构建", 当代中国政治研究报告(黄卫平 等)(제10집), 社会科学文献出版社 2013.
2 周葉中、段磊, "海峽兩岸公權力機關交往的回顧、檢視與展望", 法制與社會發展, 2014, 제3기.

민감성을 자극하지 않는 효과를 내야 한다. 때문에 본 조항은 양측 공권력기관 교류의 주요 목적인 "업무교류"를 명확히 하고 양측이 정치문제를 회피할 것을 명문화하였다.

셋째, 본 조항은 양측이 미규정 사항에 대한 협상·해결의 기본원칙을 규정하였다. 해협양안의 교류활동에서 여러 가지 현실문제들이 나타날 수 있고, 이러한 현실문제들은 양안의 협의체결 시의 예상을 초월할 수 있다. 때문에 양안민중과 양안의 공권력기관의 교류에 관한 기본원칙을 규정한 외에 본 조항은 "상술한 원칙이 포괄할 수 없는 현실적인 문제가 발생했을 경우, 양측은 협상의 방식으로 해결한다"는 포괄성 조항을 설치하였다.

제2부분 양안민간교류의 제도배치

제4조   양안 양측은 상대방의 민상사법률제도를 존중한다.

양안 양측은 상대방의 민상사법률제도를 존중함과 동시에 지역간 법률충돌규범을 공동으로 구축하여 민상사법률규칙에 존재하는 양측의 차이를 해결하는 데 노력한다.

양측은 자기 측의 주민이 상대방의 영역 내에 있을 경우 상대방의 민상사법률규정을 준수할 것을 약속한다.

【해석】 한동안 양안 간에 존재하는 "인정 논란"에 얽매여 대륙과 대만은 모두 상대방이 제정한 법률규범을 인정하지 않았고 또한 자기 측의 주민이 상대방의 영역에서 상대방이 제정한 관련 법률규정을 준수하여야 한다고 생각하지 않았다. 양안교류가 단절된 상황에서 이러한 불승인 태도는 양안민중의 기본 권리를 보호하는 데 별로 큰 영향을 주지 않았다. 그러나 양안민중의 교류가 날로 활발해지고 있는 시기에 이러한 불승인 태도는 실천과정에서 더 이상 견지할 수 없게 되었을 뿐만 아니라 양안민중의 개인권리가 상대방 영역에서 효과적으로 보장받는 데도 불리하다.

양안의 단절상태를 타파하고 양측의 민간교류가 날로 밀접해지는 상황에서 대만의 양안 정치관계에 대한 정립은 변화를 가져왔다. 즉, "일국양구"(一國兩區)를 기초로 양안사무를 조절하는 기본 법률인 「양안 인민관계조례」(兩岸人民關繫條例)를 제정하였다. 「양안 인민관계조례」에서 대만 측은 "대륙지역 규정"의 적용을 허용하기 시작하였고[1] 대만지역에서의 대륙지역 민사법률의 적용을 간접적으로 인정하였다. 이와 동시에 대륙 측에서도 날로 늘어나는 양안 민중의 교류 상황을 고려하여 대만지역의 법률규정에 대한 태도를 점차 개변하고 조건부로 대만지역 관련 법률규정의 대륙에서 적용을 승인하였다. 2010년에 최고인민법원이 제정한 「대만 관련 민상사사건 심리에 있어서의 법률적용문제에 관한 규정」(關於審理涉臺民商事案件法律適用問題的規定)은 대만지역 민사 법률의 적용효력에 대한 간접적인 인정을 직접적인 인정으로 전환시켰다.[2] 이는 양안교류에서 발생하는 각종 분쟁을 해결하고 법률적용문제를 명확히 하는데 중대한 실천적 의의가 있다. 2009년, 양안은「범죄의 공동타격과 사법공조에 관한 해협양안 협의」(海峽兩岸共同打擊犯罪和司法互助協議)를 체결하여 양안의 사법공조방면에서의 협력에 규범적인 근거를 제공하였다. 이는 양안이 컨센서스에 기초한 정책결정 방식으로 사법영역에서의 양측의 협력을 해결하려는 기본태도를 표현하였다. 총적으로 양안은 이미 실천 중에서 상대방의 민상사법률 규범의 적용에 대하여 승인하는 태도를 취하고 있고 나아가 민상사 사법활동 중에서의 양측의 공조협력 실천을 강화하는 데 힘을 기울이고 있다. 때문에 본 조항은 실제 존재하는 이러한 현상을 확인하여 양측은 상대방의 민상사법률제도를 존중한다고 규정하였다.

상대방의 민상사법률규범의 적용을 인정하는 기초에서 양안의 지역간 법률충돌규범을 구축하는 것은 양안이 반드시 직면해야 할 현실적 문제가 되었다. 지역 간 법률충돌이란 한 국가 내부의 부동한 지역 법률제도간의 충돌 또는 한 국가 내부의 부동한 법역 간의 법률충돌을 말한다.[3] 양안이 각기 서로 다른 두개의 법역에 속하기 때문에 양안교류과정에서 자연히 지역 간 법률충돌문제가 발생하게 된다. 법리적으로 말하면 지역 간 법률충돌문제를 해결하려면 전국적으로 통일된 지역 간 충돌법을 제정하거나, 각 법역에서 각기 각자의 충돌법을 제정하거나, 국제사법을 유추적용하거나, 국제법률충돌과 기본상 같은 규칙을 적용하거나 혹은 통일실체법을 제정하는 등의 방식을 취할 수

---

1 「양안 인민관계조례」 제41조: 대륙지역 주민 상호 간 및 외국인과의 민사사건은 본 조례에서 다른 규정이 있는 것을 제외하고는 대륙지역의 규정을 적용한다.

2 「關於審理涉臺民商事案件法律適用問題的規定」 제1조: "법률과 사법해석 중 적용 법률의 선택에 관한 규칙에 근거하여 대만지역의 민사법률을 적용할 것을 확정하면 인민법원은 이를 적용한다."

3 黃進, 區際衝突法研究, 學林出版社, 1991, 48－49쪽.

있다.[1] 현재 양안이 아직도 정치적 대립의 상황에 처해 있는 상황에서 양측은 전국적으로 통일된 충돌법이거나 실체법을 제정하는 방식으로 양안 간에 존재하는 지역 간 법률충돌을 해결하기 어렵고, 양안 각자가 각기 충돌법을 제정하거나 국제사법을 유추적용하거나 국제법률충돌과 기본상 같은 규칙을 적용하여 지역 간 법률충돌을 해결하는 것도 일정한 정도에서 문제가 존재한다. 그러므로 협의방식으로 양안 각자 간의 법률충돌규칙의 단일화를 추진하면 전국적으로 통일된 지역 간 충돌법을 제정하는 것과 유사한 법률효과를 거둘 수 있을 뿐만 아니라 양측이 정치적 대립상황에서 자신의 법제권한을 유지하는데도 방해가 되지 않아 양안 지역 간 법률충돌을 비교적 잘 해결할 수 있다. 때문에 본 협의에서는 양측이 "지역 간 법률충돌규범을 공동으로 구축하여 민상사법률규칙에 존재하는 양측의 차이를 해결하는 데 노력한다"고 규정하였다.

상대방의 민사 법률규범의 적용가능성을 인정하는 전제하에서 자기 측의 인원으로 하여금 상대방 영역 내에서 상대방의 관련 법률규정을 존중할 것을 요구하는 것은 양안이 상대방의 민상사법률제도를 존중함에 있어서 당연한 것이 된다. 대륙의 상무부, 국가발전개혁위원회, 국무원 대만사무판공실이 지난 2010년에 공동으로 제정한 「대륙기업이 대만지역에서의 투자관리방법」 제3조에서는 "대륙 기업이 대만에 투자할 경우 …… 현지의 법률법규를 진지하게 이해하고 준수하여야 한다"라고 규정하였다. 이 규정에 따르면 대륙은 이미 법률규범에서 자기 측 주민이 대만지역에서 현지 법률규범을 준수해야 하는 의무를 명확히 하였다. 이러한 의무의 규정은 대만지역의 기존 사회질서에 대한 존중이고 또한 대만에 있는 대륙 주민의 개인권리를 보호하기 위한 것이기도 하다. 때문에 본 협의에서 규정한 "양측은 자기 측의 주민이 상대방의 영역 내에 있을 경우 상대방의 민상사법률규정을 준수할 것을 약속한다"는 조문은 양안의 기존 규정에 대한 확인과 확장이기도 하다.

지적해야 할 것은 지역 간 사법에서 기타 법역의 민상사법률을 적용하는 것은 단지 개인의 민상사 이익을 보호하기 위한 것이지 그 법역의 국제정치와 법률지위에 대하여 승인하는 것은 아니라는 점이다.[2] 때문에 대륙 측은 지역

---

1 黃進, "試論解決區際法律衝突的途徑", 法學評論, 1988, 제1기.
2 徐崇利, "兩岸民商事法律衝突的性質及立法設計", 廈門大學法律評論, 제5집.

간 법률충돌이 발생할 경우 대만지역의 법률을 적용하는 것을 허용하고 자기 측 주민으로 하여금 대만지역에서 현지의 규정을 준수할 것을 요구하는 것은 대만의 "주권"이나 "치권"을 인정하는 것이 아니라 대만지역의 법률을 "하나의 중국"의 법률체계의 일부로 보고 대만지역 법률을 현지질서를 보장하는 규칙으로 보는 것이다. 그러나 자기 측 주민으로 하여금 상대방 영역에서 상대방의 법률법규의 규정을 준수할 것을 요구하는 것은 현재 개별적인 영역에만 국한될 뿐 포괄적인 규정으로는 형성되지 않았다. 이렇듯 분산되어 있는 규제방식은 이미 현실적 수요를 만족시킬 수 없게 되었다. 때문에 본 조항에서는 대륙과 대만은 응당 "자기 측의 주민이 상대방의 영역 내에서 상대방의 민상사법률규정을 준수"할 것을 요구하여야 한다는 포괄적인 원칙을 확립하여 양안민중의 상대방 영역 내에서의 활동을 보장하고, 상대방 영역 내의 기존의 사회질서에 영향을 주지 않도록 하였다.

제5조 양안 양측 주민의 상대방 영역에서의 법률적 지위

양측은 양측의 주민이 상대방 지역 내에서 상대방 주민보다 낮지 않은 법률적 지위를 향유할 것을 약속한다.

【해석】 양안교류가 깊어짐에 따라 양안 주민들의 상대방 영역에서의 결혼, 친척방문, 관광, 투자, 취학, 취업 등 활동이 빈번해지고 있다. 이러한 배경에서 대만에서의 대륙주민의 법률적 지위와 대륙에서의 대만주민의 법률적 지위는 양안관계 평화발전에서의 새로운 문제로 되었다. 대만에서는 대만지역에서의 대륙주민의 법률적 지위에 관하여 「양안 인민관계조례」에서 비교적 자세하게 규정하였다. 해당 내용은 대륙주민이 대만지역에서의 법률적 지위에 관한 원칙적 규정, 대륙주민의 대만지역으로의 입경, 대륙주민의 대만지역에서의 체류, 정착, 취업, 비즈니스와 관광활동의 종사, 공직 담임, 공직후보자 등록, 비밀직무 담임, 정당 조직, 투자, 취학 등 사항들과 관련된다.[1] 요컨대 「양안 인민관계조례」에서 대만당국은 "대만지역의 안전과 민중복지를 확보"한다는 이유로 각종 제한성 규정을 통하여 대만주민과 차별화된 대륙주민의 대만지역에서의 법률적 지위를 규정하였다. 최근에 와서 비록 대만지역의 "사법원"은 일련의 「대법관해석」을 통하여 이러한 차별대우에 관한 제한적 규정

---

1 「양안 인민관계조례」 제2장, 참조.

을 부분적으로 개정하여 대륙주민의 인신자유, 이전의 자유와 입양분야에서의 동등한 대우 적용 등 원칙을 확립하였지만 결과적으로 대만 지역에서의 대륙주민의 각종 기본 권리의 행사는 여전히 제한을 받고 있는 상태이다.[1]

양안주민이 상대방 영역 내에서 상대방 주민보다 낮지 않은 법률적 지위를 향유하도록 하는 것은 양안민중의 일상교류를 추진하고 상대방 영역 내에서의 양안민중의 기본 권리를 보장하는 데 유리하다. 현재 일부 양안협의에서는 상대방 영역 내에서의 양안주민의 법률적 지위에 관하여 분산적으로 규정하고 있다. 예컨대 「해협양안 투자보호와 추진에 관한 협의」(海峽兩岸關於投資保護與促進的協議)에서는 "한 측은 다른 한 측의 투자자 및 그 투자에 대하여 공정하고 공평한 대우를 하도록 확보하고 충분한 보호와 안전을 제공하여야 한다"고 규정하고 있지만 이러한 규정은 분산적으로 몇 개의 양안협의에만 규정되어 있어 그 보호범위는 극히 제한적이다. 그러므로 양측의 민중교류를 증진하는 차원에서 양안은 하루빨리 전문협의(또는 협의조항)로 상대방 영역 내에서의 양안주민의 법률적 지위를 포괄적으로 확인하고 동등대우원칙을 전면적으로 실행하여야 한다. 때문에 본 조항은 "양측의 주민이 상대방 지역 내에서 상대방 주민보다 낮지 않은 법률적 지위를 향유한다"는 표현방식으로 해당 원칙을 확립하여 양안관계 발전과정에서의 양측 민중의 현실적 수요를 만족시켰다.

제6조 양안은 공동으로 민간교류를 추진한다.

1. 양안의 민간교류를 공동으로 추진하는 목적을 달성하기 위하여 양측은 다음의 영역을 포함한, 하지만 그것에 국한되지 않는 협력을 강화하는 데 동의한다.

(1) 양안주민이 상대방 지역 내에서 체류하거나 정착할 때 발생하는 각종 문제

(2) 혼인, 양육, 봉양, 입양, 상속 중에서 발생하는 양안주민 간의 각종 문제

(3) 양안주민이 상대방 지역 내에서 취학, 취업하는 과정에 발생하는 각종 문제

---

1 祝捷, "論大陸人民在臺灣地區的法律地位 − 以'釋字第 710 號解釋'爲中心", 臺灣硏究集刊, 2014, 제2기.

(4) 양안주민이 상대방 지역 내에서 진행하는 경제무역활동, 투자활동에서 발생하는 각종 문제

(5) 양안주민이 상대방 영역 내에서 진행하는 문화교류활동과 사회기구의 교류활동에서 발생하는 각종 문제

2. 양측은 본 조 협력사항의 구체적인 계획과 내용에 대하여 신속히 협상을 전개하여야 한다.

【해석】양안의 민간교류시스템과 관련되는 교류형식은 양안교류 중 수량이 가장 많고 형식이 가장 활발한 교류형식이며, 또한 양안민중들의 복지와 관계가 가장 밀접한 교류형식이기도 하다. 그러므로 양안의 민상사법률에서의 협력원칙을 규정하고 양안이 자기 측 영역에서의 상대방 주민들에게 동등한 대우를 향유하도록 하는 원칙을 확정한 후 본 조항은 열거의 방식으로 양안의 민간교류영역에서 양측이 중점적으로 협력을 강화하여야 할 구체적인 분야를 규정하였다. 본 조항은 민사활동범위에 따라 양측이 협력을 강화하여야 할 분야를 구체적으로 규정하였다. 이는 양안주민들이 상대방 영역 내에서의 거류, 정착, 취학, 취업, 경제무역활동, 투자활동, 문화교류활동, 사회단체 교류활동에서 발생하는 여러 문제와 양안주민 간의 혼인, 양육, 봉양, 입양, 상속에서 발생하는 여러 문제들을 포함한다. 물론 본 조항은 양측이 협력을 강화하는 분야는 "포함한, 하지만 그것에 국한되지 않는다"고 명시하고 있다. 이 규정은 향후 민간교류에서 상술한 조항에서 나열되지 않은 기타 문제가 발생할 경우 양측이 계속 협력하는 데 근거를 제공하였다. 이밖에 본 조항은 양측이 상술한 문제에 대하여 신속히 구체적인 협상을 전개하여야 한다고 특별 규정함으로써 상술한 영역에서의 양측의 후속협상 및 후속협 체결의 의무를 명확히 하였다.

제3부분 양안 공권력기관 교류의 제도배치

제7조 양안 공권력기관의 교류 플랫폼의 구축과 수호

양안 양측은 양측의 민간교류를 추진·보장하고 양안관계 평화발전을 수호하기 위하여 공권력기관 간의 업무교류를 공동으로 추진하기 위해 노력한다.

양측의 공권력기관은 아래에 열거한 내용을 포함한, 하지만 그것에 국한

되지 않는 다양한 플랫폼을 통하여 교류를 진행한다.

(1) 해협양안관계협회와 재단법인 해협양안교류기금회의 상담시스템

(2) 양측의 양안사무 주관부서 간의 소통시스템

(3) 양측이 공동으로 인정하는 기타 소통시스템

양측은 상술한 교류 플랫폼을 공동으로 구축·수호하는 데 노력하는 한편 상황의 수요에 따라 양측의 교류경로를 한층 더 확대한다.

【해석】 본 조항에서는 양안 공권력기관 교류 플랫폼의 구축과 수호 시스템에 관하여 규정하였다. 이른바 교류 플랫폼이란 양안이 합의의 형식으로 구축한 양측에 정상적이고 이성적인 의사소통의 기회를 제공할 수 있는 제도배치를 말한다.[1] 역사적으로 양안의 공권력기관은 양안 양회, 양안 사무 주관부서와 개별 사건당 민간조직, 업계조직에 수권하는 방식 등 경로를 통하여 교류를 진행하였다. 현재에도 계속하여 운행되고 있는 경로는 양회의 사무성 협상시스템과 양안사무 주관부서간의 소통시스템이 포함된다. 이 두 가지 양안 공권력기관 간의 교류시스템은 분공상의 차이가 있을 뿐만 아니라 상호 보완과 협력할 수 있으며, 양측 공권력기관의 소통, 교류 기능을 공동으로 보장한다.

1991년 이래 양안 양회는 양측 정부의 수권을 받고 평등 협상을 통하여 21 개 사무성 협의를 체결하였다. 양안은 이 플랫폼을 통하여 양측이 공동으로 관심을 가지는 사무성 의제에 대하여 충분히 의견을 교환하고 양안의 컨센서스를 형성함과 동시에 협의의 형식으로 양안의 컨센서스를 규범화하였다. 그러므로 양회의 사무성 협상시스템의 주요 기능은 양안 간의 많은 사무성 문제를 해결하고 양측의 사무성 의제에서의 소통과 협력을 보장하는 데 있다. 유구한 역사의 양회시스템과 달리 대륙과 대만 양안사무 주관부서 간의 소통통로는 구축된 시간이 길지 않다. 대륙의 국무원 대만사무판공실 주임 장즈쥔(張志軍)과 대만 대륙위원회 주임위원 왕위치(王鬱琦)는 2013년 APEC 회의기간에 짧은 인사말을 주고받았고, 2014년 2월과 6월에 상호방문을 진행하여 양측의 일상화 상호방문시스템의 구축을 선고하였다. 양측의 두 차례 공식 회담의 실천으로부터 보면, 양측의 양안사무 주관부서간의 소통내용은 양안 지도자 회담과 같은 양안의 정치적 의제와 관련될 뿐만 아니라 양안 양회의 사무소 상호 설치, ECFA의 후속 협상 공동 추진 등 양안의 사무성 의제와도 관련된다.

---

1 周葉中·段磊, "海峽兩岸公權力機關交往的回顧、檢視與展望", 法制與社會發展, 2014, 제3기.

그러나 총체적으로 보면 양측은 이 시스템에서 양안교류 중의 구체적인 문제를 언급하지 않고 거시적인 차원에서 양측의 양안정책에 대하여 의견을 교환하였다. 그러므로 양안 양회와 양안사무 주관부서의 두 가지 교류시스템 간에는 이미 비교적 뚜렷한 분공이 형성되었고, 양자는 서로 영향을 주고 서로 추진하면서 현재의 양안 공권력기관의 교류 플랫폼을 함께 구성하고 있다. 이러한 현실을 근거로 본 조항은 양안 현재의 두 가지 공권력기관 교류 플랫폼에 대하여 제도적 확인을 하였고, 양측이 이 두 가지 교류 플랫폼을 공동으로 구축하고 수호할 것을 요구함과 동시에 "양측이 인정하는 기타 교류 플랫폼"이라는 포괄적인 규정으로 양안의 기타 교류 플랫폼의 창설과 기존 교류 플랫폼의 운영 재개 가능성을 보장하였다. 마지막으로, 본 조항은 양안이 상술한 몇 가지 교류 플랫폼을 제외한 기타 양안 공권력기관 교류시스템을 구축할 수 있도록 제도적 공간을 남겨두기 위하여 "상황의 수요에 따라 양측의 교류경로를 한층 더 확대한다"고 규정하였다. 이렇게 되면 본 조항의 설계는 양안의 현재 공권력기관 교류시스템의 정상적인 운행을 보장하였을 뿐만 아니라 양안 공권력기관의 직접적인 접촉범위를 확대하는 등 양측이 미래에 새로운 교류시스템을 개척하는 데 가능성을 열어놓았다.

제8조 양안업무인원의 비정치화

양측 실무자의 접촉은 "해당 부서 책임자", "법집행 인원" 등의 명의로 진행하여야 하고, 교류과정에서 정치적 문제에 대한 언급은 피하여야 한다.

【해석】 본 조항에서는 양안 공권력기관 간의 교류 중 양측의 업무인원교류의 비정치화원칙을 규정하였다. 대륙과 대만은 아직 양안의 정치관계의 정립 문제에 대하여 양측 모두 수용할 수 있는 방안을 제시하지 못하고 있어 양안 간 정치적 갈등은 해소되지 않고 있다. 이러한 갈등은 주로 양측의 "인정 논란"에서 나타난다.[1] 인정 논란의 정치상 구체적 표현 중의 하나가 곧 양안이 서로의 공권력기관과 정치직위의 "합법성"을 인정하지 않음으로써 양안 정권의 핵심을 이루는 공권력기관과 정치직위도 서로 상대방의 인정을 받지 못하고 있는 것이다.[2] 그러나 최근 양안의 사무성 교류가 점차 밀접해짐과 함께

---

1 祝捷, "論兩岸海域執法合作模式的構建", 臺灣研究集刊, 2010, 제3기.
2 祝捷, 兩岸关系定位与国际空间－台湾地区参与国际活动问题研究, 九州出版社, 2013, 25쪽.

법집행에서의 협력, 정보 소통 등 방면에 있어서 양안 공직인원 간의 직접적인 접촉은 이미 피할 수 없게 되었다. 「해협양안 식품안전 협력협의」(海峽兩岸食品安全合作協議) 체결 이래 다수의 양안협의는 모두 "양측 업무주관부서가 지정하는 연락인"을 협의의 의결사항의 연락주체로 정하였고 실제 업무에서도 양안협의의 구체적인 실행과 소통을 모두 양안 각자의 업무주관부서가 책임졌기 때문에 양안협의의 연락시스템하에서 양안의 공직인원 간에도 직접 접촉하는 현상이 존재하였다. 이러한 접촉에서 양측 공직인원들은 고문, 전문가 등 민간 신분이거나 "업무부서 주관인원", "법집행 인원" 등 정치적 색채가 강하지 않은 신분으로 접촉하는 경우가 많았다. 양안이 비정치화 방식으로 양안의 사무성 문제를 처리하겠다는 이러한 묵계는 양측의 실무적인 태도를 충분히 구현하였고 양측의 연락과 접촉의 순조로운 진행 및 정치적 쟁의가 초래하는 부정적인 영향을 피하는 데 중요한 역할을 하고 있다. 그러나 업무거래에서의 "비정치화" 방식으로 상호관계를 처리하는 양안의 이러한 방식은 양측의 정치적 묵계일 뿐 정식적인 제도로 규정한 것은 아니다. 우리는 이러한 "정치적 묵계"를 협의의 형식으로 명확히 함으로써 양측 업무인원 간의 정상적인 교류를 보장하여야 한다고 본다. 때문에 본 조항은 양측 업무인원은 교류과정에서 정치적 문제에 대한 언급을 피하여야 한다고 명확히 규정하고 양측의 교류과정에서의 신분을 "해당 부서 담임자", "법집행 인원" 등으로 명확히 하였다.

제9조 양안 도시의 교류

양측은 양안 도시 간의 친선교류를 지지하고, 양안 도시 간의 친선관계를 구축하는 데 공동으로 노력하며 양측이 도시 간 사무성 협력협의와 비망록을 체결하는 것을 격려한다.

【해석】 본 조항에서는 양안의 도시 간의 교류시스템을 규정하였다. 도시는 양안 각자의 지방정권의 구성부분이고 또한 양측 공권력기관 교류의 구성부분이기도 하다. 현재 양안의 "인정 논란" 중의 핵심은 "하나의 중국" 문제인 중앙 차원에 집중되어 있다. 대륙은 대만지역 지방정권의 합법성을 부인하지 않는다. 양안 도시교류에서도 "시장", "현장"의 이름으로 대만지역의 지방행정기관의 책임자를 칭한다. 그러므로 양안의 도시 간 공권력기관의 교류는 양안

이 비교적 큰 정치적 갈등이 존재하는 상황에서 양측의 직접적인 접촉과 왕래를 실현하는 돌파구가 되었다. "정당 교체"가 일상화가 된 오늘, "92합의"를 인정하지 않는 민진당의 대만 측에서의 재집권은 불가능한 것이 아니고, 이는 대륙과 대만 정부의 "중앙" 차원에서의 교류의 경로를 다시 차단할 수도 있다. 그러나 한 정당이 "지방"의 모든 현·시를 집권하는 상황이 나타날 가능성은 크지 않다. 그러므로 양안의 도시 간 교류시스템의 구축은 양안에 특수한 정치정세가 나타날 경우 양안에 또 하나의 공권력기관 간의 교류경로를 제공할 수 있다.

실제로 양안의 여러 도시들은 이미 친선관계를 수립하였다. 예컨대 상하이(上海)시와 타이베이(臺北)시, 난징(南京)시와 신베이(新北)시, 푸양(富陽)시와 지룽(基隆)시, 룽옌(龍巖)시와 타오위안(桃園)시, 장저우(漳州)시와 타이난(臺南)시 등이다. 그중 상하이시와 타이베이시 간의 교류가 가장 밀접하다. 2000년부터 두 시는 번갈아 도시포럼을 개최하기 시작하였고 두 시장 역시 상호방문을 진행한 적이 있다. 2011년 7월, 타이베이 시장 하오룽빈(郝龍斌)은 대륙을 방문하여 "상하이-타이베이 도시포럼"에 참석하였고 상하이 시장 한정(韓正)을 만나 교육, 위생, 의료, 관광 등 교류 협력 비망록을 체결하였다.[1] 양안 공권력기관 교류시스템의 중요한 경로로서의 양안 도시 간 교류시스템에는 양안 비망록 형식의 협력 방식을 포함하여야 하고 이를 규범화하여 양안 간의 제도화된 일종의 교류방식이 되게 하여야 한다. 그러므로 본 협의는 전문조항으로 양안의 도시 간 교류시스템을 규정하고 양측이 도시 간 사무성 협력협의와 비망록을 체결하는 것을 격려·지지한다고 규정하였다.

제4부분 본 협의의 실행조항

제10조 본 협의의 실행 주체

1. 양측은 "양안교류협력위원회"(이하 위원회라 약칭)를 설립하여 본 협의 관련 사무성 문제를 조절하는 양안 간 공동기구로 하고, 본 협 및 그 후속 협의의 실행을 책임진다.

2. 위원회는 양측이 지정한 대표로 구성하고, 반년에 한 번씩 정기회의를

---

[1] 中國廣播網, "上海-臺北城市論壇擧行共同簽署合作備忘錄", 자료출처: http://news.cnr.cn/gnxw/201107/t20110725_508281483.shtml, 최후방문날짜: 2017, 4, 22.

가지며, 필요시에는 양측의 동의를 거쳐 임시회의를 소집할 수 있다.

위원회의 상설기구로서 위원회의 산하에 비서처를 둔다. 비서처 구성원은 양측이 지정한 인원으로 구성하고 비서장은 양측이 각기 1명씩 파견하여 공동으로 담당한다. 위원회 비서처는 위원회의 지시에 따라 위원회가 맡은 사무를 집행한다.

3. 위원회의 권한은 다음과 같은 내용을 포함한다.

(1) 본 협의의 후속협의에 대하여 협상한다.

(2) 본 협의의 집행상황을 감독·평가한다.

(3) 본 협의와 관련한 정보를 전달한다.

(4) 본 협의 및 그 후속협의에 대한 해석, 개정 문제를 협상한다.

4. 본 협의의 관련 후속협의 체결과 협의의 해석, 개정문서에 대한 서명은 해협양안관계협회와 재단법인 해협교류기금회가 책임진다.

【해석】 본 조항에서는 본 협의의 실행 주체를 규정하였다. 양안협의의 전통으로부터 보면 협의의 의정사항[1]의 실행은 흔히 양측이 설정한 연락주체를 통하여 소통과 조절을 한다. 이러한 연락주체는 양안 각자가 설치한 민간기구일 수도 있고 양안의 업무주관부서가 지정한 연락인일 수도 있다. 그러나 이러한 연락주체시스템은 양안의 업무주관부서의 설치에서 체제가 서로 통일되지 못한 문제를 극복할 수 없다. 기존의 양안협의에서는 대륙의 여러 업무주관부서가 대만의 한 부서와 연계하거나 또는 대륙의 여러 업무주관부서가 대만의 여러 부서와 연계하는 상황이 자주 발생하였다. 이러한 다중적 연락상황은 양안협의 실행에서의 원활한 연락에 불리하다. 때문에 ECFA는 기존의 양안협의 연락주체제도를 바탕으로 "양안경제협력위원회"라는 기구를 창설하였다. 이 기구의 대표는 양안이 각기 지정하고, 일반적으로 양안의 협의 관련 업무를 담당하는 업무부서의 책임자가 맡으며, 그 직능은 협의의 후속 협상, 감독, 평가, 해석, 분쟁해결 등을 포함한다. ECFA가 설치한 이러한 종합적인 협의연락시스템은 양안 업무주관부서의 체제의 불일치로 인한 연락상의 어려움을 잘 해결하였다. 그러나 여러 가지 원인으로 인하여 양안경제협력위원회

---

1 "의정사항"이란 용어는 양안협의가 연락주체제도에 대해 사용하는 전문용어로 양안협의에서 높은 전문성과 기술성을 가진 구체적 업무를 가리킨다. "의정사항"에 대응하는 것은 협의의 "기타사항"이며, 양안협의의 전통에 따라 협의 기타사항과 관련되는 소통문제는 양회가 맡는 경우가 많다.

는 실제 운영 과정에서 점차적으로 "공동한 결론문서를 내지 않고, 공동의 컨센서스 내용은 발표하지 않는", 실체 기구가 없는 대화 플랫폼으로 변화되었다. 원래 양안협의의 실행 주체로 될 수 있었던 양안경제협력위원회가 유명무실해지면서 원래의 직능, 특히는 협의 집행상황을 감독·평가하는 등 실체 기관이 집행하여야 할 기능이 크게 제한되었다.

이 때문에, 본 협의는 협의실행기구의 배치에 있어서 양안경제협력위원회 모식의 기초에서 적절한 수정을 거쳐 "양안교류협력위원회"를 설치함으로써 본 협의의 직능설정에 대한 요구에 적용하였다. 구체적으로 "양안교류협력위원회"는 양안경계협력위원회 모식에 대하여 다음과 같은 수정을 하였다. 첫째는 위원회의 상설기구로서 위원회 비서처를 두고, 비서처의 구성원은 양측이 지정하고 각기 대표 1명을 선출하여 비서처의 공동 비서장 직을 맡거나 혹은 양측 대표가 정기적으로 번갈아 비서장 직을 맡게 하였다. 상설기구로서의 위원회 비서처는 협의실행의 감독·평가, 정보 소통 등 상설기구가 완성하여야 할 임무를 맡고 위원회 회의의 소집을 협조하도록 하였다. 둘째는 위원회가 후속협의, 협의에 대한 해석·개정에 관한 "협상 사업"만 책임진다고 명확히 규정하였다. 즉, 이러한 중요 직능의 행사에 있어서의 위원회의 "협상플랫폼"의 속성을 명확히 하여 상술한 문제에서의 양안 양회의 주도적 지위를 보장하고, 양안경제협력위원회가 번번이 대만지역의 일부 인사들로부터 권력이 너무 지나치고 감독을 능가하는 상황이 나타난다는 질의를 다시 받지 않도록 할 수 있다.[1] 이에 맞추어 본 조항에서는 본 협의의 관련 후속협의 체결과 협의의 해석, 개정문서에 대한 서명은 양안양회가 책임진다고 명확히 규정하였다. 셋째는 같은 이유로 양안경제협력위원회 관련 규정의 "포함한, 하지만 그것에 국한되지 않는다"는 표현을 없애고, 양안교류협력위원회의 기능을 협의에 명시한 내용으로 한정하였다.

상술한 개정 내용 외 본 조항은 양안교류협력위원회의 직권 설치에 관하여 양안경제협력위원회와 비슷한 서술을 기본적으로 유지하였다. 즉, 후속 협

---

[1] 양안경제협력위원회가 설립 후 대만의 일부 "입법위원"들은 양안경제협력위원회라는 메커니즘의 설계가 미래에 행정, 입법, 사법 3권의 실질적 권한을 대체할 수 있고, 국가의 전반 권리를 초월하는 위헌적인 설계로 될 수도 있어 결과적으로 해로 돌아올 수도 있다는 의견을 계속하여 내놓고 있다. 대만지역 "立法院"공보, 제100권 제9기, 318쪽 참조. 이에 따라 양안경제협력위원회 관련 규정에서 오해를 살 수 있는 표현을 수정했다.

의에 관한 협상사업, 협의에 대한 감독과 평가, 협의 관련 정보의 통보, 협의 및 후속 협의에 대한 해석과 개정 문제에 관한 협상사업을 포함하였다. 이러한 조절과 보완과정을 거쳐 양안교류협력위원회와 양안 양회가 공동으로 구성한 일련의 시스템은 그 기능상 기존의 양안협의가 규정한 "연락주체"를 훨씬 초월하여 각종 협의 실행 권한을 지닌 주체에 더욱 가깝게 되었으므로 본 조항을 실행 주체로 명명하였다.

제11조 본 협의의 준수
양측은 응당 협의를 준수하여야 한다.

【해석】 본 조항에서는 본 협의의 효력과 효력실현방식에 대하여 규정하였다. 양안협의의 효력은 협의의 구속력을 말한다. 양안협의에서는 일반적으로 "양측은 응당 협의를 준수하여야 한다"는 내용으로 협의의 효력에 대하여 규정하였다. 이 규정은 한편으로는 "양측"으로 양안의 정치관계 정립 문제를 회피함으로써 양안 간의 분쟁을 초래할 수 있는 "대륙", "대만", "중국", "국가" 등의 용어를 대체하여 불필요한 문제의 발생을 방지하였고, 다른 한편으로는 "준수"라는 두 글자로 협의의 효력의 실현방식 문제를 포괄하고 양측이 구체적으로 어떻게 준수·실행할지에 관하여는 자율에 맡겼다. 이러한 표현방식은 양안협의의 효력 문제를 비교적 잘 표현할 수 있기 때문에 본 조항은 양안협의의 관례에 따라 이 규정을 보류하였다.

제12조 본 협의의 후속협상
양측은 신속히 본 협의에 규정된 각 사항에 관하여 협상을 진행하고 관련 후속협의를 달성하는 방식으로 실행하여야 한다.

본 협의에 근거하여 서명한 후속협의는 본 협의의 일부분을 구성한다.

【해석】 본 협의는 양안의 민간교류, 양안 공권력기관 교류의 각 층차와 연관되기 때문에 양안이 짧은 시일 내에 각 층차의 모든 의제에 관하여 일치를 이루기 매우 어렵다. 따라서 본 협의는 「해협양안 경제협력에 관한 기본협의」(ECFA)와 유사한 기본협의서 형식을 선택하였다. 즉, 양측이 먼저 양안교류와 연관되는 몇 가지 원칙적이고 기초적인 의제와 향후 양안교류에서 발생할 수 있는 각종 의제의 처리방식에 관하여 일치를 달성하여 기본협의를 체결한

후 기본협의에 연관되는 기타 각종 현안들에 대하여는 구체적으로 협상하여 후속협의를 형성하는 형식이다. 때문에 본 조항은 본 협의에 규정된 각 사항에 관하여 후속협상을 진행하고 후속협의를 체결할 의무를 양안에 설정하여 양안으로 하여금 신속히 본 기본협의를 실행하도록 추진하였다.

제13조 본 협의의 감독평가

양안교류협력위원회(위원회 비서처를 포함)는 정기적으로 본 협의 및 그 후속협의의 실행을 평가하여 양안에서의 협의의 실행상황을 감독하여야 한다.

위원회는 관련 감독·평가 사업을 마친 후 즉시 양안 양회에 평가보고서를 제출하여야 한다.

【해석】 본 조항은 협의의 실행상황을 감독·평가하는 양안교류협력위원회의 직능의 세분화에 대하여 규정하였다. 과거의 양안협의 운영실천에서의 관례에 따르면, 양안협의 실천효과에 대한 감독과 평가는 일반적으로 양안 각자 업무주관부서가 맡고, 양회의 고위급 회담 시 양안의 관련 상황에 관하여 의견을 교환하는 방식을 취하였다. 제6차 "천장(陳江)회담"이 열리기 전까지 역대 양안 고위급 회담에서는 모두 전에 체결된 양안협의의 집행에 대한 총화와 검토가 있었다. 제6차 "천장회담"에서 양회 고위급 인사들은 "적당한 시기에 양회가 양안의 주관부서를 초청하여 '양안협의 성과 검토회의'를 개최하여 양측이 관심하는 의제의 실제적인 집행을 실행"하기로 합의하였다.[1] 그 후 양안은 2011년 타이베이(臺北), 2014년 창사(長沙)에서 두 차례의 "양안협의 성과 검토회의"(兩岸協議成效檢討會)를 열고 양안협의 진행상황에 대하여 회고·점검하였다. 양안이 ECFA를 체결한 후 ECFA의 감독·평가사업은 양안경제협력위원회가 맡았다. 그러나 위에서 설명했듯이 양안경제협력위원회는 유명무실하게 변하여 협의에 대한 감독과 평가 업무를 제대로 수행하기 어렵게 되었다. 그러므로 본 협의가 설정한 협의의 실행 주체인 양안교류협력위원회는 상설기구로 비서처를 설치하였다. 비서처는 실체기구로서 위원회의 협의 감독기능과 평가기능을 행사할 수 있다. 이 밖에 본 조항은 위원회의 보고 직능에 관하여도 구체적으로 규정하였다. 즉, 협의에 대한 정기적인 감독과 평가를 마친

---

1 海基會, "第六次'江陳會談'槪述", 자료출처: http://www.sef.org.tw/ct.asp?xItem=186011&ctNode=3809&mp=19, 최후방문날짜: 2017, 4, 22.

후 즉시 양안 양회에 평가보고서를 제출하도록 하여 본 협의 및 후속협의에 대한 실행평가시스템과 "양안협의 성과 검토회의" 시스템을 결부하여 공동으로 체계화된 양안협의 감독평가시스템을 구성하였다.

제14조 본 협의의 개정

1. 양측은 협상의 방식을 통하여 별도로 협의를 정하거나 혹은 문서교환의 확인형식으로 본 협의를 변경할 수 있다.

2. 양측은 협상의 방식을 통하여 별도로 협의를 정하거나 혹은 문서교환의 확인형식으로 본 협의의 미규정 사항을 보충할 수 있다.

【해석】 본 조항에서는 본 협의의 개정시스템에 관하여 규정하였다. 양안협의의 개정이란 개정권한이 있는 주체가 양안관계 발전의 현실에 근거하여 기존의 양안협의의 내용을 변경·보충하는 과정을 말한다. 기존의 양안 협의서에서는 협의의 개정시스템을 흔히 "협의의 변경"과 "미규정 사항"의 두 가지 형태로 표현하였다. 전자는 협의의 내용에 대한 좁은 의미에서의 개정을 가리키고 후자는 협의에 대한 보충을 가리킨다. 서술의 편의를 위하여 본 조항은 이 두 가지 조항을 통일하여 양안협의의 개정시스템에 포함시켰다. 본 협의의 개정에 관하여 본 조항은 양안협의의 전통적인 관례에 따라 여전히 "양측은 협상의 방식을 통하여 진행한다"고 규정하였다. 그러나 기존의 협의와 달리 본 협의는 "별도로 협의를 정하거나 혹은 문서교환의 확인형식으로 변경"할 수 있다고 개경 형식을 분명히 하였다. 이는 기존의 양안협의 개정실천에 대한 총화와 확인일 뿐만 아니라 양안협의 개정시스템에 대한 규칙적 보완이기도 하다. 본 협의의 보충에 관하여 본 조항은 양안협의의 전통을 이어 여전히 미규정 사항은 협상의 방식을 통하여 보충한다고 규정하였고, 미규정 사항에 대한 보충의 구체적인 형식도 양안협의의 관례에 따라 별도로 협의를 정하거나 혹은 문서교환의 확인형식으로 진행할 수 있다고 규정하였다.

제15조 본 협의의 해석

본 협의는 양측이 협상의 방식을 통하여 해석한다.

(1) 협의의 해석은 서면형식으로 하여야 한다.

(2) 협의해석은 완성되는 즉시 곧 본 협의와 동등한 효력을 가진다.

(3) 협의해석이 본 협의 후 체결한 후속협의의 규정과 연관될 경우, 그 효력은 당해 후속협의에 적용된다.

【해석】 본 조항에서는 본 협의의 해석시스템에 관하여 규정하였다. 양안협의의 해석이란 해석권한이 있는 주체가 일정한 해석방법과 해석규칙을 운용하여 기존 양안협의서의 정확한 함의를 명백히 해석함으로써 양안협의가 효과적으로 적용될 수 있도록 하는 과정을 말한다. 양안교류 종합성기본협의에 대한 해석은 본 협의를 적용하는 중요한 구성부분이다. 현재 체결된 양안협의에서 규정한 협의해석시스템은 사실상 "분쟁 해결" 조항으로 해석문제를 규정하는 모식, "협상 해석" 조항으로 해석문제를 규정하는 모식, "기구 배치" 조항으로 해석문제를 규정하는 모식 등 세 가지가 있다.

본 협의의 해석시스템에 관하여 다음과 같은 몇 가지 문제를 명확히 할 필요가 있다. 첫째는 해석시스템의 작성방식이다. 양안협의의 해석관례에 따르면 본 협의에 대한 해석은 양안의 협상시스템을 통하여서만 진행할 수 있다. 이러한 시스템으로 인해 본 협의의 해석도 양회의 협상시스템으로 형성된 양안협의의 제도에 따라 협상의 방식으로 진행되어야 하고, 서면화의 형식적 요구는 이러한 협상결과를 더욱 명확하게 하였다. 둘째는 해석의 시동절차이다. 이러한 협상시스템하에서 양측은 각자 본 협의를 적용하는 과정에서 나타난 협의에 대한 해석을 필요로 하는 문제에 대하여 해석신청을 제출하여 해석절차를 시동할 수 있다. 셋째는 해석의 효력 문제이다. 본 협의의 경우 해석과 피해석 대상이 동등한 효력을 가지는 기본원리에 근거하여 본 협의의 해석은 본 협의와 동등한 효력을 가진다. 또한 본 협의는 양안교류시스템에 관한 기본협의로서 본 협의 이후, 본 협의의 요구를 관철하기 위한 후속협의가 달성되기 마련이다. 따라서 본 협의의 해석이 후속협의와 연관될 경우, 그 해석의 효력은 후속협의에 미친다.

제16조 본 협의의 접수와 효력발생

본 협의를 체결한 후 양측은 각자의 관련 절차를 완성하고 서면형식으로 상대방에게 통보하여야 한다. 본 협의는 양측이 모두 상대방의 통보를 받은 다음날부터 효력을 발생한다.

본 협의서는 X월 X일에 체결하였고, 4부 작성하여 양측이 각각 2부씩 소지한다. 4부의 본문 중 서로 대응되는 상이한 용어의 함의는 같고, 4부의 문서는 동등한 효력을 가진다.

【해석】 본 조항에서는 본 협의의 접수방법과 효력발생 방법에 대하여 규정하였다. 양안협의의 접수란 양안이 각자의 규정에 따라 일정한 방식으로 민간협의에 속하는 양안협의로 하여금 규범적 의미에서의 법률적 효력을 가지게 하는 과정을 말한다.[1] 양안협의는 형식상 여전히 양안 양회라는 두 민간기구가 체결한 협의에 속하므로 이를 양안 범위 내에서 상응한 법률적 효력을 가지게 하려면 반드시 양안 각 영역 내의 법률이 규정한 접수절차에 따라 협의의 형식상의 전환을 실현하여야 한다. 최근의 양안협의 중, 협의의 효력발생은 "준비를 완성한 후 상호 통보하여 효력을 발생하는" 모식을 취하였다. 즉 양측 각자가 관련 절차를 완성 후 서면으로 상대방에게 알리고, 협의는 양측 모두가 통보를 받은 후 효력을 발생하는 것이다. 이러하게 되면 효력발생일은 사실상 후에 준비를 완성한 측이 통보하는 날이 된다.[2] 다시 말하면 양안협의의 효력은 양측이 협의를 접수하는 것을 전제로 하고 양측 모두가 협의접수절차를 완성한 후에야 협의는 양안 범위 내에서 효력을 발생한다. 실천이 증명하다시피, 먼저 접수하고 후에 효력을 발생하는 이러한 방식은 양안관계발전의 실제에 부합된다. 때문에 본 협의는 양안협의의 관례에 따라 여전히 "준비를 완성한 후 상호 통보하여 효력을 발생하는" 모식을 채택하였다.

양안 양회는 사무성 협상에서 평등한 관계에 놓여 있다. 이러한 평등관계는 협상과정에서뿐만 아니라 협의문에서도 드러난다. 때문에 본 협의는 주체 내용을 변경하지 않는 상황에서 낙관 순서와 기년 서술에서 서로 다른 두 가지 버전의 설치를 허용한다. 대륙이 소지하는 버전의 낙관은 해협양안관계협회를 앞에 두고 해협교류기금회는 뒤에 두며 서력기원을 사용하고, 대만이 소지하는 버전의 낙관은 해협교류기금회를 앞에 두고 해협양안관계협회는 뒤에 두며 대만지구에서 통용되는 기년을 사용하며, 양측은 각자 자기 측 버전과 상대 측 버전을 한부씩 소지한다. 낙관과 기년 서술이 다른 두 부의 협의서는 동등한 효력을 가진다.

---

1 周葉中、段磊, "論兩岸協議在大陸地區的適用－以立法適用爲主要研究對象", 學習與實踐, 2014, 제5기.
2 이러한 모식은 "海峽兩岸經濟合作框架協議" 이후의 각종 양안협의에서도 적용된다.

후 기

　　2008년 5월 이후, 대만지역 정치형세는 양안관계 발전에 중대한 변화를 가져오는 데 유리하였다. 양안 양측은 "92합의"의 정치토대에서 각 분야의 교류를 더욱 깊은 단계로 추진하는 데 힘을 모았다. 「전면적으로 법에 따라 나라를 다스릴 것을 추진하는 약간의 중대한 문제에 관한 중공중앙의 결정」(中共中央關於全面推進依法治國若乾重大問題的決定)에서 법치방식을 이용하여 양안관계의 평화발전을 공고히 하고 심화하며, 대만 관련 법률법규를 보완하고, 법에 따라 양안 인민의 관계를 규범화하고 보장하여 양안의 교류협력을 추진하여야 한다고 제기하였다. 이 결정은 새로운 시기, 새로운 단계에서 양안관계를 발전시키는 데 중요한 지침을 제공할 뿐만 아니라, 법치 사유와 법치 방식이 양안관계를 분석, 처리 및 연구하는 데 있어서의 지위와 역할을 더욱 명확하게 하였다. 2011년 저자는 "양안 교류시스템 구축에 관한 법률문제 연구"를 주제로 한 국가사회과학기금 프로젝트(11BFX082)를 맡았다. 이후 저자와 연구팀의 구성원들은 양안교류에서의 문제를 둘러싸고 연구할 뿐만 아니라 양안관계 발전에서 발생한 새로운 상황과 문제들을 결합하여 프로젝트 신청 시의 많은 관점에 관해 적절히 조절하여 새로운 연구결론을 얻었다. 2017년 2월에는 검증을 거쳐 우수프로젝트로 평가를 받았다. 본서는 과제의 최종보고서를 기반으로 최근 몇 년간 우리가 대만 문제와 양안관계를 연구한 논문과 결합하여 정리한 것이다.

　　분업과 실제 완성상황에 따라 각 장의 집필 담당자는 다음과 같다.

　　제1장: 저우예중(周葉中), 주제(祝捷), 돤레이(段磊)

　　제2장: 저우예중, 돤레이, 가오관위(高冠宇)

　　제3장: 저우예중, 돤레이, 예정궈(葉正國)

　　제4장: 주제, 돤레이

　　제5장: 저우예중, 돤레이, 유즈창(遊志強)

　　제6장: 저우예중, 돤레이

최종 원고는 저우예중이 정리하였다.

과제의 연구와 책의 출판은 많은 분들의 관심과 지지를 받았다. 우선 본 프로젝트에 대한 전국철학사회과학기획사무실의 전폭적인 지원과 구주출판사의 출판 지원에 감사드린다. 아낌없는 지지를 보내주고 편집 작업을 맡아주신 왕서우빙(王守兵) 교수님께도 고마운 마음을 전하고자 한다. 오랫동안 우리와 함께 양안관계 연구를 해온 천우넝(陳武能), 저우자루(周甲祿), 류산잉(劉山鷹), 왕칭린(王青林), 장옌(張豔), 우화쥔(伍華軍), 이싸이젠(易賽鍵), 류원거(劉文戈), 황전(黃振)의 도움에 감사드린다. 렁톄쉰(冷鐵勳), 주쑹링(朱松嶺), 류원중(劉文忠), 천싱(陳星), 정링옌(鄭凌燕)의 연구에 대한 지지에 감사드린다. 유즈창(遊志強) 박사와 쑹징(宋靜) 박사도 소중한 시간을 할애하여 교정 작업을 해주었다.

끝으로 우리는 독자들의 비평과 지적을 진심으로 기대한다. 여러분의 비평 없이는 우리 자신을 제대로 알기도 어렵고, 진정으로 자신을 이길 수도 없으며, 자신을 초월할 수도 없다고 생각한다.

저우예중(周葉中)

우한대학교(武漢大學校) 뤄자산(珞珈山)에서

2017년 5월

저자 약력

저우예중(周叶中)

중국 우한대학교 법학원 교수, "珞珈傑出學者"
　　우한대학교 양안 및 홍콩마카오법제연
　　구센터 주임
각 분야의 연구프로젝트 40여 건을 완성, 저서
교재 40여 부, 학술논문 240여 편을 발표하였
으며 중국의 「반분열국가법」 제정에 큰 기여를
하였다.

돤레이(段磊)

중국 우한대학교 법학원 부연구원
　　우한대학교 양안 및 홍콩마카오법제연구
　　센터 연구원
　　해협양안관계법학연구회 회원
국가사회과학기금프로젝트, 중국법학회과제, 중
국박사후기금과제 등을 완성하였고 공동학술저
서 5부, 학술논문 40여 편을 발표.

역자 약력

채영호(蔡永浩)

한국 서울대학교 법학박사 졸업
중국 연변대학교 법학원 부교수
　　헌법학연구회 이사
　　길림성사회과학중점영역 조선한국법연구
　　기지 주임
　　길림성대학교창신팀 조선한국법연구팀장
　　길림성대학교법학전공교학지도위원회 위원
〈朝鮮法概論〉(중국), 〈韓國政黨法規和黨內法規
選譯〉(중국), 〈공자 家 이야기〉(한국) 등 출판.

최혜주(崔慧珠)

한국 서울대학교 박사과정(헌법전공)
중국 길림성사회과학중점영역 조선한국법연구
　　기지 연구원

양안 교류시스템 구축에 관한 법률문제 연구

초판발행　　　2019년 11월 20일

지은이　　　　저우예중(周叶中)·돤레이(段磊)
옮긴이　　　　채영호·최혜주
펴낸이　　　　안종만·안상준

기획/편집　　이승현
표지디자인　 BEN STORY
제 작　　　　우인도·고철민

펴낸곳　　　　(주) 박영사
　　　　　　　서울특별시 종로구 새문안로3길 36, 1601
　　　　　　　등록 1959. 3. 11. 제300-1959-1호(倫)

전 화　　　　02)733-6771
f a x　　　　02)736-4818
e-mail　　　 pys@pybook.co.kr
homepage　　www.pybook.co.kr
ISBN　　　　979-11-303-3520-9　93360

copyright©채영호·최혜주, 2019, Printed in Korea

* 잘못된 책은 바꿔드립니다. 본서의 무단복제행위를 금합니다.
* 저자와 협의하여 인지첩부를 생략합니다.

정 가　　　　20,000원